◆ 이화여자대학교 특수교육연구소 학술 총서 시리즈 1

교육진단 및 교수계획을 위한

장애 유아 진단 및 평가

이소현 · 김수진 · 박현옥 · 부인앵 · 원종례
윤선아 · 이수정 · 이은정 · 조윤경 · 최윤희 공저

학지사

서 문

아이들을 가르치는 일은 참 즐거운 일이다. 가르친다는 것은 "지식이나 기능을 깨달아 익히게 한다." 또는 "그릇된 버릇을 고쳐서 바르게 잡는다."라는 사전적 의미를 지닌다. 아마도 누군가에게 무엇인가를 알게 하고 바른 행동을 하게 하는 일이기에 가르치는 일을 통하여 기쁨과 보람을 느낄 수 있는 것이 아닌가 싶다. 특히 장애를 가진 아이들이 무엇인가를 깨달아 익히게 하고 올바른 행동을 알게 하여 주변 환경에 적응하면서 잘 살아가도록 지원할 수 있다면 그 기쁨과 보람은 더욱 커질 것이다.

아이들을 가르치는 교사는 그 아이가 무엇인가를 알게 하기 위해서 현재 무엇을 알고 있으며 또한 무엇을 모르고 있는지를 먼저 파악해야 한다. 그릇된 버릇을 고쳐서 바르게 잡기 위해서도 현재 어떤 행동이 그릇되었으며 앞으로 그 아이가 행해야 하는 올바른 행동은 무엇인지 알아야 한다. 이렇게 아이를 알아 가는 과정을 우리는 진단 및 평가라고 부른다. 진단은 아이를 알기 위해서 그 아이와 관련된 자료를 수집하는 과정이며, 평가는 자료를 수집하여 그 자료를 기반으로 특정 결정을 내리는 총체적인 과정이다. 따라서 장애 유아 진단 및 평가는 장애를 가진 유아를 대상으로 그 유아를 잘 가르치기 위해서 알아야 할 정보를 수집하고 정리하여 결정을 내리는 과정 전반을 의미한다. 특별히 교육진단 및 교수계획을 위한 진단 및 평가란 이러한 정보 수집과 결정의 목적이 아동의 교육 프로그램 내에서 교수계획을 세우기 위한 과정임을 강조하는 것이다. 결과적으로 이 책은 장애를 가진 유아를 가르치는 교사가 아이들을 좀 더 잘 가르치기 위해서 아이와 관련된 정보를 수집하고 그 수집한 정보를 기반으로 어떻게 교수계획을 세울 수 있는지를 안내하는 책이라고 할 수 있다.

특수교육의 핵심은 아이들을 가르칠 때 하나의 교육과정을 획일적으로 적용하기보다는 아이 한 명 한 명에게 개별적인 관심을 기울이면서 각자에게 적절한 개별화된 접근을 하는 것이다. 그래서 우리는 장애를 지닌 것으로 진단받은 아이를 위하여 개별화 교육 계획을 작성하고 그 계획에 따라서 교육을 하게 된다. 개별화 교육 계획을 작성하기 위해서는 앞에서 말한 교육진단이 선행되어야 한다. 그러나 지금까지 우리나라에 소개된 장애 아동 진단 관련서는 진단의 기능을 총체적으로만 다루거나 그 내용이 장애진단과 관련된 진단도구를 소개하고 그 사용법을 설명하는 데 그치고 있어, 교사가 교육 현장에서 개별화 교육 계획을 작성하는 데 꼭 필요한 교육진단 내용은 접하기가 어려웠다.

이러한 상황에서 출간된 이 책은 현장 교사들의 절실한 요구에 의하여 탄생했다고 해도 과언이 아니다. 우리는 특수교사를 양성하는 대학에서 그리고 장애유아를 가르치는 교육 현장에서, 교육의 출발점이라고도 할 수 있는 교육진단 실행에 대한 구체적인 방법론으로 인하여 고민하고 힘들어하는 많은 교사를 접하면서 교육진단 방법을 직접적으로 제시하고 안내해 줄 저서의 필요성을 느끼게 되었다. 이에 뜻을 같이하는 저자들이 모여 이 책의 집필을 계획하게 되었다.

실제로 이 책은 처음부터 끝까지 어떻게 하면 교육 현장의 교사들이 필요로 하는 구체적인 지식과 실례를 제시할 수 있을까 하는 고민으로 진행되었다. 따라서 일반적인 진단 및 평가와 교육진단의 이론적 기초를 설명한 제1부(1장, 2장)를 제외하고는 전체적으로 실제적이고도 구체적인 방법과 절차를 제시하기 위한 내용으로 구성하였다. 제2부 진단 및 평가 방법론에서는 교육과정 중심 진단(3장), 관찰(4장), 면담(5장)에 대한 설명을 통하여 수렴적 진단을 위한 다양한 정보 수집방법에 대하여 설명하였다. 이어서 제3부 진단 및 평가의 실제에서는 아동의 발달 영역별 진단(6장)을 통하여 실제로 아동의 현행수준을 평가하기 위한 다섯 가지 발달 영역별로 진단을 실시하는 방법을 제시하였으며, 행동 지원 계획을 위한 기능적 행동진단(7장)을 설명하고, 진단의 폭을 좀 더 넓혀 가족진단(8장)과 환경진단(9장)을 설명하였다. 마지막으로 제4부 진단과 교수 활동의 연계에서는 진단의 결과를 교수 활동에 활용하기 위한 방안으로 교수계획에 적용하는 방법을 설명하고(10장), 교수 실행 후 아동의 진보를 점검하고 교사의 교수 활동을 점검하는 방법도 설명하였다(11장).

　여러 사람이 함께 모여 동일한 작업을 수행하며 공동의 목표를 달성하기 위하여 함께 움직이는 과정은 즐겁고 신나는 일이다. 특히 이 책을 집필하면서 개인적으로는 학문의 동일한 목표와 가치관을 지닌 제자들과 함께 작업한다는 것 자체가 너무나도 흥겹고 감사한 일이었다. 그러나 또 한편으로는 서로의 작은 이견에 대해서도 협의하고 조율하고 결정하는 수많은 과정을 거쳐야만 하는 힘들고도 긴 여정이었다. 또한 다수의 저자가 집필하는 책에서 흔히 발견되는 용어 사용의 비일관성이나 내용 간 불일치 등의 수많은 오류를 줄이기 위하여 많은 노력을 기울여야만 했다. 이와 같은 노력에도 불구하고 남아 있는 오류는 모두 저자들의 책임이며, 이에 대해서는 독자들의 따가운 지적과 함께 따뜻한 양해를 구하는 바다.

　마지막으로 이 책을 함께 집필한 우리 모두는 우리의 작은 노력의 결실인 이 책이 장애 유아를 가르치는 교육 현장에서 교사들이 가장 힘들어하는 개별화 교육 계획을 작성하고 실행해 가는 첫 단추로서의 역할을 잘 수행할 수 있기를 간절히 소망한다. 이와 같은 교사의 적절한 역할을 통하여 세상에서 가장 연약한 모습으로 존재하는 장애를 지닌 수많은 어린아이와 그 가족이 축복된 삶의 아름다움을 맘껏 누릴 수 있게 되고, 이들의 축복된 삶을 통하여 우리 모두가 연약함 가운데 풍성함으로 다가오는 하나님의 사랑을 느낄 수 있게 되기를 진심으로 기도한다.

"하나님께서 ... 세상의 약한 것들을 택하사
강한 것들을 부끄럽게 하려 하시며"(고전 1:27)

2009년 9월 30일
대표저자 이소현

개괄 차례

제1부 진단 및 평가의 이해

제1장 장애 유아 진단 및 평가의 기초 _____ 19
제2장 교육진단의 이해 _____ 53

제2부 진단 및 평가 방법론

제3장 교육과정 중심 진단 _____ 85
제4장 관 찰 _____ 119
제5장 면 담 _____ 161

제3부 진단 및 평가의 실제

제6장 아동 발달 진단 _____ 191
제7장 기능적 행동진단 _____ 243
제8장 가족진단 _____ 275
제9장 환경진단 _____ 309

제4부 진단과 교수 활동의 연계

제10장 진단 결과의 활용 및 교수계획 _____ 345
제11장 진도 및 교수 활동의 점검 _____ 371

차 례

서문 / 3

제1부 진단 및 평가의 이해

제1장 **장애 유아 진단 및 평가의 기초**   19

1. 진단 및 평가의 이론적 배경   20

   1) 진단 및 평가의 용어 및 정의 / 20

   2) 진단의 기능 / 21

   3) 진단 및 평가 방법 / 35

2. 장애 유아를 위한 진단 및 평가의 실제   40

   1) 장애 유아 진단 및 평가의 일반적 지침 / 40

   2) 장애 유아 진단 및 평가의 바람직한 실제 / 42

   • 요약 / 47

   • 참고문헌 / 48

제2장 **교육진단의 이해**   53

1. 교육진단의 이론적 배경   54

   1) 교육진단의 정의 및 목적 / 54

   2) 교육진단의 중요성 / 56

   3) 장애 유아 교육진단을 위한 지침 / 58

2. 장애 유아 교육진단의 실제　63

　1) 교육진단 방법 / 63

　2) 교육진단 내용 / 66

　3) 교육진단 절차 / 68

　4) 협력적 진단 / 71

　• 요약 / 79

　• 참고문헌 / 80

제2부　진단 및 평가 방법론

제3장　교육과정 중심 진단　85

1. 교육과정 중심 진단의 이론적 배경　86

　1) 교육과정 중심 진단의 정의 및 목적 / 86

　2) 교육과정 중심 진단의 중요성 / 87

　3) 교육과정 중심 진단을 위한 지침 / 91

2. 교육과정 중심 진단의 실제　98

　1) 교육과정 중심 진단방법 / 98

　2) 교육과정 중심 진단 절차 / 111

　• 요약 / 115

　• 참고문헌 / 116

제4장 **관 찰**   119

1. 관찰의 이론적 배경   120

　　1) 관찰의 정의 및 목적 / 120

　　2) 관찰의 중요성 / 123

　　3) 관찰을 위한 일반적인 지침 / 125

2. 관찰의 실제   127

　　1) 관찰 방법 / 127

　　2) 관찰 절차 / 149

　　• 요약 / 157

　　• 참고문헌 / 158

제5장 **면 담**   161

1. 면담을 통한 진단의 이론적 배경   162

　　1) 면담의 정의 및 목적 / 162

　　2) 면담의 중요성 / 163

　　3) 면담을 위한 일반적 지침 / 165

2. 면담을 통한 진단의 실제   166

　　1) 면담의 종류 / 166

　　2) 면담 실행 절차 / 172

　　3) 면담 적용의 예 / 180

3. 면담 결과의 해석 및 활용   185

• 요약 / 186
• 참고문헌 / 187

제3부 진단 및 평가의 실제

제6장 **아동 발달 진단**   191

1. 아동 발달 진단의 이론적 배경   192
1) 아동 발달의 이해 / 192
2) 아동 발달 진단의 중요성 / 193

2. 발달 영역별 진단의 실제   196
1) 운동기능 발달 / 197
2) 인지 발달 / 205
3) 의사소통 발달 / 213
4) 사회-정서 발달 / 222
5) 적응행동 발달 / 232

• 요약 / 237
• 참고문헌 / 238

제7장 기능적 행동진단   243

1. 기능적 행동진단의 이론적 배경   244
    1) 기능적 행동진단의 정의 및 목적 / 244
    2) 기능적 행동진단의 중요성 / 247

2. 기능적 행동진단의 실제   250
    1) 기능적 행동진단을 위한 정보 수집 / 250
    2) 정보 수집방법 / 254

3. 기능적 행동진단 결과의 활용   265
    1) 문제행동의 가설 개발 / 267
    2) 긍정적 행동지원 계획 수립 / 268
    3) 긍정적 행동지원의 실행 및 평가 / 270

    • 요약 / 271
    • 참고문헌 / 272

제8장 가족진단   275

1. 가족진단의 이론적 배경   276
    1) 가족진단의 정의 및 목적 / 276
    2) 가족진단의 중요성 / 277

2. 가족진단의 실제   281

1) 가족진단 내용 / 281

2) 가족진단방법 / 284

3) 가족진단 절차 / 293

3. 가족진단 결과의 해석 및 활용   296

1) 가족진단 결과의 활용 절차 / 296

2) 가족 진단 및 지원 계획 사례 / 298

• 요약 / 306

• 참고문헌 / 307

제9장   환경진단   309

1. 환경진단의 이론적 배경   310

1) 환경진단의 정의 및 목적 / 310

2) 환경진단의 중요성 / 311

2. 환경진단의 실제   314

1) 학급 및 기관 환경 / 314

2) 가정환경 / 329

3) 지역사회 환경 / 330

3. 환경진단 결과의 해석 및 활용   333

1) 결과 해석 및 활용을 위한 일반적 지침 / 333

2) 환경진단을 통한 중재 계획 / 335

• 요약 / 337

• 참고문헌 / 338

제4부   진단과 교수 활동의 연계

제10장   진단 결과의 활용 및 교수계획   345

1. 진단보고서 작성   346

1) 진단보고서 작성의 필요성 / 346

2) 진단보고서의 구성 / 347

2. 교수계획 수립을 위한 진단 결과의 활용   356

1) 진단보고서 검토 / 356

2) 교수계획 수립 / 360

• 요약 / 367

• 참고문헌 / 368

제11장 진도 및 교수 활동의 점검 371

1. 진도 점검의 이론적 배경 372

　1) 진도 점검의 정의 및 목적 / 372
　2) 진도 점검의 중요성 / 373

2. 진도 점검의 실제 374

　1) 진도 점검의 일반적 지침 / 374
　2) 진도 점검 방법 / 378
　3) 진도 점검 절차 / 386
　4) 교수 활동의 점검 / 392

　• 요약 / 394
　• 참고문헌 / 395

찾아보기 / 399

진단 및
평가의 이해

| 제1장 | 장애 유아 진단 및 평가의 기초
| 제2장 | 교육진단의 이해

제**1**부

제1장

장애 유아 진단 및
평가의 기초

1. 진단 및 평가의 이론적 배경
2. 장애 유아를 위한 진단 및 평가의 실제

1. 진단 및 평가의 이론적 배경

1) 진단 및 평가의 용어 및 정의

진단(assessment)은 특정 결정을 내리기 위하여 정보를 수집하는 과정을 의미한다(이소현, 2003). 다시 말해서, 진단이란 특정 질문에 대한 해답을 찾기 위하여 검사도구나 관찰 등의 다양한 방법을 통하여 정보를 수집하고 그 정보를 기록하는 진행적인 과정을 말한다. 여기서 특정 질문이란 '아동이 장애를 지니고 있는가?' '아동의 발달이 연령이 같은 또래에 비하여 차이가 있는가?' '아동의 발달을 촉진하기 위하여 어떤 교수가 필요한가?' '현재 사용하고 있는 교수방법은 긍정적인 영향을 미치고 있는가?' 등 매우 다양할 수 있다. 실제로 교육 현장에서 장애를 지닌 영유아를 교육하는 모든 교사는 이들의 교육적인 필요를 알아내고, 이들이 지닌 강점을 파악하고, 필요를 충족시키기 위한 교수계획을 세우고, 진행된 교육 프로그램의 성과를 확인하는 등 다양한 측면에서 이와 같은 질문에 대답해야 하는 상황에 부딪히게 된다. 그러므로 진단은 교사의 교수 활동 전반에 걸쳐 끊임없이 반복되는 매우 중요한 활동이라고 할 수 있으며, 특히 개별화 교육 프로그램을 개발하고 교수 활동을 점검하는 교육의 핵심적인 과정에서 반드시 진행되어야 할 필수적인 과정이라고 할 수 있다. 결론적으로 영유아기 진단(early childhood assessment)은 "부모와 전문가가 함께 참여하는 팀이 어린 아동과 그 가족의 발달적, 교육적, 의학적, 정신건강 서비스의 변화하는 필요에 대하여 반복적으로 그 판단을 수정하고 합의를 이루어 나가는 융통적이고 협력적인 의사결정 과정"(Bagnato & Neisworth, 1991)으로 정의된다.

진단과 함께 자주 사용되는 용어인 평가(evaluation)는 특정 결정을 내리는 총체적인 과정을 의미한다. 다시 말해서, 평가란 진단이 정보를 수집하는 전반적인 과정임을 의미하는 것과는 달리 수집된 정보를 기반으로 하여 아동의 발달이나 행동 등과 관련된 결정을 내리는 총체적인 과정을 말한다. 그러므로 평가는 검사도구나 관찰 등의 방법을 통하여 수집된 정보에 기초해 특정 판단을 내리거나 해석하는 것을 의미한다. 결론적으로 진단과 평가는 서로 다른 의미를 지니고 있으면서도 장애 유아를 위한 교육 프로그램의 적용에 있어서는 아동의 특수교육 적격성을 인정하고 그에 따른 교육적 활동을 계획하기 위한 연계적이고도 필수적인 과정이라고 할 수 있다(이소현, 2003).

미국 장애인교육법(Individuals with Disabilities Education Act: IDEA)을 살펴보면 진단과 평가를 특정 의미로 정의하고 있는 예를 볼 수 있다. 이 법에서는 진단은 특수교육 적격성을 인정받은 아동의 개별화 교육 프로그램(Individualized Education Program: IEP) 및 개별화 가족지원 계획(Individualized Family Support Plan: IFSP)을 작성하기 위하여 아동 및 가족과 관련된 정보를 수집하는 지속적인 과정으로, 그리고 평가는 그 진단이 시작되기 위하여 선행되는 필수적인 단계로서 아동의 특수교육 적격성을 결정하는 과정으로 정의하고 있다(U. S. Department of Education, 2005). 〈표 1-1〉은 진단 및 평가의 정의와 함께 장애인교육법(IDEA)에서 사용되고 있는 적용의 예를 보여 주고 있다.

표 1-1   진단 및 평가의 정의 및 적용의 예

용어	정의	장애인교육법(IDEA) 적용의 예
진단 (assessment)	특정 결정을 내리기 위하여 정보를 수집하는 과정	특수교육 적격성이 인정된 아동의 강점과 필요를 파악하고, 이러한 필요를 충족시키기 위한 적절한 서비스를 알아내고, 특히 신생아 및 영아인 경우에는 가족의 자원, 우선순위, 관심, 아동의 발달을 촉진하기 위한 가족의 잠재력을 알아내기 위하여 자격 있는 적임자에 의해서 사용되는 모든 진행적인 과정
평가 (evaluation)	수집된 정보에 근거한 판단과 해석을 통하여 특정 결정을 내리는 총체적인 과정	아동이 특수교육 적격성을 지니고 있는지를 결정하기 위하여 자격 있는 적임자에 의해서 사용되는 공식적인 과정으로, 아동의 각 발달 영역에서의 상태를 결정하는 것을 포함함

2) 진단의 기능

장애 유아 교육에 있어서 진단 및 평가는 그 기능적인 측면에서 매우 광범위하게 사용되고 있다. 앞에서 설명한 바와 같이, 상황에 따른 다양한 질문에 대답하기 위하여 진단을 실시하는 경우에는 대답해야 할 질문의 내용에 따라 진단의 목적과 기능이 달라질 수 있다. 예를 들어, '아동이 장애를 지니고 있는가?'라는 질문에 대답하기 위해서는 장애의 유무를 판별하기 위한 장애진단(diagnosis)이 수행되어야 하며, '현재 진행되고 있는 중재가 아동에게 긍정적인 영향을 미치는가?' 라는 질문에 답하기 위해서는 진도 점검을 실시해야 한다. [그림 1-1]은 이와 같은 진단의 다양한 기능을 단계별 모형을 통하여 보여 주고 있다.

먼저 장애의 조기 발견을 위한 진단은 대상자 발견에서 시작하여 선별의 과정을 거쳐 장애 여부를 판별하기 위한 종합적인 평가로 이어진다. 종합적인 평가에서는 특수교육이 필요한지의 적격성 여부를 판단하게 되는데, 이 단계에서 적격성이 판정되고 특별한 요구를 지닌 것으로 평가된 아동에게는 교육 프로그램을 계획하기 위한 교육진단이 수행된다. 교육진단을 통하여 교육 프로그램이 계획되고 실행되기 시작하면 그 성과를 검증하기 위하여 지속적으로 진도를 점검하게 되며, 마지막으로 교육 프로그램의 총체적인 효과를 알아보기 위한 프로그램 평가가 이루어진다. 〈표 1-2〉는 각 단계별 진단의 정의와 목적을 비교하

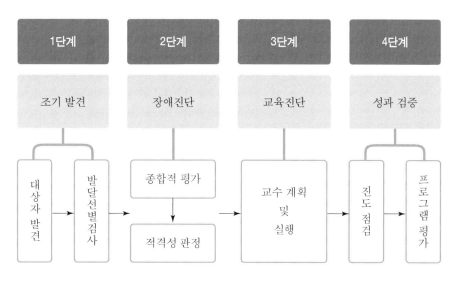

[그림 1-1] 진단 기능에 따른 단계별 모형

표 1-2	진단의 기능에 따른 정의 및 목적	
진 단	**정 의**	**목 적**
선별 (screening)	전문적인 장애진단에 의뢰할 대상자 발견을 위한 절차	전문적인 진단에 대한 의뢰 여부 결정
장애진단 (diagnosis)	장애의 유무를 확인하기 위한 종합적인 평가 절차	장애의 여부 및 그 성격과 정도 결정
교육진단 (educational assessment)	교수목표를 선정하고 교수계획을 세우기 위한 절차	교수목표 선정 및 교수 활동을 위한 일과, 교재, 교구, 교수방법 등의 결정
진도 점검 (monitoring progress)	교수목표를 중심으로 아동의 진보를 확인하는 절차	현행 교수목표와 교수방법의 효과 및 수정의 필요성 결정
프로그램 평가 (program evaluation)	개별 아동의 진도와 함께 가족의 만족도 및 프로그램의 효과에 대한 자료를 수집하는 절차	가족의 만족도 및 프로그램의 전반적인 성과 결정

여 보여 주고 있다. 이와 같은 각각의 기능에 따른 진단에 대하여 좀 더 구체적으로 살펴보면 다음과 같다.

(1) 1단계: 조기 발견

① 대상자 발견

장애를 지닌 영유아의 조기 발견은 우선적으로 대상자 발견과 선별 과정을 통하여 시작된다. 예를 들어, 지역사회나 국가적인 차원에서 만 2세 영아 모두에게 발달선별검사를 실시하도록 제도를 마련하였다면 만 2세 영아가 있는 가정을 찾아내는 일을 우선 해야 할 것이다. 이렇게 특수교육 서비스를 필요로 할 가능성이 있는 아동을 찾아내는 체계적인 과정을 대상자 발견이라고 한다(McLean, 2004). 대상자 발견은 실제적인 진단 절차라고 할 수는 없지만 아직까지 공교육을 시작하지 않은 어린 영유아의 경우 대상자를 발견하는 일 자체가 실질적인 진단이 시작되게 하는 활동이기 때문에 진단 활동에서 첫 번째 단계로 인식되곤 한다. 대상자 발견의 주요 목적은 특수교육 서비스를 필요로 할 가능성이 있는 아동을 발견하는 것이다. 그러므로 주로 아동의 전형적이거나 비전형적인 발달 및 진단 의뢰 절차에 대하여 대중이나 전문가 및 준전문가에게 알리는 방법을 통하여 이루어진다. 특히 텔레비전이나 신문, 팸플릿 등을 이용한 홍보 및 인식 개선 활동을 통하여 조기 발견의 중요성과 방법을 대중에게 알림으로써 발달지체의 위험에 놓일 가능성이 있는 아동을 최대한 조기에 발견하는 데 기여할 수 있다. 장애 가능성이 쉽게 판단되는 아동의 경우에는 대상자 발견이 손쉽게 이루어질 수 있지만, 발달지체의 위험에 놓여 있거나 앞으로 그렇게 될 가능성이 있는 아동의 경우에는 체계적인 대상자 발견 절차가 적용되어야 한다.

② 선별

대상자 발견을 통하여 발견된 아동은 선별 과정으로 연결된다. 선별은 특수교육이 제공되어야 하는지의 확인을 위하여 추가적인 진단이 필요한지를 결정하기 위해 행해지는 간단한 진단 과정을 의미한다(Meisels & Provence, 1989). 선별은 일반적으로 매우 간단하면서도 비교적 비용이 적게 들 뿐만 아니라 쉽고 빠르게 적용할 수 있는 방법을 통하여 이루어진다. 선별에는 특정 인구를 대상으로 모든 아동을 선별하는 대량 선별(mass screening)과 고위험군 아동을 대상으로 선별하는 선택적 선별(selective screening)의 두 가지 유형이 있다. 대량 선별은 선택적 선별에 비해서 비용이 많이 든다는 단점이 제기될 수 있다. 그러나 폭넓은 선별 과정을 통하여 장기적으로는 특수교육 비용을 절감할 수 있을 뿐만 아니라 선별 대상자에게 낙인의 부정적인 영향을 미치지 않는다는 장점을 지닌다(Hooper & Umansky, 2004). 반대로 선택적 선별은 특정 목적에 따라 대상자 범위를 제한하기 때문에 그 효율성이 높다는 장점을 지닌다. 미국의 헤드스타트(Head Start) 프로그램에 입학하는 모든 영유아에게 입학 후 45일 이내에 발달선별검사를 실시하도록 규정하는 것과 같이 특정 지역의 아동을 대상으로 하거나 특정 연령층의 아동을 대상으로 하는 등 대상자를 선택해서 진단하는 것은 선택적 선별의 예라고 할 수 있다.

선별은 특수교육 서비스가 필요한 아동을 조기에 발견하기 위한 중요한 역할을 하는 과정이다. 이러한 선별 과정이 효과적이고도 효율적으로 적용되기 위해서는 다음과 같은 주의를 기울여야 한다(Allen & Cowdery, 2005). 첫째, 정확한 선별 결과를 얻기 위해서는 영유아를 대상으로 사용할 수 있는 타당하고 신뢰도 높은 검사도구를 사용해야만 한다. 현재 우리나라에 이러한 도구가 많지 않은 것이 사실이기는 하지만 타당한 검사도구를 사용하지 않는다면 선별 과정 자체가 무의미해질 수 있기 때문이다. 둘째, 선별검사를 통한 결과가 장애를 진단하기 위한 목적으로 대체되어서는 안 되며, 프로그램을 개발하는 목적으로 사용되어서는 더더욱 안 된다. 셋째, 선별 과정이 끝난 후에는 반드시 추후 서비스가 연계되어야 한다. 문제의 가능성을 발견하는 것은 시작 단계일 뿐이며, 문제에 따른 적절한 서비스 체계로 연결시키는 것이 더 중요한 과정일 수 있다.

③ 조기 발견 체계

미국에서는 장애인교육법(IDEA)에 아동 발견(child find)이라는 의무 규정을 명시함으로써 발달지체를 경험할 가능성이 있는 신생아 및 영유아를 대상으로 조기 발견 절차를 규정하고 있다. 장애인교육법에서 정하고 있는 규정의 한 예를 들자면, 모든 아동이 정기적으로 받아야 하는 정기 건강검사를 통하여 발달지체 가능성이 의심되는 아동에 대해서는 의사나 보건소의 직원이 지역 교육청(3세 이상인 경우)이나 장애인교육법 파트 C의 영아 서비스 체계(2세 미만인 경우)에 반드시 보고해야 한다.

현재 우리나라는 아직까지 장애 아동의 조기 발견을 위한 체계적인 제도를 마련하지 못하고 있는 실정이다. 그러나 조기 발견에 대한 중요성 및 역할이 폭넓게 인식되기 시작하면서 국가 차원의 체계적인 제도 수립에 대한 구체적인 요구가 제시되고 있다. 특히 특수교육이 지니는 예방의 개념을 도입하여 적극적인 대상자 발견 제도를 수립하고 영유아기 아동에게 적합한 적격성 판정 제도 및 기준을 마련해야 함이 강조되고 있다(이소현, 2006; 이소현, 김주영, 이수정, 2007). 이와 같은 교육 현장과 학계의 요구에 부응하여 2007년 장애인 등에 대한 특수교육법에서는 조기 발견에 대한 제도를 수립할 것을 명시하였으며, 2008년 5월부터 발효되기 시작한 시행령에서 이를 위한 구체적인 시행 내용을 규정함으로써 장애 아동의 조기 발견을 위한 초석을 마련했다고 할 수 있다.

〈표 1-3〉은 장애인 등에 대한 특수교육법과 동법 시행령의 조기 발견 관련 내용을 보여 주고 있다.

표 1-3   장애인 등에 대한 특수교육법과 동법 시행령의 조기 발견 관련 내용

장애인 등에 대한 특수교육법	시행령
제14조 (장애의 조기발견 등) ① 교육장 또는 교육감은 영유아의 장애 및 장애 가능성을 조기에 발견하기 위하여 지역주민과 관련 기관을 대상으로 홍보를 실시하고, 해당 지역 내 보건소와 병원 또는 의원(醫院)에서 선별검사를 무상으로 실시하여야 한다.	제9조 (장애의 조기발견 등) ① 교육장 또는 교육감은 매년 1회 이상 법 제14조 제1항에 따른 홍보를 하여야 한다.
	② 교육장 또는 교육감은 장애의 조기발견을 위하여 관할 구역의 보육시설·유치원 및 학교의 영유아 또는 학생(이하 "영유아 등"이라 한다. 이하 이 조에서 같다)을 대상으로 수시로 선별검사를 하여야 한다. 이 경우 국민건강보험법 제47조 제1항 또는 의료급여법 제14조 제1항에 따른 건강검진의 결과를 활용할 수 있다.
② 교육장 또는 교육감은 제1항에 따른 선별검사를 효율적으로 실시하기 위하여 지방자치단체 및 보건소와 병·의원 간에 긴밀한 협조체제를 구축하여야 한다.	
③ 보호자 또는 각급학교의 장은 제15조 제1항 각 호에 따른 장애를 가지고 있거나 장애를 가지고 있다고 의심되는 영유아 및 학생을 발견한 때에는 교육장 또는 교육감에게 진단·평가를 의뢰하여야 한다. 다만 각급학교의 장이 진단·평가를 의뢰하는 경우에는 보호자의 사전 동의를 받아야 한다.	③ 교육장 또는 교육감은 선별검사를 한 결과 장애가 의심되는 영유아 등을 발견한 경우에는 병원 또는 의원에서 영유아 등에 대한 장애 진단을 받도록 보호자에게 안내하고 상담을 하여야 한다.
	④ 교육장 또는 교육감은 선별검사를 받은 영유아 등의 보호자가 법 제15조에 따른 특수교육대상자로 선정받기를 요청할 경우 영유아 등의 보호자에게 영유아 등의 건강검진 결과통보서 또는 진단서를 제출하도록 하여 영유아 등이 특수교육대상자에 해당하는지 여부를 판단하기 위한 진단·평가를 하여야 한다.
④ 교육장 또는 교육감은 제3항에 따라 진단·평가를 의뢰받은 경우 즉시 특수교육지원센터에 회부하여 진단·평가를 실시하고, 그 진단·평가의 결과를 해당 영유아 및 학생의 보호자에게 통보하여야 한다.	⑤ 교육장 또는 교육감은 제3항에 따라 진단·평가한 결과 영유아 등에게 특수교육이 필요하다고 판단되면 보호자에게 그 내용과 특수교육대상자 선정에 필요한 절차를 문서로 알려야 한다.
⑤ 제1항의 선별검사의 절차와 내용, 그 밖에 검사에 필요한 사항과 제3항의 사전 동의 절차 및 제4항에 따른 통보 절차에 필요한 사항은 대통령령으로 정한다.	⑥ 제2항부터 제5항까지의 규정에 따른 선별검사 및 진단·평가에 필요한 사항은 교육과학기술부령으로 정한다. 이 경우 제2항에 따른 선별검사에 관한 사항은 보건복지가족부장관과 협의하여야 한다.

우리나라에서는 아직까지 발달선별검사를 위해서 주로 외국에서 개발된 도구를 번안하여 사용하고 있는 경우가 많은데, 이것은 문화적으로 다른 환경에서 자라는 영유아를 대상으로 개발된 도구를 그대로 사용하는 것이기 때문에 문제가될 수 있다(이근, 2000). 즉, 발달선별검사는 문화적으로 다른 환경에 처한 영유아에게 민감하지 못할 뿐만 아니라 문화나 양육 환경에 따라 아동의 발달 과정이달라질 수 있으므로(Hunt, Fleming, & Golding, 1997) 우리나라 영유아를 대상으로 개발하거나 우리나라 아동을 대상으로 표준화된 발달선별검사를 사용하는것이 바람직하다. 또한 국내에서 개발하여 사용되고 있는 검사는 대부분 48개월이하의 영아를 대상으로 하고 있어서 장애 가능성이 있는 영아를 조기에 선별할

표 1-4 영유아를 위한 발달선별검사

검사도구(연도)	대상자 연령	진단방법	진단 영역	구매 및 문의처
한국형 Denver II (2002)	0~6세	부모보고/ 검사	개인/사회 발달, 소근육/적응, 언어, 대근육 운동, 검사행동	일반 서점에서 구매 가능
한국판 유아발달 선별검사 (K-DIAL-3) (2004)	3세~ 6세 11개월	검사	운동, 인지, 언어	도서출판 특수교육 (http://www.goodedu.com/)
한국베일리영유아 발달검사-II (2006)	1~42개월	검사	지능척도, 운동척도, 행동평정 척도	베일리 코리아 (http://www.Bayley.or.kr/)
K-ASQ 부모작성형 유아 모니터링 체계 (2007)	4~48개월	부모관찰	의사소통, 대근육 운동, 소근육 운동, 문제 해결(인지), 개인-사회성 기술	서울장애인종합복지관 (http://www.seoulrehab.or.kr/)
아동발달검사 (K-CDI) (2008)	12개월~ 6세 5개월	부모보고/ 검사	사회성, 자조능력, 대근육 운동, 소근육 운동, 표현언어, 언어 이해, 글자와 숫자 영역, 아동의 문제와 증상	도서출판 특수교육 (http://www.goodedu.com/)
영유아발달 선별검사 (K-CDR) (2008)	0~5세	부모보고/ 관찰	사회성, 자조행동, 대근육 운동, 소근육 운동, 언어 발달, 문제 항목 및 부모 서술형 질문	도서출판 특수교육 (http://www.goodedu.com/)

수 있다는 장점이 있으나, 기관에의 취원 연령을 고려한다면 유치원이나 어린이집에서의 활용도가 떨어질 우려가 있다(손원경, 2004). 그러므로 앞으로는 우리나라 영유아의 발달 수준에 맞는 발달선별검사 도구가 다양하게 제작·사용될 수 있어야 할 것이다. 〈표 1-4〉는 현재 우리나라에서 사용되고 있는 발달선별검사 도구의 예를 보여 주고 있다.

(2) 2단계: 장애진단 및 적격성 판정

1단계의 조기 발견 과정에서 선별을 통하여 추가 진단의 필요성이 제기된 아동이나 선별 과정을 거치지 않았더라도 장애진단(diagnosis)이 필요하다고 판단되는 아동은 장애의 여부 및 그 성격과 정도 등을 알아보는 장애진단을 받게 된다. 장애진단은 종합적인 평가를 통하여 이루어지게 되는데, 발달이 지체되었는지 또는 장애를 지녔는지를 확인하거나 특수교육의 적격성을 결정하기 위한 목적으로 이루어진다. 이 단계에서는 장애나 발달지체의 확인과 함께 그 정도와 성격도 알아보게 되며, 가능한 경우에는 원인도 밝히고, 아동이 지닌 문제가 발달에 어떤 영향을 미치는지에 대해서도 평가하게 된다. 장애진단은 일반적으로 다양한 영역의 전문가에 의하여 실시되는 검사 결과, 아동을 직접 관찰한 정보, 가족이 제공해 주는 정보를 통합적으로 수집하는 종합적 평가를 통하여 이루어진다.

장애진단이 이루어지고 나면 그 결과를 기초로 특수교육 적격성이 결정된다. 특수교육 적격성을 결정한다는 것은 아동이 특수교육 서비스를 받기 위한 조건을 충족시키는지를 결정하는 것이다. 미국의 장애인교육법(IDEA)을 살펴보면 장애를 지닌 것으로 판정되어 특수교육 서비스를 받을 수 있도록 적격성이 결정되기 위해서는 정해진 적격성 기준을 충족시켜야 한다. 그런데 이때 영유아에게는 학령기 아동을 위한 적격성 기준과는 다른 기준을 적용하고 있을 뿐만 아니라 만 2세 이하의 신생아 및 영아와 만 3세 이상의 유아에게 서로 다른 기준을 적용하고 있다. 〈표 1-5〉는 0~2세 신생아 및 영아와 3세 이상의 유아에게 적용되는 적격성 기준을 보여 주고 있다. 이와 같이 영아기와 유아기 아동의 적격성 기준을 서로 다르게 적용하고 있는 것은 영유아기의 발달 특성을 고려하여 학령기

표 1-5	장애인교육법(IDEA)에 의한 신생아 및 영아와 유아의 적격성 판정 기준	
만 0~2세 신생아 및 영아		**만 3~9세 유아**

만 0~2세 신생아 및 영아	만 3~9세 유아
'장애 영아(infant or toddler with a disability)'라는 용어는 다음과 같은 이유로 인하여 조기개입(early intervention) 서비스를 필요로 하는 0~2세 아동을 의미한다. (A) 적절한 진단 도구와 절차에 의하여 다음 중 한 가지 이상의 영역에서 발달지체를 경험하는 자: 인지 발달, 신체적 발달, 말/언어 발달(이후부터 의사소통 발달로 언급), 심리사회적 발달(이후부터 사회적 또는 정서적 발달로 언급), 자조기술(이후부터 적응행동의 발달로 언급), 또는 (B) 발달지체를 초래할 높은 가능성이 있는 신체적·정신적 상태를 지닌 것으로 진단된 자. (C) 이 용어는 주의 재량에 따라서 조기개입 서비스를 제공받지 않으면 발달지체를 보일 잠재적인 가능성을 지니는 0~2세 장애위험 아동을 포함할 수 있다.	3~9세 유아의 경우 '장애 아동(child with a disability)'이란 용어는 주와 지역교육청(LEA)의 재량에 따라 발달지체(주에 의해서 정의되고 적절한 장애진단 도구와 절차에 의해서 측정됨으로써 다음 중 한 가지 이상의 영역에서 나타남: 신체 발달, 인지 발달, 의사소통 발달, 사회적 또는 정서적 발달, 또는 적응행동 발달)를 경험하고 있는 아동으로, 그러한 이유로 인해서 특수교육 및 관련 서비스를 필요로 하는 아동일 수 있다.

아동과 구별되는 진단 기준을 적용하기 위한 것이다. 또한 영유아기 내에서도 신생아 및 영아와 유아의 발달 특성 간 차이를 배려한 것이라고 할 수 있다.

우리나라에서 학령기 아동을 위한 특수교육 대상자 선정 기준이 유아에게도 동일하게 적용되고 있다는 사실이 문제로 지적되어 왔으며, 이를 해결하기 위하여 영유아기에 적합한 발달지체(developmental delay)의 개념을 도입해야 함이 강조되어 왔다(이소현, 2000; 조광순, 2002; 조광순, 이미선, 2002). 따라서 2007년 장애인 등에 대한 특수교육법은 발달지체를 지닌 아동을 특수교육 대상자로 포함하게 되었다. 발달지체라는 용어는 그 자체가 장애의 특정 범주를 의미하는 것이 아니라 어린 아동이 장애로 표찰을 달게 되는 것을 방지하기 위한 목적으로 발달이 지체된 상태를 의미하는 적격성 인정을 위한 용어라고 할 수 있다. 그러므로 이 용어가 다른 장애 범주와 함께 특수교육 대상자 판정을 위한 장애명으로 포함된 것은 기본적으로 문제가 될 수 있다. 하지만 이를 통하여 발달상의 지체를 기준으로 한 영유아기에 적합한 적격성 인정 절차가 도입될 수 있는 통로를 마련하게 되었다는 점에서는 의의를 찾을 수 있을 것이다. 〈표 1-6〉에는 교육 및

표 1-6		관련 부처에 따른 특수교육 서비스 수혜를 위한 적격성 인정 기준
주관 부처	관련 법률 및 지침	적격성 인정 기준
교육과학기술부	장애인 등에 대한 특수교육법 (2007)	교육장 또는 교육감은 다음 각 호의 어느 하나에 해당하는 사람 중 특수교육을 필요로 하는 사람으로 진단·평가된 사람을 특수교육대상자로 선정함 1. 시각장애 2. 청각장애 3. 정신지체 4. 지체장애 5. 정서·행동장애 6. 자폐성장애(이와 관련된 장애 포함) 7. 의사소통장애 8. 학습장애 9. 건강장애 10. 발달지체 11. 그 밖에 대통령령으로 정하는 장애
보건복지가족부	영유아보육법 (2007)	장애인복지법 제32조에 따라 장애인으로 등록된 영유아
	보육사업안내 (2009)	장애인복지카드(등록증)를 소지한 취학 전 만 5세 이하 장애 아동을 원칙으로 하되, 다음의 아동에 대해 예외적으로 무상보육을 지원할 수 있음 • 장애진단서를 제출한 장애 가능성이 있는 영아(0~2세) 및 장애인복지카드(등록증)를 미소지한 만 5세 이하 장애아(장애진단서의 유효기간은 1년임) • 취학연령이 되었음에도 부득이하게 질병 등의 사유로 일반 초등학교 및 특수학교에 취학하지 못하고 취학유예서를 제출한 만 12세 이하의 장애 아동 • 부득이하게 휴학을 한 만 12세 이하의 장애 아동 • 초등학교 과정의 장애 아동의 경우 방과후 보육료 지원 가능

보육 현장에서 특수교육 서비스를 받기 위하여 장애인 등에 대한 특수교육법과 영유아보육법에 근거하여 적격성을 인정받을 수 있는 절차가, 그리고 〈표 1-7〉에는 현행법에 의한 장애 범주별 적격성 판정 기준이 제시되어 있다.

| 표 1-7 | 장애인 등에 대한 특수교육법의 특수교육 대상자 선정 기준 |

장애 범주	선정 기준
시각장애	시각계의 손상이 심하여 시각기능을 전혀 이용하지 못하거나 보조공학기기의 지원을 받아야 시각적 과제를 수행할 수 있는 사람으로서, 시각에 의한 학습이 곤란하여 특정의 광학기구·학습매체 등을 통하여 학습하거나 촉각 또는 청각을 학습의 주요 수단으로 사용하는 사람
청각장애	청력 손실이 심하여 보청기를 착용해도 청각을 통한 의사소통이 불가능 또는 곤란한 상태이거나, 청력이 남아 있어도 보청기를 착용해야 청각을 통한 의사소통이 가능하여 청각에 의한 교육적 성취가 어려운 사람
정신지체	지적 기능과 적응행동상의 어려움이 함께 존재하여 교육적 성취에 어려움이 있는 사람
지체부자유	기능·형태상 장애를 가지고 있거나 몸통을 지탱하거나 팔다리의 움직임 등에 어려움을 겪는 신체적 조건이나 상태로 인해 교육적 성취에 어려움이 있는 사람
정서장애	장기간에 걸쳐 다음 각 목의 어느 하나에 해당하여 특별한 교육적 조치가 필요한 사람 가. 지적·감각적·건강상의 이유로 설명할 수 없는 학습상의 어려움을 지닌 사람 나. 또래나 교사와의 대인관계에 어려움이 있어 학습에 어려움을 겪는 사람 다. 일반적인 상황에서 부적절한 행동이나 감정을 나타내어 학습에 어려움이 있는 사람 라. 전반적인 불행감이나 우울증을 나타내어 학습에 어려움이 있는 사람 마. 학교나 개인 문제에 관련된 신체적인 통증이나 공포를 나타내어 학습에 어려움이 있는 사람
자폐성장애	사회적 상호작용과 의사소통에 결함이 있고, 제한적이고 반복적인 관심과 활동을 보임으로써 교육적 성취 및 일상생활 적응에 도움이 필요한 사람
의사소통장애	다음 각 목의 어느 하나에 해당하여 특별한 교육적 조치가 필요한 사람 가. 언어의 수용 및 표현 능력이 인지능력에 비하여 현저하게 부족한 사람 나. 조음능력이 현저히 부족하여 의사소통이 어려운 사람 다. 말 유창성이 현저히 부족하여 의사소통이 어려운 사람 라. 기능적 음성장애가 있어 의사소통이 어려운 사람
학습장애	개인의 내적 요인으로 인하여 듣기, 말하기, 주의집중, 지각(知覺), 기억, 문제해결 등의 학습기능이나 읽기, 쓰기, 수학 등 학업 성취 영역에서 현저하게 어려움이 있는 사람
건강장애	만성질환으로 인하여 3개월 이상의 장기입원 또는 통원치료 등 계속적인 의료적 지원이 필요하여 학교생활 및 학업 수행에 어려움이 있는 사람
발달지체	신체, 인지, 의사소통, 사회·정서, 적응행동 중 하나 이상의 발달이 또래에 비하여 현저하게 지체되어 특별한 교육적 조치가 필요한 영아 및 9세 미만의 아동

출처: 장애인 등에 대한 특수교육법 시행령 제10조 관련: 대통령령 제20790호, 2008. 5. 26.

(3) 3단계: 교육진단

2단계의 장애진단을 통해서 특수교육의 필요성이 결정되었다면, 3단계인 교육진단(educational assessment)을 통해서는 아동의 개별적인 필요를 반영하는 교수계획이 이루어져야 한다. 교육진단은 아동이 현재 지니고 있는 기술과 지니고 있지 못한 기술은 무엇이며 또 앞으로 반드시 습득해야 하는 기술은 무엇인지를 알아가는 진행적인 과정이다. 대부분의 교수 활동은 이렇게 아동이 현재 할 수 있는 것과 할 수 없는 것을 알아내고 우선적으로 학습해야 할 기술을 알아보는 진단 활동으로부터 시작된다. [그림 1-2]에서 볼 수 있듯이, 장애 유아를 위한 대부분의 교수 활동은 진단으로부터 시작하여 교육 프로그램을 계획하고, 계획한 프로그램을 실행하고, 프로그램을 실행하는 도중에 정기적으로 진도를 점검하고 평가함으로써 프로그램의 수정 여부를 결정하게 된다. 이때 교수 활동의 시작을 주도하는 진단이 바로 3단계에서 이루어지는 교육진단이다. 실제로 교육 현장에서 교육진단은 프로그램의 시작과 원활한 실행을 위한 첫 단계로서 매우 중요한 역할을 하게 된다. 이 단계에서 교육진단이 프로그램 계획을 위한 기본적인 정보를 제공하지 못한다면 그 이후에 연속적으로 뒤따르는 교수 활동도 원활하게 이루어질 수 없게 될 것이다(이소현, 2003).

이와 같이 교육진단은 장애 유아를 직접 가르치는 교사에게 가장 중요한 진단 과정이라고 할 수 있다. '교육진단 및 교수계획을 위한 장애 유아 진단 및 평가'라는 제목에서도 알 수 있듯이, 이 책은 교사가 적용할 수 있는 교육진단방법론을 제시하고 그 실행을 돕기 위한 내용으로 구성되어 있다. 그러므로 이 책의 남은 부분에서는 교육진단의 구체적인 방법론과 실제적인 적용방법, 교육진단을 통한 교수계획 등에 대해 상세히 설명하고자 한다.

[그림 1-2] 교육진단과 교수 활동의 연계성

(4) 4단계: 진도 점검 및 프로그램 평가

마지막 4단계에서는 아동의 진도와 중재 계획 및 프로그램의 효과를 측정하게 된다. 이러한 측정의 궁극적인 목표는 아동의 현행 발달 수준을 재진단하고, 가족과 전문가로 구성된 팀이 수립한 교수계획상의 발달적 목표가 성취되었는지를 점검하고, 아동의 중재 프로그램을 수정해야 할 필요가 있는지를 결정하는 것이다. 이렇게 아동의 성취 수준과 진도를 평가하는 것을 진도 점검(progress monitoring)이라고 하는데, 특히 아동의 발달 영역별로 설정된 교수목표가 성취되고 있는지를 점검하게 된다. 아동의 성취도를 효과적으로 평가하기 위해서 교사는 체계적인 계획하에 자료를 수집해야 하며, 수집된 자료를 정리하고 분석하여 그 효과를 결정해야 한다. 진도 점검 절차를 통한 성취도 평가 정보는 아동의 다음 단계 교수 전략을 결정하기 위한 유용한 자료로 사용될 수 있다. 진도 점검을 위해서는 다양한 방법이 사용될 수 있는데, 그 상세한 내용은 11장에 제시되어 있다.

프로그램 평가(program evaluation)는 아동의 진도와 중재 프로그램 전반에 걸친 효과를 결정하기 위한 객관적이고도 체계적인 절차를 의미한다(Bricker, 1996). 프로그램을 평가하기 위해서는 일반적으로 프로그램의 대상인 아동이 실제로 계획한 목표를 성취했는지를 살펴보고(아동 측면), 향후 프로그램의 질적 향상을 위한 자료를 제시하였는지를 점검해 보고(프로그램 측면), 소비자에게 프로그램이 계획했던 지원을 잘 제공했는지(부모 측면)를 살펴보아야 한다. 다시 말해서, 프로그램 평가는 (1) 아동의 전반적인 성취, (2) 교사의 직무 수행을 포함하는 프로그램 운영의 질과 효율성, (3) 소비자(부모 등) 만족도에 대한 정보 수집을 목적으로 한다(Peterson, 1987).

장애 유아를 위한 프로그램은 그 성격과 내용이 다양할 뿐만 아니라 프로그램의 대상자인 장애 유아 및 그 가족도 매우 다양한 특성을 지니고 있기 때문에 프로그램 평가의 방법도 다양해질 수밖에 없다는 특성을 지닌다. 프로그램 평가를 위해서 공통적으로 적용될 수 있는 일반적인 평가 기준은 (1) 활용 가능성(utility), (2) 실행 가능성(feasibility), (3) 적절성(propriety), (4) 기술적 적합성(technical adequacy)의 네 가지로 제시될 수 있다(Snyder, 1993). 먼저 활용 가능성이란 교사, 행정가, 부모, 후원자 등의 평가 주체자가 평가 결과를 잘 사용할 수 있도록 필요한 정보를 제공해 주는 신뢰성 있고 영향력 있는 형태의 평가를 지원하는 것을 의미한다. 다시 말해서, 평가가 실시된 후에 평가 결과가 유용하게 사용될 수 있는지를 뜻한다. 실행 가능성이란 제한된 시간과 자원과 정책의 범위 내에서 실제로 프로그램 평가를 실시할 수 있도록 지원하는 기준이다. 적절성이란 프로그램 평가의 참여자와 기타 청중의 윤리적이고도 합법적인 권리를 보호하기 위한 평가자의 책임과 관련된 요소로, 평가 방법이 윤리적이고 법률적으로 결함 없이 진행될 수 있는지를 점검하게 한다. 마지막으로 기술적 적합성이란 추후에 동일한 평가 절차를 재실행할 수 있도록 타당도, 신뢰도, 정확도, 공정성을 갖춘 정보 수집 및 분석 방법을 적용하게 하는 기준이다. 이는 평가의 실제적인 방법론에 초점을 맞춘 기준이라고 할 수 있다. 〈표 1-8〉은 프로그램 평가에 공통적으로 적용될 수 있는 이러한 네 가지 기본적인 기준을 그 정의 및 적용의 예를 통하여

표 1-8 프로그램 평가 절차에 적용되는 공통적인 기준

기 준	정 의	장애 유아를 위한 적용의 예
활용 가능성 (utility)	평가 주체자가 평가 결과를 잘 활용할 수 있도록 필요한 정보를 제공해 주는 정도	프로그램 평가를 수행하기 전에 계획한 평가의 결과가 아동이나 부모나 프로그램을 위하여 유용하게 사용될 수 있는지를 먼저 점검함
실행 가능성 (feasibility)	제한된 시간과 자원과 제도 내에서 실제로 평가를 실시할 수 있는지의 여부	유치원과 학급의 전반적인 운영상황 및 조건 내에서 계획한 평가를 수행할 수 있는지를 점검함
적절성 (propriety)	평가 참여자와 청취자의 권리를 보호하기 위하여 윤리적 및 법률적으로 하자 없는 방법으로 실행	평가 수행에 방해가 되는 요소가 없는지 점검하고, 특히 윤리적으로나 법률 및 책임상의 문제 없이 수행될 수 있는지를 검검함
기술적 적합성 (technical adequacy)	동일한 평가의 재실행이 가능하도록 정확하고 공정성을 갖춘 정보 수집 및 분석	프로그램 평가방법의 기술적인 측면에 관심을 기울이고, 특히 자료 수집과 분석의 절차 및 해석에 있어서 신뢰도 및 타당도를 확보함

보어 주고 있다.

3) 진단 및 평가 방법

장애 유아를 위한 진단 및 평가는 다양한 방법을 통하여 이루어질 수 있다. 기존에 개발되어 있는 검사도구를 사용할 수도 있으며, 자연적인 관찰을 적용할 수도 있고, 정보를 지니고 있는 사람을 면담하거나 점검표를 작성하게 하는 방법을 사용할 수도 있다. 일반적으로 장애 유아에게 많이 사용되는 진단방법은 사용되는 진단의 특성에 따라 공식적 진단과 비공식적 진단, 규준참조검사와 준거참조검사, 표준화 검사와 장애에 따라 수정된 검사, 직접 진단과 간접 진단, 자연적 관찰과 임상적 관찰, 결과중심 진단과 과정중심 진단 등으로 분류되고 있다. [그림 1-3]은 각 분류의 특성에 따라 진단방법이 어떻게 달라지는지를 보여 주고 있다. 각각의 진단방법과 특성에 대하여 Benner(2003), Hooper와 Umansky(2004)는

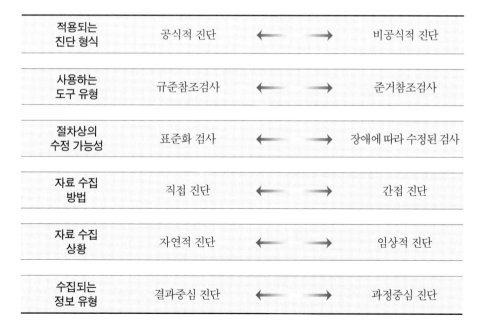

[그림 1-3] 진단 특성에 따른 다양한 진단방법의 예

그들의 저서에서 다음과 같이 설명하고 있다.

(1) 공식적 진단과 비공식적 진단

공식적 진단(formal assessment)과 비공식적 진단(informal assessment)은 진단 과정에서 수집되는 정보의 형태에 따라 분류된다. 예를 들어, 공식적 진단은 진단자가 특정 목적(예: 선별, 장애진단, 프로그램 평가)을 가지고 선택한 표준화된 검사 등을 사용하여 이루어지는 진단이며, 비공식적인 진단은 표준화된 절차보다는 행동 관찰 등을 포함하는 비표준화된 절차에 의한 진단을 의미한다. 그러나 비공식적 진단의 경우에도 체계적인 관찰방법을 도입한 구조화된 자료 수집방법이 사용될 수 있다.

(2) 규준참조검사와 준거참조검사

규준참조검사는 아동의 발달이나 성취를 동일한 연령의 다른 아동의 발달이나 성취와 비교하기 위한 목적으로 사용되는 방법으로 특수교육 영역에서 많이 사용되는 방법 중 하나이다. 이 방법은 발달지수나 IQ와 같이 아동의 전반적인 기능 수준에 대한 양적인 정보를 제공해 주기 때문에 장애진단에서 많이 사용되고 있다. 하지만 교육 프로그램을 계획하기 위한 정보는 제공해 주지 않는다. 특히 규준참조검사는 검사도구의 심리측정학적 측면에서 매우 우수한 특성을 지니고 있음에도 장애를 지닌 아동에게 적용할 때에는 그 해석에 있어서 매우 주의를 기울여야 한다는 제한점을 지닌다. 실제로 규준참조검사를 단순하게 적용하는 경우 장애 아동의 능력이 과소평가되기 쉬운 것으로 지적되고 있다.

이와는 대조적으로 준거참조검사는 아동이 현재 지니고 있는 기술이 무엇인지를 알아내는 데 초점을 맞추는 진단방법이다. 그러므로 준거참조검사를 통하여 수집된 정보는 아동의 개별화 교육 프로그램을 개발하기 위한 유용한 정보를 제공해 준다. 준거참조검사는 아동의 발달적 위계를 중심으로 구성된 교육과정과 직접적으로 연계해서 사용할 수 있는데, 이러한 경우 교육과정 중심 진단(curriculum-based assessment: CBA)이라고 불린다. 교육과정 중심 진단은 준거참조검사의 대표적인 예로, 아동의 현행 기술을 진단하고 특정 교수목표에 대한 진도를 점검하는 데 사용된다. 교육과정 중심 진단에 대한 자세한 내용은 3장에서 소개하고 있다.

(3) 표준화 검사와 장애에 따라 수정된 검사

표준화 검사는 정보를 수집하는 과정이 표준화된 절차를 따른다는 특성을 지닌 진단방법이다. 그러므로 아동을 진단하기 위하여 표준화 검사를 사용하기로 계획을 세웠다면 진단자는 사전에 정해진 표준화된 절차를 따라 진단을 진행해야 한다. 예를 들어, 대부분의 지능검사(예: 웩슬러 유아용 지능검사[WIPPSI], 카우프만 아동용 개별지능검사[K-ABC])와 같은 표준화 검사는 시작과 종료 시점이 정해져 있거나 검사 시간을 제한하는 등 검사 지침서에 제시되어 있는 정해진 절차와 방법을 사용해야 한다. 장애를 지닌 영유아는 반응과 행동의 폭이 다양하기 때문에 이러한 진단방법이 부적절해 보일 수도 있다. 표준화 검사가 규준참조검사의 특성을 지니기 때문에 표집단과의 비교가 가능한 타당한 결과를 도출하기 위해서는 정해진 절차와 방법을 따라야만 한다. 그러나 특정 장애를 지닌 아동의 경우에는 이러한 정해진 절차와 방법을 따라야만 하는 표준화 검사 자체가 타당하지 못한 결과를 가져올 수도 있다. 예를 들어, 뇌성마비를 지닌 유아에게 소근육 운동 협응기술이 필요한 항목을 검사하는 경우 그 결과의 타당성을 보장할 수 없다.

장애에 따라 수정된 검사는 표준화 검사와는 달리 장애를 가진 아동의 능력을 정확하게 진단하기 위하여 융통성 있는 절차와 방법을 사용할 수 있게 하는 진단방법이다. 예를 들어, 진단에 사용되는 자료를 조작하기 쉽게 더 크게 만든다거나, 시각적 대비를 분명하게 해서 더 잘 보이도록 수정한다거나, 선택해야 하는 반응의 종류를 줄인다거나, 반응 시간을 제한하지 않는다거나, 정·오반응을 다양한 점수 체계로 변경해서 채점하는 등의 수정된 방법이 적용될 수 있다. 장애에 따라 수정된 검사로 주로 많이 사용되는 방법에는 크게 (1) 진단자가 필요하다고 판단되는 경우에 검사 항목이나 절차를 수정하는 방법, (2) 검사의 수정을 위해서 체계적인 지침을 제공하는 방법, (3) 특정 장애에 적합하도록 고안된 절차를 사용하는 방법의 세 가지가 있다(Neisworth & Bagnato, 1988).

(4) 직접 진단과 간접 진단

직접 진단(direct assessment)과 간접 진단(indirect assessment)은 진단자가 정보를 수집하는 방법에 의해서 분류된다. 진단자가 아동과 직접 대면하여 정보를 수집하는 직접 진단은 장애 유아 진단을 위해서 가장 많이 사용되는 방법으로, 모든 영유아의 진단에 필수적으로 포함되어야 하는 과정이다.

간접 진단은 용어에서도 알 수 있듯이 아동에 대하여 간접적으로 정보를 수집하는 방법을 의미한다. 예를 들어, 부모나 교사가 면담에 참여할 수도 있고 이들에게 평가척도를 작성하게 할 수도 있다. 간접 진단은 장애 유아를 진단함에 있어서 아동을 직접 진단하는 과정 없이 단독으로 사용하여서는 안 된다. 그러나 직접 진단과 함께 사용한다면 좀 더 다양하고 심도 있는 정보를 수집할 수 있게 해 주는 유용한 방법이 된다. 또한 가족의 자원이나 양육환경 등을 알게 해 줌으로써 아동의 발달과 행동을 이해하는 데 도움이 되는 중요한 정보를 제공해 준다.

(5) 자연적 관찰과 임상적 관찰

장애 유아의 진단에서 관찰은 반드시 포함되어야 하는 필수적인 과정이다. 진단을 위한 관찰은 자연적인 환경에서 이루어지는 관찰에서부터 매우 구조화된 환경에서 이루어지는 관찰에 이르기까지 다양하게 실시될 수 있다. 자연적 관찰(naturalistic observation)은 아동이 자신의 환경 안에서 자연스럽게 일과에 참여하는 동안 이루어지는 관찰이다. 주로 환경 내에서의 전반적인 행동을 관찰하거나 사회적 기술 및 놀이기술과 같이 좀 더 구체적인 행동에 초점을 맞추어 관찰하기도 한다. 자연적 관찰은 아동의 행동을 관찰할 때 특정 이유로 인하여 환경을 구조화해야 하는 경우를 제외하고는 가장 바람직한 방법으로 인식되고 있다. 가정, 유치원, 보육시설 등 아동이 속한 일반적인 환경의 물리적 · 사회적 요소를 관찰하여 정보를 제공하는 생태학적 진단(ecological assessment)이나 가족 또는 또래와의 상호작용에 초점을 맞추는 상호작용적 진단(interactive assessment)은 자연적 관찰의 대표적인 예라고 할 수 있다. 자연적 상황에서의 다양한 관찰 방법은 4장에서 자세히 설명한다.

반면 임상적 관찰(clinical observation)은 자연적인 환경이 아닌 병원이나 아동 발달센터 등의 임상적인 환경에서 평가가 실시될 때 이루어지는 관찰을 의미한다. 임상적 관찰을 실시하는 진단자가 숙련된 전문가인 경우에는 이와 같은 임상적 관찰을 통해서도 아동에 대한 타당하고 신뢰도 높은 진단을 수행할 수 있다. 하지만 제한된 환경에서는 아동의 행동이 제한될 가능성이 높은 것이 사실이다. 그러므로 임상적인 관찰 결과만을 가지고 아동의 능력을 잘못 평가하지 않도록 주의를 기울여야 한다.

(6) 결과중심 진단과 과정중심 진단

진단은 진단을 통하여 수집되는 정보의 종류에 따라 결과중심 진단(product-based assessment)과 과정중심 진단(process-based assessment)으로 분류될 수 있다. 여기서 결과중심 진단이란 일반적으로 검사도구를 사용하여 그 결과를 동일 연령의 또래와 비교하거나 교수 활동을 시작해야 하는 시점을 알아내는 진단을 의미한다. 웩슬러 유아용 지능검사(WIPPSI)는 결과중심 진단의 대표적인 예라고 할 수 있다. 또한 아동의 작업 표본을 지속적으로 수집하는 포트폴리오 진단(Meisels, 1993), 수행진단(performance based assessment) 및 사실진단(authentic assessment)(Meyer, 1992)도 결과중심 자료 수집방법에 포함된다.

과정중심 진단은 아동이 진단자나 환경과 어떻게 상호작용을 하는지에 초점을 맞추는 진단방법이다. 주로 정해진 항목이나 과제를 수행할 수 있는지의 여부를 관찰하게 된다. 아동에게 과제를 제시하고 수행하는 과정을 관찰하게 되는 역동적 진단(dynamic assessment)이 과정중심 자료 수집방법의 대표적인 예라고 할 수 있다. 또한 시각장애를 지녔거나 운동기능 발달이 심하게 지체된 영유아는 결과중심 자료 수집방법을 통해서는 적절한 진단이 이루어지지 못할 수 있어, 이러한 경우에는 과제를 수행하는 과정 중에 아동이 지니는 독특한 능력을 알아내기 위한 대안적인 방법으로 과정중심 진단이 사용될 수 있다.

2. 장애 유아를 위한 진단 및 평가의 실제

1) 장애 유아 진단 및 평가의 일반적 지침

지금까지 살펴본 바와 같이, 진단은 다양한 측면에서 매우 중요한 역할을 한다. 특수교육의 적격성을 인정함으로써 서비스를 받을 수 있는 통로를 열어 줄 뿐만 아니라 적절한 교육 계획을 세울 수 있도록 도와주고, 계획에 대한 성취 정도를 점검하고 프로그램 전반의 효과를 평가하는 역할까지 하게 된다. 이와 같이 진단은 다양한 기능을 통하여 매우 중요한 역할을 수행하기 때문에 지금까지 많은 전문가가 그 방법과 절차에 대하여 논의해 오고 있으며, 질적 진단을 위한 다양한 지침을 제시하고 있다(예: NAEYC/NAECSSDE, 2003; Perrone, 1991; Sandall, Hemmeter, Smith, & McLean, 2005; Snyder, 1993; Thomas & Grimes, 2002). 이러한 지침은 진단의 전반적인 과정에 부모와 가족 구성원이 반드시 참여하여 결정적이면서도 필수적인 역할을 해야 한다는 것, 그리고 진단에 사용되는 방법과 자료가 아동의 발달적 상태나 특정 장애 특성에 적합하도록 조정되어야 한다는 것의 두 가지로 요약된다. 이에 대해서는 구체적으로는 다음과 같이 설명할 수 있다(Sandall et al., 2005).

(1) 부모 참여

나이가 어린 영유아의 진단에 부모가 파트너의 자격으로 참여해야 한다는 것은 매우 중요한 지침이다. 부모가 진단 과정에 동등한 파트너의 자격으로 참여하기 위해서는 해결해야 할 여러 가지 어려운 문제가 존재한다. 무엇보다 부모는 자녀가 장애나 발달지체를 지녔을지도 모른다는 상황, 또는 장애나 발달지체로 인하여 특수교육 서비스가 필요하다는 상황 자체만으로도 당황하게 되어 진단 과정에 동등하게 참여하기가 쉽지만은 않을 것이다. 또한 개별 가정의 문화가 다르고 가정 형편이나 조건 등도 서로 다를 수 있기 때문에 개별 가정이 지니는 다양한 요소로 인하여 부모의 협력이 어려워질 수 있다.

그러나 이러한 어려움이 있음에도 부모의 참여는 진단의 질적 성과를 높인다는 측면에서 반드시 이루어져야 한다. 장애 유아의 진단 및 평가 과정에 부모가 참여해야 한다는 이론적 당위성은 다음과 같이 몇 가지로 제시될 수 있다. 첫째, 부모를 포함한 가족 구성원은 아동에 대한 사실적이면서도 장기적인 측면의 정보를 제공해 주는데, 이러한 정보는 경우에 따라 가족이 아니면 제공해 줄 수 없는 중요한 내용을 포함할 수도 있다(Diamond & Squires, 1993). 둘째, 부모와 전문가들은 서로 견해와 입장이 다르기 때문에 진단과정에서 서로 역할을 대신할 수 없으며 각각 독립적인 평가원의 역할을 하게 된다(Suen, Lu, & Neisworth, 1993). 셋째, 가족 구성원은 아동의 환경과 관련된 필요한 정보를 제공해 주고 이것은 궁극적으로 아동의 교육적 성취에 영향을 미칠 수 있다. 실제로 아동의 프로그램에 좀 더 적극적으로 참여하는 부모의 자녀가 발달적 성취 면에서도 더 큰 진보를 보이는 것으로 알려져 있다(Ramey & Ramey, 1998). 결론적으로 부모는 진단과 교수 활동의 전반적인 과정을 통하여 동등한 파트너로 참여할 수 있어야 한다.

(2) 발달적 적합성

나이가 어린 영유아의 교육에서 발달적 적합성은 장애 여부와는 상관없이 일반적인 교육 지침으로 이미 널리 알려져 있다. 유아교육 영역에서는 '발달에 적합한 실제(developmentally appropriate practice: DAP)'라는 용어로 유아교육 현장에서 적용되어야 할 적절한 실천방법을 제시하고 있다(Bredekamp, 1987). 발달에 적합한 실제란 아동과 교사의 역할이 (1) 연령에 적합하고, (2) 개별적으로 적합하고, (3) 문화적으로 적합해야 한다는 기본적인 개념을 바탕으로 하고 있다. 그러므로 영유아를 위한 교육 프로그램은 이들의 발달 단계에 대한 이해를 기초로 아동의 연령과 발달에 근거하여 구성되어야 하며, 동시에 아동 개개인이 지니는 특성과 문화적 차이 등의 개인차를 존중하면서 실행되어야 한다.

이와 같은 발달적 적합성의 개념을 진단 및 평가에 적용한다면 학령기 아동을 위하여 개발되어 있는 진단 도구나 절차 등을 영유아에게 사용해서는 안 된다. 더욱이 장애를 지니거나 지닐 가능성이 있는 영유아의 경우에는 그런 진단 도구나 절차가 부적절할 수밖에 없다. 예를 들어, 기존의 많은 진단도구의 경우 아동에게 익숙지 않은 좁은 방에서 아동의 관심을 끌지 못하는 작은 놀잇감을 가지고 낯선 전문가에 의하여 사용되고 있다. 게다가 아동의 행동을 관찰할 때에는 성인이 수동적으로 관찰하고, 결과를 해석할 때에도 전형적인 발달을 보이는 아동만을 포함한 표집단과 비교하는 방법이 사용되곤 한다. 그러나 진단에서 발달에 적합한 실제는 인위적인 상황에서가 아니라 자연적인 상황에서 정보가 수집되어야 한다는 기본적인 가정을 전제로 한다(Bagnato & Neisworth, 2000). 장애 유아를 위한 진단 및 평가에 있어서 이와 같이 아동의 발달적 적합성을 고려하는 새로운 방향은 학령기 아동을 대상으로 하는 진단과는 다른 특성을 지닌 방법론적 실제를 제시하게 되었다. 다음에서는 이와 같은 진단 및 평가 실행에서의 바람직한 실제에 대하여 설명한다.

2) 장애 유아 진단 및 평가의 바람직한 실제

부모 참여와 발달적 적합성을 고려해야 한다는 일반적인 지침은 실제로 영유아를 진단하는 과정 전반에 걸쳐 기본적인 지침으로 적용된다. 특히 장애를 지니거나 지닐 가능성이 있는 영유아의 발달적 특성을 고려하여 진단 및 평가를 실시하기 위해서는 방법론적인 질적 요소를 고려해야 한다. Bagnato와 Neisworth (1999)는 장애 유아를 진단할 때 권장되고 있는 방법론적인 질적 요소를 〈표 1-9〉와 같이 여덟 가지로 제시하였으며, 자신의 저서에서 각각의 요소에 대하여 다음과 같이 설명하였다.

(1) 진단의 유용성

진단은 유용해야 한다. 진단은 장애 유아 교육에 있어서 다양한 목표를 성취하는 데 유용한 정보를 제공할 수 있어야 한다. 예를 들어, 선별의 경우 그 목적에 따라 추가 진단이 필요한 아동을 잘 선별할 수 있어야 하며, 장애진단의 경우는 적격성 판정을 정확하게 함으로써 특수교육 서비스를 가능하게 해 주어야 한다. 그리고 교육진단의 경우는 양질의 교육 프로그램을 계획하고 평가할 수 있도록

| 표 1-9 | 장애 유아 진단 및 평가의 바람직한 실제를 위한 질적 요소 |

질적 요소	내용
유용성 (utility)	진단은 유용하게 활용될 수 있는 결과를 제시해야 한다.
수용 가능성 (acceptability)	진단에 사용되는 방법과 결과는 부모와 전문가에게 수용 가능해야 한다.
사실성 (authenticity)	진단은 자연적인 환경에서 이루어져야 하며, 사실적인 정보를 수집해야 한다.
협력 (collaboration)	진단은 가족을 포함해야 할 뿐만 아니라 가족과 다양한 영역의 전문가들에 의하여 협력적으로 이루어져야 한다.
수렴성 (convergence)	진단은 다양한 사람에 의하여 다양한 상황에서 다양한 근거의 정보를 수집함으로써 이루어져야 한다.
형평성 (equity)	진단은 대상자의 개별적인 차이에 따라 그 방법이나 절차가 융통성 있게 수정될 수 있어야 한다.
민감성 (sensitivity)	진단은 모든 아동의 가장 작은 변화도 찾아낼 수 있어야 한다.
대상자 적합성 (congruence)	진단은 대상자의 특성에 맞게 개발되거나 고안된 방법으로 이루어져야 한다.

유용한 정보를 제공하여야 한다.

특히 교육진단과 관련해서는 진단의 결과가 실제로 교육 활동을 위하여 유용하게 사용될 수 있어야 한다. 이것은 진단이 아동의 교수목표를 분명하게 제시해 줄 수 있어야 하며, 진단 과정이 교육 활동의 선정에 도움이 되어야 하고, 이후의 교수나 프로그램 효과를 평가함에 있어서도 역할을 할 수 있어야 한다는 것을 의미한다(Neisworth & Bagnato, 1996). 결과적으로 교육진단이 교육을 위하여 유용하게 사용되기 위해서는 아동의 모든 발달 영역과 행동 영역을 포함하여 각 영역에 대한 아동의 현행수준을 알게 해 주고 우선적인 교수목표를 제시할 수 있어야 한다.

(2) 진단의 수용 가능성

진단은 수용 가능해야 한다. 여기서 말하는 수용 가능성이란 좀 더 폭넓은 의미에서 사회적 타당도(social validity)의 개념을 포함한다. 그러므로 진단이 수용 가능해야 한다는 말은 진단에 사용되는 방법이나 형태, 자료 등이 부모나 전문가가 사전에 동의한 방법이어야 하며, 진단 결과가 제안하는 교수목표와 활동이 사회적으로 가치 있고 아동에게는 중요해야 할 뿐만 아니라 그 절차가 수용 가능해야 한다는 것이다. 또한 가정이나 기타 환경에서 부모에게 보이는 아동의 미세한 변화도 진단을 통하여 탐지될 수 있어야 한다. 다시 말해서, 진단은 아동에게서 나타나는 중요한 변화를 발견해 낼 수 있어야 한다.

(3) 진단의 사실성

진단은 사실적이어야 한다. 친숙하지 못한 상황에서 낯선 사람에 의해서 계획된 과제를 통하여 행해지는 진단은 아동의 행동이나 지식을 정확하게 평가할 수 없다. 일반적으로 심리측정 검사도구의 항목은 교수계획을 위한 유용한 정보를 제공하지 못한다. 실제로 제한된 검사 환경에서 관찰된 아동의 행동은 그 아동의 전형적인 행동을 나타내는 대표적인 행동으로 해석되어서는 안 된다는 사실이 강조되고 있다(Bracken, 1991; Neisworth & Bagnato, 2004). 그러므로 장애 유아를 진단할 때에는 상황이나 검사자 변인이 아동의 행동에 영향을 미칠 가능성을 최소화하기 위해서 자연적인 환경에서의 행동 관찰을 통하여 이루어져야 한다. 이러한 자연적인 환경에서의 진단은 아동을 좀 더 잘 평가할 수 있는 사실적인 정보를 제공할 수 있다. 사실적 진단을 위해서는 직접 관찰뿐만 아니라 평가척도, 교육과정 중심 진단, 부모 면담 등의 방법이 유용하게 사용될 수 있다.

(4) 협력적 진단

진단은 협력적으로 이루어져야 한다. 진단에 사용되는 방법과 절차는 진단에 참여하는 모든 전문가와 가족의 협력을 촉진할 수 있어야 한다. 앞에서 설명하였듯이, 부모를 포함한 가족은 진단의 중심적인 역할을 하면서 참여해야 하고, 진단에 사용되는 모든 자료는 가족의 동의와 이해를 구하고 사용하여야 한다. 특히 진단을 통하여 이루어지는 모든 의사결정은 진단도구에 기초하여 이루어지는 것이 아니라 전문가-부모 간 협력을 통하여 이루어져야 한다는 개념이 반드시 전제되어야 한다.

진단이 협력적으로 이루어져야 한다는 사실은 진단의 전반적인 과정뿐만 아니라 진단을 근거로 결정을 내리는 과정에도 적용된다. 그러므로 진단을 근거로한 결정은 함께 협력한 팀 구성원의 동의하에 이루어져야 한다. 이것은 장애 유아를 진단할 때 한 사람의 검사자에 의해서 진단 결과가 확정되어서는 안 된다는 것을 의미한다. 따라서 장애 유아의 진단에서 협력적으로 접근한다는 것은 반드시 아동의 각 발달 영역을 정확하게 진단할 수 있는 필요한 모든 영역의 전문가가 공동으로 작업하여 각 발달 영역을 최대한으로 촉진할 수 있는 가장 바람직한 교수목표를 설정하고 가장 바람직한 방법으로 교수할 수 있게 해 주는 방법론적 실제라고 할 수 있다(이소현, 2003). 장애 유아의 진단 및 평가에서 협력적 실제에 대해서는 2장에서 좀 더 자세히 설명하고 있다.

(5) 수렴적 진단

진단은 다양한 근거를 통하여 이루어져야 한다. 협력적 진단 부분에서도 설명하였듯이, 장애 유아를 위한 진단은 단일 검사나 단일 검사자에 의하여 이루어져서는 안 된다. 아동에 대한 기능적이면서도 신뢰성 있고 타당한 정보는 매일의 일과 내에서 나타나는 행동을 다양한 사람이 반복적으로 관찰할 수 있을 때에만 수집할 수 있다. 교사와 관련 전문가 및 부모가 지니는 다양한 견해를 수렴하는 것은 좀 더 정확하고 유용한 정보를 얻을 수 있는 기초를 마련해 준다.

이와 같은 필요성에 의하여 다양한 근거의 정보 수집을 의미하는 용어로 수렴적 진단(convergent assessment)이 사용되고 있다. 수렴적 진단은 "아동의 발달 상태에 대하여 가장 타당하게 평가하고, 판별, 현행수준 평가, 진도 평가, 예측 등의 진단 관련 목표를 성취하기 위하여 다양한 근거, 도구, 장소, 상황을 통해서 수집한 정보를 종합하는 것"(Bagnato & Neisworth, 1991, p. 57)으로 정의된다. 이렇게 다양한 근거를 통하여 정보를 수집하기 위해서는 우선적으로 부모나 관련 전문가가 다각도로 참여해야 하며, 여러 검사도구와 관찰, 면담 등 다양한 방법을 사용해야 하고, 정기적인 주기를 두고 지속적이고도 반복적으로 이루어져야 한다. 진단방법에 있어서 검사도구를 사용한 진단, 관찰에 의한 진단, 면담에 의한 진단은 각각 3장, 4장 및 5장에서 설명하고 있다.

(6) 진단의 형평성

진단은 대상 아동의 개별적인 차이에 따라 조정되어야 한다. 이와 같은 형평성의 원리는 특히 진단 자료의 사용에 필수적으로 적용되어야 한다. 예를 들어, 저시력 아동에게 인쇄물을 사용할 때는 시력에 이상이 없는 아동에게 사용하는 자료와 동일한 자료를 사용해서는 안 되며, 청력에 이상이 없는 아동에게 사용하는 청각 자극을 청력에 이상이 있는 아동에게 그대로 사용해서도 안 될 것이다. 그러므로 특정 아동에게 사용되는 자료는 그 아동이 다양한 반응 통로를 통하여 자신의 잠재력을 가장 잘 나타낼 수 있도록 융통성 있게 적용되어야 한다. 결과적으로 진단에 사용되는 절차는 자료가 아동의 감각, 반응이나 정서·문화적 특성에 맞도록 조정 가능하다면 진단의 형평성을 갖추었다고 할 수 있다. 기존에 개발되어 있는 검사도구는 그 절차나 자료가 전형적인 발달을 보이는 아동을 대상으로 표준화되어 있는 경우가 많다. 그렇기에 비전형적인 발달을 보이는 아동에게 아무런 조정 없이 사용한다면 형평성의 기준을 위반한 것이라고 할 수 있다. 진단의 형평성 기준은 특수교육에서 강조되고 있는 개별화된 접근을 위한 실제에서 매우 중요하게 적용되는 기준으로, 진단 과정에서도 반드시 적용되어야 한다.

(7) 진단의 민감성

진단은 민감해야 한다. 여기서 민감하다는 것은 진단에 사용되는 방법이나 자료가 아동이 보이는 미세한 변화도 감지할 수 있어야 한다는 것을 의미한다. 장애 유아 진단 및 평가는 대부분의 경우 발달이 지체된 아동을 대상으로 이루어지기 때문에 이러한 민감성 기준은 특별히 중요하다고 할 수 있다. 특히 심각한 지체나 손상을 지닌 아동의 경우에는 발달이나 학습에 있어서 나타나는 아주 작은 진보도 잘 찾아낼 수 있는 민감한 진단 절차가 적용되어야 한다. 그러나 현재 개발되어 있는 많은 진단도구는 충분한 수의 문항을 가지고 있지 못하며, 따라서 이와 같은 작은 단위의 진보를 감지할 수 있는 민감한 측정을 어렵게 만든다. 진단이 민감하기 위해서는 기존의 진단도구에만 의존하기보다는 진단 대상 아동의 상황이나 특성 등을 고려하여 아동이 보이는 변화를 가장 잘 찾아낼 수 있는 방법과 절차를 적용해야 할 것이다.

(8) 대상자 적합성

진단은 대상자에게 적합한 방법이나 자료를 사용해야 한다. 영유아를 대상으로 진단을 하는 경우에는 전형적인 발달을 보이는 아동부터 경도 및 중도 장애를 지닌 아동에 이르는 모든 영유아를 포함해서 진단받게 될 특정 대상자를 위하여 개발된 타당한 방법이 사용되어야 한다. 예를 들어, 영유아의 경우 이들의 발달 특성에 맞도록 자연스러운 놀이환경에서 아동의 능력을 진단하는 특정 방법과 자료를 적용하게 된다. 결과적으로 조기교육에서의 진단방법과 자료는 신생아 및 영유아를 대상으로 개발된 것이어야 하며, 이들의 관심과 학습 방식에 맞도록 고안된 것이어야 한다.

요약

이 장에서는 장애 유아 진단 및 평가의 기본 개념을 살펴보았다. 진단 및 평가의 용어 정의와 함께 진단이 이루어지는 단계에 따른 진단의 기능에 대하여 알아보았다. 장애를 지녔거나 지닐 가능성이 있는 어린 아동을 대상으로 하는 진단은 그 절차상 대상자 발견 및 선별을 통한 조기 발견, 장애진단, 교육진단, 진도 점검 및 프로그램 평가의 단계로 나누어진다. 각 단계에서의 진단은 그 기능과 목적을 달리하기 때문에 각각의 기능을 알고 적절하게 수행하는 것이 매우 중요하다. 조기 발견의 단계에서는 대상자를 발견하고 추후 진단이 필요한 아동을 선별하는 기능이 수행되며, 선별된 아동에 대해서는 좀 더 종합적인 평가를 통한 장애진단을 하게 된다. 장애진단을 통하여 특수교육 서비스에 대한 적격성을 인정받은 아동에 대해서는 교육진단 절차를 통하여 교수 활동을 계획하게 되며, 일단 교수 활동이 시작된 후에는 정기적인 간격으로 진도를 점검하여 교수계획의 수정 여부를 결정하게 된다. 마지막으로 진단은 아동과 가족과 교사에게 미친 영향을 점검함으로써 프로그램 평가의 기능을 하게 된다.

　이렇게 다양한 기능을 하는 진단은 그 방법 또한 다양하게 분류된다. 정보를 수집하는 절차에 따라 공식적 진단과 비공식적 진단으로 나뉘며, 사용되는 검사도구에 따라 규준참조검사와 준거참조검사로 분류된다. 정해진 절차를 반드시 따라야 하는 표준화 검사와 장애에 따라 수정된 검사가 있으며, 진단자가 직접 정보를 수집하는 직접 진단과 제3자를 통하여 수집하는 간접 진단이 있다. 또한 진단은 진단하는 상황에 따라 자연적 진단과 임상적 진단으로 나뉘며, 수집되는 정보의 형태에 따라 결과중심 진단과 과정중심 진단으로 나뉜다.

　장애 유아 진단 및 평가를 위해서는 일반적으로 가족 참여와 발달적 적합성의 두 가지 기본적인 지침이 적용되어야 한다. 이와 같은 기본적인 지침을 적용함과 동시에, 방법론적 실제에서는 다음과 같은 여덟 가지의 실제적 적용 지침이 바람직한 실제로 권장되고 있다: (1) 진단은 유용해야 한다, (2) 진단은 수용 가능해야 한다, (3) 진단은 사실적이어야 한다, (4) 진단은 협력적으로 이루어져야 한다, (5) 진단은 다양한 근거의 정보를 수렴해야 한다, (6) 진단은 대상자의 개별 차이를 고려하여 형평성을 맞추어야 한다, (7) 진단은 민감해야 한다, (8) 진단은 대상자의 특성을 고려하여 개발된 절차에 의하여 이루어져야 한다.

| 참고문헌 |

손원경(2004). 발달선별검사 개발을 위한 탐색. 열린유아교육연구, 9(2), 81-100.
이소현(2000). 특수아 조기교육 활성화를 위한 정책적 과제 고찰. 특수교육학연구, 35(2), 115-145.
이소현(2003). 유아특수교육. 서울: 학지사.
이소현(2006). 장애 유아 지원 체계 구축을 위한 질적 구성 요소: 정책적 제도 수립을 위한 기초 연구. 유아특수교육연구, 6(2), 83-107.
이소현, 김주영, 이수정(2007). 장애 유아 지원 체계 구축을 위한 정책 개선 방향 및 포괄적 지원 모형 개발. 유아교육연구, 7(1), 351-379.
조광순(2002). 국내 장애 영·유아 조기발견 및 진단·평가의 현황과 과제. 유아특수교육연구, 2(2), 49-74.

조광순, 이미선(2002). 장애 유아 사정의 실제를 향상시키기 위한 정책 방안 고찰. 특수교육
학연구, 37(3), 283-310.

Allen, K. E., & Cowdery, G. E. (2005). *The exceptional child: Inclusion in early
childhood education* (5th ed.). Clifton Park, NY: Thompson Delmar Learning.

Bagnato, S. J., & Neisworth, J. T. (1991). *Assessment for early intervention: Best
practices for professional.* New York: Guilford.

Bagnato, S. J., & Neisworth, J. T. (1999). Collaboration and teamwork in assessment
for early intervention. *Child and Adolescent Psychiatric Clinics of North
America, 8,* 347-363.

Bagnato, S. J., & Neisworth, J. T. (2000, Srping). Assessment in adjusted to each
child's developmental needs. *Birth through 5 Newsletter, 1,* 1.

Benner, S. M. (2003). *Assessing young children with special needs: An ecological
perspective.* New York: Longman.

Bracken, B. (1991). The clinical observation of preschool assessment behavior. In B.
Bracken (Ed.), *The psychoeducational assessment of preschool children* (3rd
ed., pp. 40-52). Boston: Allyn and Bacon.

Bredekamp, S. (1987). *Myths about developmentally appropriate practice in early
childhood programs serving children from birth to age 8* (Exp. ed.).
Washington, DC: National Association for the Education of Young Children.

Bricker, D. D. (1996). Assessment for IFSP development and intervention planning.
In S. J. Meisels & E. Fenichel (Eds.), *New visions for the development
assessment of infants and young children* (pp. 169-192). Washington, DC:
Zero to Three National Center for Infants, Toddlers, and Families.

Diamond, K., & Squires, J. (1993). The role of parental report in the screening and
assessment of young children. *Journal of Early Intervention, 17*(2), 107-115.

Hooper, S. R., & Umansky, W. (2004). *Young children with special needs* (4th ed.).
Upper Saddle River, NJ: Pearson.

Hunt, L., Fleming, P., & Golding, J. (1997). Does the supine sleeping position have
any adverse effects on the child? *Pediatrics, 100,* 11.

McLean, M. (2004). Identification and referral. In M. McLean, M, Wolery, & D. B.
Bailey (Eds.), *Assessing infants and preschoolers with special needs* (3rd ed.,

pp. 100-122). Upper Saddle River, NJ: Pearson.

Meisels, S. J. (1993). Remaking classroom assessment with the work sampling system. *Young Children, 48*, 34-40.

Meisels, S. J., & Provence, S. (1989). *Screening and assessment: Guidelines for identifying young disabled and developmentally vulnerable children and their families.* Washington, DC: National Center for Clinical Infant Programs.

Meyer, C. A. (1992). What's the difference between authentic and performance assessment? *Educational Leadership, 49*, 39-40.

National Association for the Education of Young Chidlren (NAEYC) and National Association of Early Childhood Specialists in State Departments of Education (NAECSSDE). (2003). *Early childhood curriculum, assessment, and program evaluation: Building an effective, accountable system in programs for children birth through age eight.* Washington, DC: Author.

Neisworth, J. T., & Bagnato, S. J. (1988). Assessment in early childhood special education: A typology of dependent measures. In S. L. Odom & M. Karnes (Eds.), *Early intervention for infants and children with handicaps: An empirical base.* Baltimore: Paul H. Brookes.

Neisworth, J. T., & Bagnato, S. J. (1996). Assessment for early intervention: Emerging themes and practices. In S. Odom & McLean (Eds.), *Early intervention/early childhood-special education: Recommended practices* (pp. 23-58). Austin, TX: Pro-Ed.

Neisworth, J. T., & Bagnato, S. J. (2004). The mis-matching of young children: The authentic assessment alternative. *Infants & Young Children, 17*, 198-212.

Perrone, V. (1991). On standardized testing. *Childhood education, 67*, 132-142.

Peterson, N. L. (1987). *Early intervention for handicapped and at-risk children: An introduction to early childhood-special education.* Denver, Colorado: Love Publishing Co.

Ramey, C. T., & Ramey, S. L. (1998). Early intervention and early experience. *American Psychologist, 53*, 109-120.

Sandall, S., Hemmeter, M. L., Smith, B. J., & McLean, M. E. (2005). *DEC Recommended Practices: A comprehensive guide for practical application in early intervention/early childhood special education.* Longmont, CO: Sopris West.

Snyder, S. (1993). Program evaluation. In DEC Task Force on Recommended Practices, *DEC Recommended Practices: Indicators of quality in programs for infants and young children with special needs and their families.* Reston, VA: Division for Early Chilhood, Council for Exceptional Children.

Suen, H. K., Lu, C. H., & Neisworth, J. T. (1993). Measurement of team decision making through generalizability theory. *Journal of Psychoeducational Assessment, 11*, 120-132.

Thomas, A., & Grimes, J. (2002). *Best practices in school psychology* (4th ed.). Washington, DC: National Association of School Psychologiests (NASP).

U. S. Department of Education. (2005). *Twenty-seventh annual report to Congress on implementation of the Individuals with Disabilities Education Act.* Washington, DC: Author.

제2장
교육진단의 이해

1. 교육진단의 이론적 배경
2. 장애 유아 교육진단의 실제

1. 교육진단의 이론적 배경

1) 교육진단의 정의 및 목적

1장에서 살펴본 대로, 유아를 대상으로 하는 진단은 "부모와 전문가가 함께 참여하는 팀이 어린 아동과 그 가족의 발달적, 교육적, 의학적, 정신건강 서비스의 변화하는 필요에 대하여 반복적으로 판단을 수정하고 합의를 이루어 나가는 융통적이고 협력적인 의사결정 과정"(Bagnato & Neisworth, 1991, p. xi)이다. 특히 현장에서 아동을 직접 가르치는 교사에게는 아동에게 적절한 교육을 제공하기 위한 구체적인 정보를 제공해 주는 과정이라고 할 수 있다. 이러한 과정에 대한 이해를 돕기 위하여 [그림 2-1]에 제시된 어느 유치원 교사의 일지에 나타난 사례를 살펴보기로 하자.

교육 현장에서 그림에 제시된 민희와 같은 아동을 맞이하게 되는 교사라면 자연스럽게 다음과 같은 질문을 던지게 될 것이다. '걸음걸이가 불안한데 놀이터에 데리고 나가도 되는 것일까?' '말이 많이 서툰 것 같은데 앞으로 어떻게 지도해야 하나?' '식사 시간 행동이 대체 얼마나 심각하기에 어머니가 저렇게 힘들어하실까?' '내가 가족의 어려움까지 감당하고 지원할 수 있을까?' 이 사례의 경우 뇌성마비라는 진단명이나 현재 전반적인 발달 수준이 약 20~22개월이라는 정보는 민희를 직접 교육해야 하는 교사에게는 충분한 정보가 될 수 없다. 그보다 앞으로 민희를 가르치는 데 실제로 적용할 수 있는 정보, 즉 민희가 현재 도움 없이 혼자서 수행할 수 있는 기술과 그렇지 않은 기술은 무엇인지, 발달이나 학습에 영향을 미치는 독특한 행동 특성이 있는지, 교육 상황에 영향을 미칠 수 있는 가족 및 환경상의 다양한 변인은 무엇인지, 가족이 민희에게 바라는 우선적인 요구는 무엇인지 등 보다 실질적인 정보가 필요하다. 이것은 민희에게 적절한 교육 프로그램을 제공하기 위해서는 사전에 민희와 그 가족의 독특한 필요를 반영하는 개별화된 진단 및 교수계획이 필수적으로 요구된다는 것을 보여 주는 것이다.

2009년 3월 10일…

민희라는 새 아동이 찾아왔다. 민희는 이제 막 만 3세가 되었다. 경도의 무정위성 뇌성마비로 진단을 받은 아동이다. 경도의 무정위성이라…

교실 안의 또래들을 보더니 선뜻 다가가 어울리려 하는데 비틀거리는 걸음걸이가 불안해 보인다. 뭔가가 필요한지 교실 한쪽의 어머니를 돌아보며 뭐라고 말을 하는데 어머니 외 다른 사람들은 잘 알아듣지 못한다. 또래들보다 많이 서툴러 보인다. 민희의 부모님은 식사 시간마다 겪고 있는 가족의 어려움을 가장 먼저 털어 놓으신다. 전쟁을 치르다시피 한다는 것이다. 휴우~~

[그림 2-1] 어느 유치원 교사의 일과 기록

특정 아동 및 그 가족의 개별적인 필요를 반영하는 개별화된 진단 및 교수계획을 위한 과정 전반을 일컬어 교육진단(educational assessment)이라고 한다. 즉, 교육진단이란 장애진단을 통하여 특수교육 적격성이 결정된 영유아 및 그 가족을 위해 개별화 프로그램(예: IEP/IFSP)을 개발하기 위하여 가족을 포함하는 다학문적 진단 팀이 사용하는 절차를 의미한다. 이러한 교육진단의 결과로 특정 영유아 및 가족의 필요에 부응하는 특수교육 및 관련 서비스, 활용할 서비스의 전달방법, 특정 장단기 교수목표 등이 결정된다(McLean, 2004). 따라서 교육진단은 그 과정을 통하여 다음과 같은 목표가 성취되어야 한다(Bailey & Wolery, 2003).

- 아동의 발달에 적절하며 기능적인 목표 설정하기
- 아동의 독특한 행동 양식, 강점, 문제 해결 전략 알아내기
- 부모가 원하는 자녀를 위한 목표와 부모 자신을 위한 필요 알아내기
- 부모가 자신의 능력과 가치를 느끼도록 강화하기
- 아동 및 그 가족의 필요와 자원에 대하여 진단에 참여한 사람 간에 공통된 의견 수립하기

2) 교육진단의 중요성

1장에서 진단은 그 목적에 따라 다양한 기능을 지닌다고 강조하였다. 그중에서도 교육진단은 장애 유아를 위한 교육 현장에서 이들을 위한 교수목표를 세우고 교수 활동을 진행하는 데 핵심적인 역할을 하게 된다. 다시 말해서, 교육진단은 장애 유아를 가르치기 위하여 실제적인 교수계획을 세워 가는 절차의 시작인 동시에 교수 실행 및 평가로 연결되는 일련의 과정이다. 앞서 [그림 1-2]에서 보았듯이, 교사는 교육진단이라는 수단을 통하여 정보를 수집하고, 가르쳐야 할 내용과 방법을 결정하며, 가르친 내용이 잘 학습되었는지를 다시 평가하게 된다. 이는 교수 활동 이전에 먼저 시행되는 진단이 교수 활동의 기초가 되며, 교수 활동의 결과는 평가를 통하여 재진단의 필요성을 결정하거나 이후의 방향을 정해 주는 자료로 사용된다는 것을 의미한다. 즉, 교육진단은 1회로 끝나는 것이 아니며 지속적으로 반복해서 이루어지는 교수 활동의 자연스러운 일부분이다. 만일 교육진단이 프로그램 계획을 위한 기본적인 정보를 제공해 주지 못한다면 이후에 연속적으로 뒤따르는 교수 활동도 원활하게 이루어질 수 없게 될 것이다(이소현, 2003). 결과적으로 교육진단의 중요성은 진단과 교수의 연계라는 특성에서 강조될 수 있다.

이와 같이 진단-교수 연계를 위한 역할이 중요하지만 교수 활동과 연계된 형태로 진단을 실시하고 진단의 결과와 연계된 형태로 교수 활동을 전개하는 것은 그렇게 단순한 작업이 아니다. 아쉽게도 교육 현장에서는 진단과 교수 활동이 각각의 독립된 활동으로 분리되어 실행되고 있는 것을 자주 보게 된다. 진단과 교

수 활동 간 연계가 잘 이루어지지 않는 이유는 크게 다음의 두 가지로 살펴볼 수 있다(Bagnato, Neisworth, & Munson, 1997).

첫째, 진단의 목적을 잘못 인식하기 때문이다. 진단에 참여하는 교사가 진단의 목적을 잘못 인식하게 되면 그 진단 활동은 교수와는 전혀 무관한 활동이 되어 버린다. 1장에서 설명하였듯이, 진단은 장애 위험 영유아를 발견하기 위하여(선별), 장애 여부를 판별하고 교육환경에 배치하기 위하여(장애진단 및 적격성 판정), 특정 아동에게 적절한 교수계획을 수립하기 위하여(교육진단), 또는 아동의 진보를 평가하거나(진도 점검) 프로그램의 성과를 평가하기 위하여(프로그램 평가) 등의 여러 가지 목적을 지니고 있다. 이러한 진단 목적에 따라 필요한 도구나 절차 등의 진단방법을 달리해야 한다. 교사가 교육진단을 실시하는 목적은 특정 아동 및 그 가족을 위한 개별화된 프로그램(IEP/IFSP)을 개발하기 위하여 실제 교수 활동에 필요한 유용한 정보를 수집하는 데 있다. 따라서 교사는 이러한 교육진단의 목적과 역할을 분명하게 인식하여 교육진단에 참여하는 과정 내내 아동의 현행수준, 강·약점, 필요나 욕구 등 교수에 유용한 정보를 알아냄으로써 앞으로 적용할 교육과정 또는 교수 활동과 연계되는 진단이 되도록 힘써야 한다.

둘째, 사용하고 있는 전통적인 진단방법이나 도구가 그 특성상 교수 활동과 연계하기 어렵기 때문이다. 교육 현장에서 전통적으로 많이 사용되어 온 규준참조검사 도구는 개별 아동의 교육 프로그램 계획에 필요한 실질적인 내용을 제시해 주지 못한다. 더욱이 영유아의 경우에는 이들의 특성상 규준참조검사 도구를 통해서 필요한 정보를 충분히 수집하기가 어렵다. 따라서 교사는 사용하고 있는 전통적인 진단방법의 검사도구에 대하여 바르게 이해하고 있어야 하며, 검사도구가 제시하는 진단 결과가 교수 활동과의 연계에 어떠한 역할을 해 줄 수 있는지를 먼저 고려할 수 있어야 한다. 더 나아가 검사도구 사용이라는 기존의 방법과는 다른 진단방법을 모색할 수 있어야 할 것이다. 이 책에서는 이와 같은 다양한 방법의 진단방법에 대해 설명하고 있다.

3) 장애 유아 교육진단을 위한 지침

1장에서 장애 유아 진단 및 평가의 바람직한 실제로 가족 참여와 발달적 적합성이라는 두 가지 일반적인 지침(Sandall, Hemmeter, Smith, & McLean, 2005)이 제시되었다. 또한 구체적인 방법론적 기준으로 여덟 가지 요소가 제시되었다(Bagnato & Neisworth, 1999). 이 여덟 가지 방법론적 기준을 고려한다면(〈표 1-9〉 참조), 교육진단은 (1) 진단을 통하여 실제 교수 활동에 활용할 수 있는 우선적인 교수목표 등의 유용한 결과를 제시할 수 있어야 하고(진단의 유용성), (2) 교육진단에 사용하는 방법과 절차 및 결과는 부모와 전문가에 의해 사전에 동의되고 수용 가능해야 하고(진단의 수용 가능성), (3) 자연적인 환경 내에서 사실적인 정보가 수집되어야 하고(진단의 사실성), (4) 교육진단의 전 과정이 부모를 포함한 가족의 동의와 참여하에 가족과 다양한 영역의 전문가와의 협력으로 이루어져야 하고(협력적 진단), (5) 다양한 사람에 의하여 다양한 상황에서 다양한 방법을 통하여 정보를 수집해야 하고(수렴적 진단), (6) 대상 영유아의 개별적인 차이에 따라 교육진단의 방법이나 절차가 융통성 있게 수정될 수 있어야 하고(진단의 형평성), (7) 대상 영유아의 가장 작은 변화도 찾아낼 수 있는 방법과 절차를 적용해야 하고(진단의 민감성), (8) 어린 영유아의 특성에 맞게 개발되고 고안된 방법과 자료를 사용해야 한다(대상자 적합성).

이와 같은 진단의 기준을 근거로 미국 특수교육협회(CEC)의 조기교육분과(DEC)에서는 장애 유아 교육을 위한 '권장의 실제(recommended practices)'를 통하여 진단과 관련된 다섯 가지 실제 및 그에 따른 구체적인 실행 지침을 제시하였다(Neisworth & Bagnato, 2000). 다섯 가지 진단의 실제란 (1) 가족과 전문가들이 진단의 계획과 실행 과정에서 협력해야 하고, (2) 진단은 아동과 가족을 위하여 개별화되고 적절해야 하고, (3) 진단은 중재를 위한 유용한 정보를 제공해야 하고, (4) 전문가들은 서로를 존중함과 동시에 서로에게 유용한 방법으로 정보를 공유해야 하고, (5) 전문가들은 법적 및 절차상의 규정을 준수하고 권장의 실제 지침을 따라야 한다는 것이다. 〈표 2-1〉은 이러한 다섯 가지 진단의 실제에 따른 46개의 실행 지침을 보여 주고 있다.

표 2-1	DEC의 진단 관련 권장의 실제
권장의 실제	**실행 지침**
가족과 전문가의 협력	1. 가족이 초기 선별 및 기타 활동을 계획할 수 있도록 전화나 기타 접근할 수 있는 방법을 마련한다. 2. 진단 과정 전반에 걸쳐 가족과 연락할 수 있는 한 가지 방법을 확보한다. 3. 진단 계획 및 활동에 가족이 참여하는 것과 관련된 프로그램의 철학을 서면으로 제공한다. 4. 가족의 선호도를 논의하고 아동의 필요를 가장 잘 충족시킬 수 있는 진단 과정, 방법, 자료, 상황에 대한 합의를 위하여 가족과 만나서 협력한다. 5. 가족에게서 아동의 관심, 능력, 특별한 필요에 대한 정보를 알아낸다. 6. 부모의 동의를 얻어 아동과 가족에 대한 기록을 검토한다. 7. 전문가와 가족은 아동과 가족의 필요와 목표에 가장 잘 맞는 팀 구성원 및 진단 스타일을 결정한다. 8. 가족은 진단 절차에 적극적으로 참여한다. 9. 가족은 진단 과정 중 자신의 역할을 선택한다(예: 보조자, 촉진자, 관찰자, 평가자). 10. 각 가족의 동의하에 가족이 아동의 발달과 관련된 자신의 자원, 관심, 우선순위를 알아낼 수 있도록 도와준다. 11. 전문가, 가족, 기타 정기적인 양육자는 진단의 목적을 위하여 동등한 팀 구성원으로 함께 일한다(즉, 가족/양육자의 관찰 및 보고를 동등하게 중요시하고, 진단 결과를 논의하고 아동의 필요와 프로그램에 대하여 합의함). 12. 프로그램 관리자는 가족과 전문가 간의 자문 및 협력이 보장된 진단 절차를 사용하도록 격려한다(예: 팀 구성원 모두가 모여 양적 및 질적 정보를 논의하고 의사결정을 위하여 합의함).
개별적이고 적절한 진단	13. 아동의 상태, 진도, 프로그램의 영향 및 성과를 진단하기 위하여 다양한 측정방법을 사용한다(예: 발달 관찰, 준거/교육과정 중심 면담, 전문가의 임상적 견해, 교육과정 병용 규준참조검사). 14. 아동의 감각, 신체, 반응, 기질상의 차이를 반영한 자료와 절차를 선택한다. 15. 일과 내에서 아동의 사실적인 행동을 알게 해 주는 자료에 의존한다. 16. IFSP/IEP 목표 및 활동을 고안하기 위하여 가족 스스로가 다룰 수 있는 자료와 절차를 사용해서 가족과 기타 양육자로부터 정보를 수집한다. 17. 아동에게 친숙한 상황에서 아동을 진단한다. 18. 아동과 친숙해진 후에 아동을 진단한다. 19. 다양한 근거로부터 정보를 수집한다(예: 가족, 전문가 팀 구성원, 기관, 서비스 제공자, 기타 정기적인 양육자). 20. 모든 발달 및 행동 영역에 대한 아동의 강점과 필요를 진단한다.

〈계속〉

권장의 실제	실행 지침
중재를 위한 유용한 정보	21. 중재와 진보에 방해가 될 수 있는 비전형적인 행동의 출현 및 정도를 진 단한다. 22. 문제행동의 형태와 기능을 진단하기 위하여 기능적 행동 분석을 사용한다. 23. 프로그램 관리자는 EI/ECSE 팀과 함께 중재 타당도가 높은 측정방법만을 사용한다(즉, 진단과 개별화 프로그램 계획과 진도 평가를 연계해 주는). 24. 기술의 즉각적인 습득뿐만 아니라 아동이 다른 장소와 다른 사람에게도 지속적으로 기술을 보이는지도 진단한다. 25. 과제를 수행하기 위하여 아동이 필요로 하는 지원의 정도를 평가한다. 26. 작은 진보도 감지할 수 있는 정도의 충분한 항목을 지닌 도구를 선택하고 사용한다. 27. 팀 진단을 위한 기초 또는 '상호적인 언어'로 교육과정 중심 진단에 의존 한다. 28. 아동에 대한 이전의 가설을 검토하고 진행 중인 프로그램을 수정하기 위 하여 장기적이고 반복적인 진단을 수행한다. 29. 프로그램의 목표와 교수목표를 계획하는 데 즉각적으로 사용될 수 있는 양식으로 진단 결과를 보고한다.
정보 공유	30. 전문가는 가족이 이해할 수 있고 도움이 될 수 있도록 진단 결과를 보고한다. 31. 최적의 발달을 촉진하기 위한 우선적인 관심사와 함께 강점도 보고한다. 32. 진단의 제한점을 보고한다(예: 라포 형성의 문제, 문화적인 편견, 감각/ 반응 요구). 33. 발달 영역 간의 관계에 대한 결과와 해석을 포함하는 보고서를 작성한다. 34. 진단도구에 따라서보다는 발달적/기능적 영역이나 우려에 따라서 보고 내용을 정리한다. 35. 팀이 의사결정을 위하여 정보를 사용하기 전에 보고서를 검토하고 질문 하며 우려를 표명할 충분한 시간을 갖는다. 36. 가족은 아동의 수행이나 진보를 논의하기 위한 평가회의에 다른 사람을 초대할 수 있다.
절차 및 지침 준수	37. 가족에게 주정부의 진단과 관련된 EI/ECSE 규정과 규칙에 대하여 알려 준다. 38. 장애진단 관련 규칙이 요구하는 경우 영아 및 어린 아동에게 발달적으로 적절한 측정 및 분류 체계를 적용한다. 39. 심리검사자는 프로그램의 내용 및 목표에 직접적으로 관련되고 계획된 환경에서보다는 자연적인 환경에서 기술을 측정하는(예: 놀이 중심) 초기 문제해결 기술의 사실적 측정(전통적인 지능검사 대신)에 의존한다.

〈계속〉

권장의 실제	실행 지침
	40. 적절한 경우, 대상 아동과 유사한 아동을 표집단으로 하는 타당도가 검증된 표준화된 규준참조검사만을 선택한다.
	41. 집단의 규준보다는 개인의 과거 수행을 기준으로 아동의 진보를 점검한다.
	42. 계획된 일련의 중재에 대한 아동의 반응을 평가할 때까지는 최종적인 장애진단을 보류한다.
	43. 프로그램 관리자는 팀 구성원이 윤리 기준과 권장의 실제를 유지할 수 있도록 관리 지원을 제공한다.
	44. 교수 및 치료 전략을 수정하기 위하여 최소한 90일마다 아동의 진보를 지속적으로 검토한다(형성평가).
	45. 아동과 가족의 계속 변하는 필요를 충족시키기 위하여 성과를 진단하고 다시 계획한다.
	46. 아동의 목표-계획을 수정하기 위하여 매년 아동의 진보를 진단한다(총괄평가).

이상의 권장되고 있는 실제적인 방법들을 적용하는 것 외에도 영유아를 대상으로 교육진단을 하는 경우에는 다음과 같은 몇 가지 사항을 반드시 주의해야 한다(Benner, 2003; Greenspan & Meisels, 1994).

첫째, 부모나 주 양육자에게서 나이가 어린 아동을 억지로 분리시키려고 해서는 안 된다. 교육진단을 통하여 이들의 능력을 탐색하고 효과적인 교수계획에 도움이 될 정보를 수집하기 위해서는 진단 과정 중 아동이 긴장을 풀고 편안함을 느낄 수 있어야 한다. 부모나 주 양육자와 떨어지도록 강요함으로써 아동을 힘들게 한다면 수집되는 정보가 이들의 능력이나 기술을 제대로 반영하는 것이라고 말하기 어렵다. 함께 있는 것만으로도 안정감을 주고 기운을 북돋아 주는 부모나 주 양육자가 옆에 있는 경우 아동과 관련된 정확한 정보를 더 많이 얻을 수 있다. 뿐만 아니라 부모나 주 양육자와 영유아 간의 자연스러운 상호작용 장면에 대한 관찰은 전통적인 검사에서 얻을 수 없는 유용한 정보를 제공해 줄 것이다.

둘째, 〈표 2-1〉의 지침에서도 볼 수 있는 것처럼 낯선 검사자가 진단하지 않아야 한다. 나이가 어린 영유아는 낯선 환경에서 최상의 행동을 보이지 않는 경우가 많다. 특히 6~8개월경부터 18개월까지의 특정 연령대는 흔히 말하는 '낯가림'의 시기로 아동이 낯선 사람의 접근에 대해 일반적으로 불안한 반응을 나타낸다. 따라서 영유아는 낯선 사람에 의해 검사를 받는 상황에서는 자신의 능력을 충분히 나타낼 수 없게 된다. 이들은 낯선 사람의 얼굴을 마주 대하는 것이나 그 사람에게 협조하도록 기대되는 분위기에 불안해할 수 있으며, 낯선 검사자가 요구하는 과제를 시도하고 싶지 않을 수도 있다. 낯선 검사자는 영유아의 수행 및 진단 결과에 영향을 미치는 요인이다. 비록 검사자가 놀이중심 접근을 통하여 전통적인 표준화 검사 시행에서 기대되는 것보다 더 친숙한 방법으로 진단하기 위한 노력을 기울인다고 할지라도, 어린 영유아에게는 낯설고 새로운 성인과의 상호작용 자체가 낯선 상황임을 고려해야 한다.

셋째, 쉽게 측정할 수 있는 기술에만 의존하는 진단이 되지 않도록 한다. 일반적으로 아동의 발달 영역 중 특정 기술을 분리해서 진단하기는 쉽다. 블록 쌓기, 동요 반복하기, 8조각 퍼즐하기와 같은 검사 항목은 대상 영유아에게 제시하기도 쉬우며 점수 측정이 간단하고 비교적 일관성 있는 결과를 제공해 준다. 그러나 단순히 발달기술의 습득 또는 비습득만을 알려 주는 진단이라면 아동의 능력을 제대로 이해하기 어렵다. 이러한 기술이 가정, 유치원, 어린이집, 백화점 내 놀이방과 같은 환경에서 어떻게 사용되는지에 대해서는 아무런 정보를 제공하지 못하기 때문이다. 예를 들어, 앞서 제시한 민희의 언어진단에서 민희는 15개 정도의 표현 어휘를 가지고 있었으며, 수용언어 면에서는 24개월 수준까지의 단어 그림을 정확하게 지적할 수 있었다. 그러나 이것만으로는 민희가 또래와 효과적으로 의사소통을 하며 지내는지, 우정 관련 발달 과제를 잘 다루어 내고 있는지, 문제 해결을 위해 언어기술을 사용할 수 있는지, 자신만의 '스크립트'를 만들어 내면서 상상놀이의 기쁨을 즐기고 있는지 등에 대해서 알 수가 없다. 따라서 특정 분리된 기술에 대한 검사 결과에 의존하기보다는 아동의 능력을 총체적으로 이해하게 해 주는 정보를 수집해야 한다.

넷째, 공식적 진단에 사용되는 검사가 교육진단의 중심이 되지 않도록 한다. 교육 현장에서는 일반적으로 특정 점수 등 객관적인 자료를 제시해 주는 공식적인 검사 결과를 다른 자료(예: 관찰, 부모나 주 양육자의 보고, 포트폴리오)보다 중요하게 여기는 경향이 있다. 공식적인 검사가 관찰 등의 다른 형태의 진단보다 빠르고 간단하고 많은 전문가에 의해 여전히 높은 평가를 받고 있는 것은 사실이다. 하지만 실제로 영유아 대상의 교육진단에서는 이러한 검사 결과가 아동에 대한 자세한 관찰, 상호작용적 놀이, 환경 변인 수정을 통한 기능적인 행동 분석 등으로 알아낼 수 있는 것보다 더 유용한 정보를 제공해 주지 못한다는 사실을 반드시 고려해야 한다. 따라서 공식적인 검사가 어린 영유아 대상 교육진단 과정에 포함된다고 하더라도 그것이 의사결정을 위한 중심 자료가 되어서는 안 된다.

2. 장애 유아 교육진단의 실제

1) 교육진단 방법

장애 유아를 위한 교육진단이란 궁극적으로 이들을 위한 교육 계획에 필요한 정보를 수집하는 과정을 의미한다. 따라서 교육진단 방법은 곧 정보를 수집하는 방법이라고 할 수 있다. 일반적으로 교육 계획을 위한 정보 수집은 검사도구를 활용하거나, 아동의 행동을 직접적으로 관찰하거나, 아동과 관련된 사람들과 면담을 함으로써 이루어진다.

교육 계획 수립을 위한 정보 수집에 가장 먼저 사용되는 방법은 검사도구를 활용하는 것이다. 교육진단에 사용되는 검사도구로는 주로 교육과정 중심 진단(curriculum-based assessment: CBA)을 들 수 있다. 교육과정 중심 진단은 일반적으로 인지 또는 전학문 기술, 사회성, 언어, 운동 기능, 자조기술 또는 적응행동 등 몇 개의 넓은 영역으로 분류되는 일련의 기술을 발달상의 순서대로 나열하고 있으며, 항목 자체가 교수목표로 사용되기도 한다. 도구에 따라서는 각 항목과 관련된 교수 활동을 함께 제시하기도 한다. 그러나 교육과정 중심 진단에 포함되어 있는 항목들이 반드시 교수 순서를 의미하는 것은 아니며, 교수목표로서 그 가치가 인정되지 않는 항목도 있다. 그러므로 사용자의 주의 깊은 판단이 요구된다. 체크리스트(또는 점검표) 또한 장애 유아 진단 현장에서 많이 사용되는 도구로 가족의 요구와 자원을 조사하기 위한 설문지(예: 가족욕구 조사서[Family Needs Survey]; Bailey & Simeonsson, 1988) 등이 해당된다.

장애 유아 교육 계획을 위한 정보 수집에 사용되는 두 번째 방법인 관찰은 아동의 행동에 대한 양적 및 질적 자료를 수집하기 위한 필수 방법이다. 일반적으로 관찰은 아동의 실제 생활환경에서의 행동을 살펴보는 자연적인 관찰과 특정 목적을 위하여 구조화된 환경에서 행동을 살펴보는 임상적인 관찰로 구분된다. 그런데 교육 현장에서 장애 유아의 교수계획을 위하여 수행하는 관찰은 대체적으로 자연적인 관찰을 의미하곤 한다. 따라서 교육진단을 위한 관찰은 다양한 자연적인 상황에서 아동의 행동에 관한 정보를 수집하기 위한 목적으로 수행되므로 어떤 상황 또는 조건에서 특정 행동이 얼마나 자주 그리고 어떻게 나타나는지 등을 기록하게 된다. 정보를 수집하기 위하여 아동의 행동을 관찰할 때에는 주관적인 해석에 의해서가 아니라 발생한 행동과 사건에 대하여 객관적으로 초점을 맞추어야 한다.

정보 수집의 세 번째 방법으로는 면담이 사용된다. 면담은 아동과 관련된 정보를 지니고 있다고 판단되는 대상자와 면대면 대화 및 토론을 통하여 필요한 정보를 수집하는 방법이다. 주로 부모나 주 양육자를 대상으로 많이 수행된다. 면담은 공식적인 구조화된 계획을 통하여 이루어지거나 비공식적인 상황에서 이루어진다. 특히 부모 등 관련인의 생각이나 견해, 우선적인 관심 영역 등을 알아내는 데 효과적으로 사용될 수 있다. 그러나 아동의 행동과 관련된 정보의 경우 직접적인 측정을 통하여 수집된 정보가 아니므로 그 해석과 적용에 주의를 기울여야 한다. 또한 면담 대상자의 생각과 전문가의 견해가 일치하지 않을 수도 있으므로 다양한 사람의 견해가 서로 다르게 나타날 수 있는 것에 대한 세심한 주의가 요구되며, 면담 결과의 해석과 적용에도 주의를 기울여야 한다.

이상의 세 가지 진단방법은 각각 그 기능이나 목적이 다를 수 있으며, 방법에 따른 장점과 제한점을 지니기도 한다. 뿐만 아니라 진단방법에 따라서 수집되는 정보의 종류나 유형이 달라질 수 있다. 그러므로 포괄적인 정보를 수집하기 위해서는 하나의 선택에 의해서가 아니라 동시에 복합적으로 사용되어야 한다(이소현, 2003). 특히 나이가 어린 영유아를 진단하는 경우에는 위의 여러 방법을 함께 사용함으로써 다양한 정보를 수집함과 동시에, 전문가의 비공식적인 전문적 견해를 기초로 아동을 평가하는 판단에 근거한 진단(judgement based assessment)

이 이루어지는 것이 바람직하다. 판단에 근거한 진단은 비공식적인 임상 견해를
기반으로 판단을 하는 진단이다. 이는 공식적인 진단 결과에서 나타나지 않은 아
동의 강점과 약점에 대한 부가적인 자료를 제공해 줌으로써 적절한 교육 프로그
램 계획에 유용한 역할을 하게 된다. 따라서 나이가 어린 영아의 진단을 위하여
필수적으로 권장되고 있다.

〈표 2-2〉는 장애 유아 교육진단에 사용되는 위의 세 가지 진단방법의 정의와

표 2-2 장애 유아 교육진단에 사용되는 진단방법

방법		정의	장점	제한점
도구를 이용한 진단	교육과정 중심 진단	교육과정상의 목표가 열거된 준거참조검사의 한 유형	• 항목이 발달상의 순서대로 제시되어 있어 모든 아동을 진단할 수 있음 • 모든 발달 영역에 대한 종합적인 진단이 가능함	• 신뢰도 및 타당도 자료 부족 • 교수 순서로서의 적합성에 대한 의문 • 기능적 기술 평가의 제한
	체크리스트	진단하고자 하는 요구, 문제, 기술 등을 표시하게 하는 일련의 문항으로 구성된 검사도구	• 간단하고 효율적인 자료 수집 • 기능적인 정보 제공 • 정보 제공자의 우선순위에 대한 의견 수렴 가능	• 정보 제공자의 읽기 능력이 요구됨 • 정보 제공자의 해석에 따라 정보가 달라질 수 있어 문항 서술에 주의를 기울여야 함 • 정보 제공자가 체크리스트 작성을 좋아하지 않을 수 있음
관찰		다양한 자연적 상황에서 발생하는 행동을 살펴보고 기록하는 방법	• 자연적인 실제 상황에서 아동의 행동 측정 • 시간에 따른 변화 측정 • 정규 일과 및 활동 중에 수행 가능 • 아동에 따른 개별화 가능	• 시간이 오래 걸림 • 적절한 관찰 체계를 계획하고 수행하기 위한 특정 기술이 요구됨 • 수집된 자료의 해석을 위한 기준 및 지침이 부족함
면담		정보를 가지고 있는 사람을 대상으로 면대면 대화를 통하여 이루어지는 정보 수집방법	• 다른 방법으로 수집된 정보의 정교화 • 융통적인 수행이 가능함 • 특정인의 감정이나 개인적 견해 진단에 효율적임 • 라포 및 관계 형성에 도움	• 면담 진행자의 기술 필요 • 면담 대상자가 제공한 정보의 정확성에 대한 이슈 • 결과의 수량화나 해석 및 적용의 어려움

함께 장점 및 제한점을 비교하여 제시하고 있다. 각각의 진단방법에 대한 상세한 내용은 이 책의 나머지 장들에서 설명한다. 교육과정 중심 진단은 3장에서, 구체적인 관찰 방법에 대한 내용은 4장에서, 면담에 대해서는 5장에서 상세하게 설명한다.

2) 교육진단 내용

장애 유아 교육진단 시 수집해야 하는 정보의 내용은 크게 아동, 가족, 환경의 세 가지로 나누어진다. 교육진단은 개별 아동을 위한 적절한 교수계획의 목표를 지니고 있다. 그렇기에 이를 위해서는 아동의 현행 기능을 파악하고, 가족이 지니고 있는 자원과 관심에 대하여 알아보며, 아동이 속한 환경을 평가해야 한다. 이와 같은 세 가지 내용의 진단을 위하여 앞에서 설명한 검사도구와 함께 관찰 및 면담의 방법이 사용된다.

먼저 아동을 대상으로 진단을 하게 되는 경우 우선적으로 현행 발달 수준에 대한 정확한 평가가 이루어져야 하는데, 이를 위해서는 모든 발달 영역에 대한 포괄적인 정보가 수집되어야 한다. 일반적으로 학령기 아동은 특정 교육과정에 따른 시험을 통하여 현재 아동의 능력과 교육과정상의 학업 수준을 비교하고 교수목표를 설정하게 된다. 그러나 영유아의 경우 이와 같은 학업적인 기술이 교수목표가 될 수는 없으며, 이 연령대에 이루어야 할 발달 과업(예: 걷기, 말하기, 친구와 함께 놀기)이 성취되고 있는지를 평가함으로써 교육 프로그램을 계획하게 된다. 따라서 영유아 교육진단에서는 아동의 포괄적인 발달 상태뿐만 아니라 각 발달 영역에 따른 구체적인 현행수준과 함께 강점 및 약점을 파악하여야 한다. 아동의 발달 진단을 위해서는 인지 발달 및 문제해결 기술, 언어 및 의사소통 발달, 대근육 및 소근육 운동기능 발달, 놀이행동을 포함한 사회성 및 정서 발달, 자조기술을 포함한 적응행동 등의 영역에서 구체적인 정보를 수집해야 한다. 또한 아동에 따라서는 일반적인 발달 영역에 대한 진단 외에도 특정 행동에 대한 진단을 필요로 하기도 한다. 예를 들어, 행동상의 문제로 인하여 아동의 발달이나 환경 적응이 방해를 받는다면 기능적 행동진단을 통하여 이를 위한 교수계획을 세워야 한다.

장애 유아 교육진단의 내용에는 가족진단이 포함된다. 장애를 지닌 영유아의 교수계획 수립은 가족이라는 구조 내에서 수행될 때 가장 잘 이루어질 수 있다. 이것은 가족으로부터 수집한 정보가 앞에서 설명한 아동의 발달 진단 과정에서 핵심적인 역할을 하며, 또 가족이 아동의 교육과 관련해서 어떤 우선순위와 선호도를 지니고 있는지 알 수 있고, 아동의 교수목표를 성취하는 데 도움이 되는 자원이 무엇인지를 알 수 있기 때문이다. 〈표 2-1〉의 권장의 실제에서도 제시하였듯이, 교육진단에서 가족과의 협력은 진단 과정에서 필수적인 요소로 포함되어야 하며, 진단의 내용에서도 가족의 자원, 우선순위, 요구를 파악하여 아동의 교수계획에 반영하는 과정 역시 필수적인 요소로 인식되어야 한다.

마지막으로 장애 유아 교육진단은 아동이 포함된 환경을 진단한다. 일반적으로 아동의 발달 기술이나 과제의 수행은 환경과 분리해서는 정확하게 평가할 수 없다. 예를 들어, 주변의 방해 자극이 없는 고도로 구조화된 교사와의 일대일 상황에서는 다섯 조각 퍼즐을 잘 맞추는 4세 유아가 유치원 자유선택 활동 중 두 조각 퍼즐도 맞추지 못하는 경우가 있다. 또한 친숙한 성인과는 구어로 대화가 가능한 5세 유아가 또래와는 구어 상호작용을 전혀 하지 못하는 경우도 있다. 이들 경우에서 아동의 수행에 영향을 미치는 요인은 외부적이라고 할 수 있다. 이와 같은 외부적인 영향이 오랜 시간 지속될 경우 아동의 궁극적인 기능에 영향을 미칠 수도 있다. 따라서 아동이 속해 있는 환경을 진단하는 것은 매우 중요하다. 환경진단은 아동이 포함된 환경의 물리적 측면(예: 장소, 교재, 교구)과 사회적 측면(예: 또래, 교사 및 기타 성인 인력)을 모두 포함하며, 교사의 교수 스타일이나 교수 상황 등의 교수환경을 포함할 수 있다. 또한 가정환경이나 지역사회 환경 등을 포함하기도 한다.

교육진단의 내용과 관련된 구체적인 설명은 이 책의 나머지 부분에서 상세하게 제시한다. 발달 진단은 6장, 기능적 행동진단은 7장, 가족진단은 8장, 환경진단은 9장을 참조하기 바란다.

3) 교육진단 절차

지금까지 살펴본 바와 같이, 교육진단은 다양한 방법을 통하여 다양한 근거로 부터 다양한 정보를 수집함으로써 아동을 위한 가장 적절한 교수계획을 수립하는 데 그 목적이 있다. 다시 말해서, 교육진단 자체는 단일 과정이 아니기 때문에 구체적인 실행을 위하여 진행적인 절차가 요구된다. 언제 어떻게 무슨 정보를 수집할 것인가에 대한 목표를 세우고, 그 목표에 따른 구체적인 방법을 선택하고, 선택한 방법을 어떻게 적용할지에 대한 사전 계획이 필요하다. 더 나아가서는 수집된 정보를 어떻게 정리하고 요약하여 보고할 것인지에 대한 절차도 필요하다. 진단 대상이 되는 아동의 상황에 따라 그 절차가 달라질 수도 있지만, 여기에서는 교육진단을 위하여 일반적으로 적용될 수 있는 절차에 대하여 간략하게 알아보고자 한다.

(1) 계획하기

교육진단은 사전에 주의 깊은 계획하에 이루어져야 한다. 철저한 계획을 통하여 진단을 할 때 진단 과정을 통하여 얻고자 하는 목적을 가장 잘 성취할 수 있기 때문이다. 장애 유아 진단 과정에서 성취해야 할 목적은 이 장의 앞부분에서 다섯 가지로 제시하였다. 그중에서도 교사는 일반적으로 교수에 초점을 두어야 하는 목표행동이 무엇인지, 그러한 목표행동을 교수하기 위하여 어떤 지원을 제공해야 하는지 등을 결정하여 아동에게 가장 적절한 개별화 교육 프로그램을 작성하는 데 관심을 두게 된다.

교육진단이 이와 같은 목표를 성취하기 위해서는 계획하기 단계에서부터 다음과 같은 절차를 따라 체계적으로 진행되어야 한다. 첫째, 진단을 실시하기 전에 진단 활동과 관련된 가족의 자원, 우선순위, 요구가 무엇인지 알아낸다. 교사는 이러한 절차에서 가족이 진단을 통하여 원하는 것이 무엇인지, 아동의 교육을 통하여 원하는 것이 무엇인지, 부모의 진단 참여 선호도는 어떠한지, 진단 및 교육 활동에 도움이 되는 가족의 자원은 무엇인지 등을 알게 됨으로써 종합적인 진단 활동을 계획할 수 있다.

둘째, 진단 활동의 목표를 결정한다. 교육진단의 궁극적인 목표는 적절한 교수계획을 수립하는 데 있다. 그러나 실제로 진단 활동을 통하여 성취하고자 하는 구체적인 목표는 진단에 참여하는 사람에 따라 조금씩 달라질 수 있다. 예를 들어, 특수교사, 통합학급 교사, 언어치료사, 작업치료사는 각각 진단을 통하여 정보를 얻기 원하는 목표행동이 다를 수 있다. 따라서 모든 영역의 발달 상태를 포함한 아동의 능력 전반에 대한 진단이 필요한 것은 사실이지만 정보를 수집하기 전에 구체적으로 무슨 정보를 수집할 것인지에 대한 진단목표를 결정해야 한다.

셋째, 진단 활동의 목표를 성취하기 위한 진단 방법 및 도구 등을 결정한다. 진단 활동을 통하여 얻고자 하는 정보가 무엇인지 결정한 후에는 그러한 정보를 누가, 언제, 어디서, 어떻게 수집할 것인지에 대한 계획을 세워야 한다. 특히 부모와 함께 아동의 행동을 가장 잘 알아낼 수 있는 상황이나 방법을 협의하는 것이 좋다. 예를 들어, 어떤 검사도구를 사용할 것인지, 면담을 하게 되는 경우 누구를 대상으로 할 것인지, 관찰을 하는 경우 언제 어디서 어떻게 할 것인지 등에 대하여 사전에 미리 결정해야 한다.

마지막으로 이상의 계획하기 절차는 관련 전문가들의 협력적 접근에 의하여 이루어져야 한다. 이것은 장애 유아 교육진단이 가장 잘 이루어지기 위해서는 관련 전문가들이 계획하는 단계에서부터 팀을 이루어 협력해야 함을 의미한다. 협력적 팀 접근에 대해서는 이 장의 뒷부분에서 설명한다.

(2) 정보 수집하기

진단 활동을 계획한 후에는 계획에 따라 바로 정보를 수집하게 된다. 정보를 수집하는 과정은 계획하기 단계에서 이미 결정한 방법과 절차를 따라 진행된다. 일반적으로 교육진단을 위한 정보 수집에서는 검사, 면담, 관찰의 세 가지 방법을 종합적으로 사용한다. 따라서 계획하기 단계에서 결정한 이 세 가지 방법의 활용 계획에 따라 팀 구성원은 직접적인 진단 활동에 들어가게 된다. 특히 정보를 수집할 때에는 아동뿐만 아니라 아동이 포함된 가정, 교수환경, 지역사회 환경 등을 포괄적으로 진단하는 것이 중요하다. 따라서 이 책에서는 나머지 장들에서 교육과정 중심 진단도구(3장), 관찰(4장), 면담(5장)을 통한 구체적인 정보 수집방법과 아동의 발달 진단(6장)을 비롯한 행동진단(7장), 가족진단(8장), 환경진단(9장)에 대하여 상세하게 설명한다.

(3) 해석하기

정보 수집이 완료되면 수집된 자료의 결과를 해석하는 단계로 들어간다. 교육진단은 계획하는 단계에서부터 정보를 수집하는 단계에 이르기까지 협력적 팀에 의하여 이루어지기 때문에 결과를 해석하는 단계에서도 협력적으로 수행해야 한다. 특히 수집된 정보를 해석할 때에는 가지고 있는 자료를 영역별로 정리하는 것이 좋다. 즉, 아동에 대한 정보, 환경에 대한 정보, 가족에 대한 정보로 분류하여 각각의 내용을 정리하고 교수 활동 계획의 필요에 따라 해석하게 된다. 아동 관련 정보에는 각 발달 영역의 강점과 요구사항, 환경 내에서 기능하는 정도, 선호도, 근접발달영역 및 요구되는 지원 정도 등에 대한 내용이 포함된다. 환경과 관련된 정보는 물리적 환경, 사회적 환경, 교수환경 등의 내용을 포함하며, 가족 관련 정보는 아동의 교수 목표 및 활동을 위한 가족의 관심과 우선순위와 자원 등을 포함한다. 이러한 진단 결과를 정리하고 해석해서 교수 활동 계획으로 연계하기 위한 구체적인 방법은 10장에서 상세하게 설명한다.

결과를 해석하는 과정에서는 경우에 따라 수집된 자료가 계획하기 단계에서 수립한 진단 활동의 목표를 성취할 수 있을 정도로 충분하지 못할 수 있다. 이러한 경우에는 추가로 자료를 수집하기 위한 계획을 세우고 실행하거나 임시 교수 목표를 먼저 선정하여 교수 활동을 진행하면서 추가 자료를 더 수집하기도 한다.

(4) 보고하기

교육진단은 그 과정이 종료되면 진단보고서로 작성된다. 진단보고서란 여러 근거로부터 다양한 측면의 정보를 수집한 후 그 결과를 정리하고 해석한 내용을 종합적으로 문서화한 산물이다. 따라서 진단보고서는 정보 수집방법(예: 특정 검사도구의 실시, 특정 행동의 관찰, 특정인과의 면담)에 따라 그 결과를 단순하게 나열하기보다는 수집된 정보를 총체적으로 종합하여 요약한 정보를 제공해야 한다. 수집된 정보를 정리하고 해석하는 이전 단계에서의 결과를 잘 정리하여 진단보고서로 작성할 경우, 이는 아동의 현행 능력을 가장 잘 보여 주는 자료로 개별화 프로그램을 개발하는 데 유용하게 활용될 수 있을 뿐만 아니라 이후에 아동의 진보를 결정하기 위한 비교 자료로도 활용된다. 결과적으로 진단 과정을 아무리 잘 수행하였다고 하더라도 그 결과를 잘 해석하고 정리하여 유용한 보고서로 작성하지 않는다면 교육진단이 성공적으로 실시되었다고 보기 어렵다.

일반적으로 진단보고서에는 아동과 관련된 기초 정보(예: 이름, 생년월일, 성별, 인적 정보 등), 배경 정보(예: 생육력, 발달력, 교육력 등), 진단에 사용된 방법과 직접적인 결과 요약, 교육 프로그램이나 교수계획을 위한 결론 및 제언 등이 포함된다. 진단보고서를 작성하는 구체적인 방법과 그 예는 10장에 제시되어 있다.

4) 협력적 진단

(1) 협력적 접근의 중요성

지금까지 살펴본 장애 유아 교육진단은 그 실행에 있어서 협력적인 접근이 강조된다. 특히 앞에서 설명한 교육진단을 위한 권장의 실제에서 첫 번째 영역이 가족과 전문가 간의 협력이며, 그 외에도 교육진단을 실행하기 위한 계획하기 단계에서부터 보고하기 단계에 이르는 전 과정에서 전문가 팀의 협력적 접근이 요구되고 있다. 그러나 교육 현장에서는 많은 경우 교육진단을 교사가 단독으로 실시하는 것으로 여기고 있으며, 실제로도 학급에 배치된 아동의 교수계획을 위하여 교사가 단독으로 교육진단을 실시하곤 한다. 앞에서도 계속 강조하였듯이, 아동에게 가장 적절한 교육 프로그램을 개발하기 위해서는 아동과 관련된 다양한 측면에 대하여 여러 근거로부터 다양한 방법을 적용하여 정보를 수집해야 한다. 즉, 다양한 전문성을 갖춘 전문가 간의 협력이 필요하다는 것이다. 여기서 다양한 전문성은 개별 아동에 따라 달라지는 것이 사실이지만, 일반적으로 특수교육, 작업치료, 물리치료, 언어치료의 네 가지 영역이 장애 유아를 위한 교육에서 대표적인 전문 영역으로 인식되고 있다(McWilliam, 2005). 그 외에도 다양한 영역의 전문가가 필요한 경우도 있다. 예를 들어, 아동의 나이가 아주 어린 경우에는 의사나 간호사, 사회복지사 등의 역할이 커질 수 있으며, 학령기로 갈수록 일반 유아교육 교사의 역할이 커지기도 한다. 또한 가정환경이나 부모의 사회경제적 상황에 따라 사회복지사의 역할이 커지기도 한다. 이와 같은 다양한 전문 영역의 전문가는 장애 유아의 진단에서 단일 영역의 전문가로 단독으로 접근할 수도 있고(예: 특수교사 혼자 아동을 진단함), 여러 영역이 동시에 접근할 수도 있다(예: 특수교사, 언어치료사, 작업치료사가 동일한 아동을 진단함). 또한 다양한 영역의 전문가가 동일한 아동을 진단할 때에는 각자 다른 영역과는 상관없이 독립적으로 접근하거나 혹은 서로 통합적으로 협력하면서 전문 영역을 초월한 접근을 할 수도 있다. 이와 같이 접근방법에서의 다양성은 [그림 2-2]에서 보는 바와 같이 연속체적인 개념으로 이해될 수 있다.

그러나 실제로 우리나라 교육 현장에서는 교사가 함께 협력해서 교육진단을 실행할 수 있는 전문가가 주변에 없는 경우가 많다. 아동 개인의 입장에서 볼 때에는 다양한 전문가의 서비스를 제공받고 있지만(예: 언어치료, 작업치료, 통합 지원 등) 각 서비스가 통합되거나 연계되어 있지 않은 상황으로 인하여 전문가 간의 협력을 도모하기 어려운 경우도 많다. 또한 아동의 발달상의 지체가 단순하고 경한 경우와 같이 상황에 따라서는 특수교사가 단독으로 아동의 교육진단을 잘 수행할 수 있을 것이라고 생각하는 경우도 있다. 그러나 이와 같은 상황에서도 교육진단의 궁극적인 목표는 아동의 현행수준을 가장 잘 파악하고 아동에게 적절한 교육 프로그램을 계획하는 것이다. 이런 점을 고려한다면 어려운 상황 중에

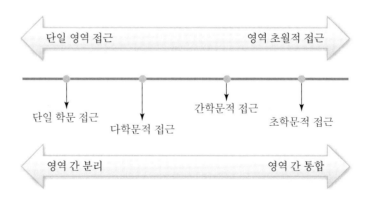

[그림 2-2] 협력적 진단의 연속체적 개념

도 협력적인 진단이 이루어질 수 있도록 최선을 다해야 할 것이다. 특히 교육 현장에 대한 정책적 지원을 통하여 특수교육 및 관련 서비스와 통합교육 현장의 전문가가 협력적으로 진단하고 교수할 수 있는 체계가 수립되어야 할 것이다. 하지만 현실적으로 그렇지 않은 상황이기 때문에 최소한의 관련 전문가가 팀을 이루어 함께 협력할 수 있는 방안을 강구해야 한다. 일반적으로 영유아 진단에서 가장 핵심적인 역할을 하는 사람은 부모 또는 주 양육자이므로 교사와 부모라는 기본적인 팀이 이미 확보된 것으로 간주하고, 그 외의 여러 전문가와 함께 협력적인 팀 접근을 통하여 최대한의 진단 성과를 가져오도록 노력해야 할 것이다.

(2) 협력적 접근의 실제

팀은 공동의 목적을 가지고 함께 모인 소규모의 집단을 의미한다. 따라서 장애 유아 교육에서 팀은 아동의 현행수준과 욕구를 가장 잘 파악하고 최상의 교육 프로그램을 계획하고자 하는 공동의 목표를 지닌 사람들의 모임이라고 할 수 있다. 팀은 구성원 간의 의사소통 및 의사결정의 방법에 따라 (1) 다학문적 팀 모델 (multidisciplinary team model), (2) 간학문적 팀 모델(interdisciplinary team model), (3) 초학문적 팀 모델(transdisciplinary team model)의 세 가지 팀 모델로 분류된다(McCormick & Goldman, 1979). 최근에는 이 세 가지 팀 구성 모델 외에도 협력적 팀 모델(collaborative team model)이라는 용어가 사용되고 있다. 이 모델은 다음에서 설명할 이 세 가지 모델의 장점만을 취한 형태로 운영되는 협력 팀 모델을 의미한다(Rainforth, York, & MacDonald, 1992; Thousand & Villa, 2000). 세 가지 팀 모델에 의한 협력적 접근은 [그림 2-3]과 같이 나타낼 수 있다. 각각에 대한 내용을 간략하게 살펴보면 다음과 같다.

① 다학문적 접근

다학문적 팀이란 용어에서 알 수 있듯이 다양한 영역의 전문가가 함께 모여 팀을 구성하는 것을 의미한다. 다학문적 팀은 원래 병원에서 의뢰된 환자를 대상으로 검사를 필요로 하는 각 영역의 전문의가 독립적으로 환자를 진찰하고 접근하는 과정에서 생겨난 용어다. 장애 유아 진단에 다학문적 팀 접근을 적용하게 되면 팀을 구성하는 각 영역의 전문가가 아동을 독립적으로 진단하고 보고하고 제언하는 형식을 취하게 된다. 이때 앞의 [그림 2-2]에서 볼 수 있듯이 팀 구성원 간의 협력적인 논의나 토론, 결과와 해석의 비교 등의 과정은 발생하지 않는다. 결과적으로 아동에 대한 진단 결과 및 추천 내용이 일치하지 않거나 서로 대립될 수도 있다. 이와 같은 절차상의 제한점을 해결하기 위하여 모든 전문가가 자신의 진단 결과를 하나의 통로로 모아 종합하고자 하는 노력을 기울이기도 한다. 하지만 이미 진단의 총체적인 과정에서 서로 간의 협력 없이 절차가 진행되었으므로

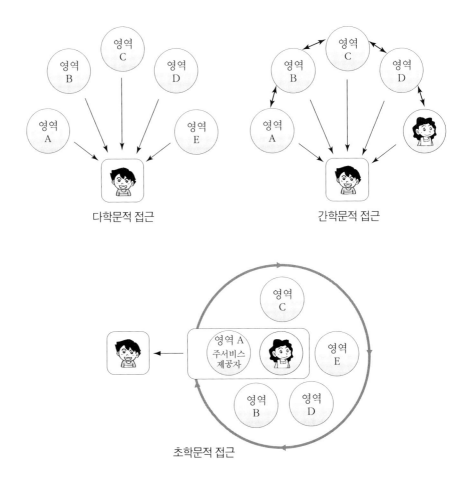

[그림 2-3] 협력적 진단을 위한 팀 모델

그 제한점을 해결하기는 어렵다. 뿐만 아니라 모든 진단 결과를 종합하고 요약하여 부모에게 전달해야 할 책임을 지는 사람이 모든 영역에 대한 전문성을 지니고 있지 않기 때문에 모든 진단의 결과와 해석을 잘 종합하여 전달하는 데 어려움이 있을 수 있다. 장애 유아 진단에 있어서 다학문적 팀 모델 접근은 이와 같은 제한점으로 인하여 부모에게 부담을 주고 혼돈을 일으킬 가능성이 지적되고 있으며, 교육 현장의 실제로 권장되지 않고 있다(McLean, Wolery, & Bailey, 2004).

그러나 많은 경우에 다학문적 팀이라는 용어는 나머지 다른 팀 모델과 구분되지 않는 방법으로 사용되기도 한다. 이론적으로 세 가지 팀 모델을 분명하게 구분하여 설명하는 경우 다학문적 팀은 권장되는 실제가 아님에도 협력적 접근을 의미하는 일반적인 용어로 사용되기도 한다. 예를 들어, 미국 장애인교육법(IDEA)의 파트 C에서는 아동의 특수교육 서비스 적격성 결정을 위하여 다학문적 팀 평가를 받도록 명시하고 있다. 여기서의 다학문적 팀 평가란 앞서 제시한 세 가지 유형의 팀 모두를 의미한다. 다시 말해서, 장애인교육법에서 다학문적 팀이라고 서술한 것은 진단 및 평가 과정에서 두 가지 이상의 전문 영역을 포함하라는 의도로 명시한 것이지 팀 구성원 간의 의사소통 및 의사결정의 형태를 지정하는 것은 아니다(Benner, 2003).

② 간학문적 접근

간학문적 팀은 그 구성에 있어서 다학문적 팀과 다르지 않다. 그러나 간학문적 팀 모델은 다학문적 팀의 구성원이 서로 간에 협력과 의사소통을 전혀 하지 않은 결과 나타난 여러 가지 제한점을 인식하여 그것을 해결하기 위한 방안으로 서로 간의 의사소통과 협력적인 의사결정을 강조하면서 등장하게 된 방법이다. 간학문적 모델이란 용어는 장애 아동과 그 가족이 중요한 목표를 성취할 수 있도록 특별한 전문성을 지닌 다양한 전문 영역의 전문가가 함께 일하는 것을 의미한다(McWilliam, 2005). 간학문적 팀의 구성원은 다학문적 팀에서와 같이 자신의 전문 영역에 대한 진단을 독립적으로 수행하는 점에서는 동일하지만, 서로 간에 공식적으로 의사소통을 수행한다는 점에서 큰 차이가 있다. 즉, 팀의 구성원은 자신의 전문 영역에 대한 진단을 각자 진행하면서 비공식적으로 다른 구성원과 의사소통하며 의견을 나눌 수도 있고, 정기적인 모임을 통하여 의견을 나눌 수도 있다. 또한 진단이 끝난 후에는 공식적인 모임을 통하여 진단 결과에 대한 합의된 의사결정을 하게 된다. 그러나 이 과정에서 구성원 간의 의사소통상 어려움이나 기술 부족은 협력적 진단 자체를 방해하는 요소로 작용하게 되므로 사전에 이러한 기술을 지니고 있는 것이 중요하다. 또한 전문성이 다른 영역에 대한 이해가 부족하여 합의된 의사결정을 하는 데 어려움을 겪을 수도 있다. 예를 들어, 우선적인 교수목표를 수립하거나 특정 기술의 교수를 위한 최상의 방법론을 결정하면서 특수교사와 언어치료사가 서로 다른 전문성에 근거하여 다른 주장을 할 수 있다는 것이다.

간학문적 접근은 서로 간의 의사소통을 통한 협력적 접근 방법이기는 하지만 진단과 중재 모두에서 독립적인 수행을 기반으로 하기 때문에 전문가 간의 진정한 의미에서의 협력에 의한 합의된 결정이 이루어지지 않을 경우 부모에게 큰 부담을 줄 수 있다. 다시 말해서, 간학문적 접근 자체가 구성원 간의 정보 공유를 통하여 개별적인 진단 결과를 통합적인 교수계획으로 연결시키고자 하는 목표를 지니지만, 실제로 서비스가 각 전문 영역에 따라 독립적으로 실행되기 때문에 진정한 의미에서의 합의된 결정이 반영되지 않는다면 아동과 부모에게 적절한 교육 프로그램을 제공하지 못할 수도 있다. 이러한 경우에는 팀을 구성하는 각 전문가가 부모에게 정확하고 충분한 정보를 제공하고 솔직하게 대화함으로써 부모가 객관적인 정보를 근거로 올바른 결정을 할 수 있게 도와주어야 한다. 팀 구성원이 부모의 선택과 결정을 중시하는 이와 같은 협력의 기본 원칙은 전문가 간의 견해 차이를 극복하게 해 주는 가장 좋은 방법일 수 있다.

③ 초학문적 접근

간학문적 팀에서와 마찬가지로, 초학문적 팀은 다학문적 팀과 그 구성 면에서 다르지 않다. 그러나 팀이 어떻게 기능하고 역할을 하는가는 매우 다르다. 초학문적 모델은 미국 특수교육학회(CEC)의 조기교육분과(DEC)에서 발표한 권장의 실제 중 하나로, 팀 구성원이 상호작용하고 협력하는 특정 방법을 의미하는 용어다(McWilliam, 2005). 초학문적 접근의 가장 큰 특징은 팀을 구성하는 전문가들이 자신의 전문적인 학문 영역을 넘어서서 함께 참여하고 서로 협력한다는 것이다. 초학문적 팀 모델에서는 모든 구성원이 공동의 책임을 지고 진단에 참여하는데, 이때 주 서비스 제공자가 가족과 함께 가장 중심적인 역할을 하게 된다. 이러한 방법은 현재 많은 조기교육 전문가에 의하여 가장 바람직한 협력적 팀 운영 방식으로 인정되고 있다(Bruder, 1994; DEC, 2000; Miller, 1996). 특히 팀 구성원 간뿐만 아니라 가족과의 정보 공유를 위한 체계적인 방법을 제시한다는 점에서 다른 팀 접근보다 그 활용이 권장되고 있다(McWilliam, 2000; Sandall at al., 2005).

초학문적 접근이 지니는 몇 가지 특성, 즉 아동의 발달을 통합적으로 인식하고, 동일한 진단 절차가 중복되는 것을 방지하며, 진단 과정 중 가족의 참여를 동등하게 강조한다는 특성은 초학문적 접근이 다른 접근보다 더 바람직한 방법으로 인식되게 하는 근거라고 할 수 있다. 특히 가족의 중심적인 역할을 강조한다는 점에서 나이가 어린 영아에게 바람직한 방법으로 활용될 수 있으며, 실제로는 유아나 그보다 더 나이가 많은 학령기 아동에게도 효과적으로 활용되고 있다. 그러나 실제로 교육 현장에서의 활용 측면에서 이와 같은 전문 영역을 초월한 협력적 접근이 실질적으로 가능한지와 어느 정도의 협력을 보장할 수 있는지 등에 대한 우려도 제기되고 있다. 따라서 장애 유아 교육진단을 위하여 초학문적 팀 접근을 사용하는 경우에는 전문 영역을 초월한 진정한 의미에서의 협력이 이루어지도록 체계적인 계획 및 실행을 위한 구성원의 노력이 필요하다. 이와 같은 노력의 일환으로 팀 구성원은 공동으로 기능하고, 다른 전문 영역의 새로운 기술을 학습하도록 지속적인 자기개발의 노력을 기울여야 하며, 자신의 전문 영역의 기술을 다른 사람이 실행할 수 있도록 역할을 다해야 한다(Lyon & Lyon, 1980).

진단 팀의 협력적 운영을 위한 초학문적 접근의 대표적인 예는 여러 영역의 전문가가 함께 아동을 진단하는 원형진단(arena assessment)이다. 원형진단에서는 구성원 중 한 명을 촉진자로 선정하여 다른 구성원이 아동과 양육자 둘레에 앉아 진단을 실시하는 동안 아동의 행동 표본을 유도하기 위하여 아동 및 부모와 상호작용을 하게 된다. 이때 촉진자는 아동 및 부모와 직접적인 상호작용을 하고 아동이 의도한 활동에 참여하도록 유도하는 주요 역할을 하게 된다. 그러나 필요한 경우 다른 구성원도 아동과 직접적인 상호작용을 할 수는 있다. 팀에 따라서는 진단 과정을 관찰하면서 촉진자가 다른 구성원을 위하여 계획된 진단 절차를 잘 수행하고 있는지 점검하고 상기시켜 주는 역할을 하는 코치를 선정하기도 한다. 팀 구성원은 진단을 시작하기 전에 만나서 촉진자에게 자신들이 진단 중에 보기 원하는 행동을 알려 준다. 만일 진단 중에 자신이 필요로 하는 모든 것을 관찰하지 못했다면 이후에 부모 보고서 등의 기타 정보를 활용하거나 추가로 진단 시간

가족과 아동, 팀 구성원이 만나 분위기를 조성하고 친숙해질 기회를 갖는다.

↓

촉진자와 코치를 정하고 구성원이 진단해야 할 내용에 대하여 논의한다.

↓

원형진단을 실행하다.

공식적인 과제 중심 진단	→	간식 및 재충전	→	이야기 나누기 및 교수 활동	→	자유놀이

- 촉진자는 아동 및 부모와 상호작용한다.
- 팀 구성원은 아동의 행동 및 상호작용을 관찰한다.

↓

진단 후 간단한 회의를 실시하여 진단을 종결한다.

- 촉진자는 진단 과정에 대한 부모의 의견을 수렴한다.
- 팀 구성원은 첫인상에 대하여 정보를 교환한 후 부모와 함께 그에 대한 의견을 나눈다.

↓

평가회의 일정을 계획한다.

[그림 2-4] 원형진단 실행 절차

을 계획할 수 있다. 정보 수집이 완료되면 팀은 함께 모여 진단 결과를 논의하고 교육계획을 세우게 된다. [그림 2-4]에는 원형진단을 실행하는 구체적인 절차가 제시되어 있다(Foley, 1990).

원형진단은 초학문적 팀 모델의 대표적인 형태로 교육 현장에서 효율적으로 사용될 수 있는 협력방법이지만, 특정 아동이나 가족의 경우 최상의 방법으로 역할을 다하지 못할 수도 있다. 예를 들어, 너무 민감하거나 주의가 산만한 아동의 경우 많은 사람이 바라보고 있는 원형진단 상황에서 잘 수행하지 못할 수도 있으며, 어떤 가족은 여러 사람 앞에서 행동하는 것을 부담스럽게 여겨 원형진단 참여 자체를 원하지 않을 수도 있다. 따라서 교육진단을 계획하는 교사나 그 외 전문가는 이와 같은 가능성에 대하여 사전에 알아보아야 하며, 필요한 경우 진단의 절차나 방법을 변경하여야 한다(Woodruff & McGonigel, 1988). 예를 들어, 참여하는 가족의 사전 동의하에 일방경을 사용하는 등의 수정이 해결책으로 사용될 수 있다.

요약

이 장에서는 교육진단의 구체적인 방법에 대하여 알아보았다. 1장에서 살펴본 다양한 기능과 목적의 진단 중 주로 교육 현장에서 교사의 책임하에 교수계획의 일환으로 실행되는 교육진단의 이해를 위하여 그 정의와 목적을 설명하였다. 특히 교육진단이 왜 중요한지와 실제로 장애를 지닌 영유아를 대상으로 교육진단을 실시하기 위한 구체적인 지침을 알아보았다.

교육진단은 교사에게 장애 유아의 교육을 계획하고 실행하기 위한 정보를 제공해 주는 과정이다. 따라서 실질적인 실행을 위한 상세한 안내가 제시되어야 한다. 이 장에서는 교육진단의 실제에 해당하는 내용으로 교육진단을 수행하는 방법과 교육진단의 내용 및 실행 절차를 먼저 설명하고, 이러한 방법과 절차를 실행하는 과정에서의 협력적인 접근방법으로 협력 팀 모델에 관하여 설명하였다. 먼저 교육진단의 방법으로는 (1) 검사, (2) 관찰, (3) 면담의 세 가지 방법을 제시하였다. 교육진단의 절차로는 (1) 계획하기, (2) 정보 수집하기, (3) 해석하기, (4) 보고하기의 순서로 그 내용을 설명하였다. 특히 진단 절차에서 누가 어떻게 무엇을 하는가에 따라서 수집되는 정보가 달라지기 때문에, 교수계획에 필요한 가장 적절한 정보를 수집하기 위해서는 그에 따른 타당한 절차를 따르는 것이 바람직하다. 마지막으로 교육진단의 실행에 있어서 진단에 참여하는 전문가와 부모가 왜 협력해야 하는지에 대한 중요성을 설명하고, 어떻게 협력할 수 있는지에 대한 협력적 팀 모델을 제시하였다. 1장에서도 강조하였듯이, 교육진단을 실행하는 가장 기본적인 가정은 여러 근거로부터 다양한 정보를 수집함으로써 아동에 대한 정확한 이해를 촉진해야 한다는 것이다. 따라서 교육진단은 단일 전문가가 단독으로 실행하기보다는 아동의 발달 상태와 관련된 주요 전문가가 가족과 함께 긴밀한 협력관계를 유지하면서 진단해야 한다. 이 장에서는 이를 위한 구체적인 방법으로 (1) 다학문적 접근, (2) 간학문적 접근, (3) 초학문적 접근의 세 가지 협력적 팀 모델을 설명하였다.

| 참고문헌 |

이소현(2003). 유아특수교육. 서울: 학지사.

Bagnato, S. J., & Neisworth, J. T. (1991). *Assessment for early intervention: Best practices for professional.* New York: Guilford.

Bagnato, S. J., & Neisworth, J. T. (1999). Collaboration and teamwork in assessment for early intervention. *Child and Adolescent Psychiatric Clinics of North America, 8*(2), 347-363.

Bagnato, S. J., Neisworth, J. T. & Munson, S. M. (1997). Linking *assessment and early intervention: An authentic curriculum-based approach.* Baltimore: Brookes.

Bailey, D. B., & Simeonsson, R. J. (1988). Assessing needs of families with handicapped infants. *Journal of Special Education, 22,* 117-127.

Bailey, D. B., & Wolery, M. (2003). 장애영유아를 위한 교육(이소현 역). 서울: 이화여자대

학교 출판부. (원저 1999년 2판 출간)

Benner, S. M. (2003). *Assessing young children with special needs: An ecological perspective.* New York: Longman.

Bruder, M. B. (1994). Working with members of other disciplines: Collaboration for success. In M. Wolery & J. S. Wilbers (Eds.), *Including children with special needs in early childhood programs* (pp. 45-70). Washington, DC: National Association for the Education of Young Children.

DEC. (2000). *DEC recommended practices in early childhood special education.* Reston, VA: Council for Exceptional Children.

Foley, G, M. (1990). Portrait of the arena evaluation: Assessment in the transdisciplinary approach. In E. D. Gibbs, & D. M. Teti (Eds.), *Interdisciplinary assessment of infants: A guide for early intervention professional.* Baltimore: Paul H. Brookes.

Greenspan, S. I., & Meisels, S. (1994). Toward a new vision for the developmental assessment of infants and young children. *Zero to Three, 14,* 1-8.

Grisham-Brown, J., Hemmeter, M. L., & Pretti-Frontczak, K. (2005). *Blended practices for teaching young children in inclusive settings.* Baltimore: Paul H. Brookes.

Lyon, S., & Lyon, G. (1980). Team functioning and staff development:: A role release approach to providing integrated educational services for severely handicapped students. *Journal of the Association for the Severely Handicapped, 5,* 250-263.

McCormick, L., & Goldman, R,. (1979). The transdisciplinary model: Implications for service delivery and personnel preparation for the severely and profoundly handicapped. *AAESPH Review, 4,* 152-161.

McLean, M. (2004). Assessment and its importance in early intervention/early childhood special education. In M. McLean, M, Wolery, & D. B. Bailey (Eds.), *Assessing infants and preschoolers with special needs* (3rd ed., pp. 100-122). Upper Saddle River, NJ: Pearson.

McLean, M., Wolery, M., & Bailey, D. B. (Eds.). (2004). *Assessing infants and preschoolers with special needs* (3rd ed.). Upper Saddle River, NJ: Pearson.

McWilliam, R. A. (2000). Recommended practices in interdisciplinary models. In S. Sandall, M. E. McLean, & B. J. Smith (Eds.), *DEC recommended practices in early intervention/early childhood special education* (pp. 47-52). Denver, CO: DEC.

McWilliam, R. A. (2005). Recommended practices in interdisciplinary models. In S. Sandall, M. L. Hemmeter, B. J. Smith, & M. E. McLean (Eds.), *DEC recommended practices in early intervention/early childhood special education: A comprehensive guide for practical application* (pp. 127-146). Denver, CO: DEC.

Miller, R. (1996). *The developmentally appropriate inclusive classroom in early education.* Albany, NY: Delmar.

Neisworth, J. T., & Bagnato, S. J. (2000). Recommended practices in assessment. In S. Sandall, M. E. McLean, & B. J. Smith (Eds.), *DEC recommended practices in early intervetion/early childhood special education* (pp. 17-28). Denver, CO: DEC.

Rainforth, B., York, J., & MacDonald, C. (1992). *Collaborative teams for students with severe disabilities.* Baltimore: Paul H. Brookes.

Sandall, S., Hemmeter, M. L., Smith, B. J., & McLean, M. E. (2005). *DEC Recommended Practices: A comprehensive guide for practical application in early intervention/early childhood special education.* Denver, CO: DEC.

Thousand, J. S., & Villa, R. A. (2000). Collaborative teaming: A powerful tool in school restructuring. In R. A. Villa & J. S. Thousand (Eds.), *Restructuring for caring and effective education: Piecing the puzzle* (pp. 254-292). Baltimore: Paul H. Brookes.

Woodruff, G., & McGonigel, M. J. (1988). *Early intervention team approaches: The transdisciplinary model.* ERIC Document Reproduction Service No. ED302971.

진단 및
평가 방법론

| 제3장 | 교육과정 중심 진단
| 제4장 | 관찰
| 제5장 | 면담

제**2**부

제3장
교육과정 중심 진단

1. 교육과정 중심 진단의 이론적 배경
2. 교육과정 중심 진단의 실제

1. 교육과정 중심 진단의 이론적 배경

1) 교육과정 중심 진단의 정의 및 목적

교육과정 중심 진단(curriculum-based assessment)은 아동의 학습 요구를 결정하기 위해 아동의 실제 교육과정을 근거로 기본 정보를 수집하는 진단이다(Howell, Kurns, & Antil, 2002). 교육과정 중심 진단은 1977년 Edward Gickling에 의해서 아동의 모르는 문항 대비 아는 문항의 비율(예: 전체의 80%를 알고 있음)을 측정함으로써 아동 개개인의 교수적인 요구를 결정하는 방법으로 고안되었다. 초기의 교육과정 중심 진단은 다음의 다섯 가지 질문에 대답하기 위해서 사용되었다. (1) 이 아동은 무엇을 알고 있는가? (2) 이 아동은 무엇을 할 수 있는가? (3) 이 아동은 어떻게 생각하는가? (4) 이 아동은 잘 모르는 것에 대해서 어떻게 접근하는가? (5) 교사로서 이 아동을 위해 무엇을 해야 하는가? 시간이 지나면서 교육과정 중심 진단이라는 용어는 교육과정을 사용하여 아동의 수행 수준을 측정하는 구체적인 진단 절차를 일컫는 일반적인 용어로 사용되기 시작하였다. 하지만 초기의 위와 같은 질문들은 교육과정 중심 진단의 기본적인 특성에 대한 이해를 돕는다.

장애 유아 교육에서 교육과정 중심 진단은 아동의 현행수준을 결정하고 그에 따른 교수목표를 결정하며 교수 실시 과정에서 아동의 성취를 점검하기 위해서 교육과정상의 목표를 준거로 사용하는 준거참조검사의 한 유형이라고 볼 수 있다(Bagnato & Neisworth, 1991). 일반적으로 영유아기를 대상으로 사용되는 교육과정 중심 진단은 인지, 언어 및 의사소통, 사회-정서, 대근육 및 소근육 운동, 적응기술 등 영유아기의 주요 발달 영역을 중심으로 구성된다. 그리고 대상 연령에 따라 주의집중, 기억, 상징놀이, 협력, 수용언어, 표현언어, 모방, 대화기술, 또래 상호작용 등으로 더 세밀하게 나누어 수행 수준을 평가하기도 한다.

교육과정 중심 진단은 다음의 목적으로 사용될 수 있다(Bagnato, Neisworth, & Munson, 1997; Losardo & Notari-Syverson, 2001). 첫째, 교육과정 중심 진단은

초기 진단을 수행하기 위한 주요 절차로 사용될 수 있다. 교육과정 중심 진단은 일반적으로 여러 발달 영역을 고루 평가할 수 있도록 구성되어 있기 때문에 아동의 전반적인 발달 및 성취 수준에 대한 정보를 제공하고, 교사가 추가로 수집해야 할 정보를 결정하는 데에 도움이 된다. 또한 아동을 교육환경에 먼저 배치한 후 교육진단을 통해 개별화 교육 계획을 수립하는 우리나라와 달리, 개별화 교육 프로그램을 먼저 작성한 후 아동의 교육적 필요에 따라 배치할 환경을 결정하도록 법으로 규정하고 있는 미국의 경우는 규준참조검사 결과를 보완하고 아동의 필요에 따른 배치환경을 결정하는 데에 부분적으로 이용하기도 한다. 둘째, 교육과정 중심 진단은 개별 아동의 강점과 제한점을 파악하는 데에 적합한 준거참조검사이므로 장단기 교수목표를 판별하고 개별화 교육 프로그램을 작성하는 데에 활용할 수 있다. 셋째, 교육과정 중심 진단은 아동이 학습해야 할 교수목표의 형태로 평가 문항이 기술되어 있고 상업적으로 개발된 도구의 경우는 대개 교수목표별 교육 활동이 함께 제공되므로 교육과정의 내용이나 교수를 실행하는 데에 유용한 도구로 활용된다. 넷째, 교육과정 중심 진단은 대체로 발달 순서에 따른 기술이 위계적으로 제시되어 있기 때문에 교수목표를 가르치고 다시 검사를 하여 진도를 점검하는 연계적이고 지속적인 진도 점검 과정에 활용할 수 있다. 마지막으로 교육과정 중심 진단은 전반적인 프로그램의 효과를 평가하기 위한 아동 평가의 한 과정으로 활용할 수 있다.

따라서 교육과정 중심 진단은 진단을 실시한 특정 시점의 점수를 제공해 준다기보다는 아동을 위한 프로그램을 계획하고 진행할 때 지속적으로 자료에 근거한 결정을 할 수 있도록 도와주는 역할을 한다고 할 수 있다(Grisham-Brown, Hemmeter, & Pretti-Frontczak, 2005). 결론적으로 교육과정 중심 진단은 진단과 교수 그리고 평가를 연계하는 방법으로서 진단의 교육적 활용성을 높여 주는 유용한 진단방법이다.

2) 교육과정 중심 진단의 중요성

교육진단에 있어서 교육과정 중심 진단의 중요성을 이해하기 위해서는 먼저 교육과정 중심 진단의 가장 큰 특징인 준거참조검사의 특징과 함께 이와 대조되는 또 다른 진단방법인 규준참조검사에 대하여 이해하는 것이 도움이 될 것이다. 먼저 규준참조검사(norm-referenced assessment)는 모든 검사 절차와 지시, 검사에 사용되는 자료, 채점방법 및 점수의 해석 등 모든 것이 표준화되어 있는 진단방법으로, 대부분의 지능검사나 발달선별 검사 등이 해당된다. 표준화 검사는 검사를 받는 여러 아동이 같은 과제에 대해 반응하도록 기회를 제공함으로써 유사한 또래 집단과의 비교를 가능하게 해 준다. 따라서 규준참조검사는 선별이나 장애진단을 위해서 주로 사용되며, 특히 장애의 정도를 결정하고 특수교육 적격성을 결정하기 위해서는 필수적으로 사용된다. 그러나 규준참조검사의 검사 항목은 교육 프로그램을 계획하기 위한 목적으로 제작된 것이 아니라 통계적인 기준에 맞도록 선정되기 때문에 교육 현장에서 교수목표의 내용으로 사용되기에는 적절하지 않다(DEC Task Force on Recommended Practices, 1993; Meisels, 1996). 따라서 교사는 지능검사나 발달선별검사, 그 밖에 장애진단을 위한 검사도구의 항목을 그대로 교수목표로 결정하는 등 검사 결과를 교수 프로그램 계획에 사용해서는 안 된다는 사실을 반드시 고려해야 한다(이소현, 2003).

반면에 아동을 또래 집단과 비교하여 평가하지 않고 준거(예: 아동이 도달해야 할 성취 기준)를 중심으로 평가하는 경우를 준거참조검사(criterion-referenced assessment)라고 한다. 준거참조검사의 항목은 주로 학업이나 일상생활에서 중요하다고 판단되는 내용으로 구성되며, 아동이 성취해야 할 준거에 비추어 아동의 수행 정도를 확인하는 진단방법이므로 교육진단에 활용하기 쉬운 공식적 진단이다.

준거참조검사와 규준참조검사의 가장 큰 차이점은 규준참조검사가 아동의 수행을 다른 아동의 수행과 비교할 수 있게 해 주는 반면에 준거참조검사는 한 아동의 수행을 전반적으로 설명해 준다는 것이다. 예를 들어, 만 5세인 경호의 자전거 타는 기술을 규준참조검사와 준거참조검사를 각각 사용해서 평가했다고 가정해 보자. 규준참조검사를 사용한 경우에는 '경호는 만 5세 아동이 자전거를 타는 평균 정도로 자전거를 탄다'라는 결과 서술로 자전거를 타는 기술 자체가 동일한 연령의 또래 아동에 비해서 어떠한가에 대한 상대적인 정보를 제공해 준다. 반면 준거참조검사를 사용한 경우에는 '경호는 두 바퀴 자전거에 앉아 균형을 잡고 페달을 밟아 앞으로 나아갈 수 있다' 또는 '장애물이 나타나면 급정거를 할 수 있다' 등으로 서술함으로써 아동이 자전거를 타는 데 필요한 특정 기술을 어느 정도로 가지고 있는지를 상세하게 설명해 준다. 결과적으로 준거참조검사는 그 평가 기준이 절대적인 준거에 있기 때문에 개별 아동이 특정 기술을 얼마나 수행하고 있는지(즉, 아동의 현행수준)에 대한 정보를 제공해 주며, 아동이 성취하지 못한 준거는 교수목표로 고려할 수 있다는 특징이 있다. 〈표 3-1〉은 준거참조검사가 각 특성면에서 규준참조검사와 어떻게 다른지 보여 주고 있다. 교사는 이러한 차이점을 분명히 이해하고 진단의 목적에 따라 적절한 검사 도구를 선정할 수 있어야 한다.

표 3-1　규준참조검사와 준거참조검사의 비교

구 분	규준참조검사	준거참조검사
평가 목적	• 다른 아동의 성취와 비교하여 상대적인 서열을 매기기 위함 • 학업성취도가 높고 낮은 아동을 분류하기 위함	• 각 학생이 구체적인 기술이나 개념을 성취했는지의 여부를 결정하기 위함 • 학생이 중재 이전과 비교하여 중재 이후에 얼마나 구체적인 기술이나 개념을 습득했는지 확인하기 위함
평가 내용	• 학생을 변별하기에 용이한 내용을 선정함 • 다양한 학습 자료로부터 추출된 폭넓은 기술 영역을 측정함	• 아동이 반드시 성취해야 한다고 판단되는 것을 평가 내용으로 선정함 • 교육과정에 포함되는 구체적인 기술을 선정함 • 각 기술은 교수-학습 목표로 표현될 수 있음
문항 특성	• 문항의 변별력이 높음 • 문항은 난이도 순으로 배열 • 각 기술은 상대적으로 적은 수의 문항에 의해서 측정됨	• 비슷한 수준의 난이도 • 학생의 수행 정도를 정확히 측정하고 추측을 최소화하기 위해 각 기술은 적어도 4개 이상의 문항으로 측정함
결과 해석	• 아동은 다른 아동과 비교되어 순위가 매겨짐 • Z점수, T점수, 백분율을 많이 사용함	• 이미 설정되어 있는 기준과 비교함

준거참조검사의 일종인 교육과정 중심 진단은 준거참조검사의 여러 가지 특성을 공유하고 있다. 특히 교육진단 과정에 있어서 교육과정 중심 진단을 활용하는 것은 다음과 같은 몇 가지 측면에서 중요하다. 첫째, 교육과정 중심 진단의 가장 중요한 목적이 교수에 유용한 정보를 제공하는 데 있고 교육과정과 직접적으로 연계되기 때문에 교사가 주로 실시하는 교육진단의 목적에 잘 부합하도록 고안되어 있다. 둘째, 교육과정 중심 진단의 문항은 교실 안에서의 활동이나 실생활에 의미 있는 기술과 직접적으로 관련이 있기 때문에 교실 활동이나 일상생활에서 아동 수행을 관찰함으로써 진단을 실시할 수 있다. 따라서 진단을 위해서 별도의 시간을 할애하지 않아도 되기 때문에 시간을 효율적으로 활용할 수 있다. 셋째, 교육과정 중심 진단도구의 문항은 교사가 손쉽게 수정하여 여러 형태로 실행할 수 있고 반복적으로 자주 진단할 수 있기 때문에 아동의 진보를 지속적으로 점검하는 데 유용하다. 이것은 1장에서 소개한 교육진단과 교수 활동의 연계성을 높이는 데에도 적용될 수 있음을 의미한다. 넷째, 교육과정 중심 진단은 자연적인 교수-학습 상황에서 아동의 반응을 통해 성취를 평가하기 때문에 환경 내에서 아동의 실제 수행 수준과 교육적 요구를 알아내는 것이 보다 용이하다. 다섯째, 교육과정 중심 진단은 일반적으로 아동의 전반적 발달 영역을 다루기 때문에 한 아동의 발달 영역별 프로파일을 알 수 있다. 이러한 정보는 교수목표에 따라서 필요한 교수의 양을 조절할 때에 유용한 정보가 되며 교사가 발달 영역별로 어떤 기술에 대한 정보를 추가로 수집할 것인지에 대한 판단을 하는 데 도움을 준다.

최근에는 교육과정 중심 진단의 중요성이 더욱 강조되면서 장애 영유아의 특수교육 적격성을 인정하기 위한 장애진단 절차에 교육과정 중심 진단도구를 사용할 것이 적극 권장되고 있다(Macy & Hoyt-Gonzales, 2007). 그 이유는 장애진단과 교육진단을 연계함으로써 적격성이 인정되는 아동의 경우 시간을 절약하여 적시에 발달을 촉진할 수 있을 뿐만 아니라 체계적인 교육 계획의 효율성을 높일 수 있다는 장점을 지니기 때문이다(Pretti-Frontczak, 2002). 더 나아가서는 장애진단 시 교육과정 중심 진단이 병행됨으로써 불필요한 특수교육 의뢰를 막을 수 있기 때문이다(McNamara & Hollinger, 2003).

결과적으로 교육과정 중심 진단이 지니는 이와 같은 중요성은 장애 영유아를 위한 교육진단을 실시할 때 교육과정 중심 진단이 기본적인 절차로 반드시 포함되어야 함을 의미한다. 다음에서는 실제 교육 현장에서 교육과정 중심 진단을 실시할 때 고려해야 할 주요 지침을 살펴보고자 한다.

3) 교육과정 중심 진단을 위한 지침

교육과정 중심 진단을 실시할 때의 기본적인 지침은 1장과 2장에서 제시한 진단 및 교육진단의 지침과 동일하다. 따라서 독자들은 1장과 2장에서 제시한 기본적인 지침을 먼저 숙지해야 할 것이다. 그 외에도 교육과정 중심 진단을 실시할 때 고려해야 할 점으로는 (1) 적절한 교육과정 중심 진단 도구의 개발 및 선정, (2) 교육과정 중심 진단도구 사용의 타당성 및 신뢰도 확보의 두 가지 사항을 고려해야 한다.

(1) 적절한 도구 개발 및 선정

교육과정 중심 진단 시 고려해야 할 최우선 지침은 진단을 위한 적절한 도구의 개발 또는 선정이다. 교육과정 중심 진단도구는 이미 개발되어 있는 상업용 도구를 사용하거나 자체적으로 제작하여 사용할 수 있다. 우리나라의 경우 학교나 기관 또는 교사 차원에서 교육과정 중심 진단도구를 개발하여 사용하는 경우도 있으나, 교육과정 중심 진단도구를 개발하는 것은 매우 많은 시간과 노력이 필요한 작업이기에 이미 개발되어 있는 진단도구를 사용하는 것이 일반적이다. 외국의 경우에는 다양한 진단도구가 개발되어 있어 선택하여 활용하기가 용이하다. 하지만 우리나라의 경우에는 개발된 도구가 거의 없고 소수의 외국 도구를 번역하여 사용하고 있기 때문에 그 활용에 어려운 점이 많다. 특히 번역된 도구의 경우 우리나라 문화에 적절하지 않은 문항이 있을 수 있어 교사의 주의가 필요하다. 결과적으로 교육과정 중심 진단을 실시하기 위해서는 교사가 적절한 도구를 선정하여 사용할 수 있는 자질을 먼저 갖추어야 한다. 외국의 경우 LINK(Bagnato, Neisworth, & Munson, 1997), 교육과정 중심 진단평가 루브릭(O'Neil, Pretti-

Frontczak, Vilardo, & Kenneley, 2005) 등 교육과정 중심 진단도구를 평가하고 선정하기 위한 질적인 기준이 개발되어 있으므로 참고할 수 있다. 교육과정 중심 진단도구의 질을 평가하기 위한 다양한 기준과 이를 통한 국내 교육과정 중심 진단도구의 분석 결과는 이소현 등(2007)에 자세히 소개되어 있다. 〈표 3-2〉는 다양한 선택 기준 중 하나의 예를 보여 주고 있다.

표 3-2   **교육과정 중심 진단도구의 선택 기준 예**

진단 기준	내 용
프로그램과의 조화	선택된 진단도구는 프로그램의 철학 및 이론적 방향과 일치해야 하며, 운영자의 아동 발달 및 학습에 대한 철학을 반영해야 함. 예를 들어, 프로그램이 발달적 접근인지 인지적 또는 기능적 접근인지에 따라 진단도구의 내용과 접근이 결정됨
가족중심 진단	진단과 중재가 아동만 분리해서 고려하는 것이 아니라 가족 전체를 고려해야 함. 이러한 접근은 아동이 습득한 기술의 유지와 일반화를 촉진하며, 특히 가정에서 아동의 기술을 더 잘 관찰할 수 있다는 가정을 근거로 함
다차원적 진단	진단은 한 사람의 전문가, 한 가지 진단도구, 한 가지 정보에 의존해서는 안 되며, 오랜 시간 동안 다양한 도구를 사용하여 다양한 장소에서 다양한 사람에 의해서 반복적으로 이루어져야 함
초학문적 팀 진단	모든 발달 영역에 대한 진단이 실행될 때 불필요한 반복 진단을 최소화하기 위하여 초학문적 팀 접근이 유용하게 활용될 수 있음
아동의 발달연령	대상 아동의 발달연령을 고려하여 도구를 선택해야 함. 이때 아동의 발달연령은 생활연령과 다를 수 있으며, 상황이나 발달 영역에 따라 그 연령이 모두 다를 수 있다는 사실을 고려해야 함. 아동의 기능이 생활연령보다 현저히 낮을 때에는 연령 적합성을 고려하여 두 개의 도구를 함께 사용할 수도 있음
진단 대상 발달 영역	진단도구는 아동에게 적절한 발달 영역을 포함해야 하며, 진단하고자 하는 대상 아동의 교육과정적 필요와 관련된 기술과 행동으로 구성되어야 함. 예를 들어, 사회적 상호작용이나 자존감 등과 관련된 항목으로 구성된 도구를 사용해서 아동의 정서 발달 문제를 진단해야 함
작은 단계	중도 장애를 지닌 아동의 진도를 점검할 수 있을 정도로 항목의 측정 간격이 작아야 하며, 항목들은 서로 관련되어 있으면서도 다음에 나타날 좀 더

〈계속〉

진단 기준	내용
	복잡한 기술의 발현과도 관련되어야 함. 항목들은 위계적이어야 하고, 장애 아동과 관련되어야 하며, 논리적인 순서로 배열되어야 함(쉬운 항목이 어려운 항목보다 먼저 배열됨)
연령에 적합하고 기능적인 규준	가능한 한 전형적이고 연령에 적합한 교수목표를 제공해야 함. 다양한 환경을 통하여 필요로 하며 즉각적이고도 장기적이면서 긍정적인 영향을 미치는 기능적인 기술을 판별할 수 있어야 함. 이러한 기능적 기술의 혜택은 통합 상황에서 더 잘 나타남
장애에 따른 수정	장애가 심할수록 좀 더 특별한 교육과정을 필요로 함. 예를 들어, 감각 또는 지체장애 아동의 경우 검사자는 특별한 방법과 자료를 사용해야 함. 특정 장애를 위하여 개발되거나 수정방법을 구체적으로 제시하는 교육과정도 있음. 특정 장애나 기능적인 목표를 위해서 개발된 교육과정은 특히 중도 장애 아동에게 유용할 수 있음. 진단도구는 다양한 장애에 따라 쉽게 수정될 수 있어야 함
형태와 기능	교육과정 중심 진단도구는 행동의 기능보다 형태를 강조하는 경향이 있으나, 검사자는 형태와 기능 모두 중요하다는 사실을 인식하고 적응에 필요한 기능을 판별할 수 있어야 함. 진단은 아동이 무엇을 했는가보다 어떻게 했는가에 초점을 맞추어야 함
프로그램 계획을 위한 결과 해석	진단에서 수집된 정보는 프로그램 계획에 사용될 수 있도록 쉽게 전환되어야 함. 진단 대상 기술은 학습에 중요한 기술이어야 함
강점과 요구 프로파일	진단 결과는 프로그램 계획의 중심이 되도록 아동의 강점과 요구를 모두 보여 줄 수 있어야 함. 도구에 따라서는 하위검사별로 프로파일을 제공함으로써 아동의 강점과 약점을 시각적으로 비교할 수 있게 해 주고, 부모 및 전문가 간 의사소통을 도와주며, 교수를 위한 우선순위를 결정하는 데 도움을 줌
점수 기록 체계	목표기술이 습득되었는지, 습득되지 않았는지 혹은 발현하고 있는지를 점검하여 기록하는 주요 점검표가 있어야 함. 첫 진단 후에는 정기적으로 지속적인 진단을 수행하여 진도에 대한 형성평가와 프로그램에 대한 총괄평가 자료로 활용할 수 있음
실행 가능성 및 가격 효율성	진단도구는 그 실행이 가능하고 구입 비용이 효율적이어야 함. 따라서 도구를 선택할 때 진단을 실시하는 데 걸리는 시간, 진단 실행을 위한 훈련에 걸리는 시간, 진단에 필요한 도구나 자료, 항목이 교실 내에서 쉽게 실시될 수 있는지, 기록 체계가 현실적인지 등을 고려해야 함

출처: Bondurant-Utz, J. A., & Luciano, L. B. (1994). *A practical guide to infant and preschool assessment in special education.* Boston: Allyn & Bacon.

(2) 도구의 타당도 및 신뢰도 확보

두 번째로 교육과정 중심 진단을 실시할 때 고려해야 할 사항은 도구의 타당도 및 신뢰도 확보에 관한 것이다. 양질의 교육과정 중심 진단도구를 선정한 후에는 교육 계획 수립에 필요한 타당하고 신뢰할 만한 정보 수집이 이루어져야 한다. 그러나 많은 준거참조검사가 그러하듯이 교육과정 중심 진단은 타당도와 신뢰도가 확보되지 않은 채 개발되어 있는 경우가 많다. 따라서 교사는 다음과 같은 전략을 사용함으로써 교육과정 중심 진단을 효과적으로 활용해야 한다.

첫째, 진단의 사실성을 확보하기 위해 수렴적 진단과 협력적 진단의 원칙을 고려한다(1장 참조). 즉, 교육과정 중심 진단의 경우에도 다양한 사람에 의해 다양한 상황에서 다양한 근거의 정보를 수집함으로써 아동의 실제 수행에 대한 정보를 수집해야 하며, 가능한 한 팀이 함께 진단하고 진단 결과를 분석할 수 있어야 한다. 1장과 2장에서 언급한 것처럼, 영유아기 아동의 경우 인위적인 검사 상황에서는 아동의 실제 수행에 관한 정보를 수집하는 것이 매우 어렵다. 교육과정 중심 진단은 원칙적으로 검사를 통한 진단방법에 포함되기는 하지만 규준참조검사처럼 표준화된 절차를 요구하지는 않는다. 따라서 교육과정 중심 진단을 실시할 때에는 아동의 실제 수행에 대한 광범위한 정보를 수집하기 위해서 검사, 면담, 관찰 등의 다양한 진단기법을 활용하고 아동이 생활하는 다양한 환경에서의 정보를 포괄적으로 수집해야 한다. 또한 신뢰할 만한 진단 정보를 수집하기 위해서 관찰과 측정은 여러 차례에 걸쳐 이루어지는 것이 바람직하다.

둘째, 신뢰할 만한 정보를 수집하기 위해서는 교수 계획 및 실행에 가족을 참여시키고 가족의 의견과 가정에서의 아동 수행 정도를 파악하는 것이 필수적이다. 교육과정 중심 진단을 실시할 때 가족이 참여하는 방법과 참여 수준은 다양하다. 예를 들어, 학기 초에 가족으로 하여금 교육과정 중심 진단 기록지에 아동의 수행 정도를 기록하게 한 후 교사의 진단 내용과 비교할 수 있다. 이러한 방법은 가족이 아동의 수행에 대해 더 잘 이해할 수 있도록 돕고, 가정 내에서 어떤 점에 중점을 두어 관찰하거나 지도할 수 있는지에 대한 정보를 제공할 수 있다는 장점이 있다. 또 가정에서의 수행과 학급에서의 수행이 일치하지 않는 경우에는 필요에 따라 일반화 촉진을 위한 교수목표를 세우거나, 아동이 가정에서 수행하는 기술을 학급에서도 수행할 수 있도록 환경을 수정하거나, 학급에서는 수행할 수 있지만 가정에서는 수행하지 않는 기술을 가정에서 지도할수 있도록 구체적 전략을 안내함으로써 효과적으로 교수계획을 수립할 수 있다 (10장 참조). 이때 교사는 간단한 안내서를 함께 제공함으로써 가족이 아동의 수행을 정확하게 이해하고 기록하도록 도울 수 있다. [그림 3-1]은 부모가 교육과정 중심 진단에서 제공되는 체크리스트를 작성할 때 작성 지침을 알려 주는 안내문의 예다.

발달 체크리스트 작성 요령

다음은 같이 보내드리는 발달 체크리스트를 작성하는 방법입니다. 체크리스트의 문항을 잘 읽어 보시고, 각 문항에 대한 영훈이의 활동 수준을 아래와 같은 요령으로 기록해 주세요. 기록하는 방법은 다음과 같습니다.

○ • 지금 현재 아동이 혼자서도 완벽하게 할 수 있는 행동
　• 언제나 비교적 일관되게 할 수 있는 행동
　• 특별한 교수가 필요하지 않다고 생각되는 행동
△ • 현재 수행할 수는 있지만 약간의 도움이 필요하거나 완벽하게 수행하지는 못하는 행동
　• 행동을 좀 더 정확하고 정교하게 하려면 교수가 필요하다고 생각되는 행동
　• 가끔씩 나타나기도 하지만 그 빈도가 낮아서 어른이 대부분 도와주고 있는 행동
✕ • 전혀 나타나지 않아 앞으로 교육이 필요한 행동
NP • 관찰할 기회가 없어서 수행 정도를 알 수 없는 행동

주의: 1. 한 번도 시켜 보지 않으신 것은 두세 번 정도 시켜 보시고 체크해 주셔도 됩니다. 이 경우 부모님도 모르셨던 아동의 새로운 능력을 발견할 수 있는 기회가 될 수도 있습니다.
　　　 2. 문항의 내용이 잘 이해되지 않을 경우에는 기록하지 마시고 문항 옆에 ✓ 표시를 해 주시기 바랍니다.

[그림 3-1] 교육과정 중심 진단 작성을 돕기 위한 안내문의 예

또한 교사는 학기 초 적응기간 동안 아동의 자연스러운 행동을 관찰하거나 놀이 시간 중에 특정 행동을 이끌어 낼 수 있는 상황을 제시하여 진단을 한 후에 가족면담을 통해 교사가 관찰한 내용을 확인하고 부정확한 정보를 보충하는 방법으로 진단을 실시할 수도 있다. 이러한 방법은 가족의 부담을 최소화하면서도 진단 결과의 신뢰도를 높이는 데에 유용하다.

셋째, 특정 교육과정 중심 진단도구가 한 아동이 필요로 하는 모든 교육과정을 포괄하고 있지 않다는 것을 고려해야 한다. 따라서 반드시 교육과정 중심 진단도구와 상호 보완적으로 사용될 수 있는 진단 내용과 방법을 사용하여 개별화된 진단이 이루어지도록 해야 한다. 장애 영유아를 위한 교육과정은 전형적인 발달을 촉진하기 위한 측면과 함께 아동이 환경에 잘 적응할 수 있도록 아동의 현재 또는 미래의 환경에서 필요한 기술과 아동의 실제 수행을 비교하여 교육적 요구를 판별해 내는 두 가지 요소를 동시에 요구한다. 교육과정 중심 진단도구는 대체로 기능적이고 발달에 적절한 기술을 통해 아동의 수행 정도를 진단하게 되어 있다. 하지만 모든 아동에게 필요한 내용을 한 도구 안에 모두 포함할 수는 없으며, 특정 환경에서 요구되는 구체적 기술에 대한 정보를 제시하기는 더욱 어렵다. 따라서 교사는 반드시 교육과정 중심 진단과 함께 실제 환경에서 아동의 다양한 요구에 대한 정보를 수집할 수 있어야 한다. 이를 위해서 이 책에서 제시된 다양한 진단방법을 종합적으로 활용할 필요가 있으며 환경 내에서의 요구를 진단할 수 있는 능력 또한 필요하다. 아동의 행동 및 그 기능을 이해하기 위한 통찰력과 영유아기 아동이 환경에 적응하기 위해 필요로 하는 주요 기술에 대한 지식은 이러한 역량을 높이는 데에 도움이 될 것이다. 이와 같은 정보는 유아 특수교육 관련 서적(예: 이소현, 2003; Bailey & Wolery, 2003)을 통하여 얻을 수 있다.

넷째, 교사는 아동의 실제 능력을 증명할 수 있도록 다양한 반응을 허용해야 한다. 장애 영유아는 장애로 인해 특정한 행동을 전혀 수행할 수 없을 수도 있고, 아동의 선호도나 경험에 따라 특정 놀잇감에 대해 더 잘 반응하거나 반응을 못하기도 한다. 예를 들면, '아동이 보고 있을 때 작은 블록을 덮개 속에 숨기면 아동이 그 덮개를 열고 블록을 찾는다'는 검사 항목을 통해 대상영속성 개념을 진단한다고 가정해 보자. 이때 시각장애를 갖고 있어 블록 숨기는 것을 볼 수 없는 정현이나 손을 전혀 사용할 수 없어서 덮개를 열 수 없는 서진이는 진단이 불가능하다. 이런 경우는 반드시 동일한 능력을 측정할 수 있는 다른 행동을 통해 진단하여야 한다. 즉, 시각적 추적이 어려운 정현이의 경우 방울과 같이 소리가 나는 물건을 흔들어 사물의 위치를 아는지 보고, 물건을 천천히 움직여 소리가 이동하는 데에 따라 사물의 위치를 추적할 수 있는지를 대신 진단함으로써 대상영속성을 지니고 있는지를 알아볼 수 있다. 또한 손을 움직여 덮개를 벗기지 못하는 서진이의 경우는 서진이가 덮개를 오랫동안 쳐다보거나 덮개를 향해 손을 뻗으면서 소리를 내는 행동을 보이는 것만으로도 그 안에 블록이 들어 있는 것을 인지하고 있음을 알 수 있다. 따라서 교사는 아동이 특정 항목을 수행하지 못할 때 그것이 아동의 실제 능력을 나타내는 것인지 혹은 그 외 요인이 있는지를 면밀히 살펴보아야 하며, 필요한 경우 대안적인 반응을 통해 평가할 수 있어야 한다.

마지막으로 교육과정 중심 진단의 각 진단 항목은 특정 기술을 대표할 만한 관찰 가능한 행동으로 기술되어 있기 때문에 교사가 각 행동이 내포하고 있는 기술이 무엇인지를 알고 진단 결과를 적절히 해석하는 능력을 지녀야 한다. 예를 들어, 시지각 기술을 진단하기 위한 문항으로 '블록으로 빌딩을 모방해서 만든다'와 '블록으로 다리를 모방해서 만든다'는 두 문항의 경우, 빌딩과 다리에 진단의 초점이 있는 것이 아니라 블록을 이용하여 쌓을 수 있는 기술과 옆으로 나열할 수 있는 시지각 기술이 있는지를 진단하는 것이 중요하다. 반면 동일한 항목이 놀이기술을 진단하기 위한 항목으로 제시된다면 오히려 블록으로 쌓은 구성물을 빌딩과 다리로 가상하는 아동의 능력에 초점을 두게 된다. 또한 이 항목들이 사회적인 기술이나 인지적 기술을 진단하기 위해 관찰된다면 교사는 아동의 모방하는 능력에 초점을 두어 평가하게 될 것이다. 이와 같이 진단의 결과를 교수 계획에 반영하기 위해서는 수집된 진단 정보를 적절히 해석하는 능력이 필요하다. 이를 위해서 교사는 반드시 영유아기 아동의 영역별 발달에 대한 이해와 구체적 기술에 대한 충분한 지식을 갖추고 있어야 한다.

<h2 style="text-align:center">2. 교육과정 중심 진단의 실제</h2>

1) 교육과정 중심 진단방법

현재 우리나라에서 개발된 장애 영유아 대상의 교육과정 중심 진단도구는 거의 없는 실정이다. 그러나 미국에서 개발된 소수의 도구가 번역·출간되어 사용되고 있다. 여기에서는 국내에 소개된 교육과정 중심 진단도구 중 가장 많이 사용되고 있는 세 가지 검사도구의 목적 및 제작 배경, 구성요소, 실시방법 등에 대해 간단히 소개하고자 한다.

(1) 포테이지 지침서 및 교육과정

① 검사 목적 및 제작 배경

『조기교육을 위한 포테이지 지침서(*Portage Guide to Early Education*)』(Bluma, Shearer, Frohman, & Hilliard, 1976)는 원래 가정방문 프로그램에 적용하기 위해 개발되었다. 따라서 이 지침서는 교사가 아동의 집을 방문하여 부모와 함께 아동의 교육 프로그램을 작성하고, 이를 부모가 일정 기간 동안 가르치고 기록하여 교사와 같이 평가하기 위한 도구로 사용되었다. 1985년에는 조기교육을 위한 포테이지 지침서와 연계하여 학급의 교육과정 활동으로 활용할 수 있는 『포테이지 학급 교육과정(*Portage Classroom Curriculum: PCC*)』이 추가로 개발되었으며, 최근에 『0~3세를 위한 새 포테이지 지침서(*The New Portage Guide: Birth to Six*)』(Bluma, Shearer, Frohman, & Hilliard, 2003)로 개정되었다. 우리나라에서는 1976년에 개발된 것을 1990년에 『포테이지 아동 발달 지침서』(강순구, 조윤경 역, 1990)로 번역되어 사용되고 있다.

② 검사의 구성요소

국내에서 사용되고 있는 포테이지 아동 발달 지침서는 사용방법이 제시되어 있는 '지침카드'와 전형적인 행동 발달 목록인 '관찰표'로 구성되어 있으며, 0~6세의 정신연령을 지닌 아동에게 사용할 수 있다. 관찰표는 유아 자극, 신변처리, 운동성, 사회성, 인지, 언어의 6개 발달 영역 총 572개 항목으로 구성되어 있다.

유아 자극 영역의 행동에는 0~4개월 수준의 발달을 보이는 아동의 감각 및 외부 자극에 대한 반응을 평가하기 위한 기술 목록이 제시되어 있으며, 나머지 5개 발달 영역에는 발달연령별 1세 간격으로 각 영역에 해당하는 기술 목록이 제시되어 있다. 이때 한 발달연령에 해당하는 기술 목록은 발달 순서에 따라 제시된 것이 아니기 때문에 아동이 순서에 상관없이 행동을 배울 수도 있고, 어떤 행동은 완전히 건너뛸 수도 있고, 관찰표에 있는 행동을 습득하기 위해서 부가적인 하위 목표를 필요로 할 수도 있다는 점을 고려하여 목표를 선정하도록 권장된다.

③ 검사 실시방법

포테이지 아동 발달 지침서는 0~6세의 일반 아동이나 장애 아동 그리고 정신연령이 0~6세에 해당되는 나이가 더 많은 아동이나 성인을 대상으로 사용할 수 있다. 특히 각 아동의 요구에 대처하기 위해서 순서, 방법, 목표를 수정하도록 요구한다. 지침서에서 제시한 구체적인 검사의 실시 방법 및 절차는 다음과 같다.

첫째, 아동별로 관찰표를 작성한다. 관찰표 앞면에는 아동의 이름, 생년월일, 교사의 이름 등을 기록한다.

둘째, 각 발달 영역에서 진단을 시작할 시작점을 결정한다. 아동에 대한 다른 공식적인 평가 자료가 있어서 아동의 대략적인 정신연령이나 발달연령이 제시되어 있다면 보고된 자료에 해당하는 연령보다 1세 아래 수준 항목부터 진단을 시작한다. 만일 다른 검사 자료가 없다면 아동의 생활연령보다 1세 아래 연령 수준 항목에서 시작하고, 아동이 특정 발달 영역 중 하나라도 지체가 분명히 의심된다면 아동의 생활연령보다 2세 아래 수준에서 시작한다. 평가를 시작할 때 아동은 시작점에서부터 시작하여 10~15개 항목을 수행할 수 있어야 한다. 만일 아동이 그럴 수 없다면 10개 항목 정도 시작점 뒤로 거슬러 올라가 시작하거나 분명히 수행할 수 있는 기술까지 거슬러 올라간다. 이렇게 하는 것은 아동이 수행할 수 없는 기술을 하나도 놓치지 않는다는 점에서 중요하다.

셋째, 그다음 교사는 필요한 자료를 아동에게 주고, 아동이 그 기술을 수행하는 동안 관찰한다. 지침서에 검사자의 지시나 자료에 대한 특별한 서술이 없는 목표 행동의 경우는 아동의 행동 수행 여부를 검사할 때 성인의 도움 없이 쉽게 행동을 수행할 수 있어야 통과한 것으로 간주할 수 있다.

넷째, 아동의 수행행동 결과를 기록한다. 아동이 잘 수행하면 ○표로, 도움을 받거나 모방해서 수행하면 △표로 표시한다. 그리고 진단과정에서 관찰된 아동의 수행에 대한 여러 가지 부가정보를 비고란에 기재한다.

다섯째, 평가 기록을 토대로 아동의 목표행동을 선정한다. 교사는 한 발달 영역에서 아동이 수행하지 못한 첫 번째 기술을 선정하거나 혹은 수행하지 못한 여러 기술 중 하나를 선택할 수 있다. 목표행동을 선정할 때에는 아동이 가장 빠르고 쉽게 학습할 가능성이 많은 기술, 아동에게 가장 기능적인 기술, 다른 기술을 학습하기 위한 선수기술이 될 수 있는 기술을 우선적으로 선정하는 것이 좋다.

여섯째, 마지막으로 교사는 지침카드를 보고 목표행동을 가르치기 위한 방법을 확인한 후 교수한다. 지침카드에는 몇몇 교수 지침이 제시되어 있으나, 과제 분석이나 도움의 형태를 활용하여 각 아동의 요구에 따라 수정되어야 한다.

포테이지 아동 발달 지침서는 저렴한 비용으로 간편하게 실시할 수 있고 부모나 교사 모두 특별한 훈련을 받지 않아도 작성 가능하다는 장점이 있다. 반면 개

인지 13

0~1세

목표행동: 꽂기판에 꽂는다.

지침:
1. 꽂기 하나를 사용한다. 아동이 익숙해짐에 따라 점차 가는 것을 사용한다.
2. 아동에게 시범을 보이고 바르게 모방했을 때 칭찬한다.
3. 아동의 손을 잡고 도와주되 차츰 도움을 줄여 간다.
4. 구멍이 3~4개 있는 꽂기판을 사용하거나 꽂기판이 큰 경우에는 일부를 덮어서 아동이 혼란을 일으키지 않게 한다.

[그림 3-2] 포테이지 아동 발달 지침서의 지침카드 예

출처: 강순구, 조윤경 역(1990). 포테이지 아동 발달 지침서(p. 243). 서울: 도서출판 특수교육.

인지			
2-3		시행일자	습득일자
25	특정한 색을 찾아오라고 할 때 찾아온다.	○	
26	형태판에 세 가지 형태를 끼운다.	△	
27	일상적인 그림 4개의 이름을 말한다.		
28	수직선 긋기를 모방한다.	○	
29	수평선 긋기를 모방한다.	○	
30	원을 그린다.	△	
31	같은 촉감의 것을 짝짓는다.		
32	물어볼 때 큰 것과 작은 것을 가리킨다.	○	
33	십자 긋기를 모방한다.		
34	세 가지 색을 짝짓는다.	△	
35	지시할 때 물건을 '위' '아래' '안에' 놓는다.	△	
36	소리나는 물건의 이름을 말한다.		
37	차례로 큰 것에 끼워넣게 된 놀잇감(네 가지 크기)을 맞춘다.		
38	동작 그림을 보고 동사로 말한다.		
39	기하도형과 그림을 짝짓는다.		
40	차례로 5개 이상 말뚝에 원반 고리를 끼운다.		

[그림 3-3] 포테이지 아동 발달 지침서의 관찰표 예

발의 원래 목적이 가정 방문 프로그램이었기 때문에 교실환경에서의 기능적인 기술을 진단하는 데에는 부족할 수 있다. 또한 발달 단계별 간격이 연령별로 제시되어 있어 아동의 변화를 민감하게 파악하는 데에 어려움이 있다는 제한점이 있다.

(2) 캐롤라이나 교육과정
① 검사 목적 및 제작 배경

『장애 유아를 위한 캐롤라이나 교육과정(*Carolina Curriculum for Preschoolers with Special Needs: CCPSN*)』(Johnson-Martin, Attermeier, & Hacker, 1990)은 『장애 및 장애위험 영아를 위한 캐롤라이나 교육과정(*Carolina Curriculum for Handicapped Infants and Infants at Risk: CCHI*)』(Johnson-

Martin, Attermeier, & Hacker, 1986)의 연장선으로 개발된 교육과정이다. 장애 및 장애위험 영아를 위한 캐롤라이나 교육과정은 0~24개월의 기능을 하는 영유아에게 적용되며, 발달이 느리지만 전형적 패턴을 보이는 경도 지체 아동과 발달 패턴에 뚜렷한 이상이 있는 중복장애 아동 모두를 위해 개발되었다. 그 후 24개월 이상의 기능을 보이는 장애 유아에게 적용할 연장 프로그램으로 장애 유아를 위한 캐롤라이나 교육과정이 개발되었다. 장애 유아를 위한 캐롤라이나 교육과정은 유아기 아동을 대상으로 하기 때문에 장애 및 장애위험 영아를 위한 캐롤라이나 교육과정과 같은 기본 철학과 형식을 따르지만, 집단환경(예: 유치원 등)에 있는 아동의 일상생활 속에 교육 활동을 삽입시키는 것에 주안점을 두어 개발되었다. 이 두 교육과정은 현재 장애 영아를 위한 캐롤라이나 교육과정 제3판(*Carolina Curriculum for Infants and Toddlers with Special Needs-III*)』(Johnson-Martin, Attermeier, & Hacker, 2004b)과 『장애 유아를 위한 캐롤라이나 교육과정 제2판(*Carolina Curriculum for Preschoolers with Special Needs-II*)』(Johnson-Martin, Attermeier, & Hacker, 2004a)으로 각각 개정되었다. 우리나라에서는 1990년판이 『장애 유아를 위한 캐롤라이나 교육과정』(최진희, 김은경, 윤현숙, 이인순, 이정숙 역, 1996)으로 번역·사용되고 있었으나 최근에 2004년도 개정판이 『영·유아 캐롤라이나 교육과정(0~3세)』(김호연, 강창욱, 박경옥, 장혜성 역, 2008)과 『영·유아 캐롤라이나 교육과정(3~6세)』(한경근, 신현기, 김은경 역, 2008)으로 각각 번역되었다.

② 검사의 구성요소

영·유아 캐롤라이나 교육과정 0~3세용과 3~6세용은 개인 및 사회기술, 인지, 인지/의사소통, 의사소통, 소근육운동, 대근육운동의 총 6개 영역으로 구성되어 있으며 0~3세용은 총 31개, 3~6세용은 총 29개의 하위영역을 포함하고 있다. 이 두 진단도구는 각각 지침서와 4권의 발달영역별 교육과정으로 구성되어 있으며 홈페이지를 통해 검사지만 따로 구매할 수 있게 되어 있다.

이 책의 내용 중 진단과 직접적으로 관련된 부분은 유아의 발달 수준을 기록할 수 있는 '평가기록표(Assessment Log)'와 아동의 발달 진전을 시각적으로 제시할

연령 (세)	교육과정 단계	날짜 3/10	날짜 3/13	날짜 4/15	날짜 4/30
9. 수 개념					
21-24	a. 원래 있던 양에 추가를 하면서 '더'에 대한 개념을 이해한다.	+	+	+	+
24-30	b. '하나만'을 선택한다.	±	±	+	+
	c. 사물을 세라고 했을 때 최소한 3개까지 손가락으로 가리키며 올바른 순서로 센다.	−	−	±	+
30-36	d. 한 개 또는 두 개의 사물에 대해 '몇 개인지'라는 질문에 올바르게 대답한다.	−	−	−	−
	e. 두 개, 세 개의 사물을 선택한/준다.	−	±	+	+
	f. '모두' '없다' '아무것도 없음'에 대한 지시를 따른다.	−	−	−	−

[그림 3-4] 영 · 유아 캐롤라이나 교육과정 평가기록표의 예

수 있는 '발달진전표(Developmental Progress Chart)'다. 평가기록표는 영역별 발달연령 6개월 단위로 기술 목록이 제시되어 있으며, 한 기록표에 4회에 걸쳐 평가를 할 수 있도록 되어 있다([그림 3-4] 참조). 평가기록표는 이렇게 여러 차례 반복 측정할 수 있도록 되어 있기 때문에 교수목표 수립을 위한 초기 진단에서 여러 날에 걸쳐 반복해서 측정할 경우 측정의 신뢰도를 높이는 데 도움이 된다. 그리고 교수 활동이 진행되는 동안 진도 점검에도 활용할 수 있다. 발달진전표는 평가기록표에 기록한 결과를 하나의 표에 종합하여 제시할 수 있게 만든 것으로, 아동의 영역별 기술의 변화를 한눈에 알아볼 수 있도록 전체 영역별 세부 영역과 기술을 하나의 도표로 제시한 것이다.

4권의 영역별 교육과정에는 평가기록표의 발달 영역별 기술과 연계된 교육 활동이 소개되어 있다. 각 교육 활동은 교수 절차, 교육 자료, 성취 기준으로 구성되어 있으며 영아와 유아에 따라 각각 일상적 기능활동과 각 교수 절차가 실시될 집단활동의 예시를 제시하고 있다.

③ 검사 실시방법

영·유아 캐롤라이나 교육과정은 아동이 혼자 놀잇감을 갖고 놀거나 부모 또는 또래와 노는 것을 관찰함으로써 영역별 기술을 진단하게 되어 있다. 진단에 필요한 자료는 주로 가정이나 교실에서 일반적으로 볼 수 있는 것을 활용하게 되어 있다. 영·유아 캐롤라이나 교육과정은 (1) 준비, (2) 관찰, (3) 직접적인 사정, (4) 발달진전표 작성의 4단계를 통해 진단을 실시한다. 지침서에는 관찰은 15~20분가량 소요되며 직접적인 진단은 60~90분가량 소요된다고 소개하고 있으나 진단자의 경험과 연습 정도에 따라 소요시간은 다를 수 있다.

평가기록표를 기록할 때에는 완벽하게 습득한 경우 (+), 완성되지는 않았지만 시작되고 있거나 일관성 없이 나타나는 경우 (+/−), 습득하지 못한 경우에는 (−)로 기록한다. 만약 신체기능의 장애가 심한 유아라면 타인의 신체적 보조를 받으면 수행할 수 있는 기술의 경우에는 (+) 혹은 (+/−) 옆에 (A)를 함께 기록한다.

평가기록표가 완성되면 [그림 3-5]에 제시된 것과 같이 발달진전표를 작성한다. 아동의 발달진전표는 평가기록표에서 통과된 항목에 해당하는 빈칸에 형광 사인펜이나 펜으로 완전히 색칠하고, 어떤 항목의 기술이 간헐적으로 나타나거나 발달이 시작되는 단계, 즉 (+/−)로 표시된 영역은 그 칸을 사선으로 긋고 사선의 위쪽만 색을 칠한다. 발달진전표는 정기적으로 작성하며, 작성할 때마다 다른 색으로 표시하여 교육과정 내에서 아동의 발달 진전사항을 시각적으로 알 수 있게 한다.

진단 결과를 기록한 후에는 교수목표를 선정한다. 교수목표는 아동이 실패한 첫 번째 항목으로 정하거나 각 단계에서 새로 습득하기 시작한 것으로 판단된 항목 중에서 결정할 수 있다. 이때 가족의 관심과 아동의 필요를 우선적으로 고려하도록 제안하고 있다. 영·유아 캐롤라이나 교육과정은 필요한 경우 두 가지 이상의 서로 다른 영역의 목표를 한 활동에 통합하여 교수를 실시할 수 있다고 제안하고 있다(예: 중심선 넘기와 색깔 분류의 목표를 통합하여 색깔 블록을 집어서 같은 색 통에 넣기로 목표 수정).

영·유아 캐롤라이나 교육과정은 진단 장소와 횟수를 특별히 제한하지 않는

날짜 ○ 1.	2009. 9. 20.
○ 2.	아동 이름: 김현지
○ 3.	중재자 이름: 박소희
○ 4.	

	교육과정 단계	0~3개월	3~6개월	6~9개월	9~12개월	12~15개월
개인 및 사회기술	1. 자기조절 및 책임	a b c	d	e	f	
	2. 대인관계 기술	a b c	d e	f g h	i j k	l m
	3. 자아개념				a b	c
	4-I 자조기술: 식사하기	a b	c d e f g	Ah Ai j k l	A m	n o
	4-II 자조기술: 옷입기					c
	4-III 자조기술: 몸단장하기			a	b	c
	4-IV 자조기술: 배변훈련					
인지	5. 집중력과 기억력: 시각/공간	a b d e	g h Ai	j k Al Am An	Ao Ap q	r s
	6-I 시지각: 블록과 퍼즐					a
	6-II 시지각: 짝맞추기와 분류하기					
	7. 사물과 상징적 놀이의 기능적 사용	Aa Ab	Ac Ad e	Af Ag	Ah Ai	j
	8. 문제해결 및 추론	a b c	Ad Ae f	g h i Aj Ak	Al m	n o p
	9. 수 개념					
인지/ 의사소통	10. 개념/어휘: 수용언어				a b	c
	11. 개념/어휘: 표현언어			a	b c	d e
	12. 집중력과 기억력: 청각	a b c	d e f g	h i	j	k
의사 소통	13. 구어 이해		a	b c d Ae f	Ag	Ah
	14. 의사소통 기술	a b c d e f g h i j K		l m n o	Ap q Ar	s t
	15. 문법 구조					
	16. 모방: 음성	a b	c d e	f g	h i	j k l
소근육 운동	17. 모방하기: 움직임과 운동	a	Ab Ac	Ad	Ae Af g	h
	18. 쥐기와 조작하기	a b	Ac Ad Ae Af Ag Ah Ai Aj Ak Al Am n		o p q	r s t
	19. 양손 사용하기	Aa b	Ac Ad Ae f Ag	Ah	Ai j	k l
	20. 도구 사용하기				Aa	Ab
	21. 시각-운동 기술					
대근육 운동	22-I. 바로서기: 자세와 아동	a	b		e f g h i	j k
	22-II. 바로서기: 균형잡기					
	22-III. 바로서기: 공놀이					
	22-IV. 바로서기: 바깥 놀이					a
	23. 엎드리기	a	b	c d e f g h	m n	o p
	24. 바로눕기	a b c	d e f	g		

[그림 3-5] 영·유아 캐롤라이나 교육과정 발달진전표 사용의 예

다. 진단은 하루에 다 할 수도 있지만 몇 주에 걸쳐 실시할 수도 있어 융통성 있
게 적용할 수 있다. 0~3세 아동의 경우는 가정환경을 기초로, 3~6세용의 경우
는 유치원과 같은 교육환경을 기초로 하여 개발되었으나 발달 정도에 따라 혼용
할 수 있다.

(3) 영유아 진단, 평가 및 프로그램 체계

① 검사 목적 및 제작 배경

『영유아 진단, 평가 및 프로그램 체계(Assessment, Evaluation, and Programing System for Infants and Children: AEPS)』(Bricker, 1995; Bricker & Pretti-Frontczak, 1996; Bricker & Waddell, 1996; Cripe, Slentz, & Bricker, 1992)는 활동중심 중재(Activity-Based Intervention: ABI)의 주창자인 Bricker 박사가 개발에 참여한 교육과정 중심 진단도구다. 활동중심 중재(Bricker, 1998; Bricker & Cripe, 1992; Pretti-Frontczak & Bricker, 2004)는 진단, 교수목표 수립, 중재 및 평가 과정이 연계되어 실시되어야 하고, 매일의 활동 중에 기능적인 기술을 가르치기 위한 학습기회가 삽입되어야 한다는 특수아 조기교육의 최근 동향을 반영한 교수 접근이다. 영유아 진단, 평가 및 프로그램 체계의 주요 목적은 개별 유아에게 발달적으로 적절한 교수목표를 확인하고 개별화된 중재를 계획할 수 있도록 교사 및 치료사 그리고 부모를 돕는 것이다(Bricker, Capt, & Pretti-Frontczak, 2002). 이것은 개발 단계에서부터 활동중심 중재와 잘 연계될 수 있게 제작되었다.

영유아 진단, 평가 및 프로그램 체계는 1993년에 먼저 0~3세용 검사와 교육과정이 개발되었고, 1996년에 3~6세용 검사와 교육과정이 출판되었다가 2002년에 제2판으로 개정·출판되었다. 우리나라에서는 개정판을 번역하여 『영유아를 위한 사정, 평가 및 프로그램 체계(AEPS)』(이영철, 허계형, 이상복, 정갑순 역, 2005)로 소개되었으며, 최근에 지침서, 검사도구, 출생에서 3세 영유아를 위한 교육과정, 3~6세를 위한 교육과정 등으로 나누어 다시 발간되었다(이영철, 허계형, 문현미, 이상복, 정갑순 역, 2008). AEPS-II(Bricker, Capt, & Pretti-Frontczak, 2002; Bricker, Pretti-Frontczak, Johnson, & Straka, 2002; Bricker, & Waddell, 2002a; Bricker, & Waddell, 2002b)는 일반 아동과 장애 아동을 대상으로 한 연구에서 규준을 도출하여 장애진단을 위한 적격성 결정에도 활용할 수 있도록 개발되었다. 그러나 국내에서 번역된 영유아를 위한 사정, 평가 및 프로그램 체계의 경우는 단순 번역본으로 아직 국내 아동에 대한 연구가 이루어지지 않아 장애진단을 목적으로 활용하기에 제한점이 있다.

② 검사의 구성요소

국내 번역판인 영유아를 위한 사정, 평가 및 프로그램 체계(이하 AEPS)는 지침서, 검사도구, 출생에서 3세 영유아를 위한 교육과정, 3~6세를 위한 교육과정의 총 4권으로 구성되어 있다.

제1권인 지침서는 진단과 교수목표 개발, 교수, 평가의 전체 과정을 연계적으로 실시하기 위한 지침과 함께 AEPS의 내용과 구성, 실시방법 등에 대한 소개, 검사 결과의 해석법, 진단 과정에서의 가족 참여 전략, 팀 협력방법 등이 제시되어 있다. 지침서에는 부록으로 진단 결과를 통해 실제 개별화 교육 프로그램에 적용할 수 있는 다양한 장단기 목표의 예가 제시되어 있고, 검사 결과를 기록하기 위한 '유아관찰자료 기록양식'과 의사소통 전문가가 작성하도록 되어 있는 '사회-의사소통 관찰양식'과 '사회-의사소통 요약양식', 가족이 아동의 성취를 보고할 수 있는 '가족보고서', 아동의 진보 정도를 기록할 수 있는 '아동진전기록' 등이 포함되어 있다.

제2권인 검사도구는 소근육 운동, 대근육 운동, 인지, 적응행동, 사회-의사소통, 사회성의 5개 영역에서의 진단 항목을 0~3세 및 3~6세용으로 나누어 제공하고 있다. AEPS의 검사 항목은 장기목표가 될 수 있는 영역별 목표와 단기목표가 될 수 있는 하위 목표로 문항이 구성되어 있다. 또한 각 문항은 그림까지 포함된 정확하고 자세한 준거가 제시되어 있고, 채점 기준 및 방법, 결과 보고방법 등이 자세히 소개되어 있다. 그리고 부록에서는 교실 내의 특정 활동에서 여러 발달 영역에 대한 진단을 동시에 실시하기 위한 환경 구성 및 절차의 예를 자세히 소개하고 있다.

제3권과 제4권은 교육과정으로, 각각 출생에서 3세까지와 3세에서 6세까지 발달 범위 대상의 교육과정 자료를 제시하고 있는데, 이는 활동중심 중재의 형태로 제시되어 있다.

③ 검사 실시방법

AEPS의 대상은 정신연령 0~6세 장애 유아와 장애 위험 유아며, 일반적으로는 생활연령 0~9세 아동에게 사용할 수 있도록 구성되어 있다. 그러나 생활연령 만 6세 이상의 유아에게 적절하게 사용하기 위해서는 항목의 어법, 준거, 제 안된 검사 과정에 있어서 수정이 필요하다.

검사의 실시 방법 및 절차는 다음과 같다. 첫째, AEPS를 정확하게 시행하고 점수화하기 위해서는 먼저 검사 항목과 관련 준거를 알고 이해해야 한다. 제1권 지침서에는 각종 양식을 작성하는 방법과 예, 채점 기준과 행동 정의, 검사의 구 성 등이 자세히 소개되어 있다.

둘째, 진단 정보를 수집한다. 진단 정보는 자연스러운 상황에서 관찰을 하거 나 교사가 검사 상황을 만들어서 아동의 수행을 관찰할 수 있으며, 필요한 경우 부모 등 아동을 잘 아는 사람의 보고를 통해서도 수집할 수 있다. AEPS에서는 각 항목에서의 행동을 관찰할 수 있는 활동과 자료를 소개하고 있으므로 이를 참조 할 수 있다.

셋째, 각종 양식을 통해 수집된 자료를 기록한다. 먼저 '유아관찰자료 기록양 식(Child Observation Data Recording)'은 전문가 팀에 의해서 작성되는데, 관찰, 검사, 보고 등의 방법으로 정보를 수집하여 기록할 수 있다. 채점의 경우 발달 영 역별 각 항목에 일관성 있게 준거를 수행하면 2점, 일관성 없이 준거를 수행하면 1점, 전혀 수행하지 않으면 0점으로 평정을 한다. 오른쪽 참조란에는 검사, 보고 등의 자료 수집방법, 수행 능력에서의 질이 의심되거나 도움이 제공된 경우 등 아동 수행에 대한 추가 정보를 기록한다. 지침서에는 관찰을 할 때와 검사를 실 시할 때 각각 적용할 수 있는 채점 기준이 상세히 제시되어 있다. 각 발달 영역에 대한 채점이 모두 끝난 후에는 그래프로 결과를 요약한다. 사회-의사소통 영역 은 특히 '아동관찰자료 기록양식' 외에도 의사소통 전문가가 별도로 관찰 내용 을 기록하는 '사회-의사소통 관찰양식(Social-communication Observation Form: SCOF)'과 관찰한 내용을 요약하여 보고하도록 되어 있는 '사회-의사소통 요약 양식(Social-communication Summary Form: SCSF)'을 모두 작성한다. '가족보고 서(Family Report)'는 AEPS의 검사도구와 일치하는 64개 항목으로 구성되어 있 으며, 부모 또는 양육자가 작성하도록 한다.

넷째, 모든 정보를 종합적으로 검토하여 교수목표를 수립하고 교수를 실시한 다. 교수를 실시하는 동안에는 지속적으로 아동의 진보 정도를 점검하여 '아동진전기록(Child Progress Record)'을 작성하고, 필요한 경우 교수 목표나 계획을 수정하는 등 지속적인 의사결정 과정을 거친다.

　AEPS는 여러 가지 장점을 지니고 있다. 다른 교육과정 중심 진단도구에 비해 명확한 준거가 제시되어 수행 여부를 결정하는 데 도움이 되며, 점수 기록 및 진

 STRAND A

누운 자세와 엎드린 자세의 움직임과 운동력

> **목적 1. 머리 돌리기, 팔 움직이기, 다리차기 독립적으로 하기**

준거　유아는 누워서, 팔, 다리, 머리를 각각 독립적으로 움직인다. 다리는 번갈아 가면서 움직여야 한다.
 • 유아가 머리를 한쪽 방향으로만 돌리거나 지속적으로 한쪽만 더 많이 돌려서는 안 된다.
 • 팔이나 다리를 딱딱하게 뻗어서는 안 된다.
 • 유아가 한쪽 팔이나 다리를 다른 쪽에 비해 지속적으로 더 많이 움직여서는 안 된다.

목표 1.1　머리를 중앙에서 45° 방향으로 왼쪽과 오른쪽으로 돌리기
준거　유아가 누워서 머리를 중앙에서 45° 방향의 오른쪽과 왼쪽으로 돌린다.
 • 4개월 이후에 머리를 돌릴 때 비균형의 강직성의 목반사현상–팔이 머리가 젖혀지는 것보다 더 뒤로 가는 경향, 얼굴이 팔을 향해서 뻗쳐져서는 안 된다.
 • 유아가 머리를 한쪽으로만 돌려서는 안 되며, 또한 지속적으로 한쪽 방향으로 더 많이 돌려서는 안 된다.

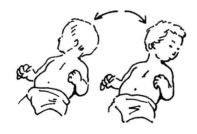

[그림 3-6] 영유아를 위한 사정, 평가 및 프로그램 체계(AEPS)의 검사 문항 예

사회-의사소통 영역

S = 채점약어	N = 참조
2 = 일관성 있게 준거 수행	A = 도움이 제공되었을 때
1 = 일관성 없이 준거 수행	B = 행동이 방해되었을 때
0 = 준거 수행하지 못함	D = 직접 검사
	M = 수정/변형
	Q = 수행능력의 질
	R = 보고

이름: 강민지

검사기간: 1 / 2

검사일자: 3/2-16 / 4/2-16

검사자: 강수호 / 강수호

	IFSP /IEP	S	N	S	N	S	N	S	N
A. 언어전(Prelinguistic) 의사소통 상호작용									
1. 사람이 말하는 쪽으로 돌아보기(p. 128)		2		2					
1.1 사물과 이에 대해 말하고 있는 사람 쪽으로 돌아보기		2	R	2					
1.2 소리가 나는 물체 쪽으로 돌아보기		2	D	2					
2. 공동의 관심거리를 만들기 위해 사람의 응시 따라가기 (p. 128)		2	Q	2					
2.1 공동의 관심거리를 만들기 위해 사람이 가리키는 몸짓에 따라가기		2	D	2					
2.2 물건 쪽으로 쳐다보기		2		2					
3. 옹알이로 음성적 상호작용에 참여하기(p. 129)		0		1					
3.1 쿠잉(초기 옹알이)으로 음성적 상호작용에 참여하기		0		0					
B. 단어로 전환하기									
1. 사람의 주의집중을 얻고 물건, 사람, 사건에 대해 언급하기(p. 130)		1	Q	2	Q				
1.1 말이나 몸짓으로 간단한 질문에 반응하기		1	A	2	A				
1.2 물건, 사람, 사건 가리키기		1		1					
1.3 몸짓이나 말로 사람과 인사하기		1	A	1	A				
1.4 몸짓이나 말로 물건이나 사람을 거절하거나 반대하기		0		1					

[그림 3-7] 영유아를 위한 사정, 평가 및 프로그램 체계(AEPS)의 아동 관찰기록 예

도 점검 체계가 사용하기 쉽게 구성되어 있다. 또 개별화 교육 프로그램의 장단기 목표의 예를 제공하는 등 진단, 교수목표 수립, 중재, 진도 점검의 연계를 위한 보다 많은 지침을 제공하며, 가족보고서 양식을 따로 제시하여 검사도구를 수정하지 않고도 가족이 진단에 참여할 수 있도록 하고 있다. 그러나 내용이 방대하기 때문에 교사가 숙달되려면 많은 연습과 준비가 필요하다는 제한점이 있다.

2) 교육과정 중심 진단 절차

교육과정 중심 진단과 관련하여 다양한 도구가 개발되어 있으며, 각각의 진단 목적과 구체적인 절차는 매우 다양하다. 그러나 일반적으로 교육과정 중심 진단은 다음과 같은 절차를 거쳐 실시할 수 있다.

우선 진단목적을 확인한다. 특수교육 대상자로서의 적격성을 결정하기 위한 것인지, 개별화 교육 프로그램 작성 및 중재를 위한 것인지를 확인한다. 다시 강조하자면, 특수교육 대상자로서의 적격성을 결정하기 위해서는 규준참조검사의 형태로 이루어진 각종 검사가 유용하며, 개별화 교육 프로그램 작성 및 중재 계획을 위한 정보 수집이 목적이라면 교육과정 중심 진단을 실시하는 것이 타당하다. 최근에는 장애진단과 교육진단의 연계성 촉진을 위하여 특수교육 대상자로서의 적격성을 판정할 때 규준참조검사와 함께 교육과정 중심 진단도구를 함께 사용할 것을 권장하기도 한다(Macy & Hoyt-Gonzales, 2007).

두 번째 단계에서는 진단 영역과 대략적인 진단 내용을 점검한다. 대부분의 교육과정 중심 진단도구는 영유아기의 주요 발달 영역을 모두 포함하되, 하위 영역별로 각기 다르게 계열화된 기술로 구성된다. 따라서 교사는 가능하다면 발달 영역별로 특정 아동의 발달 수준과 필요에 적합한 대략적인 진단 내용을 검토한다. 한편 아동에 따라서는 특정 발달 영역에 지체가 현저하여 그 영역에 대한 진단만을 실시하고자 하는 경우도 있을 것이다. 그러나 영유아기 아동의 경우 각 영역의 발달이 서로 영향을 미치며 통합적으로 이루어지기 때문에, 이러한 아동의 경우에도 모든 발달 영역에 대해 진단을 하고 교수목표를 수립하되 교수의 필요성이 높은 영역의 기술에 더 초점을 맞추는 방식으로 진단을 실시하는 것이 바람직하다.

세 번째 단계에서는 교사가 직접 진단도구를 개발하거나 이미 개발되어 있는 진단도구 중에서 각 아동의 발달 수준과 필요에 적합한 진단도구를 선정한다. 교사가 직접 진단도구를 개발할 경우에는 먼저 교육과정 목록상 각 기술의 목표를 쓰고, 각 목표를 검사하기 위한 검사 항목, 즉 목표 수행 여부를 판단할 수 있는 구체적인 행동 지표를 선정한다. 가능하다면 장애 아동의 다양한 반응에 대비하기 위해서 같은 내용에 대해 다른 형태의 행동 지표를 선정하는 것도 도움이 된다. 그러나 일반적으로 교육과정 중심 진단도구를 개발하는 것은 쉽지 않은 일이므로 이미 개발되어 있는 진단도구를 활용하는 경우가 많다.

이미 개발되어 있는 진단도구는 앞에서 소개한 교육과정 중심 진단의 질적 기준에 따라 적절성과 유용성을 평가하는 것이 좋다. 또한 진단도구가 영아기와 유아기에 따라 연령별로 분리되어 있는 경우(예: 영·유아 캐롤라이나 교육과정, AEPS 등)에는 진단하려는 아동의 발달연령에 따라 적절한 진단도구를 선택하는 것이 좋다. 앞에서 언급한 바와 같이, 교육과정 중심 진단의 목적은 비슷한 또래 집단과의 수행 차이를 비교하는 것이 아니라 아동의 현재 수행 수준을 바탕으로 준거에 도달하기 위해 교수가 필요한 기술을 밝혀내는 것이다. 따라서 생활연령(즉, 아동의 현재 나이)보다는 발달연령(즉, 아동이 실제 기능하는 수준)에 따라 진단도구를 선택해야 현행수준에 대한 유용한 정보를 얻을 수 있으며, 아동의 강점과 제한점을 모두 반영한 교육 계획의 수립이 가능해진다. 예를 들어, 만 2세 수준으로 기능하는 5세 아동 인경이의 경우는 교사가 AEPS의 3~6세용 검사 항목을 실시해 보았더니 수행 가능한 항목이 하나도 없었다. 이러한 경우 진단 결과는 인경이가 현재 할 수 있는 것, 즉 기초선에 대한 정보를 전혀 제공해 주지 못하기에 적절한 결정이라고 할 수 없다. 따라서 이와 같은 경우에는 생활연령과 관계없이 더 어린 아동을 대상으로 한 진단도구를 선정하는 것이 바람직하다.

네 번째 단계에서는 교육과정 중심 진단의 시행을 위한 계획을 수립하고 준비한다. 교육과정 중심 진단은 대개 표준화된 방법이 제시되지 않는다. 그러므로 이미 개발되어 있는 도구를 사용할 때에도 진단할 아동, 진단에 사용될 방법(즉, 관찰, 면담 등), 진단할 장소, 진단 일정, 관찰을 실시할 경우 관찰할 상황, 기타 필요한 자료 등 개별 아동과 학급 상황에 따른 사전 계획을 세우는 것이 좋다. 진단은 무엇보다도 아동의 실제 수행에 대한 풍부한 정보를 수집하도록 계획되어야 한다. 이를 위해서는 아동이 생활하는 실제 환경 내에서 실제로 그 행동이 필요한 자연스러운 상황을 통해 진단하는 것이 중요하다. 예를 들면, '양발을 교대로 계단 오르내리기'를 관찰하기 위해서는 놀이터에서 미끄럼을 타는 동안 관찰을 할 수도 있고, 유치원 내에 계단을 이용해 2층 유희실로 이동하는 동안 관찰을 할 수도 있다. 이때 가능하다면 한 상황에서만 관찰을 하기보다 다양한 환경에서 관찰하는 것이 아동의 수행에 대한 보다 완벽한 설명이 가능할 것이다. 그리고 여러 차례 반복된 관찰 결과를 통해 수행 여부를 결정하는 것이 아동의 숙달 정도에 대한 정확한 정보를 제공할 수 있을 것이다. 관찰방법에 대해서는 4장을 참조하기 바란다.

진단 계획을 수립할 때에는 진단 결과를 채점하는 방식에 대한 계획도 함께 수립해야 한다. 진단 결과를 채점하는 방식의 경우 수행 여부에 따라 +와 -로 구분하여 기록할 수도 있으나 [그림 3-1]과 같이 세분화하여 기록할 수도 있다. 이렇게 세분화하여 기록하는 경우에는 일반적으로 말하는 '싹트기 반응'에 대한 보고를 할 수 있어서 교육 계획을 작성할 때 더 많은 정보를 제공할 수 있다. 싹트기 반응은 독립적으로 수행할 수는 없지만 현재 학습이 시작된 행동(즉, 근접발달영역), 또는 이미 학습했지만 숙달이나 일반화를 위한 교수가 필요한 행동으로 정의할 수 있다. 구체적으로 싹트기 반응은 (1) 아동이 혼자서는 하지 못하지만 어른이 도와주거나 자료를 수정해 주면 수행할 수 있는 행동(예: 어른이 종이를 잡아 주면 가위로 싹둑 자를 수 있다), (2) 혼자서 할 수 있지만 정확하고 정교하게 수행하지는 못하는 행동(예: 많이 흘리지만 혼자서 숟가락으로 밥을 떠서 먹을 수 있다), (3) 일상적으로 하지는 않지만 드물게 나타나는 행동(예: 대부분은 바지에 소변을 보지만 이따금 화장실에 가고 싶을 때 어른의 손을 끌며 "찌."라고 말한다), (4) 환경이나 상황에 따라 수행 수준이 달라지는 행동(예: 집에서는 "주세요." 하고 말하지만 유치원에서는 요구를 표현하는 말을 하지 않는다) 등을 포함할 수 있다. 보통 이 반응은 ±나 △로 기록한다. 싹트기 반응은 전혀 수행하지 못하는 행동에 비해 학습할 가능성이 더 높기 때문에 잠재적인 교수목표로 간주될 수 있다. 또한 이러한 행동을 수행할 수 있는 상황이나 조건에 대해서도 간단히 기록해 두면 교수목표로 선정할 때 교수 전략이나 수정에 대한 정보로 활용될 수 있다. 이와 같은 정보를 활용하는 구체적인 방법은 10장의 '교수 계획 수립을 위한 진단 결과의 활용' 부분을 참조하기 바란다.

다섯 번째 단계에서는 자료 해석을 통해서 아동이 이미 습득한 기술이 무엇인지, 현재 학습이 시작되었거나 다른 기술을 학습하는 데에 도움이 될 수 있는 선행 기술은 어떤 것인지, 부족한 기술은 무엇인지 등을 결정한다.

여섯 번째 단계에서는 해석된 진단 결과를 토대로 진단보고서를 작성한다. 진단보고서는 교육과정 중심 진단 결과만을 단독으로 기술하기보다는 한 아동에게 실시된 총체적인 진단 결과를 분석적으로 보고하는 것이 유용하다. 진단보고서를 작성하기 위한 구체적인 방법은 10장을 참조할 수 있다.

마지막으로 진단 결과 검토를 통해 교수 계획을 수립하고 교수를 실시하고 난 후에는 교사의 진도 점검 계획에 따라 교수의 효과를 측정한다. 지속적인 진도 점검을 위해서는 이 책에서 제시된 다양한 진단방법을 활용할 수도 있으나, 이미 사용한 교육과정 중심 진단을 지속적으로 사용하여 간단하게 점검할 수도 있다. 진도 점검을 위해 교육과정 중심 진단을 실시할 때에는 진단 과정에서 다음과 같은 질문에 대한 답을 얻을 수 있어야 한다.

- 아동은 어떤 기술을 습득하였는가?
- 새로운 단계의 기술을 학습하기 위해 어떠한 기술을 준비해야 하는가?
- 아동이 숙달되도록 연습을 해야 할 기술은 어떤 것인가?
- 아동에게 부가적인 교수가 필요한 기술은 어떤 것인가?
- 아동에게 교육과정상 수정해야 할 필요가 있는 것은 어떤 것인가?

요약

　　교육과정 중심 진단은 교육과정을 근거로 아동의 수행을 평가하는 준거참조검사의 일종으로 진단과 교수, 진도 점검을 연계하는 데에 유용한 진단방법이다. 영유아를 대상으로 하는 교육과정 중심 진단은 주로 영유아기의 주요 발달 영역에 대한 내용을 포괄하고 있으며, 아동이 현재 배우고 있는 교육과정과 직접적으로 연계되어 있어 교육진단에 잘 부합되도록 고안되어 있다.

　　교육과정 중심 진단을 실시할 때에도 진단의 사실성 확보, 수렴적 진단 및 협력적 진단의 원칙 고려, 가족 참여의 증진 등 진단과 관련된 주요 지침을 반드시 고려해야 된다. 아울러 개별 아동에 따라 교육과정 중심 진단을 보완할 수 있는 다른 진단방법과 내용을 함께 실시하고, 아동의 능력을 증명할 수 있는 다양한 반응을 허용함으로써 개별화된 진단이 이루어질 수 있도록 해야 한다. 특히 교육과정 중심 진단을 실시함으로써 진단 결과를 해석하고 개별 아동에게 의미 있는 교수계획을 수립하기 위해서는 영유아 발달에 대한 지식뿐만 아니라 환경과 아동 간의 상호작용을 이해할 수 있는 통찰력이 매우 중요하다.

　　교육과정 중심 진단은 대부분 이미 개발되어 있는 도구를 활용하는 경우가 많다. 따라서 교사는 질적인 기준에 따라 적절한 도구를 선정할 수 있는 능력이 있어야 한다. 이 장에서는 국내에 출판되어 있는 도구 중 가장 많이 사용되고 있는 세 가지 교육과정 중심 진단도구에 대해 간단히 소개하고 교육과정 중심 진단을 실시하여 교수계획을 수립하기 위한 절차에 대해 설명하였다. 이렇게 국내에 출판되어 있는 교육과정 중심 진단도구는 저마다 장점과 제한점을 갖고 있으며 번역으로 인해 원본과 다소 차이가 있거나 문화적으로 이질적인 문항 등이 있다. 그렇기에 이를 고려하여 개별 아동의 교육적 요구를 가장 잘 진단할 수 있는 도구를 선정해야 한다. 또한 각 도구는 모든 절차와 과정이 표준화되어야 하는 규준참조검사와 달리 교사가 진단 장소와 횟수, 방법 등을 비교적 자유롭게 수정할 수 있다. 그러므로 아동의 수행에 대한 가장 정확한 정보를 얻기 위해서 가능한 한 자연스러운 상황에서 관찰하고, 가장 효과적으로 정보를 수집함으로써 교수계획을 수립하는 데에 기여할 수 있어야 한다.

| 참고문헌 |

강순구, 조윤경 역(1990). 포테이지 아동 발달 지침서. 서울: 도서출판 특수교육.

김호연, 강창욱, 박경옥, 정혜성 역(2008). 영 · 유아 캐롤라이나 교육과정: 0~3세. 서울: 굿에듀.

이소현(2003). 유아특수교육. 서울: 학지사.

이소현, 최윤희, 윤선아, 이수정, 박나리, 김지영, 고동희(2007). 장애 영유아를 위한 교육 과정 중심 진단 도구의 질적 구성요소 분석. 유아특수교육연구, 7(1), 43-70.

이영철, 허계형, 문현미, 이상복, 정갑순 역(2008). 영유아를 위한 사정, 평가 및 프로그램 체계: AEPS. 서울: 굿에듀.

이영철, 허계형, 이상복, 정갑순 역(2005). 영유아를 위한 사정, 평가 및 프로그램 체계: AEPS. 서울: 도서출판특수교육.

조광순, 홍은숙, 김영희(2005). 발달지체 영 · 유아를 위한 교육과정중심 진단 · 평가 도구 의 고찰 및 시사점. 정서 · 행동장애연구, 21(3), 45-78.

최진희, 김은경, 윤현숙, 이인순, 이정숙 역(1996). 장애유아를 위한 캐롤라이나 교육과정. 서 울: 사회복지법인 대한사회복지개발원.

한경근, 신현기, 김은경 역(2008). 영 · 유아 캐롤라이나 교육과정: 3~6세. 서울: 굿에듀.

Bagnato, S. J., & Neisworth, J. T. (1991). *Assessment for Early Intervention: Best Practices for Professionals*. New York: Guilford Press.

Bagnato, S. J., & Neisworth, J. T., & Munson, S. M. (1997). Linking assessment and early intervention: *An authentic curriculum-based approach*. Baltimore: Paul H. Brookes.

Bailey, D. B., & Wolery, M. (2003) 장애영유아를 위한 교육(이소현 역). 서울: 이화여자대학 교 출판부. (원저 1999년 2판 출간)

Bluma, S., Shearer, M., Frohman, A., & Hilliard, J. (1976). *Portage Guide to Early Education*. Cooperative Educational Service.

Bondurant-Utz, J. A., & Luciano, L. B. (1994). *A practical guide to infant and preschool assessment in special education*. Boston: Allyn and Bacon.

Bricker, D. (1995). *AEPS Measurement for birth to three years*. Vol. 1. Baltimore: Paul H. Brookes.

Bricker, D., & Pretti-Frontczak, K. (1996). *AEPS Measurement for three to tsix years*. Vol. 3. Baltimore: Paul H. Brookes.

Bricker, D., & Waddell, M. (1996). *AEPS Curriculum for three to six years*. Vol. 4. Baltimore: Paul H. Brookes.

Bricker, D., & Waddell, M. (2002a). *Assessment, Evaluation, and Programming System & (AEPS) for infants and children* (2nd ed.). Vol. 3. Curriculum for birth to three years. Baltimore: Paul H. Brookes.

Bricker, D., & Waddell, M. (2002b). *Assessment, Evaluation, and Programming System (AEPS) for infants and children* (2nd ed.). Vol. 4. Curriculum for three to six years. Baltimore: Paul H. Brookes.

Bricker, D., Capt, B., & Pretti-Frontczak, K. (2002). *Assessment, Evaluation, and Programming System (AEPS) for infants and children* (2nd ed.). Vol. 2. Test: Birth to three years and three to six years. Baltimore: Paul H. Brookes.

Bricker, D., Pretti-Frontczak, K., Johnson, J., & Straka, E. (2002). *Assessment, Evaluation, and Programming System (AEPS) for infants and children* (2nd ed.). Vol. 1. Administration guide. Baltimore: Paul H. Brookes.

Cripe, J., Slentz, K., & Bricker, D. (1992). *AEPS Curriculum for birth to three years*. Vol. 2. Baltimore: Paul H. Brookes.

DEC Task Force on Recommended Practices. (1993). *Recommended Practices: Indicators of quality in programs for infants and young children with special needs and their families*. Reston, VA: Council for Exceptional Children, Division for Early Childhood.

Grisham-Brown, J. L., Hemmeter, M. L., & Pretti-Frontczak, K. L. (2005). *Blending Practice for Teaching Young Children in Inclusive Settings*. Baltimore: Paul H. Brookes.

Howell, K. W., Kurns, S., & Antil, L. (2002). Using semantics, grammar, phonology, and rapid naming tasks to predict word identification. *Journal of Learning Disabilities, 35*, 121-136.

Johnson-Martin, N. M., Jens, K. G., Attermeier, S. M., & Hacker, B. J. (1986). *The Carolina Curriculum for Infants and Infants At Risk*. Baltimore: Paul H. Brookes.

Johnson-Martin, N. M., Jens, K. G., Attermeier, S. M., & Hacker, B. J. (1991). *The Carolina Curriculum for Infants and Toddlers with Special Needs* (2nd ed.). Baltimore: Paul H. Brookes.

Johnson-Martin, N. M., Attermeier, S. M., & Hacker, B. (1991). *The Carolina Curriculum for Preschoolers with Special Needs*. Baltimore: Paul H. Brookes.

Johnson-Martin, N. M., Attermeier, S. M., & Hacker, B. (2004a). *The Carolina Curriculum for Infants and Toddlers with Special Needs* (3rd ed.). Baltimore: Paul H. Brookes.

Johnson-Martin, N. M., Attermeier, S. M., & Hacker, B. (2004b). *The Carolina Curriculum for Preschoolers with Special Needs* (2nd ed.). Baltimore: Paul H. Brookes.

Losardo, A., & Notari-Syverson, A. (2001). *Alternative approaches to assessing young children*. Baltimore: Paul H. Brookes.

Macy, M., & Hoyt-Gonzales, K. (2007). A linked system approach to early childhood special education eligibility assessment. *Teaching Exceptional Children, 39*, 40-44.

McNamara, K., & Hollinger, C. (2003). Intervention-based assessment: Evaluation rates and eligibility findings. *Exceptional Children, 69*, 181-193.

Meisels, S. (1996). Charting the continuum of assessment and intervention: Toward a new vision for the developmental assessment of infants and young children. In S. Meisels & E. Fenichel (Eds.), *New visions for the developmental assessment of infants and young children* (pp. 11-26). Washington, DC: National Center for Infants, Toddlers and Families.

O'Neil, D., Pretti-Frontczak, K., Vilardo, L., & Kenneley, D. (2005). Curriculum-based assessment rating rubric. Retrieved December 28, 2008, from http://www.fpg.unc.edu/~eco/pdfs/final_assessment_rubric_fall05.pdf.

Pretti-Frontczak, K. L. (2002). Using curriculum-based measures to promote a linked system approach. *Assessment for Effective Intervention, 27*, 15-21.

The Portage Project. (2003). The New Portage Guide: Birth to Six. Retrieved December 28, 2008, from http://www. portageproject.org.

제4장

관 찰

1. 관찰의 이론적 배경
2. 관찰의 실제

1. 관찰의 이론적 배경

1) 관찰의 정의 및 목적

관찰은 "매일의 일상적인 맥락 내에서 관심 있는 특정 행동을 조사하는 엄격한 행위"(Johnson, LaMontagne, Elgas, & Bauer, 1998, p. 218)로 정의된다. 즉, 관찰이란 관심 있는 특정 사물이나 사건 또는 행동 등에 관한 정보를 수집하기 위하여 그 대상을 살펴보는 것이다. 교사는 관찰을 통하여 아동의 관심과 선호도뿐만 아니라 의사소통 및 상호작용 스타일에 대하여 알게 되고, 더 나아가 교육과정 내에서 아동의 현행수준을 파악하게 된다. 관찰은 다른 진단방법으로 수집된 정보의 타당성을 높여 주고 적합한 중재 전략을 찾는 데 도움이 된다. 특히 나이가 어려서 전통적인 진단방법을 사용하기 어려운 영유아의 경우에는 특수교육 서비스의 필요성을 판별하기 위한 발달 평가, 교수계획 수립을 위한 행동적 · 사회-정서적 · 학습적 요구 평가, 교수목표에 대한 진도 점검 등 진단과 관련된 전 과정에 필수적으로 포함되어야 한다(Bagnato & Neisworth, 1991; McLean, Baily & Wolery, 2004; Meisels & Atkins-Burnett, 2005; Voipe & McConaughy, 2005).

관찰은 또래와의 상호작용, 자조기술, 운동기술, 읽기기술, 감정 표현, 주의집중 등 아동의 광범위한 행동을 평가하는 데 적절하다. 또한 이들의 행동에 대한 성인의 상호작용과 환경이 미치는 영향뿐만 아니라 매일 일어나는 일상의 상황에서 아동이 사용하는 문제 해결 전략을 알아내는 데에도 사용할 수 있다(Brassard & Boehm, 2007). 특히 아동의 행동, 행동이 발생하는 상황, 행동을 일으키는 데 영향을 미칠 수 있는 여러 사건 또는 자극 등을 알아내는 데 유용하기 때문에 행동지원 계획을 세우기 위한 행동진단에 반드시 포함되어야 하는 절차이기도 하다. 또 부모, 교사뿐만 아니라 놀이를 포함한 일상의 다양한 활동을 함께 하는 사람 모두가 관찰자가 될 수 있으며, 원하면 언제든지 자연스러운 상황에서 발생하는 아동의 행동을 통해 지속적으로 진단할 수 있다는 장점을 지닌다.

관찰은 자연스러운 환경에서 실제 아동의 수행을 평가할 수 있는 방법이기 때문에 장애 영유아 진단 분야에서 최근 부각되고 있는 자연적 진단(naturalistic assessment)의 기초가 되고 있다. 자연적 진단은 1990년대에 전통적인 진단에 대한 대안적 진단의 필요성이 제기되면서 나타난 진단방법으로, 다양한 발달 영역에 따라 실제 아동이 생활하는 환경 내에서 수행 기회를 제공함으로써 아동의 현재 능력과 기술을 알아보는 방법이다(Losardo & Notari-Syverson, 2001). 자연적 진단은 아동의 실제 생활 속에서 체계적이고 지속적인 관찰로 이루어지기 때문에 아동이 어떻게 진보해 왔는지, 그들의 강점은 무엇인지, 어떤 방식으로 학습하고 문제상황에 부딪혔을 때 어떻게 해결하는지 등에 대한 정보를 제공해 준다. 자연적 진단은 일상생활 중에서 아동의 수행 정도를 파악하기 때문에 이들의 발달 수준에 대한 이해뿐만 아니라 아동 개개인에게 발달적으로 적합한 형태의 중재를 찾아낼 수 있다는 장점을 가진다. 또한 다양한 환경에서 발생하는 아동의 행동을 관찰하고 기록하기 때문에 전반적인 발달에 대한 총체적인 평가가 가능하다.

  자연적 진단은 진단 과정에서 수행과 평가를 분리하지 않으려는 시도로 아동 행동의 상호작용적인 성격과 학습환경의 다양한 변인 간의 복잡한 관계를 중요

표 4-1 관찰 중심의 자연적 진단방법

종류	정의	진단 절차	장점	단점
놀이중심 진단 (play-based assessment)	아동 혼자 또는 양육자나 또래와 함께 사물을 가지고 활동하는 놀이기술을 평가하는 방법	1. 아동에 대한 기초 정보 수집하기 2. 관찰할 내용에 따라 놀이 회기 계획하기 (예: 비구조화된 놀이-구조화된 놀이-또래 상호작용 놀이-양육자 상호작용 놀이-간식 등) 3. 각 놀이 회기 관찰하기 4. 팀 회의를 통해 진단 내용 분석하기	• 아동에게 자연스럽고 발달에 적합한 활동임 • 중재와 활동 프로그램으로 활용될 수 있음	• 시간이 오래 걸림 • 진단을 위한 전문가가 필요함 • 수집된 자료 해석을 위한 기준 및 지침이 부족함

〈계속〉

종류	정의	진단 절차	장점	단점
수행진단 (performance assessment)	실제 상황과 활동 속에서 아동이 수행하는 내용과 과정, 결과를 평가하는 방법	1. 아동에게 일상적이고 친근한 과제 선정하기 2. 아동의 발달 수준에 맞는 다양한 활동과 과제를 통해 자료 수집하기 3. 기준이나 규준, 점수 체계 등을 만들어 평가하기	• 실제 생활 중에서 진단할 수 있음 • 아동의 강점, 할 수 있는 것에 초점을 맞춤 • 전문가와 가족 간의 의사소통과 협력이 가능함 • 자연스러운 방법으로 자료를 수집함	• 개별 목표에 대한 진보를 점검할 수 있는 판단 기준이나 근거가 부족함 • 자료 해석 시 주관적인 편견이 개입될 수 있음 • 진단을 위해 수준 높은 전문가가 필요함 • 시간과 자원이 많이 소요됨
포트폴리오 진단 (portfolio assessment)	아동의 실제 작품이나 일상환경에서의 행동을 시청각적으로 기록하여 그 진보를 평가하는 방법	1. 발달지표나 체크리스트를 이용하여 체계적으로 관찰하기 2. 아동의 수행 내용을 포트폴리오로 구조화하기 3. 발달지표나 체크리스트를 이용하여 관찰한 내용과 포트폴리오로 구조화한 수행 내용에 대한 요약 보고서 작성하기	• 융통성 있고 조정 가능함 • 아동의 발달과 학습에 대한 많은 내용을 포함함 • 시간의 흐름에 따른 다양한 평가가 가능함	• 비용과 시간이 많이 소요됨 • 기록물을 수집 · 평가하는 과정에 교사의 편견이나 감상적인 기억 등이 개입될 수 있음 • 포트폴리오 내용 타당성, 신뢰성, 객관성의 확보가 어려움
역동적 진단 (dynamic assessment)	평가자가 검사와 중재를 반복하면서 아동과의 상호작용 중에 나타나는 반응을 평가하는 방법	1. 평가할 행동에 대한 수행 기회를 제공하고 수행 정도를 관찰하기 2. 평가한 행동의 목표 수준 결정하기 3. 아동-교사 역동적 상호작용을 통해 교수 실시하기 4. 아동이 수행한 활동 자료를 수집하고 분석하여 다시 진단하기 5. 다음 교수에 반영하기	• 진단과 중재를 연결할 수 있음 • 상호작용과 지원의 유형을 찾을 수 있음 • 아동의 진보에 민감함	• 교사의 능력에 따라 결과가 달라짐 • 검사와 중재의 순환 과정에서 상호작용을 위한 시간이 많이 필요함 • 지원의 양과 수집된 자료를 비교할 때 효율성이 떨어짐

시하기 때문에 특수아 조기교육 분야에서 적절한 진단방법으로 수용되고 있다
(이소현, 2003). 자연스러운 환경에서 관찰을 통해 진단하는 자연적 진단방법은
〈표 4-1〉에 간단하게 소개되어 있다. 이에 대한 더 자세한 내용은 관련 문헌(예:
이소현, 2003)을 참고하기 바란다.

2) 관찰의 중요성

장애 유아는 언어를 통한 의사소통이 제한적이며 낯선 상황에서 공식적인 진
단 절차에 따라 검사자의 지시를 따르는 것이 어렵다는 특성을 지닌다. 따라서
초기 선별 단계에서부터 장애진단, 교육진단, 진도 점검, 프로그램 평가에 이르
는 진단의 전 과정에서 관찰은 중요한 진단방법으로 고려되어야 한다. 특히 교육
진단에 있어서 관찰은 다음과 같은 이유에서 더욱 중요한 정보 수집 방법이다.

첫째, 관찰은 자연스러운 환경과 일과 내에서 실시할 수 있기 때문에 아동이
실제로 사용하는 기술과 능력에 대한 정보를 수집할 수 있다. 이러한 정보는 개
별 유아의 요구에 맞게 교수계획을 수립하는 데에 반드시 필요하다. 예를 들어,
교육과정 중심 진단 결과 사회성 측정 항목 중 '친구와 함께 놀이를 한다'는 문
항에 대해 '부분적 수행'을 하는 것으로 보고된 현수의 경우에는 교사가 이러한
정보만으로 교수계획을 세울 수 없다. 따라서 교실 내에서의 관찰을 통해 현수가
상호작용을 시작하는지 또는 또래의 시작행동에 반응함으로써 놀이에 참여하는
지, 놀이 중에 현수가 주로 보이는 사회적 행동의 기능과 형태는 무엇인지, 현수
의 놀이 지속 시간은 어느 정도인지, 현수가 좋아하는 놀이는 무엇인지, 현수가
특별히 좋아하거나 자주 함께 노는 친구가 있는지, 현수의 사회적 또는 인지적
놀이 수준은 어느 정도인지 등에 대한 정보를 추가로 수집함으로써 구체적인 교
수목표와 평가 기준, 교수 전략을 세울 수 있다.

둘째, 관찰은 검사도구로 측정하기 어려운 기술을 진단할 수 있게 해 준다. 영
유아는 언어를 통한 표현 능력이 미숙하기 때문에 지능검사와 같은 검사도구로
측정하기에 많은 어려움이 따른다. 따라서 영유아를 대상으로 하는 경우 도구를
사용하는 진단일지라도 구조화된 상황을 제공하여 아동의 행동을 관찰하거나

부모의 보고를 토대로 하는 경우가 많다. 그러나 특정 기술(예: 배변기술 등)의 경우는 구조화된 상황을 제공하는 것이 불가능하기 때문에 자연적인 상황에서의 관찰을 통해서만 자료를 수집할 수 있다. 이러한 경우 측정해야 할 기술의 특성을 고려하여 진단방법을 선택해야 한다.

셋째, 관찰은 부모 보고나 검사 등으로 수집된 정보의 타당도를 높여 준다. 예를 들어, 세희의 부모는 세희가 '주세요'라는 말로 자신이 원하는 것을 요구할 수 있다고 보고하였다. 만일 교사도 교실에서 세희가 동일한 행동으로 간식 시간에 사과를 요구하는 것을 관찰한다면 세희가 사물을 요구하기 위해 '주세요'라고 말할 수 있다고 결론 내릴 수 있다. 그러나 세희가 교실 일과 중 어느 때에도 '주세요'라는 말을 사용하지 않을 뿐만 아니라 간식 시간 중에 세희가 사과를 향해 교사의 손을 끄는 행동을 보인다면, 교사는 부모의 보고에도 불구하고 세희가 '주세요'라는 말로 요구를 표현할 수 있다고 보기 어려울 것이다. 이러한 경우 환경이 세희가 말을 통해 자신의 요구를 표현할 충분한 기회를 제공하지 않는지, 세희가 '주세요'라는 말을 학습했어도 충분히 숙달되거나 다양한 환경에서 사용할 수 있을 만큼 일반화시킬 수 있는 능력이 부족한지 등에 대한 추가적인 정보를 수집해야 한다.

넷째, 관찰은 아동의 행동이 나타나는 것과 관련된 여러 가지 환경적 정보를 제공해 준다. 즉, 관찰을 통해 교사는 어떤 행동이 나타나는 데에 영향을 주는 선행사건이나 행동을 유지시키는 후속결과에 대한 정보를 얻을 수 있다. 이러한 관찰의 특성은 개별 아동에게 적합한 교수 전략을 결정하거나 문제행동을 중재하기 위한 행동지원 계획을 세울 때에 특히 유용하다. 관찰을 통해 행동의 선행사건이나 후속결과를 알아보기 위한 구체적인 방법은 7장을 참조하기 바란다.

다섯째, 관찰은 중재의 효과를 지속적으로 점검할 수 있는 효과적인 진단방법이다. 검사나 면담 등의 진단방법은 별도의 시간과 장소를 필요로 하지만, 관찰은 일상적인 활동 내에서도 실행할 수 있기 때문에 중재를 실시하면서 그 효과를 지속적으로 점검할 수 있다. 예를 들어, '혼자서 양쪽에 손잡이가 달린 컵을 들고 음료수를 마실 수 있다'는 교수목표를 가진 진호의 경우는 간식 시간마다 중재를 실시하기 직전에 혼자서 컵을 들고 마실 기회를 한 번씩 제공하고 진호의 행동을 관찰함으로써 진도 점검을 할 수 있다. 이렇게 지속적인 진도 점검을 함으로써 교사는 개별 아동의 진보 정도에 따라 필요한 때에 즉각적으로 교수 목표나 전략을 수정할 수 있고 교수의 효과와 효율성을 최대화할 수 있다.

이와 같은 중요성으로 인하여 교육진단을 실시할 때는 관찰이 반드시 포함되어야 한다. 관찰은 아동의 행동과 기능, 사회적 관계 및 상호작용, 환경과의 상호작용 등 다양한 측면에 대해 효과적으로 적용할 수 있으며, 이 책 전반에서 소개하고 있는 다양한 진단방법의 구체적인 실행 전략이 되기도 한다. 예를 들어, 교사는 교육과정 중심 진단인 영유아를 위한 사정, 평가 및 프로그램 체계(AEPS)를 작성하기 위해 교실의 여러 상황에서 아동 행동을 관찰할 수 있어야 하며, 환경진단을 하기 위해서도 교실의 활동 영역에 대한 아동의 이용 빈도를 관찰할 수 있어야 한다. 또한 부모와 아동 간의 상호작용을 관찰함으로써 가족을 지원하기 위한 진단을 실시할 수도 있다. 따라서 장애 영유아의 교육에 있어서 관찰에 대한 구체적인 지침과 전략에 대한 지식은 매우 중요하다. 다음에서는 장애 아동 진단을 위해 관찰을 실시할 때 고려해야 할 일반적인 지침을 제시하고자 한다.

3) 관찰을 위한 일반적인 지침

장애 유아 진단을 위한 일반적인 지침(1장 및 2장 참조) 외에도 교육진단과 진도 점검을 위해 관찰을 실시하고자 할 때에는 다음과 같은 점을 고려해야 한다.

첫째, 교육진단을 위한 관찰은 가능한 한 자연스러운 환경에서 실시되어야 한다. 여기서 자연스러운 환경이란 아동이 실제로 생활하고 있는 공간(예: 유치원, 가정, 지역사회 등)과 특정 행동을 보여야 하는 상황(예: 유치원에서의 활동 시간, 점심시간 등)을 의미한다. 자연스러운 환경에서 관찰은 습득, 숙달, 유지, 일반화 등의 학습 단계에 따른 아동의 실제 기능에 대한 정보와 아동의 수행에 영향을 미치는 환경적 영향에 대한 정보를 수집하는 데 도움이 된다.

둘째, 관찰은 체계적으로 계획되고 실행되어야 한다. 체계적으로 실행한다는 것은 정보를 수집하기 위한 구체적인 계획이 필요하다는 것을 뜻한다. 자연스러운 환경에서는 진단에 영향을 미치는 여러 가지 복잡한 요인이 존재하기 때문에 무엇을 어떻게 관찰할 것인지에 대한 사전 계획 없이는 유용한 정보를 얻기가 어렵다. 특히 관찰은 아동의 대표적인 특성에 대한 정보를 얻기 위해 여러 차례에 걸쳐 다양한 환경에서 여러 사람에 의해 실시되는 경우가 많으므로, 일관성 있고 신뢰성 있게 실행하기 위해서는 구체적인 계획을 수립하는 것이 매우 중요하다. 관찰을 계획하기 위한 구체적 전략은 이 장의 뒷부분에서 자세히 다루고 있다.

셋째, 관찰을 위해서는 행동의 대표성을 확보해야 한다. 이를 위해서는, 즉 (1) 여러 차례에 걸쳐 자료 수집하기, (2) 비교할 만한 다른 아동의 행동 특성과 관련지어 관찰하기, (3) 다양한 근거와 상황을 통해 수렴적으로 행동 표본 수집하기, (4) 명확하고 중복되지 않는 범주로 행동을 관찰하며 체계적인 자료 수집 절차 사용하기, (5) 아동이 관찰자를 의식하지 않도록 아동에게 익숙한 사람을 관찰자로 정하고 관찰을 실시하기 전에 관찰할 환경에서 예비 관찰 실시하기와 같은 전략을 활용할 수 있다(Brassard & Boehm, 2007).

넷째, 관찰의 신뢰도를 높이고 관찰자의 편견을 배제한 정확한 관찰이 이루어지기 위해서는 반드시 사전에 관찰자 훈련을 실시해야 한다. 관찰자 훈련은 여러 가지 방식으로 실행할 수 있다. 그러나 보통은 관찰할 행동 범주가 어떤 것인지에 대해 충분히 토론하기, 각 행동 범주를 암기하여 조작적 정의나 행동의 예에 해당하는 범주를 맞히는 방법으로 퀴즈 실시하기, 비디오 샘플을 이용하여 각 범주에 따라 기록하기와 같은 단계로 실시하며, 최종적으로 실제 현장에서 두 명의 관찰자가 동시에 관찰을 실시하여 일정 수준 이상의 일치도(예: 80% 이상)를 보일 때 훈련을 종료한다. 관찰자 훈련에 대한 자세한 설명은 관련 문헌을 통해 얻을 수 있다.

다섯째, 관찰을 실시할 때는 반드시 관찰 자료의 신뢰도와 타당도를 확보해야 한다. 신뢰도란 관찰자가 관찰하려고 하는 것을 얼마나 일관성 있게 측정했는가 하는 것으로, 객관적인 측정 기준에 따라 관찰 결과를 기록함으로써 관찰자가 달라도 일치된 결과를 얻는 것을 의미한다. 신뢰도에는 '관찰자 내 신뢰도'와 '관찰자 간 신뢰도'가 있다. 관찰자 내 신뢰도는 한 명의 관찰자가 같은 장면을 두 번 이상 관찰·기록하였을 때 같은 결과가 나오는 것으로 자신의 관찰 기록 간의 일관성을 알아보는 방법이다. 관찰자 간 신뢰도는 하나의 관찰 장면에 대해서 두 명 이상의 관찰자가 독립적으로 관찰하였을 때 관찰자 간의 일치 정도를 말한다. 이는 곧 관찰 기록의 안정성 또는 일관성을 의미한다. 즉, 관찰자 간 신뢰도가 높다면 그 관찰은 객관적이고 안정적이며 일관성이 있는 것이고, 반대로 관찰자 간 신뢰도가 낮다면 관찰자에 따라 관찰 결과가 많이 바뀌게 되어 관찰 결과를 신뢰할 수 없는 것이다(황해익, 송연숙, 정혜영, 2008). 일반적으로 관찰자 신뢰도라고 할 때는 관찰자 간 신뢰도를 의미한다. 관찰 기록 시 관찰자 간의 일치 정도는 일반적으로 신뢰도 계수로 나타나게 된다. 그런데 신뢰도 계수는 관찰 결과가 연속변수인 점수로 부여되는지 또는 항목으로 부여되는지에 따라 산출방식이 다르고, 기록방식(예: 사건기록법, 시간표집법, 지속시간 기록법 등)에 따라서도 다르다. 자세한 신뢰도 산출방식은 관련 문헌(예: 성태제, 2005; 이소현, 박은혜, 김영태, 2000)을 참고할 수 있다.

한편 타당도는 관찰하고자 하는 실제 행동을 잘 반영하고 대표할 수 있는 행동을 관찰하는가에 달려 있다. 따라서 측정하고자 하는 행동을 가장 잘 관찰할 수 있는 장면, 상황, 시간을 선택하여 관찰해야 하며, 관찰하고자 하는 행동의 대표적인 표본이 관찰될 수 있도록 조작적 정의를 신중하게 결정해야 한다. 관찰행동의 조작적 정의에 대한 설명은 이 장의 뒷부분에서 다루고 있으며, 타당도에 대한 자세한 내용은 역시 관련 문헌을 참고하기 바란다.

2. 관찰의 실제

1) 관찰 방법

장애 아동 진단 관련 서적에서 제시하는 관찰 방법은 정확하게는 관찰한 내용을 기록하는 방법이라고 할 수 있다. 이렇게 관찰 기록법이 중요하게 다루어지는 이유는 그것이 단순한 사건이나 경험에 대한 기록 이상이기 때문이다. 즉, 기록은 교수에 대한 시사점을 제기함으로써, 관찰의 유용성을 증진킬 수 있어야 하며, 다른 사람과 공유할 수 있는 형태로 이루어져야 한다(Branscombe, Castle,

Dorsey, Surbeck, & Taylor, 2003). 따라서 관찰한 내용을 기록하는 가장 적합한 방법은 관찰의 목적과 시간, 대상, 내용 등에 따라 개별적으로 결정되어야 한다.

영유아기 아동을 진단하는 데 사용되는 관찰 방법은 여러 가지 기준에 따라 설명할 수 있지만, 이 책에서는 직접 관찰과 간접 관찰로 나누어 소개하고자 한다. 직접 관찰은 관찰된 아동의 행동 자체를 기록하는 방법으로, 서술식으로 기록하거나(예: 일화기록, 전체기록 등) 구체적인 관찰 체계에 따라 행동의 발생을 양적으로 기록한다(예: 사건표집법, 시간표집법, 지속시간 기록법 등). 반면 간접 관찰은 광범위하게 판단에 근거한 진단(judgment-based assessment)으로 불리는데, 이는 "아동이나 환경의 특성에 대해 전문가나 양육자의 느낌과 의견을 수량화하여 구조화된 방법으로 자료를 수집하는 것"(Neisworth & Bagnato, 1988, p. 36)을 의미한다. 이를 간접 관찰이라고 부르는 이유는 주로 이미 관찰한 내용에 대한 관찰자의 느낌이나 평가 내용을 기록하기 때문이다. 체크리스트(behavior checklist), 평정척도(rating scale) 등이 간접 관찰에 해당된다. 여기에서는 각 관찰 방법에 대하여 구체적으로 알아보고자 한다.

(1) 직접 관찰
① 서술적 기록
서술적 기록은 아동의 성취 정도나 활동 참여의 특징을 말로 설명하듯이 자세히 묘사하는 방법이다. 이 책에서는 대표적인 서술적 기록인 일화기록(anecdotal records)과 전체기록(running records)에 대해 설명하고자 한다.

① 일화기록
일화기록은 관찰 내용을 구체적이고도 간결하게 요약하여 기록하는 방법으로 교사의 판단을 배제하고 사실 그대로를 기록하는 방법이다. 일화기록의 중요한 목적은 아동의 발달이나 성취의 중요한 증거가 될 수 있는 행동과 사건을 사실 그대로 기록하는 것이다. 따라서 일화기록을 활용할 때는 주로 발달지표에 근거하여 아동의 현행수준을 가늠할 수 있는 특정 행동이나 교수나 프로그램의 수정이 필요한 아동의 행동상의 변화나 특별한 사건, 아동의 진보에 대한 증거가 될 수 있는 행동 등을 기록하게 된다.

일화기록을 통해 관찰할 때 중요한 것은 사건이 발생한 후에 아동의 행동과 그것이 발생한 맥락을 누가, 언제, 어디서, 무엇을, 어떻게 하였는지에 따라 기록한다는 것이다. 예를 들어, '자유선택활동 시간 중 역할놀이 영역에서 민우는 교사가 선아의 컵에 물을 따라 주는 행동을 시범 보이자 선아가 갖고 있던 컵에 주전자로 물을 따라 주는 흉내를 내었다'고 기록한 경우 행동(즉, 선아의 컵에 주전자로 물을 따라 주는 흉내를 냄)과 맥락(즉, 자유선택활동 중 역할놀이 영역에서 교사가 시범을 보임)을 모두 알 수 있다. 이때 행동은 반드시 관찰 가능한 행동적 용어로 기술해야 하며, 구체적인 행동 발생 맥락을 알 수 있도록 교사의 특별한 촉진이나 환경상의 수정 등이 있었다면 그에 대한 구체적인 내용도 기록해야 한다.

일화기록을 실시하기 위한 구체적인 지침은 다음과 같다(Nicolson & Shipstead, 1998). 첫째, 관찰일자와 관찰을 실시한 환경(예: 자유선택활동 중 역할놀이 영역, 실외놀이, 점심 식사 등), 관찰한 아동명 등을 기록한다. 둘째, 한 가지 사건만을 간결하게 기록한다. 셋째, 관찰자의 평가나 느낌보다는 사실 그대로를 요약하여 기록한다. 넷째, 관찰자는 너무 많은 정보 또는 충분하지 않은 정보를 제공하지 않도록 필요한 정보의 양에 대한 안목을 키운다. 다섯째, 무슨 일이 일어났는지를 시간 순서대로 제시할 수 있도록 묘사적인 단어를 사용한다. 여섯째, 아동의 말은 가능한 한 따옴표를 사용하여 말한 그대로를 기록한다. 일곱째, 발달상 중요한 내용을 기록하며, 관찰한 내용과 관련된 발달 영역을 함께 기록하는 것도 도움이 된다(예: 사회-의사소통, 소근육 운동, 적응행동 등). 여덟째, 반드시 행동이 발생한 맥락을 함께 기록한다. 아홉째, 정확한 기록을 위해 핵심 단어(즉, 누가, 언제, 어디서, 무엇을, 어떻게)를 간단히 메모하고, 활동이 끝난 후에는 기록된 단어를 의미 있는 문장으로 완성하는 방법을 활용한다. 〈표 4-2〉에는 이러한 지침에 따라 일화기록의 잘못된 예와 그에 따른 바람직한 기록의 예가 제시되어 있다.

일화기록은 비교적 간단하고 손쉽게 정보를 수집할 수 있고 교육진단이나 진도 점검에 모두 활용할 수 있다. 그러나 일화기록이 자연스러운 환경에서 유용하게 쓰이기 위해서는 아동의 여러 행동 중에서 발달상 중요한 기술과 각 기술을 나타내는 특정 행동을 변별하는 관찰자의 능력이 필요하다. 장애 영유아에게

표 4-2   일화기록의 잘못된 예와 바람직한 예

잘못된 예	잘못된 이유	바람직한 예
3/20 자유선택활동, 김수현 관련 영역: 사회성–놀이 수현이는 다른 아이들과 놀 때 조심성이 많다. 수현이는 놀잇감을 갖고 혼자서 노는 것을 좋아하지만 곁에 있는 친구를 자주 의식한다.	객관적 사실이 아닌 관찰자의 주관적 판단과 느낌을 기록함	3/20 자유선택활동, 김수현 관련 영역: 사회성–놀이 수현이는 블록놀이를 하고 있는 또래들을 30초 정도 쳐다본 후 블록 영역에 들어가서 벽돌블록을 꺼내어 놀기 시작했다. 수현이는 혼자서 2분 정도 벽돌블록으로 탑을 쌓으며 노는 중에 옆에서 놀고 있는 병현이와 호진이를 여러 차례 쳐다보았다.
3/24 이야기 나누기 등, 김수현 관련 영역: 적응, 언어, 대근육 이야기 나누기 시간에 수현이는 선생님이 이름을 부르자 손을 들어 대답하였고, 화장실에서는 혼자 바지를 내리고 소변을 보았으며, 화장실까지 2m 정도의 거리를 혼자 걸어갔다.	한 가지 이상의 사건에 대해 기술함	3/24 이야기 나누기, 김수현 관련 영역: 언어 이야기 나누기 시간에 교사가 수현이를 쳐다보며 손을 들고 "김수현" 하고 부르자 교사를 보면서 손을 들고 "에에." 하고 대답하였다. 3/24 화장실 가기, 김수현 관련 영역: 적응 수현이는 교사의 도움이나 촉진 없이 고무줄 바지와 팬티를 차례로 내리고 소변을 보았다.
3/26 실외놀이: 놀이터, 김수현 관련 영역: 사회성–문제 행동 놀이터에서 수현이는 소꿉놀이를 하고 있는 여자 아이들에게 모래를 뿌렸다.	행동이 발생한 구체적인 맥락에 대한 설명이 부족함	3/26 실외놀이: 놀이터, 김수현 관련 영역: 사회성–문제 행동 수현이는 소꿉놀이를 하고 있는 민지, 윤서에게 다가가서 놀잇감을 만지작거리며 몇 분간 친구들이 노는 것을 쳐다보았다. 이때 친구들은 수현이에게 전혀 관심을 보이지 않았다. 수현이는 두 손으로 모래를 집었다 폈다를 반복하였고, 잠시 후 아이들을 쳐다보며 두세 차례 모래를 아이들 쪽으로 뿌렸다.

중요한 발달 영역별 기술과 행동에 대한 지식은 Bailey와 Wolery(2003) 등의 문헌을 통해 얻을 수 있으며, 발달 영역별 진단에 대한 구체적인 내용은 6장을 참조할 수 있다.

② 전체기록

전체기록은 묘사적 기술(descriptive narratives), 표본기록(specimen descriptions), 전사(transcripts) 등으로도 불린다. 이는 특정 시간(예: 자유선택활동 시간, 실외놀이 시간 등)에 발생한 아동의 행동이나 말은 물론 관련된 맥락상의 사건 등을 순서대로 모두 기록하는 완전한 서술적 기록이다. 전체기록은 자연스러운 맥락 내에서 아동의 행동이 어떠한 형태로 나타나며 어떤 순서로 일어나고 있는가에 관심이 있을 때 유용하게 적용된다. 학기 초나 새로운 아동이 입급되었을 때와 같이 아동을 처음 진단해야 하는 경우에도 활용될 수 있다. 그러나 장애 영유아 교육에서는 언어 표집을 하기 위해 10분간의 역할놀이 활동 중 아동의 발화를 모두

표 4-3 전체기록을 위한 구체적인 방법

- 관찰 상황은 관찰하고자 하는 행동이 대표적으로 나타나는 상황으로 선정하며, 관찰 시간은 보통 10~30분 정도로 정한다.
- 관찰 날짜, 시간, 관찰 대상, 관찰자의 이름을 관찰기록지에 미리 적어 둔다.
- 아동의 행동이 관찰된 장소(예: 역할놀이 영역, 화장실 등), 관찰된 시간(예: 자유선택활동, 점심시간 등) 및 기록될 사건의 맥락(예: 찬우와 민서는 가족놀이를 하고 있고, 인호는 1m쯤 떨어진 거리에서 이들을 보고 있는 상황) 등을 별도로 기록한다.
- 아동의 행동이나 말을 전사하여 기록한다. 필요한 경우 동영상 촬영이나 녹음을 이용하여 자료를 수집할 수도 있다.
- 전사를 하거나 현장에서 바로 기록할 때에는 객관적인 사실만 기록하며, 관찰자의 해석이나 주관적인 판단 또는 추론은 포함시키지 않는다.
- 기록 내용에는 관찰 대상 아동뿐만 아니라 그 아동과 상호작용하고 있는 다른 사람(또래, 교사, 학부모 등)의 말과 행동도 포함시킨다.
- 사건이 일어난 순서대로 적는다.
- 가능한 한 자세하게 기록하고 행동의 특성을 정확히 묘사한다. 아동의 말은 따옴표를 사용하여 있는 그대로를 기록한다.
- 자료를 수집한 후에는 반드시 관찰 체계나 미리 선정된 행동 범주를 적용하여 자료를 분석한다.

아동명: 김재환   관찰자: 류수연
관찰 날짜: 2009. 03. 16.   관찰 시간: 오후 4시 40분~4시 40분
관찰 장면: 간식 시간

관찰 내용

교사가 간식을 들고 교실에 들어오자 미리 준비된 식탁에 아이들이 와서 앉는다. 창석이가 자리에 앉으려고 하자, 재환이는 창석이의 어깨를 밀며 "응~응~" 하면서 얼굴을 찡그리고 교사를 바라본다. 이에 교사가 창석이에게 "거기는 재환이 자리니까 창석이는 이리 오겠니?"라고 말하고, 창석이는 일어나 교사에게로 간다. 재환이는 얼른 그 자리에 앉는다. 교사가 "우리 간식기도 하자."라고 이야기하자, 재환이는 두 손을 모으고 눈을 뜬 채 교사의 간식기도에 맞추어 노래 가락을 웅얼거린다.

간식기도가 끝나자 재환이는 앞에 놓여 있던 우유 컵을 두 손으로 들고 마신 후 "아." 하면서 내려놓는다. 3초 후에 식탁 중앙에 있는 간식 접시에서 빵 한 조각을 손으로 움켜쥐고 입으로 가져간다. 한 입 베어 물고 씹어 보더니 입안의 빵조각을 뱉어 버리고 나머지 조각은 식탁 위에 던진다.

2초 후 자신의 손을 펼쳐 보고 두 손을 웃옷 앞자락에 비벼서 손바닥에 묻은 빵가루를 털고 나서 손바닥을 쳐다보더니, 다시 손바닥을 식탁 위에 세 번 문지르고 자리에서 일어나 놀잇감 통으로 간다. 교사가 재환이에게 "재환아, 간식 그만 먹을 거니? 그럼 간식 그릇을 치우도록 하자."라고 말하자 다시 제자리로 돌아온다. 교사가 "민지도 다 먹었네, 재환이랑 같이 간식 그릇 정리하자."라고 말하자 민지는 재환이에게 손을 내밀며 "재환아, 가자."라고 말한다. 재환이가 민지의 손을 잡자, 민지는 "그릇도 가져가야지." 라고 말한다. 재환이는 그릇을 두 손으로 잡고 민지의 뒤를 따라 카트 앞으로 다가가서 민지가 가리키는 곳에 그릇을 놓고 블록 영역으로 간다.

[그림 4-1] 전체기록의 예

기록하거나 실외놀이 시간 중 아동이 수행한 모든 운동 기능을 기록하는 등 특정 발달 영역에 초점을 맞추어 사용하는 경우가 많다.

전체기록의 장점은 행동에 영향을 미치는 환경 특성이나 구체적인 행동 특성을 발견하는 데 도움이 되며 사건의 순서를 관찰함으로써 특정 행동의 선행사건 및 후속결과가 될 수 있는 환경적 상황보다 깊이 이해할 수 있다는 것이다. 반면 전체기록은 시간이 많이 소요되며, 특히 교육 활동을 운영하는 중에 관찰을 실시

해야 하는 유치원 환경에서는 적용하기 어렵다는 단점이 있다. 그러나 최근에는 동영상 촬영이나 소리 녹음을 통한 관찰 방법을 사용함으로써 자연스러운 환경에서 효과적으로 적용되고 있다. 전체기록을 위한 구체적인 방법은 〈표 4-3〉과 같다. 그리고 [그림 4-1]에는 장애 유아의 의사소통 행동을 분석하기 위해 간식시간을 관찰한 전체기록의 예가 제시되어 있다.

② 양적 기록

관찰을 통해 자료를 수집할 때에는 앞서 언급한 바와 같이 행동의 발생을 서술적으로 기록할 수도 있으나 특정 행동의 발생 여부에 기초하여 양적인 측면(예: 빈도, 지속시간, 강도 등)을 기록하기도 한다. 이러한 양적 기록법은 주로 사전에 정의된 특정 행동을 정해진 체계를 통해 기록하게 된다.

관찰 체계(observation system)란 사전에 결정된 특정 행동의 발생에 기초하여 관찰 내용을 행동의 빈도, 지속시간, 지연시간 등 양적인 측면으로 기록할 수 있도록 구성된 체계적인 기록 양식을 의미한다. 관찰 체계를 이용한 양적 기록은 체계적이면서도 빠르고 쉽게 아동의 행동에 대한 정보를 수집할 수 있게 해 주는 장점이 있다. 특히 동일 목표행동에 대해 정기적으로 정보를 수집함으로써 그에 대한 직접적인 정보를 수집할 수 있기 때문에 특히 진도 점검에 자주 활용되고 있다.

관찰 체계를 개발하기 위해서는 먼저 관찰할 행동에 대한 조작적 정의를 정확하게 해야 한다. 조작적 정의(operational definition)란 개념이나 의미를 설명하는 일반적인 의미에서의 '정의'와는 달리 특정 행동이나 현상, 사물 등을 측정하고 수량화하기 위해 그것이 의미하는 바와 그 범위를 구체적인 범주나 기준, 절차 등을 통해 한정 짓는 것을 의미한다. 예를 들어, 아동의 사회적 상호작용을 관찰할 때 '개인 간의 역동적으로 변화하는 사회적 행동의 연쇄적 고리'라는 사전적 정의를 통해서는 관찰 상황에서 사회적 상호작용의 발생을 명확하게 판단하기가 어렵다. 그러나 사회적 상호작용의 조작적 정의를 '특정 아동의 시작행동이 있은 후 5초 이내에 그 행동의 대상이 되는 또래의 반응행동이 나타나는 경우'로 정한다면 구체적인 행동 발생에 대한 관찰이 가능해진다. 이와 같이 관찰에서 조작적 정의는 대부분 관찰 가능한 조건과 행동적 용어로 특정 사건이나 행동을 설명하는 것을 의미하며, 일반적으로 관찰할 행동의 범주와 각 범주에 대한 자세한 예시를 함께 명시한다. 〈표 4-4〉는 사회적 상호작용을 관찰하기 위한 조작적 정의와 구체적인 행동의 예를 보여 주고 있다.

관찰자는 같은 행동이라도 강도(intensity), 빈도(frequency), 정확도(accuracy), 지속시간(duration), 지연시간(latency), 지구력(endurance) 등 다양한 측면에서 정보를 수집할 수 있다. 따라서 관찰을 통해 정보를 수집할 때에는 사전에 행동의 어떤 측면에 초점을 두어 관찰할 것인지를 결정해야 한다. 이를 위해서는 우선 행동의 유능함을 가장 잘 판단할 수 있는 측면을 결정하는 것이 중요하다. 예를 들어, 한 아동이 어른의 도움 없이 등을 세워 바닥에 혼자 앉아 있는 자세를 유지할 수 있는지를 관찰하고자 할 때, 이 행동을 능숙하게 할 수 있는지의 여부를 결정하는 가장 분명한 증거는 쓰러지지 않고 얼마나 오래 앉아 있을 수 있는

표 4-4 관찰을 위한 사회적 상호작용의 조작적 정의 및 행동의 예

관찰행동	조작적 정의	행동의 예
사회적 상호작용	특정 아동의 시작행동이 있은지 5초 이내에 그 행동의 대상이 되는 또래의 반응행동이 나타나는 경우	상호작용을 구성하는 시작행동과 반응행동의 구체적인 예 참조
시작행동	특정 아동이 또래를 향해 사회적 반응을 끌어내기 위해 사용하는 말이나 몸짓으로, 행동이 발생하기 전 5초 동안 그 행동 발생의 대상자로부터 어떤 사회적 행동도 전달받지 않았을 경우에 해당하는 행동	• 또래의 이름 부르기 • 또래의 손을 잡거나 어깨 등을 툭툭 건드리기 • 또래에게 말하기 • 또래에게 놀잇감 등을 건네주기 • 또래에게 놀이 제안하기 • 또래에게 애정 표현하기
반응행동	한 아동의 시작행동이 발생한지 5초 이내에 시작행동을 한 대상에게 반응하는 말이나 몸짓	• 또래가 이름을 부를 때 쳐다보거나 대답하기 • 또래의 신체적 접촉에 반응하기 • 또래의 말에 반응하기 • 또래가 건네준 놀잇감을 받기 • 또래의 놀이 제안에 수긍하기

가다. 이러한 경우 관찰자는 아동이 혼자서 쓰러지지 않고 앉은 자세를 유지하는 지속시간을 측정하게 된다. 또한 자발적으로 의사소통 행동을 나타내는지를 판단하기 위해서는 의사소통 행동의 지속시간보다도 의사소통을 자발적으로 하는 빈도를 측정하는 것이 더 타당할 것이다.

둘째, 관찰하고자 하는 목적을 고려하여 가장 유용한 정보를 제공할 수 있는 행동 측면을 관찰해야 한다. 특히 진도 점검을 위한 정보 수집이 목적이라면 아동의 수행 수준 변화를 가장 잘 나타낼 수 있는 형태의 정보를 결정하는 것이 중요하다. 예를 들어, 부적절한 상황에서 우는 행동을 보이는 종민이를 관찰할 경우, 자주 우는 것은 아니지만 한번 울 때 오랫동안 그치지 않고 우는 것이 문제라고 판단된다면 우는 행동의 지속시간을 체계적으로 관찰해야 한다. 반면 오랫동안 울지는 않지만 자주 우는 행동을 보이는 수진이의 경우에는 우는 행동의 지속시간보다는 빈도를 측정하는 것이 행동의 변화를 점검하는 데에 유용할 것이다.

셋째, 아동의 학습 단계에 따라서 행동의 각기 다른 측면에 초점을 두어야 하는 경우도 있다. 예를 들어, 자발적으로 '주세요'라고 말할 수 있는 것을 목표로 한 동현이의 경우에는 학습 단계 중 습득 단계에서의 정보가 필요하다면 필요한 물건을 보여 주었을 때 '주세요'라고 말한 빈도를 기록하는 것이 타당하다. 그러나 숙달 단계에서의 정보를 필요로 한다면 필요한 물건을 보여 준 후 '주세요'라고 말하기까지 걸린 시간, 즉 지연시간을 기록할 때 더욱 의미 있는 정보를 제공할 수 있을 것이다.

넷째, 가능하다면 관찰의 효율성과 정확성을 높일 수 있는 방법을 선택해야 한다. 예를 들어, 물건을 잡는 힘이 매우 약한 은찬이의 경우 손바닥 쥐기로 다양한 물건을 잡고 조작할 수 있는 것을 교수목표로 정하기로 하고 색연필을 잡고 그림 그리기, 작은 블록을 잡고 옮기기 등의 활동을 통해 교수를 실시하기로 하였다. 이 경우 평정척도를 이용하여 색연필을 잡는 힘의 강도에 초점을 두어 관찰할 수도 있지만, 보다 객관적인 관찰을 위해서는 색연필을 잡고 있는 지속시간이나 블록을 떨어뜨리지 않고 연속해서 5회 이상 옮길 수 있는 지구력 등 간접적인 방법으로 측정할 수도 있다. 〈표 4-5〉에는 행동의 다양한 측면에 대한 정의와

특 성	정 의	예
빈도 (frequency)	일정 시간 동안 행동이 발생한 횟수. 일정 시간은 구간으로 나누어지거나 전체 활동(예: 간식 시간)이 될 수도 있음	• 또래에게 상호작용을 시작한 빈도 • 아동이 보인 각기 다른 발화의 수 • 이야기 나누기 시간 동안 교사가 질문을 했을 때 정반응을 한 빈도
강도 (intensity)	행동의 세기	• 다른 사람에게 말할 때 목소리의 크기 • 숟가락을 쥐는 힘의 세기 • 자신의 머리를 때리는 행동의 세기
반응지연시간 (latency)	단서가 주어진 후 행동이 발생하기까지 걸린 시간	• 다른 사람이 말을 걸 때 반응하기까지 걸린 시간 • 팔을 잘 쓰지 못하는 아동이 자기 앞에 놓인 물건을 잡는 데까지 걸린 시간 • 흥분 상태에 있는 아동이 진정하기까지 걸린 시간
지속시간 (duration)	행동이 지속되는 정도	• 고립놀이를 한 시간의 길이 • 아동이 지지대 없이 혼자 서 있는 시간의 길이 • 아동이 소리 나는 놀잇감을 쳐다본 시간의 길이 • 아동이 자리를 이탈하지 않고 앉아 있는 시간의 길이
정확도 (accuracy)	아동의 목표행동이 정확하게 수행된 정도 또는 아동이 행동을 얼마나 잘 수행했는지를 나타내는 정도(행동을 수행하는 데 필요한 보조의 양이나 아동이 필요로 하는 촉진이나 단서 등이 기록될 수도 있음)	• 다른 사람이 알아 들을 수 있도록 말하기 • 자신의 이름을 다른 사람이 읽을 수 있도록 정확하게 쓰기 • 숟가락을 이용하여 흘리지 않고 먹기
지구력 (endurance)	특정 행동을 반복적으로 나타낼 수 있는 빈도나 시간의 양	• 5m 거리를 성인이나 보조도구의 도움 없이 혼자서 걷기 • 또래와의 의사소통적 교환 지속하기

표 4-5 행동의 주요 측면에 대한 정의 및 구체적인 예

그 예가 제시되어 있다.

관찰 체계를 활용한 양적인 관찰 기록방법은 크게 행동의 발생에 기초하여

기록하는 사건표집법과 일정한 시간에 따라 사건의 발생을 기록하는 시간표집법으로 나눌 수 있다. 나아가 이 두 방법을 기초로 하여 다양하게 활용할 수 있다.

① 사건표집법

사건표집법(event sampling)은 특정 행동의 발생 여부를 기록하는 방법으로 행동의 빈도와 지속시간을 측정하는 것이 일반적이다. 즉, 주로 발생 시간이 짧은 행동(예: 물건 던지기, 친구 때리기 등)의 경우 행동 발생 빈도를 측정하며, 오래 지속되는 경향이 있거나 지속시간의 변화가 심한 행동(예: 혼자 놀이를 한 시간, 소리를 지르며 운 시간 등), 빠른 속도로 반복되는 행동(예: 계속해서 자신의 머리를 때린 시간)의 경우 지속시간을 측정하는 것이 타당하다. 또한 특정 행동이 발생하기까지 얼마나 시간이 걸리는지(지연시간 기록), 한 행동이 얼마나 많이 반복될 수 있는지(지구력 기록), 어떤 보조를 통해 행동이 발생했는지(보조 정도 기록) 등의 정보를 수집할 때에도 사건표집법을 사용할 수 있다.

일반적으로 사건표집법은 시작과 끝이 분명한 행동을 관찰하는 데 사용된다. 예를 들어, 서현이는 학급 일과와 활동이 진행되는 중에 자주 놀잇감이나 간식 등의 물건을 던지는 행동을 보인다. 이러한 경우 물건을 던지는 행동은 물건을 집어들어 어디론가 날라가게 하는 동작으로 그 시작과 끝이 분명하다. 교사는 서현이의 물건 던지기 행동의 패턴을 이해하기 위하여 하루 일과 중 언제, 얼마나 자주 물건을 던지는지 관찰하여 기록할 수 있다. 이때 사건표집법을 통하여 물건 던지기 빈도를 측정한다면 유용한 자료로 사용될 수 있을 것이다. 이와 같이 사건표집법은 행동이 언제, 얼마나 자주 발생할 것인지 예측하기 어려운 경우에 효과적으로 사용될 수 있다.

[그림 4-2]와 [그림 4-3]은 사건기록법을 이용하여 행동 발생 빈도와 지속시간을 기록한 자료 수집 양식의 예를 보여 주고 있다.

관찰 회기(probe)를 이용한 자료 수집 방법은 사건표집법의 변형된 방법 중 하나로, 유치원 환경에서 사건표집법을 실행하기 위한 유용한 방법으로 활용될 수 있다. 일반적으로 사건표집법은 사건이 발생할 때마다 자료를 수집하는 방법이

이름 : 조 서 현   날 짜 : 2009. 4. 15.

시 간 : 9:00 ~ 11:30   관찰자 : 김 미 숙

행 동 : 물건 던지기

시 간	활 동	행동발생	합 계
9:00 ~ 9:30	등원/자유선택활동	///	3
9:30 ~ 10:00	이야기 나누기		0
10:00 ~ 10:30	바깥놀이	//	2
10:30 ~ 11:00	화장실/간식	/	1
11:00 ~ 11:30	영역 활동	////	4
11:30 ~ 12:00	이야기 나누기/하원		0
합계		10	

행동 발생 총 빈도: 10

[그림 4-2] 빈도기록법을 통한 행동 발생 기록의 예

이름 : 김 재 환   날 짜 : 2009. 4. 22.

시 간 : 9:00 ~ 11:30   관찰자 : 김 미 숙

행 동 : 울기

사 건	시작 시간	종료 시간	지속 시간
1	09:05:11	09:06:23	1분 12초
2	09:10:32	09:15:34	5분 2초
3	09:30:02	09:33:16	3분 14초
4	09:42:50	09:45: 56	3분 6초
5	09:51:03	09:56:04	5분 1초

총 지속시간: 17분 35초

평균 지속시간: 3분 31초

범   위: 1분 12초 ~ 5분 2초

[그림 4-3] 지속시간기록법을 통한 행동 발생 기록의 예

지만 관찰 회기를 사용할 때에는 하루 중 특정 시간을 정해서 자료를 수집하게 된다. 예를 들어, 하얀반 교사는 자유선택활동 시간 동안 태민이의 사회적 시작행동에 대한 교수를 실시하기로 하고, 교수 효과를 점검하기 위해 태민이의 사회적 시작행동에서의 변화를 측정하기로 하였다. 60분의 자유선택활동 시간 중 5분 동안 태민이의 행동을 관찰하고 관찰이 끝난 후 교수를 실시하기로 하였다면 5분의 관찰 시간이 곧 관찰 회기가 된다. 즉, 관찰 회기란 아동의 행동에 대한 짧은 검사(mini-test) 또는 간단한 속사(snapshot)와 같다(Grisham-Brown, Hemmeter, & Pretti-Frontczak, 2005).

관찰 회기는 아동의 행동을 가장 잘 대표할 수 있는 상황으로 선정해야 한다. 필요에 따라서는 행동이 자연스럽게 발생하도록 기다리는 대신 행동을 발생시키기 위한 직접적인 기회나 상황을 제공하는 검사 회기(test trial)를 실시하기도 한다. 예를 들어, 색깔의 이름을 아는지 관찰하기 위해 활동 중에 두 가지 색깔의 공을 보여 주며 "노란색 공을 가지고 가렴."이라고 말하거나, 요구하기 기술을 관찰하기 위해서 아동이 좋아하는 간식을 보여 주고 반응을 기다리는 것이 검사 회기가 될 수 있다. 따라서 이러한 검사 회기를 사용하는 경우는 검사 회기를 제공한 후에 그에 따른 아동의 반응을 기록하는 방식으로 사건표집법을 적용한다. 한편 관찰 회기는 자료 수집의 목적에 따라 하루 중 다양한 기회로 제공되기도 한다. 예를 들어, 다양한 활동 중에 성인의 도움 없이 자리에 앉을 수 있는지를 관찰하기 위해서 유치원의 하루 일과 중 앉아서 하는 활동이 무엇이며, 그것들이 각기 다른 요구를 가지는지를 판단하여 적절한 정보를 수집할 수 있는 관찰 회기를 결정하기도 한다(예: 간식 시간에 작은 의자에 앉기, 이야기 나누기 시간에 카펫 위에 앉기, 화장실에서 변기에 앉기, 책 읽기 영역에서 소파에 앉기 등).

② 시간표집법
시간표집법(time sampling)은 특정 시간을 구간으로 나누고 각 구간에서의 행동 발생을 기록하는 방법이다. 앞에서 설명한 사건표집법이 행동의 발생을 신호로 행동을 기록하는 것이라면, 시간표집법은 행동을 기록하기 위해 시간을 신호로 삼는 것이다. 즉, 사건표집법은 관찰 시간 중(예: 10분의 자유놀이 시간)에 발

생한 행동을 기록하지만, 시간표집법은 관찰 시간(예: 10분의 자유놀이 시간)을 더 작은 시간의 구간(예: 10초 구간)으로 나누어 각 간격마다 발생한 행동을 기록한다.

시간표집법은 크게 등간기록법(interval recording)과 순간표집법(momentary time sample recording)으로 구분된다. 등간기록법은 관찰 시간을 동일한 여러 구간으로 나누어 각 구간마다 목표행동이 발생하는지의 여부를 기록하는 방법이다. 이는 다시 전간기록법(whole-interval recording)과 부분간격 기록법(partial-interval recording)의 두 가지로 나눈다. 전간기록법은 한 구간 내내 목표행동이 발생한 경우에만 그 구간에서 행동이 발생한 것으로 기록한다. 예를 들어, 현수가 이야기 나누기 시간 동안 지정된 영역에 앉아 있는지를 관찰하기 위해 전간기록법을 이용하여 관찰한다고 가정해 보자. 이야기 나누기 시간 10분을 15초 간격으로 나눈 후 현수는 특정 구간이 시작하는 시간부터 그 구간이 끝나는 15초 동안 지속적으로 자리에 앉아 있을 때에만 해당 구간에서 착석한 것으로 기록된다. 반면에 부분간격 기록법을 사용할 경우에는 각 구간에서 목표행동이 한 번이라도 나타나면 행동이 발생한 것으로 기록한다. 예를 들어, 현수가 특정 구간 중 1초라도 의자에 앉아 있었다면 그 구간에서 착석행동이 발생한 것으로 기록한다. 또한 앉았다가 일어서기를 반복하여 여러 차례에 걸쳐 착석행동을 보인 경우에도 동일하게 그 구간에서 착석행동이 발생한 것으로 기록한다. 일반적으로 지속시간의 길이가 의미 있는 행동이라면 전간기록법이 적절하며, 지속시간이 짧더라도 발생 여부가 중요한 행동이라면 부분간격 기록법이 적절하다. 등간기록법을 이용한 자료 수집의 예는 [그림 4-4]와 같다.

순간표집법은 관찰 시간을 여러 구간으로 나눈다는 점에서 등간기록법과 같으나, 구간 내내 관찰하는 것이 아니라 각 구간의 마지막 순간에 관찰한다는 점에서 차이가 있다. 즉, 위의 예와 같은 15초 간격의 관찰에서 매 15초가 되는 순간에 관찰하여 그 순간 행동이 나타나면 발생한 것으로 기록한다. 따라서 4초가 되었을 때 행동이 발생하였다고 해도 기록되지 않는다. 이러한 특성 때문에 순간표집법은 목표행동의 지속시간이 비교적 길고 자주 발생하는 경우나 여러 아동을 동시에 관찰해야 하는 상황에서 유용하게 사용될 수 있다. 또한 교사가 특정

이름 : 송 현 수　　　　　　　　　　날　짜 : 2009. 3. 25.
시간 : 9:15 ~ 9:25　　　　　　　　관찰자 : 김 미 숙
행동 : 의자에 앉아 있기

시간		행동 발생	시간		행동 발생
분	초		분	초	
1	0~15	✓	6	0~15	
	16~30	✓		16~30	
	31~45	✓		31~45	
	46~60	✓		46~60	✓
2	0~15	✓	7	0~15	
	16~30	✓		16~30	
	31~45	✓		31~45	
	46~60			46~60	
3	0~15	✓	8	0~15	
	16~30	✓		16~30	
	31~45	✓		31~45	✓
	46~60			46~60	
4	0~15		9	0~15	
	16~30	✓		16~30	
	31~45	✓		31~45	
	46~60			46~60	
5	0~15		10	0~15	
	16~30	✓		16~30	
	31~45			31~45	✓
	46~60	✓		46~60	
합계		14	합계		4

행동 관찰 구간 수(A):　　　　40
행동 발생 구간 수(B):　　　　18
행동 발생률(A / B):　　　18 / 40 = 45(%)

[그림 4-4] 등간기록법을 통한 행동 발생 기록의 예

아동의 행동 발생을 기록하기 위하여 지속적으로 관찰하기 힘든 경우에 순간표
집법이 이용될 수 있다. 예를 들어, 한 학급 내에서 문제행동이나 상호작용 등의
행동을 관찰할 때 하루 종일 30분마다 순간표집법을 이용하여 행동의 발생을 기
록할 수 있다. [그림 4-5]는 위의 현수의 착석행동에서 1분 간격의 순간표집법을
이용하여 관찰한 예를 보여 주고 있다.

이 름 : 송 현 수
시 간 : 9:15 ~ 9:25
행 동 : 의자에 앉아 있기

날 짜 : 2009. 3. 25.
관찰자 : 김 미 숙

시 간	행동 발생	시 간	행동 발생
9:16	✓	9:21	✓
9:17		9:22	
9:18		9:23	
9:19		9:24	
9:20	✓	9:25	

행동 관찰 구간 수(A) :   10
행동 발생 구간 수(B) :   3
행 동 발 생 률(A / B) :   3 / 10 = 30 (%)

[그림 4-5] 순간표집법을 통한 행동 관찰의 예

시간표집법은 짧은 시간 내에 다양한 상황에서 여러 유아를 관찰할 수 있다는
장점이 있다. 그러나 시간표집법은 계획된 시간 내에 계획된 방법으로 행동을 표
집하기 때문에 서술적인 관찰 기록처럼 풍부한 정보를 얻을 수 없으며, 행동이나
사건에 대한 연속적인 기록을 하기 어렵다. 지금까지 살펴본 시간표집법의 종류
에 따른 특성은 〈표 4-6〉과 같다.

표 4-6	시간표집법의 종류 및 특성			
종 류		관찰방법	기 록	적용 행동
등간기록법	전간기록법	구간 내내 관찰	관찰 구간 내내 행동이 지속된 경우 발생한 것으로 기록	지속시간이 길어야 의미 있는 행동인 경우
	부분간격 기록법	구간 내내 관찰	관찰 구간 중 아무때나 발생하면 기록	지속시간에 관계없이 행동 발생 여부가 중요한 경우
순간표집법		특정 순간에 관찰	정해진 순간에 행동이 발생한 경우 기록	지속시간이 길거나 자주 발생하는 행동 또는 여러 명의 아동을 동시에 관찰해야 하는 경우

③ 기타

범주표집법, 보조수준 기록법, 과제분석 기록법 등은 사건표집법과 시간표집법을 응용한 관찰 기록 방법으로, 교수계획을 위한 진단은 물론 교수를 실시하면서 진도를 점검할 때에도 유용하게 사용될 수 있다. 먼저 범주표집법(category sampling)은 행동을 여러 개의 범주로 구분하여 자료를 수집하는 방법이다. 범주표집법을 사용하면 동일한 기능을 지니고 있는 다양한 행동을 측정할 수 있으며, 행동의 특성에 따라 앞서 설명한 사건표집법과 시간표집법 중에서 적절한 방법을 선택하여 관찰할 수 있다. [그림 4-6]에는 동일한 활동 영역에서 함께 놀이하고 있는 유아 4명의 사회적 놀이 특성을 관찰하기 위하여 Parten의 놀이 범주에 따라 기록하는 관찰 기록지 양식이 제시되어 있다. 이 관찰에서 교사는 30분 동안 진행되는 영역 활동 중 5분마다 아동을 관찰하고 각 아동의 놀이행동이 어느 범주에 속하는지를 기록하는 순간표집법을 사용하게 된다.

보조수준 기록법(levels-of-assistance recording)은 특정 행동이 발생하기 위해 어떤 수준의 보조(예: 언어적 단서, 신체적 촉진, 시범, 부분적인 신체적 촉진, 완전한 신체적 촉진 등)가 필요했는지를 기록하는 것이다. 이 방법은 최소촉진법이나 점진적 보조와 같은 교수 전략을 사용하는 경우 교사의 적절한 보조 수준과 양을 점검하는 데 유용하게 사용될 수 있다. [그림 4-7]은 간식 시간에 숟가락으

Parten의 놀이 범주에 따른 사회적 놀이

이　름: ＿＿＿ ＿＿＿ ＿＿＿　　　　　날　짜: ＿＿＿ ＿＿＿ ＿＿＿
관찰자: ＿＿＿ ＿＿＿ ＿＿＿　　　　　시　간: ＿＿＿ ＿＿＿ ＿＿＿

시간	아동	사회적 놀이 범주					
		비점유	방관	단독 놀이	평행 놀이	연합 놀이	협동 놀이
9:20	1						
	2						
	3						
	4						
9:25	1						
	2						
	3						
	4						
9:30	1						
	2						
	3						
	4						
9:35	1						
	2						
	3						
	4						
9:40	1						
	2						
	3						
	4						
9:45	1						
	2						
	3						
	4						
합계							
행동 발생률							

[그림 4-6] 범주표집법을 통한 행동 관찰 기록지의 예

이름 : 이영아   날·짜 : 2009. 11. 9. ~ 11. 13.
시간 : 11:00 ~ 11:30   관찰자 : 서윤호
행동 : 숟가락으로 반유동식 떠서 먹기

날 짜	과제분석 단계	시 도			
		1	2	3	4
11/9(월)	1	PP	PP	M	PP
	2	FM	FM	FM	PP
	3	FM	FM	PP	PP
	4	FM	FM	PP	PP
11/10(화)	1	FM	FM	PP	M
	2	FM	PP	PP	PP
	3	FM	FM	PP	PP
	4	PP	PP	PP	PP
11/11(수)	1	PP	PP	PP	M
	2	FM	PP	PP	M
	3	FM	FM	PP	PP
	4	PP	PP	PP	PP
11/12(목)	1	M	M	M	M
	2	PP	PP	PP	M
	3	FM	PP	PP	PP
	4	PP	PP	PP	PP
11/13(금)	1	M	M	V	V
	2	M	M	M	M
	3	PP	PP	M	M
	4	PP	PP	M	M

* I: 독립 수행, V:언어 촉진, M: 시범 촉진, PP: 부분 신체적 촉진, FM: 완전 신체적 촉진.

[그림 4-7] 보조수준 기록법을 통한 행동 관찰 기록의 예

로 반유동식 음식을 떠서 먹는 행동을 관찰한 예를 보여 주고 있다. 이 예에서는 아동이 숟가락으로 음식을 먹을 때 과제 분석에 의해 각 단계마다 독립적으로 수행하는지 혹은 어느 정도의 보조가 필요한지를 관찰한 결과를 보여 주고 있다.

과제분석 기록법(task-analytic recording)은 하나의 기술을 여러 개의 작은 단계들로 세분화한 후 연속된 각 단계를 정확하게 실시하는지의 여부를 기록하는 방법이다. 위의 보조수준 기록법과 함께 사용하면 기술의 연속된 반응을 체계적으로 가르치면서 그 진행 정도를 점검할 수 있으므로 진도 점검에 많이 사용된다. [그림 4-7]은 과제분석 수행 기록을 보조수준 기록법과 함께 적용한 예를 보여 주고 있다.

(2) 간접 관찰
① 체크리스트

체크리스트(behavior checklist)는 관찰할 행동의 목록을 사전에 만들어 놓고, 각 행동의 발생 여부를 표기하는 방법이다. 이는 점검표, 검목표 등의 용어로도 불린다. 체크리스트는 관찰을 근거로 하되, 행동을 관찰하고 계산하는 직접 관찰과는 달리 일정 기간 동안 지속적으로 관찰한 결과를 판단에 근거하여 기록하는 방법이다(Brassard & Boehm, 2007). 가정환경 조사서, 유아발달 점검표 등은 대부분 체크리스트의 형식을 띠고 있으며, 3장에서 설명한 대부분의 교육과정 중심 진단(예: 포테이지 아동 발달 지침서, 영·유아 캐롤라이나 교육과정)도 체크리스트의 한 유형이다. 체크리스트는 관찰 시간이 절약되고 아동의 행동을 쉽게 관찰할 수 있으며 그 결과를 교수계획과 아동의 행동 평가 등에 간편하게 적용할 수 있어 유아교육 현장에서 많이 사용되고 있다. 하지만 목록에 없는 아동의 행동은 평가할 수 없다는 단점이 있다(황해익 외, 2008). 체크리스트는 주로 특정 영역에서 아동의 현재 특성을 파악하거나 교수를 위한 정보를 수집할 때 적용할 수 있으며, 교수를 실시하기 전과 후의 아동의 발달상 변화를 알아보기 위해서 사용하기도 한다.

② 평정척도

평정척도(rating scale)는 관찰에서 얻은 자료를 수량화하기 위해 고안된 방법으로 아동, 교사, 환경, 프로그램 등 다양한 부분을 평가하는 데에 널리 사용되고 있다. 장애 아동을 진단하는 데에는 보통 3점 또는 5점 척도가 가장 많이 사용된다. 체크리스트가 관찰행동의 유무에만 관심을 두는 반면, 평정척도는 행동의 발생과 함께 존재하는 행동의 질적 특성이 어느 정도인지를 파악할 수 있다. 예를 들어, '가위질을 할 수 있다'는 항목에 대해 체크리스트에서는 가위질을 할 수 있는 경우와 없는 경우로만 구분하는 반면, 평정척도에서는 할 수 있는지 없는지뿐만 아니라 가위질을 '얼마나' 잘하는지에 대한 정보도 얻을 수 있다.

평정척도는 체크리스트와 마찬가지로 관찰자가 사전에 관찰하려는 행동 영역에 대해서 미리 알고 있어야 한다. 평정의 단계는 3단계 척도부터 11단계 척도까지 다양한데, 이상적인 척도의 단위 수는 평정 대상이 되는 특성, 평정이 이루어지는 상황이나 조건, 요구되는 정확성 및 평정자의 훈련 여부에 따라 결정되어야 한다. 일반적으로 7단계 이상의 척도를 사용하게 되면 평정자 사이의 신뢰도를 감소시킬 수 있다(장휘숙, 1989). 평정척도에서는 1, 3, 5, 7, 9와 같은 홀수형 척도와 2, 4, 6, 8과 같은 짝수형 척도가 있다. 관찰자의 판단을 쉽고 용이하게 하기 위해서는 홀수형 척도를 사용하고, 관찰 유아의 분명한 경향성 파악과 보다 주의 깊은 관찰을 위해서는 짝수형 척도를 사용한다(황해익 외, 2008).

평정척도는 척도를 제시하는 방법에 따라 숫자 평정척도(numeral rating scale)나 도식 평정척도(graphic rating scale) 등으로 구분된다. 숫자 평정척도는 평정하려는 행동의 특성에 맞는 숫자에 표시하게 하는 방법이다. 숫자 평정척도는 제작이 쉽고 결과를 통계적으로 처리할 수 있기 때문에 널리 사용되고 있다. [그림 4-8]은 이야기 나누기 시간에 나타나는 주의집중과 활동 참여 행동을 평정하기 위한 숫자 평정척도의 예를 보여 주고 있다.

도식 평정척도는 평정척도를 도식으로 나타내는 방법이다. 수평선, 수직선, 그림, 음영 등이 사용되나 가장 보편적인 것은 수평선이다. 각 항목 간의 간격은 평정의 각 단계가 같은 간격임을 나타내도록 배정해야 하며, 시각적으로 도식을 제시하기 때문에 관찰자 또는 평가자가 평정을 보다 쉽게 할 수 있다. [그림 4-9]와 [그림 4-10]은 서로 다른 두 가지 도식 평정척도의 예를 보여 주고 있다.

이야기 나누기 활동의 참여 정도

1 = 눈에 띄는 방해행동 또는 집단으로부터의 이탈
2 = 주의가 산만하지만 눈에 띄는 방해행동은 없음
3 = 교사를 잘 쳐다봄
4 = 교사의 지시를 잘 따르고 얼굴 표정이 흥미를 보임
5 = 교사의 지시를 잘 따르고 적절한 언어적·행동적 반응을 함

[그림 4-8] 숫자 평정척도의 예

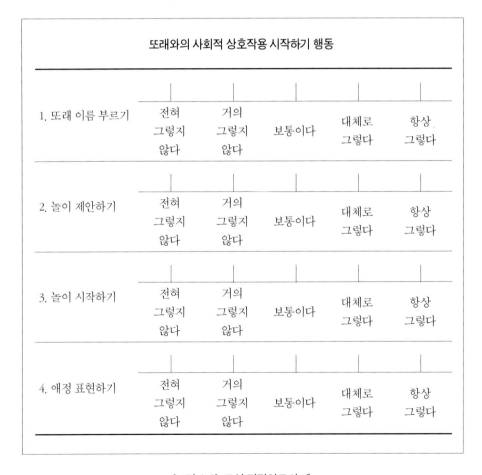

[그림 4-9] 도식 평정척도의 예

사회적 행동 평정척도								
	1	2	3	4	5	6	7	
시작하기								반응하기
적극적								수동적
나누기								이기적
우호적								적대적

[그림 4-10] 도식 평정척도의 예

2) 관찰 절차

(1) 관찰 준비 및 계획

관찰 상황에서는 수많은 사건과 행동이 발생하기에 그중 어떤 사건과 행동이 의미 있는 정보를 제공해 줄 것인지, 누가 가장 효율적으로 관찰을 수행할 것인지, 어떤 상황에서 가장 효과적으로 정보를 수집할 수 있는지, 어떤 방법으로 관찰한 내용을 기록할 것인지 등을 사전에 검토하고 구체적인 계획을 세워야 한다. 특히 자연스러운 상황에서의 관찰은 검사와 달리 아동의 행동이 나타날 수 있도록 하기 위해 특별한 환경적 조작(예: 또래와의 사회적 상호작용이 잘 나타날 수 있도록 적절한 놀잇감 비치하기 등)과 촉진(예: 색깔 개념을 알고 있는지 알아보기 위해서 놀이 중에 "빨간 블록으로 만들자."라고 지시하기)이 필요할 수도 있다. 따라서 관찰을 실시할 때에는 반드시 관찰을 위한 사전 계획을 세워야 하며 이를 계획표의 형태로 문서화하는 것이 바람직하다([그림 4-11] 참조). 관찰을 위한 계획은 한 아동에 대한 하루 동안의 계획이 될 수도 있고 다수의 아동에 대한 계획이 될 수도 있다. 일반적으로 이러한 관찰 계획은 하루 일과에 따라 관찰할 영역, 관찰자, 관찰 장소, 관찰 방법 등을 포함하며, 특히 다수의 관찰자가 관찰을 수행할 때 어떠한 상황에서 어떤 방법을 통해 관찰을 실시해야 하는지를 명확히 해 줄 수 있다.

관찰계획표

이름: 이 준 영   생년월일: 2005. 10. 29.
관찰기간: 2009. 3. 16(월)~20(금)

일 과	발달 영역	평가자	관찰 장소	기록방법
옷 갈아입기 기저귀 갈기	• 신변처리	• 양육자	• 가정	• 체크리스트 • 사건표집법
아침 식사	• 자조기술	• 양육자	• 가정	• 평정척도
자유선택활동	• 사회-의사소통	• 언어치료사	• 자유선택활동 영역	• 전체기록 • 사건표집법
간식 시간	• 사회성	• 특수교사	• 자유선택활동 영역	• 시간표집법
대집단 활동	• 인지	• 담임교사	• 대집단 활동 영역	• 일화기록 • 사건표집법
바깥놀이	• 대근육	• 물리치료사	• 놀이터	• 체크리스트
이야기 나누기	• 사회-의사소통 • 초기 문자	• 언어치료사	• 대집단 활동 영역	• 사건표집법
점심시간	• 적응행동 • 소근육	• 양육자 • 작업치료사	• 가정	• 체크리스트 • 평정척도

[그림 4-11] 관찰계획표의 예

출처: Losardo, A., & Notari-Syverson, A. (2001). *Alternative approaches to assessing young children* (p. 40). Baltimore: Paul H. Brookes에서 발췌 수정.

다음에서는 사전 계획을 세우기 위해 고려할 것을 구체적으로 살펴본다.

① 관찰할 행동

관찰을 위하여 가장 먼저 할 일은 구체적으로 무엇을 관찰할 것인지를 결정하는 것이다. 이때 관찰할 행동이나 범주는 가능한 한 구체적이고 관찰 가능한 것이어야 한다. 예를 들어, 혜진이가 어떻게 의사소통을 하는지에 대한 정보를 수집하기 위해 혜진이의 의사소통 형태와 주요 기능 등을 관찰할 수 있다. 이 경우 관찰의 초점은 혜진이의 의사소통 형태와 주요 기능이다.

필요한 경우 더 구체적인 정보를 수집하기 위해서 관찰할 행동을 기록하는 데에 편리하도록 코드를 정하기도 한다. 예를 들어, 교사는 혜진이의 의사소통 형태를 기록하기 위해서 교실에서의 사전 관찰을 통해 말을 통한 의사소통, 몸짓, 소리내기, 소리 내면서 몸짓하기의 네 가지 형태를 관찰하기로 정하고, 각각 VE(말), G(몸짓), VO(소리), VG(소리와 몸짓)로 표기하기로 계획할 수 있다.

진도 점검의 단계에서는 아동의 개별화 교육 프로그램상의 교수목표를 근거로 관찰을 실시하는 것이 일반적이지만, 교수계획을 세우기 위한 교육진단의 단계에서는 무슨 정보가 필요하며 구체적인 관찰의 초점을 어떻게 결정할 것인지를 아는 것은 쉽지 않은 일이다. 따라서 처음 프로그램을 계획하는 단계에서는 교육과정 중심 진단 등을 통해 아동의 전반적 발달 영역을 모두 포괄하여 정보를 수집하는 것이 바람직하며, 전반적 발달 영역에 대한 진단 과정에서 추가되어야 할 것으로 나타난 정보를 관찰을 통해 보충해 가는 것이 좋다. 또한 사전 관찰을 실시하거나 관련 문헌 등을 검색해 보는 것이 구체적인 행동과 각 행동의 조작적 정의 및 관찰방법 등을 결정하는 데에 도움이 된다.

② 관찰자

누가 관찰하는 것이 가장 적합할 것인지를 결정하기 위해서는 관찰할 행동이 무엇인지, 어떤 상황에서 관찰을 해야 하는지, 누가 특정 행동을 관찰하기에 적합한 기술과 조건을 갖추고 있는지 등을 고려해야 한다. 특히 교육진단과 진도 점검의 단계에서 부모의 참여를 보장하는 것은 매우 중요하다. 또한 교사 외에 언어치료사, 물리치료사, 보조원 등 다른 인력과 함께 관찰을 실시할 수 있다면 각 상황과 행동에 따라 적합한 사람이 관찰을 실시하고 관찰한 결과를 공유하도록 해야 할 것이다.

신뢰할 수 있는 관찰 결과를 얻기 위해서는 무엇보다도 관찰자 훈련을 실시하고 관찰자 간 신뢰도를 점검하는 것이 필요하다. 일반적으로 관찰자 간 신뢰도는 일치도가 80% 이상이면 수집된 자료가 신뢰할 만하다고 인정된다(Cozby, 1997). 따라서 관찰자 훈련을 실시한 후에는 반드시 관찰자 간 신뢰도를 산출해서 두 관찰자 간의 일치도가 80% 이상이 되었을 때 관찰을 시작하는 것이 바람직하다. 이와 같은 과정은 교육 현장에서 실시하기에는 다소 번거롭게 생각될 수도 있으나, 사전 관찰 과정과 병행한다면 시간과 노력을 절약하고 보다 신뢰할 만한 정보를 수집할 수 있게 될 것이다. 구체적인 관찰자 훈련방법과 관찰자 간 신뢰도 산출 요령은 앞서 소개한 내용과 관련 문헌(예: 이소현 외, 2000)을 참고할 수 있다.

③ 관찰 상황 및 시간

관찰을 위해 계획을 세울 때에는 누가 관찰을 실시할 것인지와 함께 구체적인 관찰 장소와 시간, 관찰 상황에 대한 계획 또한 반드시 포함하여야 한다. 어느 곳에서 관찰할 행동을 가장 잘 관찰할 수 있는지 결정하는 것과 함께, 관찰 장소와 시간의 선정은 그 행동이 나타나는 한 장소와 시간을 택할 것인지 혹은 여러 장소와 시간을 택할 것인지에 대한 결정까지 포함한다. 예를 들어, 관찰자가 또래와의 상호작용을 관찰하고자 한다면 교사 주도의 대집단 활동보다는 자유선택활동 시간이 더 바람직할 것이며, 상호작용의 발생이 적은 수·조작 영역보다는 역할놀이에서 관찰을 실시하는 것이 바람직할 것이다. 그러나 다양한 상황에서 상호작용의 특성을 비교하는 것이 목적이라면 자유선택활동의 모든 영역에서 상호작용을 관찰할 필요도 있을 것이다.

관찰자는 관찰을 실시할 물리적 장소와 시간 외에도 구체적으로 관찰을 실시하기 위한 상황(즉, 필요한 촉진이나 교재의 배치 등)을 미리 예상하거나 계획해야 할 필요도 있다. 예를 들어, 아동이 사물의 크기를 구별할 수 있는지 알기 위해서 블록놀이를 관찰하기로 하였다면, 미리 크기가 큰 블록과 작은 블록을 비치해 두고 관찰자가 크기가 다른 블록을 아동 앞에 놓아두고는 "큰 블록 좀 주겠니?"라고 말함으로써 아동이 크기를 구별하여 블록을 줄 수 있는지 관찰할 수 있다. 만약 다수의 관찰자가 관찰을 실시할 경우에는 특히 관찰 상황에 대한 구체적인 계획(즉, 자료의 배치, 구체적인 촉진 내용 등)을 문서화하여 일관성 있게 적용해야 한다.

④ 관찰 및 기록 방법

마지막으로 관찰의 목적이나 관찰할 행동의 특성에 따라 적절한 관찰 및 기록

방법을 선정해야 한다. 이에 대해서는 앞에서 설명한 여러 가지 관찰 방법에 대한 내용을 참조할 수 있다. 〈표 4-7〉은 이 장에서 소개한 각 관찰 방법에 대한 개괄적 소개와 대상 및 목적에 따른 적용방법을 보여 주고 있다.

관찰 기록 양식은 각각의 관찰행동이나 목적, 구체적인 관찰 절차와 대상(예: 개별 아동, 다수의 아동 등)에 따라 적절히 개발하는 것이 바람직하다. 관찰 기록

표 4-7   관찰 방법에 따른 특성

관찰 유형		관찰 방법	관찰 대상	목적	적용
직접 관찰	서술적 기록	일화기록	• 개별 아동	• 발달적 성장 및 중요한 사건 기록하기	매일 실시
		전체기록	• 개별 아동	• 발달적 성장에 대한 관찰 및 기록 하기 • 전반적 특성에 대한 정보 얻기	필요할 때 실시
	양적 기록	사건표집법	• 개별 아동, 집단, 교사 • 프로그램 및 환경 평가의 보조자료	• 사전에 정한 사건의 빈도 등을 조사하기	필요할 때 실시
		시간표집법	• 개별 아동, 집단, 교사 • 프로그램 및 환경 평가의 보조자료	• 미리 결정된 시간 표집 단위 내에서 발생된 사건의 빈도 등을 조사하기	필요할 때 실시
간접 관찰		체크리스트	• 개별 아동, 집단, 교사 • 프로그램 및 환경	• 구체적인 행동이나 특성의 유무 평가하기 • 시간에 따른 변화 평가하기	정기적으로 실시
		평정척도	• 개별 아동, 교사 • 프로그램 및 환경	• 구체적인 특성의 강점 평가하기 • 시간에 따른 변화 평가하기	정기적으로 실시

출처: Nicolson, S. & Shipstead, S. G. (1998). *Through the looking glass: Observations in the early childhood classroom* (2nd ed., p. 330). Upper Saddle River, NJ: Prentice-Hall에서 발췌 수정.

양식은 사용되는 관찰 방법에 관계없이 관찰 상황에 대한 정보, 아동의 성취 정보, 요약 정보의 세 가지로 구성되는 것이 바람직하다. 각 부분은 다음과 같은 정보를 포함하여야 한다(Grisham-Brown, Hemmeter, & Pretti-Frontczak, 2005). 먼저 관찰 상황에 대한 정보는 관찰 대상(예: 아동의 이름, 관찰대상 아동 집단 등), 관찰자(예: 교사, 부모 등), 관찰 시간(예: 날짜 및 관찰에 소요된 시간), 관찰 장소(예: 식당, 역할놀이 영역 등) 및 활동(예: 자유선택활동, 소집단 활동 등)과 같은 정보가 포함되어야 한다. 성취에 대한 정보는 정반응 수, 아동이 가지고 논 놀잇감 목록, 아동이 보인 상호작용 형태에 대한 기록 등 실제 아동이 보인 행동에 대한 정보를 포함한다. 마지막으로 요약 정보는 정반응 총수, 평균 점수, 정반응 백분율 등 수집된 정보를 간략하게 요약한 정보를 기술한다.

관찰기록 양식을 개발한 후에는 개발한 양식을 이용하여 실제 상황이나 비슷한 상황에서 사전 관찰을 1～2회 정도 실시해 본다. 이렇게 사전 관찰을 실시하는 것은 기록 양식에서의 문제점을 발견하여 사전에 보강하는 데에 도움이 되며 관찰 계획의 실현 가능성을 점검해 보는 데에도 도움이 된다.

(2) 관찰 및 기록

관찰을 위한 준비와 계획을 마쳤다면, 이제 실제로 관찰을 실시하고 기록하게 된다. 관찰 시에는 관찰 장면을 있는 그대로 주의 깊게 살펴보는 과정이 필요하다. 이때 직접 관찰 현장에서 관찰과 기록을 동시에 실시할 수도 있고, 녹화나 녹음을 통해 관찰하고 기록할 수도 있다.

관찰 기록은 가능하면 행동 발생 당시나 직후에 기록하는 것이 좋다. 기록은 관찰자 앞에서 일어나고 있는 장면을 가능한 한 자세하고 객관적으로 적는 것이다. 정확하고 완전한 기록은 정보의 신뢰성을 확보하기 위해 필수적이다. 그러나 모든 기록이 반드시 서면 형식이어야 하는 것은 아니다. 상황이나 활동에 따라서는 다이어그램이나 스케치, 오디오, 비디오 등도 선택할 수 있다. 예를 들어, 표현언어 기술의 변화 과정을 기록하기 위해서는 아동의 발화를 주기적으로 녹음할 필요가 있으며, 부모가 관찰 정보를 기록하기 힘들어할 때에는 오디오 기록도 좋은 방법이 된다. 여기서 중요한 것은 수집된 자료를 어떻게 활용할 것인지에 대한 계획하에 대안적인 방법을 도입하는 것이다.

(3) 요약 및 분석

　많은 자료를 수집하였어도 그 자료가 무엇을 의미하며 실제로 아동에 대해 무엇을 말하는지 모른다면 아무 소용이 없다. 교사는 수집된 정보가 의미하는 바가 무엇이며, 아동의 발달과 학습을 돕기 위해 그 정보를 어떻게 활용해야 하는지를 알아야 한다. 특히 방대한 자료를 효과적으로 요약하는 것은 교육 계획의 수립이나 진도 점검을 통한 프로그램의 수정 등 아동의 교수 실행 과정에서 일련의 의사결정을 위한 정확한 정보를 제공하고 팀 구성원 간의 효과적인 의사소통을 가능하게 해 준다는 면에서 중요하다.

　수집된 정보를 적절한 의사결정의 근거로 활용하기 위해서는 관찰 과정에서 수집된 자료를 요약하여 하나의 새로운 정보로 만들어야 한다. 이와 같이 원자료를 요약하고 분석하는 방법은 크게 서술적 요약, 시각적 분석, 수량화 등으로 나눌 수 있다(Grisham-Brown et al., 2005).

　먼저 서술적 요약은 수집된 원자료를 모두 모은 후, 수집된 시간 순으로 다시 읽으면서 전체 자료에서 일관적으로 나타나는 현상을 바탕으로 요약하는 방법이다. 이러한 서술적 요약은 서술적 기록방법 외에도 체크리스트, 평정척도, 관찰 체계를 활용한 양적인 관찰 등 다양한 방법으로 기록된 정보를 요약하는 방식으로 활용할 수 있다. 서술적 요약은 작성하는 데에 시간이 많이 걸리지만 많은 정보를 제공할 수 있다는 장점이 있다. 특히 서술적 요약은 전이(예: 전학, 진급 등) 지원과 같이 아동에 대한 정보를 다른 사람과 공유해야 할 때에 효과적이며, 아동의 현행수준을 보고할 때에도 도움이 된다. 서술적 요약을 통해 자료를 기술하는 경우에도 객관적이고 측정 가능한 용어로 기술하는 것이 중요하다. 예를 들어, '수현이는 다소 산만한 편이다', '은주는 말을 잘 사용하지 못한다' 등의 표현보다 '수현이는 놀잇감을 이용하여 놀이를 할 때 평균 30초 정도 집중하여 놀 수 있다', '은주는 원하는 물건을 손가락으로 가리켜서 요구를 표현한다'와 같이 표현하는 것이 더 유용한 정보를 제공해 준다. 따라서 관찰 자료를 요약할 때에는 주관적 판단을 배제하고 구체적이고 관찰 가능한 용어로 기술하는 것이 좋다.

[그림 4-12]는 혜진이의 의사소통 발달에 대하여 관찰한 원자료를 서술적으로 요약한 예를 보여 주고 있다.

아 동 명 : 김혜진   생년월일 : 2005. 10. 29.
관찰기간 : 2009. 3. 2.~3. 30.   관찰영역 : 언어 및 의사소통
작 성 자 : 오연아

> 혜진이가 주로 사용하는 의사소통 형태는 몸짓이며 대부분 발성과 함께 사용한다. 또한 전체 의사소통 행동의 1/5 정도는 관습적으로 사용하는 어휘와 한 단어 발화이며, 관찰기간 동안 모두 6개 정도의 어휘를 사용할 수 있는 것으로 관찰되었다. 사용하는 어휘는 엄마, 아빠, 까까, 치약, 밥, 공 등이었다.
> 혜진이가 보이는 의사소통의 기능은 물건이나 활동 요구하기, 주의 끌기, 사물에 대해 언급하기, 거부하기, 대답하기, 인사하기 등이었으며, 정보를 요구하거나 활동에 대해 언급하는 의사소통 행동은 관찰되지 않았다.

[그림 4-12] 관찰 자료의 서술적 요약 예

관찰 자료를 분석하기 위한 두 번째 방법은 시각적 분석이다. 시각적 분석이란 관찰한 자료를 그래프를 이용하여 요약하고 분석하는 방식이다. 이렇게 그래프를 이용하여 자료를 요약하고 제시하는 것은 특히 발달 영역별로 상대적인 강점과 약점을 나타내는 등 아동의 수행 패턴을 나타내는 데에 효과적이다(예: 체크리스트 점수를 발달 영역별 막대그래프로 나타내기). 또한 시간에 따른 교수목표의 진보 정도를 나타낼 수 있기 때문에 교수의 효과를 빨리 파악하는 데에도 도움이 된다(예: 매일의 진보 상황을 꺾은선 그래프로 나타내기). 시각적 분석을 위한 그래프 그리기와 해석은 관련 문헌(예: 이소현 외, 2000; Alberto & Troutman, 2007)을 참고하기 바란다.

마지막으로 관찰 자료를 수량화하는 방법은 특히 관찰 체계를 통해 수집된 양적인 자료를 요약할 때 자주 사용되는 방법으로, 각 자료에서 산출된 백분율, 비율, 총 시간 등을 산출하여 제시하는 방법이다. 자료를 수량화하는 방법으로는 (1) 아동이 일정 시간 동안(예: 하루, 일주일, 한 달 등) 행동을 수행한 총 수, (2) 아

동이 특정 기술을 수행한 활동의 수, (3) 아동이 특정 행동을 정확히 수행한 비율, (4) 아동이 도움 없이 특정 행동을 수행한 비율, (5) 아동이 목표행동을 수행하는 데에 걸린 평균 시간, (6) 아동이 특정 행동을 수행하기 전에 필요로 한 촉진의 평균 수 등이 있다(Grisham-Brown et al., 2005).

분석은 객관적인 관찰 기록에서 얻어지는 이차적인 자료다. 방대한 자료를 정리해서 알아보기 쉽게 분석한 자료는 관찰 당시 아동의 현행수준을 알게 해 줄 뿐만 아니라 계속 수집되는 새로운 정보와 비교할 수 있게 해 준다. 따라서 관찰한 자료를 분석할 때에는 정반응뿐만 아니라 오반응에 대한 결과도 요약하여 분석하는 것이 바람직하며, 특정 변화가 감지되었다면 그것을 자료 분석에 참조하는 것이 좋다. 이렇게 분석된 결과는 교수계획에 활용하게 된다. 관찰 결과를 교수계획에 활용하기 위한 구체적인 방법은 10장에서 설명한다.

관찰은 일상적인 교수 활동 중에서도 지속적으로 활용할 수 있는 유용한 진단 방법이다. 따라서 교수계획을 수립하기 위한 교육진단 단계에서뿐만 아니라 교수 실행과 진도 점검의 단계에서도 계속적으로 활용한다면 아동의 요구와 변화에 민감한 교수 결정이 이루어지도록 하는 데에 많은 기여를 할 수 있을 것이다.

요약

관찰은 아동을 대상으로 하는 모든 평가에서 중요한 역할을 한다. 관찰을 통한 진단은 자연스러운 상황에서 익숙한 과제를 통해 나타나는 아동의 행동을 이해할 수 있게 하며 교수계획의 수립 및 진도 점검 등 장애 영유아 교육에서의 모든 단계에서 유용한 정보를 제공해 주기 때문에 필수적인 절차라고 할 수 있다.

이 장에서는 먼저 관찰의 중요성을 살펴보고, 교육 현장에서 관찰을 실시하기 위해 고려해야 할 기본 지침을 살펴보았다. 또한 일화기록, 전체기록, 관찰 체계를 이용한 양적 기록, 체크리스트, 평정척도 등 현장에서 적용할 수 있는 다양한 관찰 방법을 소개하고 구체적인 실행 방법과 예를 소개하였다.

체계적인 관찰을 위해서는 관찰을 위한 계획과 준비가 중요한데, 이러한 계획에 따른 관찰 실행과 함께 수집된 정보에 대한 효과적인 요약과 분석, 활용이 필수적이다. 다양한 관찰법을 통합적으로 사용하면 장애 아동의 인지, 신체/운동, 언어, 사회, 정서적 강약점을 평가하기가 쉽다. 또한 관찰은 다른 평가도구로 수집된 정보를 뒷받침하여 타당성을 높여 주며 적절한 중재 전략을 찾는 데 도움이 된다. 장애 아동을 지도하는 교사가 다양한 관찰과 기록 방법을 숙지한다면 아동을 위한 진단과 교수를 연계하는 전 과정에서 그것을 매우 효과적으로 사용할 수 있을 것이다.

| 참고문헌 |

성태제(2005). 교육연구방법의 이해(개정판). 서울: 학지사.

이소현(2003). 유아특수교육. 서울: 학지사.

이소현, 박은혜, 김영태(2000). 교육 및 임상현장 적용을 위한 단일대상연구. 서울: 학지사.

장휘숙 편역(1989). 아동연구법. 서울: 창지사.

황해익, 송연숙, 정혜영(2008). 2007년 개정 유치원 교육과정에 따른 유아행동관찰법. 서울: 창지사.

Alberto, P. A., & Troutman, A. C. (2007). 교사를 위한 응용행동분석(이효신 역). 서울: 학지사. (원저 2006년 9판 출간)

Bagnato, S. J., & Neisworth, J. T. (1991). *Assessment for early intervention: Best practices for professionals.* New York: The Guilford Press.

Bailey, B., & Wolery, M. (2003). 장애영유아를 위한 교육(이소현 역). 서울: 이화여자대학교 출판부. (원저 1999년 2판 출간)

Branscombe, N. A., Castle, K., Dorsey, A. G., Surbeck, E., & Taylor, J. B. (2003). Early childhood curriculum: *A constructivist perspective.* Boston: Houghton Mifflin.

Brassard, M. R., & Boehm, A. E. (2007). *Preschool assessment: Principles and practices.* New York: Guilford Press.

Cozby, P. C. (1997). *Methods in behavioral research* (6th ed.). Mountain View, CA: Mayfield.

Grisham-Brown, J., Hemmeter, M. L., & Pretti-Frontczak, K. (2005). *Blended practices for teaching young children in inclusive settings.* Baltimore: Paul H. Brookes.

Guralnick, M. J., & Connor, R. T. (2000). *Individual Social Behavior Scale.* Unpublished manual (Rev. ed.), Center on Human Development and Disability. Seattle, WA: University of Washington.

Johnson, L. J., LaMontagne, M. J., Elgas, P. M., & Bauer, A. M. (1998). *Early childhood education: Blending theory, blending practice.* Baltimore: Brookes.

Losardo, A., & Notari-Syverson, A. (2001). *Alternative approaches to assessing young children.* Baltimore: Paul H. Brookes.

McLean, M., Baily, D., & Wolery, M. (1989). *Assessing infants and preschoolers with special needs* (3rd ed.). Upper Saddle River, NJ: Pearson/Merrill Prentice-Hall.

Neisworth, J. T., & Bagnato, S. J. (1988). Assessment in early childhood special education: A typology of dependent measures. In S. L. Odom & M. B. Karenes (Eds.), E*arly intervention for infants and children with handicaps: an empirical base* (pp. 23-49). Baltimore: Paul H. Brookes.

Nicolson, S. & Shipstead, S. G. (1998). *Through the looking glass: Observations in the early childhood classroom* (2nd ed.). Upper Saddle River, NJ: Prentice-Hall.

Parten, M. B. (1932). Social participation among preschool children. *Journal of abnormal and Social Psychology, 27,* 243-269.

제5장

면 담

1. 면담을 통한 진단의 이론적 배경
2. 면담을 통한 진단의 실제
3. 면담 결과의 해석 및 활용

1. 면담을 통한 진단의 이론적 배경

1) 면담의 정의 및 목적

면담은 정보를 가지고 있는 사람과의 면대면 대화를 통하여 이루어지는 정보 수집방법으로 정의된다. 좀 더 구체적으로 설명하자면, 면담은 면담을 실시하는 사람(예: 교사)과 면담 대상자(예: 부모)가 직접 만나서 대화를 통해 자료를 수집 하는 방법을 의미한다. 일반적으로 면담은 두 가지 목적을 지닌다(Bailey & Simeonsson, 1988). 하나는 면담 대상자가 스스로 자신의 감정을 표출하게 함으 로써 면담자와 서로 신뢰하고 존중할 수 있는 관계를 형성하는 것이다. 다른 하 나는 면담 대상자로부터 원하는 정보를 수집하는 것이다. 장애 영유아 교육 현장 에서 이루어지고 있는 면담은 주로 정보 수집의 목적으로 수행되곤 한다. 그러나 면담이 지니는 정보 수집의 목적을 성공적으로 달성하기 위해서는 면담 대상자 와 신뢰 있는 관계가 선행되어야 한다. 따라서 교사는 면담을 통하여 면담 대상 자와 신뢰 있는 관계를 형성하고 원하는 정보를 수집하는 두 가지 목적을 모두 성취하여야 한다.

면담의 정의를 좀 더 광범위하게 적용하면 면담 대상자와의 직접적인 만남을 통한 정보 수집 외에도 일지, 기록지, 알림장 등을 통해 필요한 정보를 수집하는 간접적인 방법까지도 포함된다. 이 장에서는 장애 영유아 교육진단을 위한 포괄 적인 정보 수집의 방법으로 이와 같은 방법을 포함한 광범위한 정의를 적용하고 자 한다.

2장에서도 이미 설명하였듯이, 일반적으로 교육 계획을 위한 정보 수집은 검 사도구를 활용하거나 아동의 행동을 직접적으로 관찰하거나 아동과 관련된 사 람들과 면담을 함으로써 이루어진다. 면담은 장애 영유아의 교육진단을 위한 정 보 수집에 반드시 포함되어야 할 주요 진단방법 중 하나다. 아동을 진단하기 위 한 방법으로서의 면담은 진단 대상이 되는 영유아 외에 부모 및 가족, 일반교사, 다양한 치료사를 포함한 전문가로부터 정보를 수집하는 과정이다. 장애 영유아를 위한 교육진단에서는 주로 부모 또는 주 양육자가 면담의 대상자가 되는데, 이것은 장애 영유아의 경우 부모 또는 주양육자가 가장 중요하면서도 정확한 정보를 가지고 있다고 가정하기 때문이다. 그러므로 이 장에서는 면담의 주요 대상이 되는 부모(이하 주 양육자를 포함함)를 중심으로 설명하되, 협력적 진단을 위한 과정으로 필요한 경우 일반교사 및 다양한 치료사와의 면담에 대해서도 부가적으로 설명하고자 한다.

2) 면담의 중요성

면담은 아동에 관한 정확한 정보를 수집하는 데 반드시 필요한 과정이다. 특히 면담을 통하여 얻을 수 있는 구체적인 혜택은 다음과 같다. 첫째, 면담의 목적에서도 살펴보았듯이, 면담은 그 과정을 통하여 교사와 부모 간에 신뢰 있는 관계를 형성할 수 있게 해 준다. 즉, 교사는 면담을 통해서 부모와 친밀하게 의사소통할 수 있을 뿐만 아니라 부모에게 교사로서의 책임감과 성실성을 보여 주면서 믿음을 갖게 할 수 있다. 영유아를 위한 특수교육은 교사와 부모의 지속적인 협력이 있어야 성공적인 결과를 얻을 수 있다. 그러므로 면담을 통해 지원 초기에 부모와 긍정적인 관계를 형성하는 것은 중요하다. 특히 이와 같은 신뢰 있는 관계 형성을 통하여 부모는 정보 제공자로서뿐만 아니라 가정에서의 일관성 있는 교육 실행자로서도 역할을 할 수 있다. 따라서 교사는 부모와의 면담을 통하여 신뢰 있는 관계 형성이 이루어지도록 노력해야 할 것이다.

둘째, 면담은 아동과 관련된 다양한 정보를 지니고 있는 사람을 대상으로 아동에 관한 정보를 확보하여 기타 방법으로 수집한 정보를 확인하거나 보충할 수 있게 해 준다. 특히 부모나 가족은 아동이 가정에서 일상적으로 생활하는 행동을 자연스럽게 관찰할 수 있기 때문에 교사는 부모와의 면담 과정을 통해 아동이 가족과 함께 일상생활을 하면서 어떤 발달기술을 보여 주고 있는지 파악할 수 있다. 예를 들어, 교실에서는 요구하고 싶은 음식이나 놀잇감이 없어서 좀처럼 요구하는 행동을 보이지 않는 아동이 가정에서는 냉장고 안에 있는 특정 음식을 달라고 어머니에게 요구할 수도 있다. 이러한 경우에 필요한 물건이나 행동을 요구할 수 있는 의사소통 능력을 가지고 있는지를 파악하기 위해서는 부모와의 면담 정보가 결정적인 역할을 하게 된다. 이처럼 부모나 가족이 자연적인 상황에서 관찰한 정보는 영유아의 발달 수준과 다양한 상황에서의 행동 특성을 보다 정확하게 판단하는 데 유용한 정보가.된다.

셋째, 면담은 부모 등 면담 대상자의 생각이나 견해, 우선적인 관심 영역 등을 알아내는 데 효과적이다. 특히 부모의 경우 자녀의 교육과정 전반에 걸쳐 모든 의사결정에 참여할 권리를 지니고 있으므로 교육 계획 시 부모의 생각을 아는 것은 매우 중요하다. 뿐만 아니라 나이가 어린 장애 영유아의 교육에서 가족진단은 필수적인 과정이므로(8장 참조), 교사는 가족을 대상으로 자녀교육과 관련된 그들의 생각이나 견해, 관심 영역, 자원 등을 알아낼 수 있어야 한다.

이 외에도 면담은 부모를 진단 초기부터 참여하게 함으로써 이후의 가족 참여 및 지원으로 좀 더 쉽게 연계하게 해 준다. 또한 면담 과정에서 부모 스스로 자신의 생각이나 요구를 정리할 수 있게 함으로써 문제를 제기하고 해결 방안을 찾는 데 있어서의 자신감과 자기효능감이 증진되는 등 부모로서의 역량이 강화될 수 있다. 실행적 측면에서도 검사도구나 관찰에만 의존하여 정보를 수집하는 경우 너무 긴 시간이 소요될 수 있으나, 면담을 통해서는 진단에 필요한 시간을 절약할 수 있다는 장점이 있다.

이상에서 살펴본 바와 같이 면담은 여러 가지 이유로 인하여 그 중요성이 강조되고 있으며, 장애 영유아 교육진단 과정에서 반드시 포함되어야 할 방법으로 인식되고 있다. 그러나 면담을 통하여 정보를 수집할 때에는 그 제한점 또한 잘 인식해야 한다. 예를 들어, 아동의 행동을 직접 관찰하거나 측정한 것이 아니므로 면담 결과로 수집된 정보를 사용할 때에는 그 해석에 주의를 기울여야 하며 특히 면담 내용에만 과잉 의존하지 않도록 주의해야 한다. 또한 면담에서 수집한 정보와 다른 방법을 통하여 수집한 정보 간에 차이가 있을 수 있으며, 면담을 실행하는 교사의 선입견이나 편견에 의하여 면담 내용이 영향을 받을 수도 있다. 면담 실행을 위한 체계적인 준비를 하지 못했거나 면담기술을 갖추지 못한 경우에는 면담에 지나치게 많은 시간이 소모되거나 유용한 정보를 얻지 못할 수도 있다. 따라서 교사는 면담을 실행하기 위한 구체적인 방법론을 먼저 숙지한 다음 정보 수집을 위한 진단방법으로 활용해야 할 것이다.

3) 면담을 위한 일반적 지침

　효과적인 면담을 계획하고 실행하기 위해 교사는 다음과 같은 기본적인 지침을 숙지하고 있어야 한다. 첫째, 교사는 면담을 위해서 무엇보다 면담 대상자와의 긍정적인 관계 형성을 위해 노력해야 한다. 특히 장애 아동의 부모나 가족과 면담할 때에는 면담 대상자가 교사로부터 비판을 받고 있다는 생각이 들거나 죄책감을 느끼지 않도록 배려하면서 질문을 구성하고 면담을 실행해야 한다. 때로는 부모나 가족이 면담을 원하지 않거나 특정 질문에 응답하기를 원하지 않을 수도 있다. 그러므로 교사는 개별 가족의 상황을 고려하여 면담할 수 있는 준비를 갖추어야 한다.

　둘째, 면담은 아동과 가족이 중심이 되는 과정으로 수행되어야 한다. 즉, 진단을 계획하고 실행하는 과정은 대상 아동과 가족의 특성을 고려하여 구성되어야 하며, 교사 중심의 기계적이고 획일적인 정보 수집 과정이 되어서는 안 된다. 면담 대상자를 고려하지 않은 면담은 진단 및 교육을 위한 신뢰성 있는 정보를 얻기 어렵게 만들 뿐만 아니라 면담에 참여한 가족이 진단 과정을 통해 얻을 수 있는 가족 스스로의 자신감과 자기효능감 증진의 기회를 방해할 수 있다.

　셋째, 교사는 전문가라는 이유로 권위적인 태도로 면담에 임해서는 안 된다. 즉, 면담 초기의 라포 형성기뿐만 아니라 면담이 진행되고 마무리될 때까지 전 과정에서 교사는 가족과 함께 동등한 파트너의 자격으로 진단 결과를 만들어 낸다는 사실을 유념해야 한다. 가족이 파트너로서 교사와 협력하는 것은 가족의 당연한 권리일 뿐만 아니라 아동에 대한 정확하고 풍부한 정보를 수집하는 데에도 도움이 된다. 이들이 진단 결과를 받아들이는 데에도 도움이 되고, 교사와 대상 유아를 위한 교육 계획을 개발하는 데에도 도움이 될 것이다.

　넷째, 면담은 다양한 진단방법 중 하나일뿐 면담을 통한 단일 결과가 교육진단의 목적을 달성할 수 없음을 인식해야 한다. 특히 교육 계획을 수립하는 경우 면담은 직접적인 측정이나 관찰을 통한 정보가 아니므로 그 해석과 적용이 신중하게 이루어져야 한다. 면담 대상자의 견해와 전문가의 견해가 다를 때에는 합의를 위한 조율 과정이 필요하다.

다섯째, 면담은 강점 중심의 진단 과정으로 진행되어야 한다. 즉, 장애 영유아를 진단하기 위해 부모 및 가족과 면담을 할 때는 아동에게 필요한 도움뿐만 아니라 아동이 지닌 능력을 함께 진단할 수 있어야 한다. 더불어 가족이 진단 대상이 되었을 때는 장애 영유아와 관련된 가족 내의 문제에 대처할 수 있는 어떤 능력과 자원이 있으며, 앞으로는 어떠한 방법으로 유아를 지원할 수 있는가에 관한 내용이 포함되어야 한다.

마지막으로 교사는 면담을 수행하기 전에 면담 실행을 위한 구체적인 방법론에 대한 지식을 먼저 갖추고 있어야 한다. 평가 방법으로서의 면담이 지니는 특성을 잘 반영하여 실행함으로써 면담 결과가 진단 결과에 도움이 되는 자료로 활용되게 하려면 교사가 숙련된 면담기술을 가지고 있어야 한다. 부모 및 가족을 맞이하는 태도와 의사소통 방법에서 가능한 한 선입견과 편견을 배제하고, 수용적이고 객관적인 태도로 면담에 임해야 한다. 또한 면담 전에 충분한 준비와 계획을 하고 면담을 실행하는 과정에서는 아동의 양육사, 교육력, 평상시 가정에서 관찰한 아동의 발달에 관한 내용, 가족의 요구 등을 충분히 표현할 수 있도록 면담 분위기를 이끌어 가는 기술이 필요하다.

2. 면담을 통한 진단의 실제

1) 면담의 종류

면담을 실시하는 방법은 면담 내용의 융통성과 질문 제시 방법에 따라 구조화된 면담, 비구조화된 면담, 반구조화된 면담으로 분류된다(한국교육평가회, 2004). 여기에서는 이들 세 가지 면담의 구체적인 방법과 특성을 살펴보고 우리나라에서 사용되고 있는 면담도구를 소개하고자 한다.

(1) 구조화된 면담

구조화된 면담은 면담을 하는 동안 질문할 항목과 질문의 순서가 일정하게 미리 정해져 있으며 이러한 구조화된 형식에 따라 진행하는 면담이다. 구조화된 면담은 교사가 질문을 통해 얻으려는 정보 외에는 허용되지 않으므로 '교사 중심의 면담'이라고 부르기도 한다. 이러한 구조화된 면담은 임상적 진단을 위한 도구를 사용하면서 발전되어 왔다.

교육진단에서 구조화된 면담은 주로 진단도구에서 제시하고 있는 발달 과업을 아동에게 실제 실행시키기 어려운 경우, 또는 교사가 교육 현장에서 자연스럽게 관찰하는 정보만으로는 불충분한 경우에 보완적인 도구로 사용될 수 있다. 예를 들어, 장애 유아를 위한 캐롤라이나 교육과정의 책임감 평가 항목인 '일반적인 위험을 피한다'는 교사가 교실 관찰만으로 추측하기에 어려움이 있다. 깨진 유리, 높은 곳, 혼잡한 거리, 자동차 등의 실제 위험 상황에 직면했을 때 아동이 어떻게 반응하는지는 교실이라는 제한된 공간에서는 관찰하기가 어렵다. 하지만 부모나 가족이 함께 외출하는 상황에서는 자연스럽게 관찰할 수 있을 것이다. 따라서 이러한 항목의 경우 부모와의 면담을 통하여 평가하게 된다.

구조화된 면담은 비구조화된 면담보다 필요한 정보를 제한된 시간에 효율적으로 얻어 낼 수 있다는 장점이 있으며, 도구를 통해 정확히 점수화하는 것이 가능하기 때문에 교사 간의 정보 일치도를 높일 수 있는 효과를 지닌다. 또한 구조화된 면담은 진단도구를 사용함으로써 면담의 대상이 되는 부모, 가족, 전문가가 특정 영역의 세부적인 항목을 파악하게 되므로 협력적 접근을 보다 용이하게 만들 수도 있다. 그러나 형식적인 도구의 틀에 의존하게 된다는 점에서 가족이 자유롭게 표현하고 싶은 문제, 가족이 당면한 문제, 가족의 필요, 우선순위 등이 간과될 수 있다. 또한 면담 대상자의 반응이 부정확할 경우 구조화된 면담도구만을 사용하여 수량화하고 진단 결과로 확정하는 것은 위험하다는 단점이 있다.

구조화된 면담은 직접적인 면대면의 형태가 아닌 질문지 또는 평정척도를 통해서 이루어지기도 한다. 질문지나 평정척도를 통한 방법은 진단을 통해 얻고자 하는 아동, 가족, 환경에 관한 정보를 질문지 형태로 구성하여 면담 대상자에게 배부한 후에 결과를 수집하여 해석하는 방법이다. 이는 면대면 형태의

작은 운동(소근육) 영역

작은 운동 기술은 손의 사용을 포함한다. 이러한 기술은 물건을 다루기, 가위사용하기와
필기구로 쓰기, 모양그리기, 글씨쓰기 및 아이의 이름쓰기를 포함한다.

1. 아이가 두 손을 사용하여 조그만 물건을 건드리거나, 놀이하거나 또는 움직이기 위해
   각 손을 따로 사용하면서 두 손을 사용합니까? 예를 들면, 작은 구슬을 꿰거나 작은 단
   추를 잠근다. (A1)
2. 아이는 원과 타원형 같은 형태를 잘라내기 위해 가위를 사용하여 선을 따라 자릅니까?
   (A2)
3. 아이는 단지 세 손가락을 이용하여 연필 또는 크레용을 잡습니까? (B1)
4. 아이는 그림을 그리거나, 형태를 그리거나 또는 글자를 닮은 것을 그립니까? (B2)
5. 도움 없이, 아이는 자기 이름을 씁니까? 글자는 정확한 순서로 씌어져야 하나 글자의
   방향은 틀릴 수 있다.

[그림 5-1] AEPS 가족 보고서의 예

직접적인 면담 시간을 내기 어려운 부모, 가족, 전문가에게서 정보를 얻을 수
있다는 장점을 지닌다. [그림 5-1]에는 구조화된 면담을 위하여 사용한 부모
용 질문지의 예가 제시되어 있다. 이러한 질문지의 문항 내용은 교사가 질문
하고 부모가 그에 대해 답을 함으로써 직접적인 면대면 면담 장면에서 활용할
수 있다.

(2) 반구조화된 면담

반구조화된 면담은 진단을 위한 면담을 실행하기 전에 면담 대상자에게 질문
하고 싶은 항목을 간단하게 적어 두고 면담을 실행하는 것이다. 면담을 진행하
면서 교사는 면담 대상자의 응답에 따라 보다 세부적인 질문으로 내용을 좁혀
나가는 등 계획된 질문 내용을 융통성 있게 조절할 수 있다. 대체로 반구조화된
면담은 아동 및 가족 진단의 초기 면담에서 사용된다. 초기 면담 과정에서 발달

력에 대해 질문할 수 있는 내용은 8장에서 좀 더 자세하게 설명한다. [그림 5-2]
는 [그림 5-1]의 구조화된 면담 프로토콜을 수정하여 반구조화된 면담에서의 프
로토콜로 작성한 것이다. 따라서 두 개의 면담 프로토콜은 면담에서의 구조화된
방법과 반구조화된 방법의 차이를 보여 준다.

---

1. 당신의 자녀는 일상생활에서 두 손을 각각 달리 사용하는 활동(예: 작은 단추 잠그기,
   구슬 꿰기 등)을 할 때 어떤 방식으로 수행합니까?
2. 당신의 자녀는 가위를 어떤 방식으로 사용합니까?
3. 당신의 자녀는 연필이나 크레용을 어떻게 쥐고 사용합니까?
4. 당신의 자녀는 연필이나 크레용을 가지고 놀 때 어떤 방식으로 가지고 놉니까?

[그림 5-2] 반구조화된 면담에서 면담 프로토콜의 예

(3) 비구조화된 면담

비구조화된 면담은 면담 내용이 미리 설정되어 있지는 않으며, 면담 대상자가
제공하는 정보에 따라 면담의 방향이 변경될 수 있다. 즉, 가족을 대상으로 면담
하는 경우 가족의 문제, 가족의 자원, 가족 간의 역동성, 가족의 대처방식 등에
따라 면담 중 질문의 내용이 달라질 수 있다. 이 방법은 주로 특정 영역에 대한
심층 정보를 얻는 데 많이 사용된다. 따라서 면담의 구체적인 내용을 미리 결정
할 필요는 없지만 면담에서 논의할 주제는 미리 계획해야 한다. 예를 들어, 가족
과의 면담에서 '가족 내 스트레스와 대처 자원'에 관해 다루게 될지, '가정에서
아동의 놀이행동' 또는 '아동과 가족 구성원의 관계'에 관해 면담을 할 것인지 등
면담의 포괄적인 주제를 먼저 정하게 된다. 마찬가지로 교사나 치료사 등 전문가
와의 면담에서도 '학급 내에서의 참여' '또래와의 관계' 등 면담 주제를 미리 정
해 두어야 한다.

비구조화된 면담방법은 질문 내용과 순서가 계획된 대로 진행되는 것은 아니
므로 구조화된 면담보다 면담 내용을 구성해 가는 실질적인 능력이 요구된다.
따라서 비구조화된 면담을 효율적으로 실행하기 위해서는 면담을 실시하는 교
사가 이와 같은 측면에서의 숙련된 기술을 갖추어야 한다.

(4) 면담 방법의 선택

이상의 구조화된 면담, 반구조화된 면담, 비구조화된 면담 중 어떤 방법을 선택해야 하는지는 면담의 목적에 따라 달라진다. 구조화된 면담은 면담목적이 면담 시 사용되는 도구가 지닌 기능을 바탕으로 특정 정보를 얻고자 할 때 사용된다. 특히 질문할 항목과 순서가 정해져 있으므로 진단의 신뢰도를 높여 주고, 특정 행동의 존재를 비교적 정확하게 확인할 수 있으며, 초보 교사에게는 면담 내용을 빠뜨리지 않고 질문하게 해 준다는 장점(곽금주, 2002)이 있다. 일반적으로 교육진단에서 구조화된 면담은 부모 및 가족이 관찰한 아동의 연령별 발달기술에 관한 내용을 수집하는 데 유용하다.

반구조화된 면담은 계획된 질문지를 중심으로 면담이 이루어지기는 하지만, 교사가 가족의 반응에 따라 유동적으로 질문을 추가하거나 삭제할 수 있는 방법이기 때문에 초기에 아동의 교육 계획을 세우기 위한 현행수준 파악의 목적으로 유용하게 활용할 수 있다. 즉, 초기 면담에서 부모 및 가족을 대상으로 대상 아동의 강·약점에 관한 전반적인 내용과 행동 특성 등을 파악하기 위해 사용되며, 교사가 계획하여 질문지를 만들어서 실행하면서도 응답에 따라 질문을 변화시킬 수 있기에 구조화된 면담보다 융통성 있게 운영할 수 있다. 또한 반구조화된 면담은 검사를 통해 얻은 정보에서 부족한 부분들을 선별하여 구체적인 질문을 만들어서 실행할 수 있기 때문에 보완적인 정보 수집방법으로 활용될 수 있다(Wachs, 1988).

비구조화된 면담은 면담의 문항이 정해져 있지 않은 채 면담의 주제만 계획한 상태에서 교사가 면담 대상자와 면담을 진행하기 때문에 질문의 내용이나 순서를 융통성 있게 결정하고 심층적인 질문을 유도할 수 있다. 다시 말해서, 교사의 면담을 실행하는 능력이 더욱 강조되는 방법이다. 따라서 교사는 비구조화된 면담을 선택하기 전에 자신이 구조화되지 않은 상황에서도 면담의 목적을 달성할 수 있는 면담기술 등의 자질을 갖추고 있는지를 반드시 점검해 보아야 할 것이다.

교육진단 과정에서 구조화된 면담, 반구조화된 면담, 비구조화된 면담은 필요에 따라 단독으로 사용되기도 하고, 직접 검사나 관찰 방법과 함께 사용되기

도 한다. 장애 영유아 교육진단에 있어서 어떤 면담을 실행할 것인지는 궁극적
으로 진단의 목적이나 수집하고자 하는 정보의 특성 등을 고려하여 결정된다.
이때 교사의 면담 능력뿐만 아니라 면담 대상자의 면담에 임하는 선호도 등을
고려하는 것도 선택 기준에 포함되어야 한다. 특히 앞에서 설명한 각각의 면담
방법에 따른 특성과 장점 및 제한점을 고려하여 결정한다면 원하는 정보를 효율
적으로 얻을 수 있을 것이다. 〈표 5-1〉은 세 가지 면담의 특성 및 장단점을 보여
주고 있다.

표 5-1　**장애 영유아 교육진단에 사용되는 면담방법**

방 법	특 성	장 점	제한점
구조화된 면담	진단 대상자에 관한 특정 정보를 수집하기 위해 사용	• 질문의 항목이 미리 결정되어 있으므로 수량화가 가능함 • 정해진 질문을 순서대로 진행하기 때문에 초보자도 쉽게 실행할 수 있음	부모 및 가족이 면담 상황을 부담스럽게 인식할 수 있음
반구조화된 면담	준비된 질문 항목을 중심으로 면담 대상자의 응답에 따라 질문을 변화시켜 가면서 정보 수집	• 면담 대상자의 응답에 따라 질문을 변화시킬 수 있음 • 면담 중 부모의 요구에 민감하게 반응하여 다양한 혹은 확장된 정보를 얻을 수 있음 • 응답자의 응답 내용에 따라 좀 더 구체적인 정보를 탐색할 수 있음	원하는 정보를 얻기 위해 구조화된 면담보다 많은 시간이 소요됨
비구조화된 면담	면담 주제를 중심으로 자유롭게 대화하면서 심층적인 정보 수집	• 면담 대상자와 교사가 편안한 면담 분위기에서 친숙한 관계를 형성할 수 있음 • 면담 중 부모의 요구에 민감하게 반응하여 다양한 혹은 확장된 정보를 얻을 수 있음	교사의 능숙한 면담 실행기술이 요구됨

2) 면담 실행 절차

(1) 면담 준비하기

면담을 실행하기 위해서는 시작하기 전에 먼저 계획을 세우고 준비해야 한다. 면담을 준비하는 첫 번째 단계는 그 목적이 무엇인가를 분명히 하는 것이다. 즉, 아동의 발달 수준을 파악하기 위한 것인지, 가족의 자원을 알고 가족 기능을 향상시키기 위한 방법을 모색하기 위한 것인지, 교육을 실행하면서 습득된 기술이 가정에서도 일반화되는지를 점검하기 위한 것인지, 특정 행동 문제로 인하여 가족 및 전문가가 협력하여 행동지원 계획을 세우기 위한 것인지 등 면담목적을 분명하게 설정하여야 한다.

면담의 목적이 분명해지면 누구를 대상으로 면담을 할 것인지를 결정하게 된다. 면담의 대상은 대상 아동, 부모, 부모 외 가족 구성원, 교사, 언어치료사, 작업치료사 등이 될 수 있다. 교육진단에서는 아동과 그 가족 및 아동의 환경에 대한 진단을 하게 된다. 아동과 관련된 정보뿐만 아니라 가족이나 가정환경 및 지역사회 환경에 대한 정보도 부모 및 가족이 가장 잘 파악하고 있으므로 이들이 면담의 대상이 되는 것이 보편적이다. 부모 및 가족과의 면담은 면담을 실행하는 교사와 면담의 대상이 되는 부모 및 가족 간에 협력적 관계 형성을 도울 수 있으므로 아동의 교육에도 긍정적인 영향을 미칠 수 있다. 또한 부모 및 가족과의 면담은 아동 지원을 위한 발달 및 행동 문제에 관한 자료뿐 아니라 가족 지원을 위한 진단 자료를 제공하게 된다.

아동에 관한 정보 수집을 위하여 부모나 가족 외에 다른 사람을 대상으로 면담을 실시해야 하는 경우도 있다. 예를 들어, 아동이 가정 내에서의 문제보다는 유치원이나 어린이집에서 또래와의 놀이나 규칙 따르기에 어려움을 보이는 경우에는 통합 장면에서의 행동 정보가 필요하므로 일반교사나 또래와의 면담을 계획해야 할 것이다. 마찬가지로 아동의 발달에 관한 정보를 얻기 위해서 또는 발달의 진전을 점검하기 위해서는 관련 서비스를 제공하는 언어치료사나 작업치료사 등 다른 전문가와의 면담이 필요할 수 있다.

면담의 목적에 따른 면담 대상자가 결정되면 면담 대상자에게 면담목적을 설명하여야 한다. 면담목적에 대한 설명으로는 정중하게 서신을 통해 왜 면담을 하고자 하는지, 면담을 하게 되면 어떤 내용을 이야기하게 될 것인지를 미리 전달하는 것이 좋다. [그림 5-3]에는 개별화 교육 프로그램을 작성하기 위하여 교육진단을 실시하는 과정에서 아동의 발달 및 행동 관련 정보를 수집하기 위한 목적으로 부모와의 면담을 계획하고 사전에 서신을 통하여 면담에 대한 설명을 제공한 예를 보여 주고 있다.

  은솔이 부모님께

  안녕하세요. 은솔이를 맡고 있는 교사 김선희입니다.
  다름이 아니오라 다음 주에는 은솔이의 개별화 교육 프로그램을 계획하기 위한 평가가 시작됩니다.
  은솔이의 발달을 진단하는 과정에서 은솔이를 개별적으로 검사하기도 하겠지만, 누구보다 은솔이를 잘 알고 계신 부모님이 평소에 관찰하신 내용은 은솔이의 현재 발달 수준을 파악하는 데 매우 중요합니다. 부모님을 만나 뵙고 은솔이에 대한 정보를 얻고자 합니다. 저희와 함께 은솔이의 발달 수준에 관해 나눌 이야기는 아래와 같습니다.

  • 건강   • 의사소통 발달
  • 일상생활 기술   • 감각 및 운동 발달
  • 인지 발달   • 사회성 및 놀이 발달
  • 행동 문제

  면담을 위해 특별히 준비하실 것은 없으며 부모님께서 평소에 관찰하신 은솔이의 발달에 관한 이야기를 편안한 마음으로 나누시면 됩니다.
  여러 가지 일로 바쁘시겠지만 무엇보다 은솔이를 위해 가장 필요한 교수목표를 세우고, 가장 효과적인 교수방법을 찾기 위한 것이니 적극 협조해 주시기 바랍니다.

  면담 일정을 의논하기 위해 내일 오후에 전화 드리겠습니다. 감사합니다.

                                                      2009년 3월 20일

                                                      초록반 특수교사 김선희 올림

[그림 5-3] 면담목적을 설명하는 서신의 예

면담의 목적을 설명하는 서신이 전달되고 나면 면담 일정을 잡아야 한다. 이때 면담 시간을 결정하는 과정에서부터 면담 대상자를 고려해야 한다. 다시 말해서, 면담 일정을 정하는 순간부터 면담의 날짜, 시간, 장소에 관한 부모 및 가족의 가능한 조건을 파악하고 배려하여야 한다. 교사의 편의를 위한 일방적인 통보에 의하여 일정을 정해서는 안 되며, 면담 대상자의 편의를 고려하는 면담이 될 수 있도록 충분히 고려해야 한다. 면담은 부모 및 가족과의 신뢰 있는 관계를 형성하게 함으로써 영유아에 관한 충분한 정보를 교환하고 교육 계획에 관한 중요한 의사결정을 하게 되는 장기적인 과정이다. 그러므로 초기 면담일시의 결정에서부터 세심한 배려를 하는 것이 필요하다.

면담 일정이 정해지고 나면 교사는 면담환경을 계획해야 한다. 면담을 위한 환경은 물리적 환경과 심리적 환경으로 나누어 볼 수 있다. 먼저 물리적 환경인 면담 장소는 면담 대상자인 아동, 부모, 가족, 교사가 편안함을 느낄 수 있는 곳이어야 한다. 따라서 적절한 조명을 갖추고 사람 간 간격이 너무 가까워서 부담스럽지 않으면서도 서로 눈높이가 맞는 좌석을 배치한다. 심리적 환경이란 교사가 면담 대상자를 만나기 전에 갖추어야 할 자세나 태도를 의미한다. 무엇보다 교사는 편견을 가지지 않아야 한다. 교사의 태도가 객관적이지 않거나 공평하지 않은 경우 면담 대상자의 응답에 영향을 미칠 수 있으므로 각별히 주의해야 한다. 새로운 사람과의 첫 만남은 누구나 부담스럽기 마련이다. 더욱이 부모의 경우 가족이 지닌 문제를 서슴없이 털어놓기 위해 교사를 만나는 일은 기쁘고 즐거운 일이 아닐 수 있으며 부담과 긴장을 느낄 수 있다. 따라서 교사는 가능한 한 가족을 충분히 이해하려는 긍정적인 태도를 보여 주어야 하며, 면담 대상자와 긍정적인 의사소통을 하겠다는 자세로 대상자를 만나야 한다. 특히 면담의 내용에 대한 비밀보장을 확신하게 함으로써 심리적으로 안정되고 편안하게 이야기할 수 있도록 배려해야 한다. 〈표 5-2〉는 지금까지 설명한 면담을 준비하는 과정에서의 단계별 절차에 따른 주의사항을 보여 주고 있다. 이와 같은 내용은 교사가 면담을 준비하는 과정에서 스스로 준비 정도를 점검하기 위한 목적으로 사용할 수 있다.

표 5-2	면담 준비하기의 단계별 내용 및 주의사항
준비 단계	**내용 및 주의사항**

면담목적 확인	• 면담을 하는 목적 결정하기
	• 장애 아동의 현행수준 파악
	  – 가족의 우선순위, 요구, 자원 파악
	  – 부모 및 가족의 교육 참여 선호도 파악 및 참여 촉진
	  – 장애 아동의 교육을 위한 협력적 지원 방법 파악
	  – 최근 발생된 장애 아동의 문제행동 지원 논의
	  – 교육 계획 및 실행에 따른 진전도 점검

면담 대상자 결정	• 면담의 목적에 따라 누구와 면담을 할 것인지 결정하기
	  – 부모
	  – 부모 외 가족 구성원(예: 조부모, 형제자매 등)
	  – 일반교사
	  – 언어치료사
	  – 작업치료사
	  – 물리치료사
	  – 기타

면담목적 설명	• 서신(예: [그림 5-3]) 또는 전화를 이용하여 면담 대상자에게 면담의 목적 설명하기

면담 일정 및 방법 결정	• 면담 대상자의 시간, 이동 수단 등을 고려한 면담 일정 결정하기
	• 면담목적에 따라 면담방법 결정하기
	  – 면담의 종류 결정: 구조화, 반구조화, 비구조화 면담
	  – 구체적인 방법 결정: 질문지, 전화, 서신 등

면담환경 구성	• 물리적 환경 준비
	  – 편안한 분위기의 방, 의자의 종류 및 위치, 조명
	• 심리적 환경 준비
	  – 면담에 임하는 태도 및 자세 점검

(2) 면담 초기

면담에 대한 구체적인 일정 등의 준비가 끝나면 실제로 면담 대상자를 만나 면담을 실시하게 된다. 면담의 초기 국면에서 교사는 친밀감과 긍정적인 태도로 면담 대상자를 맞이해야 한다. 면담의 목적과 면담 과정에서 질문하게 될 내용을 먼저 간략하게 설명하고, 설문지를 사용하거나 기록을 하게 될 것이라는 점을 알려야 한다. 부모의 경우 면담 초기에 보일 수 있는 긴장을 줄여 주고 신뢰감을 형성시켜 주기 위해 편안한 일상적인 이야기(예: 날씨 등)로 시작하는 것도 하나의 방법이 될 수 있다.

면담 시간 동안 필요하다면 자녀돌봄 서비스를 제공하거나 그와 관련된 정보를 제공해야 할 것이다. 면담에 소요될 것으로 예측되는 시간을 먼저 알리고, 교사는 면담을 끝내겠다고 약속한 시간을 가능한 한 지키는 것이 바람직하다.

부모를 대상으로 면담을 하는 경우, 부모는 면담의 초기 국면에서부터 교사가 보이는 표정이나 몸짓, 목소리, 자세 등의 반응에 의해 친숙함이나 편안함 또는 신뢰감을 느낄 수도 있고 그렇지 않을 수도 있다. 따라서 교사는 가족의 이야기를 경청하는 자세와 태도를 갖추고 있음을 보여 줄 필요가 있다. 면담의 초기 국면에서는 교사와 면담 대상자 간의 신뢰 있는 라포를 형성하는 것이 가장 중요하다.

(3) 면담 중기

부모를 대상으로 하는 면담에서 반드시 파악해야 할 공통적인 정보는 다음과 같다(Winton & Bailey, 1998).

- 부모가 자녀와 관련해서 가장 많은 관심을 보이는 요구 사항
- 부모와 자녀 간 관계에서의 어려운 점
- 가족에게 영향을 미치는 아동의 발달적 특성

면담을 통해 얻고자 하는 정보를 얻기 위해서는 면담 시 특별히 주의해야 할 점이 있다. 먼저 면담을 실시하는 교사는 긍정적인 태도와 입장을 취해야 한다. 면담에 임하는 교사의 태도는 면담에 참여하는 사람으로 하여금 진술하고 정확한 정보를 제공하게 하는 분위기를 만들어 준다. 면담이 진행되는 중에 면담 대상자가 편안하고 솔직하게 표현할 수 있도록 교사는 적극적이고 수용적인 자세로 면담 대상자의 의견을 들어주어 대상자의 불안한 마음을 안정시켜야 한다. 특히 면담 대상자가 부모를 포함한 가족일 경우 가족이 자녀에 대해 알고 있는

정보가 매우 중요하다는 인상을 주어 가능한 한 많은 정보를 제공할 수 있게 해 주어야 한다. 면담 내내 교사는 면담 대상자를 존중하는 태도를 보여야 하며, 가족이 가지고 있는 강점이나 능력을 존중하고 신뢰하는 자세를 보여 주어야 한다.

면담을 진행하는 동안 교사는 부모가 가족의 문제나 관심사를 표출할 때 주의 깊게 경청하고 기록해야 한다. 이때 필요하다면 가족이 지닌 문제를 요약해서 재확인할 수 있다. 특히 면담의 국면에서는 면담을 위해 준비하고 계획한 질문지 또는 검사지나 특정 양식의 기록지를 사용하게 된다. 교사의 기록은 때로 부모를 포함한 면담 대상자에게 부담이 될 수도 있는데, 면담 대상자가 기록하는 것을 지나치게 불편해하거나 응답하는 것을 주저할 때는 이를 인식하고 적절한 대안을 고려해야 한다. 예를 들어, 기록지를 사용하되 면담 대상자가 기록을 지나치게 의식하지 않을 수 있는 효과적인 방법을 사용해야 할 것이다. 면담의 내용은 반드시 정확하게 기록되어야 하므로 기록하기 어려운 상황에서는 녹음기 등의 대안적인 방법을 사용할 수 있다. 면담의 내용을 녹음하거나 녹화하는 경우 반드시 사전에 면담 대상자의 동의를 구해야 한다.

면담을 성공적으로 실시하기 위해서 교사에게 가장 필요한 기술은 상대방의 이야기를 경청하는 기술을 포함한 의사소통 기술이다. 구체적으로 교사는 면담 대상자가 이야기하는 것을 짐작하여 결론을 내려서도 안 되고 자신이 생각하는 방향으로 유도해서도 안 된다. 오히려 교사는 면담 대상자가 자녀와 가족에 관한 내용을 충분히 표현할 수 있도록 적절히 침묵과 경청의 기술을 발휘해야 한다. 단지 면담 대상자가 교사의 긍정적인 태도를 확신할 수 있도록 대상자의 감정을 반영한 표현을 하거나(예: "그래서 힘드셨군요."), 정확하게 이해했는지를 확인하는 질문(예: "영호가 TV를 볼 때는 손을 흔들지 않는다는 뜻인가요?")을 함으로써 효율적인 정보 습득이 가능할 것이다. 만일 면담을 하는 중에 부모가 교사에게 자녀에 관한 질문을 하는 경우에는 부모가 이해하기 쉽도록 전문 용어를 자제하고 간결하고 솔직하게 대답하는 것이 바람직하다. 〈표 5-3〉은 교사의 경청기술을 증진시키기 위한 '적극적인 듣기 기술'을 보여 주고 있다(O'Shea, O'Shea, Algozzine, & Hammitte, 2001).

표 5-3	적극적인 듣기기술
기 술	**정의 및 방법**
반영하기	• 상대가 말한 단어를 반복한다. – 화자가 자신이 말한 내용을 상대방이 들었음을 알게 한다. – 화자와 청자가 이야기 나눈 사항에 대해 함께 이해한다.
바꿔 말하기	• 청자의 말로 주요한 내용을 다시 이야기한다. – 화자는 자신이 말한 내용을 상대방이 들었음을 알게 된다. – 화자와 청자가 이야기 나눈 사항에 대해 함께 이해를 한다.
질문 명료화하기	• 화자가 자신이 말한 것을 상세히 설명할 수 있게 질문한다. – 질문이 무엇을 의미하는지를 확실히 한다. – 화자가 왜 그리고 무엇을 말해야 하는지를 명확하게 한다.
질문하기	• 화자가 말한 것에서 더 확장시켜 이야기하도록 질문한다. – 화자가 말한 내용과 그 이유에 영향을 미칠 수 있는 다른 조건을 질문한다. – 화자의 기본적인 느낌에 대하여 질문한다.
비언어 의사소통	• 화자의 느낌이 무엇인지 알기 위해 자세, 표정, 몸짓, 눈 맞춤, 음성의 높낮이 등에 주목한다.

출처: O'Shea, D. J., O'Shea, L. J., Algozzine, R., & Hammitte, D. J. (2006). 장애인 가족지원(박지연 외). 서울: 학지사. (원지 2001년 출간)에서 발췌 수정.

(4) 면담 정리

면담을 통하여 나누고자 한 이야기를 모두 끝마친 후에는 면담 시간 동안 수집한 여러 정보를 종합하고 요약해서 면담 대상자로 하여금 추가하거나 잘못 이해한 내용이 없는지를 검토하게 하는 정리 및 마무리 시간을 갖게 된다. 부모 및 가족의 경우 아동의 현행 발달 수준, 가족의 요구, 우선순위, 관심사, 가족의 자원 등에 대하여 나누었던 내용을 정리해서 이야기해 주고 그 외에 가족이 추가하고 싶은 내용을 첨가하거나 수정할 수 있도록 시간을 준다.

일반적으로 가족은 면담 후 교사가 아동의 발달 수준을 어떻게 평가하는지 또는 앞으로 교육을 받을 경우 얼마나 향상될 수 있는지 등을 즉각적으로 설명해 주기를 기대하곤 한다. 이때 교사는 향상 가능성에 대한 확신과 믿음을 줄 수 있어야 한다. 그러나 한편으로는 가족이 자녀에 대한 현실적인 기대를 가질 수 있

표 5-4	장애 아동 가족과의 효과적인 면담을 위한 단계별 기술 및 전략
면담 단계	**구체적인 기술 및 전략**
면담 준비하기	• 첫 미팅을 준비할 때는 긍정적인 태도를 취한다. • 조화와 이해를 실천한다. • 가족의 일정에 민감하고 그것을 우선시한다.
면담 초기	• 친밀감 있는 인사로 시작한다. • 중요한 세부사항을 알린다. • 필요한 시간을 미리 알린다. • 사용될 형식을 미리 알린다. • 비밀유지 사항에 대하여 설명한다. • 상호작용이 가능한 물리적 환경을 조성한다. 방해 요소를 줄이고, 산만하지 않게 하고, (자녀가 있다면) 자녀를 맡길 수 있는 방법 등을 고려한다.
면담 중기	• 개방적으로, 솔직하게, 감정이입을 보여 주되, 전문 용어를 자제한다. • 자녀에 대한 부모의 능력과 전문성을 인정한다. • 적극적인 참여를 권장한다(부모가 질문하도록 격려한다). • 적극적인 듣기와 침묵의 기술을 실천한다. 부모의 참여를 끌어낸다. • 이해를 확인하기 위해 요점을 다시 언급하고 정리한다. • 상대의 감정을 말로 표현해 준다. • 항상 긍정적으로 의사소통한다. • 가족이 자신만의 이야기를 할 수 있게 해 준다. • 가족 이야기에 대한 존중심을 표현한다. • 대답의 유도, 원치 않는 충고와 섣부른 결론, 지나치게 많은 질문, 상투적인 표현, 도움이 안 되는 감정이입(예: "당신이 어떻게 느낄지 알아요.") 등은 피한다. • 여유 있는 몸짓언어를 사용한다. • 솔직하고 민감한 태도로 가족의 관심사를 알아낸다. • 잘 풀리지 않는 관심사와 문제를 알아낸다. • 민감하고 효율적으로 정보를 수집한다. • 문제를 재확인하면서 그 상태를 짚어 본다. • 면담에 필요하다고 말한 시간을 기억하고 있음을 염두에 두고 있다는 것을 알게 한다(면담 시간에 대해 의식한다).
면담 정리	• 제시된 사항을 정리한다(예: 아동의 현행수준, 행동 특성, 가족 자원, 우선순위, 요구, 관심사). • 가족에게 정리가 잘되었는지를 질문하고 가족이 꼭 다루어야 했는데 그렇지 못한 사항이 있는지 질문한다. • 변화에 대해 긍정적이고 현실적인 기대감을 표현한다. • 가족이 제공한 시간, 노력, 기여에 대해 인정한다. • 가족이 면담에 대해서 갖고 있는 다른 생각이나 관심, 의문점이 있는지 질문한다. • 필요하다면 별도의 만남을 계획한다.

출처: O'Shea, D. J. et al. (2001). *Families and teachers of individuals with disabilities: Collaborative orientations and responsive practices* (p. 114). Needham Heights, MA: Allyn & Bacon.

도록 주의해야 한다. 또한 교사와 함께 협력하여 노력함으로써 자녀의 교육 성과를 최대화할 수 있다는 사실을 주지시키고 격려해야 할 것이다.

마지막으로 교사는 면담을 위하여 대상자가 투자한 시간과 노력에 대하여 감사를 표시하고 추후 일정에 대한 논의를 한 후 면담을 종료하게 된다. 종료하기 전에 가족이 다음 면담을 통하여 다루고 싶은 주제가 있는지를 알아보는 것도 다음 면담을 준비하는 데 도움이 된다. 〈표 5-4〉에서는 장애 아동 가족과의 효과적인 면담을 위한 기술과 전략을 면담의 실행 단계별로 제시하고 있다.

3) 면담 적용의 예

지금까지 구조화된 면담, 반구조화된 면담, 비구조화된 면담 방법의 특징을 살펴보고 구체적으로 적용하기 위한 절차를 살펴보았다. 여기에서는 교육진단에서 각 면담방법을 적용한 예를 살펴보고자 한다.

구조화된 면담은 질문의 내용이 이미 결정되어 있는 방법으로, 교육진단에서는 교육과정중심 진단도구를 사용하면서 발달 영역별 평가 항목이 부모와의 면담을 통해 필요한 정보를 수집하는 방법으로 많이 활용된다. 가족진단을 위해 평가되는 부모의 요구 조사도 구조화된 면담방법을 활용하는 예가 될 수 있다. 〈표 5-5〉에 나타난 바와 같이 부모 작성용 질문지를 통해 가족이 지닌 자원과 요구, 우선순위를 직접 작성하도록 구성하거나, 부모와의 면대면 면담 과정을 통해 교사가 구성한 질문을 사용하여 부모 및 가족이 응답한 내용에서 필요한 자료를 수집하기도 한다. 이 표에서는 부모 요구도 조사를 위한 부모 작성용 질문지와 면담에 사용될 수 있는 교사가 구성한 질문의 예를 보여 주고 있다.

반구조화된 면담은 교사가 구성한 주제에 맞게 부모와 개별적인 의사소통을 하면서 면담의 내용을 확장하고 보완하기 때문에 부모들의 요구에 민감하게 반응할 수 있다. 이러한 방법은 면담 대상자와의 신뢰감과 친밀감을 형성할 수는 있으나, 구조화된 면담방법을 사용하는 것보다는 시간이 오래 걸린다는 제한점이 있다. 또한 면담 내용이 이미 결정된 채로 진행되기보다는 부모의 반응에 따라 수정되므로 면담을 진행하는 교사의 숙련된 기술이 필요하다. 예를 들어, 구

표 5-5	부모 요구도 평가
부모 작성용 질문지의 예	교사 질문의 예
부모 요구도 평가 (Bailey & Wolery, 1992)	부모 요구도 평가 (O'Shea et al., 2001)
정보 1. 아동의 성장과 발달 2. 아동과 함께 놀고 이야기하는 방법 3. 아동을 가르치는 방법 4. 아동의 행동을 다루는 방법 5. 내 자녀가 지닐 수도 있는 상태나 장애에 대한 정보 6. 내 자녀를 위해서 현재 가능한 서비스에 대한 정보 7. 내 자녀가 앞으로 받게 될 서비스에 대한 정보 **가족과 사회적 지원** 1. 관심사에 대해서 내 가족 중 누군가와 이야기하기 2. 이야기할 수 있는 친구 사귀기 3. 나 자신을 위해서 더 많은 시간을 갖기 4. 나의 배우자가 자녀가 지니고 있을지도 모르는 상태에 대해서 이해하고 수용하도록 도와주기 5. 가족이 문제를 토론하고 해결책을 찾도록 도와주기 6. 가족이 어려울 때 서로 지원하도록 도와주기 7. 집안일, 자녀 돌보기, 기타 가족일을 누가 할 것인가 결정하기 8. 가족 여가생활을 정하고 시행하기 **경제적인 문제** 1. 식비, 주거비, 의복비, 의료비, 교통비 등의 비용 지불하기 2. 자녀에게 필요한 특수도구 장만하기 3. 치료비, 교육비, 기타 자녀에게 드는 비용 지불하기	• 아이에 대해 말해 보세요. • 아이에 대해 당신이 걱정하고 있는 것은 무엇이고, 아이로 인해 어떤 면이 행복한가요? • 당신이 쇼핑을 하는 동안 또는 당신 친구의 집에 있을 때, 집에서 벌어지는 일에 대해 말해 보세요. • 아이가 하고 싶어 하는 일과 하기 싫어하는 일은 무엇인가요? • 언제 당신의 아이는 가장 행복해하나요? • 당신의 아이가 어려워하는 것에 대해 말해 보세요. • 당신이 좀 더 상세히 알고 싶은 것에 대해 말해 보세요. • 당신 가족에 대해 말해 주세요. 집에 누가 살고, 그들이 선호하는 것과 그들의 관심사 및 기술에 대해서도 말해 주세요. • 당신에게 지원이나 휴식이 필요할 때 누가 당신을 도와주나요? 가족, 친구 혹은 기관? • 누가 당신의 가족을 도와주나요? • 이 모든 일이 부모, 형제, 다른 가족 구성원에게 어떻게 영향을 주어 왔나요? • 아이를 위해 무엇을 원하나요? 당신이 관심을 가지는 것은 무엇인가요? • 아이에 대한 당신의 목표는 무엇인가요? 가족에 대한 목표는요? • 당신과 당신 가족이 그 목표를 달성하기 위해 우리가 어떻게 도울 수 있을까요? • 지금 아이를 위해 무슨 일을 하고 있나요? 그 일은 잘되어 가고 있나요?

〈계속〉

부모 작성용 질문지의 예	교사 질문의 예
4. 취업을 위한 상담이나 도움 얻기 5. 자녀 맡기기나 일시보호를 위한 비용 지불하기 6. 자녀가 필요로 하는 놀잇감 구입하기 **다른 사람에게 설명하기** 1. 자녀의 상태에 대해서 나의 부모와 배우자의 부모에게 설명하기 2. 자녀의 상태에 대해서 나의 다른 자녀에게 설명하기 3. 친구나 이웃 또는 낯선 사람이 내 자녀에 대해서 질문할 때 반응하는 방법 찾기 4. 자녀의 상태에 대해서 다른 아동에게 설명하기 5. 내 자녀와 같은 아동이 있는 가족에 대한 읽을거리 찾기 **자녀 돌보기** 1. 내 자녀를 돌보아 줄 수 있는 능력 있는 사람이나 일시보호 프로그램 찾기 2. 자녀를 위한 탁아 프로그램이나 유치원 찾기 3. 교회에서나 종교 활동 중 자녀를 돌보아 줄 적절한 도움 찾기 **전문적인 지원** 1. 목사, 신부 등과의 면담 2. 상담가(심리학자, 사회사업가, 정신과 의사)와의 면담 3. 자녀의 교사나 치료사와 더 많은 이야기 나누기 **지역사회 서비스** 1. 내 자녀와 같은 아동을 둔 다른 부모와 만나서 이야기하기 2. 나와 내 자녀를 이해하는 의사 찾기 3. 자녀를 위한 치과의사 찾기	• 잘 안 된다면 어떻게 바꿔 볼 수 있을까요? • 어떤 정보가 필요한가요? • 당신 자녀와 가족에게 어떤 서비스와 지원이 필요한가요? • 우리가 무엇을 해야 한다고 생각하나요? • 이런 사항에 대해 또 다른 누구와 상의하나요? 어떤 다른 협력기관이 있나요? • 당신이 원하는 바를 얻기 위해 지금 무엇을 하나요? • 어떤 시비스를 받고 있나요? • 지금 받고 있는 서비스에 만족하나요? • 우리가 가장 먼저 해야 할 일은 무엇인가요? 그다음은? **가족에게 영향을 미치는 스트레스 요인 살펴보기** • 부모의 직업 • 10대 부모 • 학대 • 한부모 • 집 없는 노숙 부모 • 방임 • 이혼 • 가난 • 알코올이나 약물 남용 • 재혼과 계부, 계모 • 폭력 • 교육 수준

조화된 면담방법인 부모 작성용 질문지의 활용은 같은 시간에 여러 가족의 요구를 평가할 수 있다는 면에서 효율적이고, 평가도구에서 제시하는 판단 기준으로 평가 결과를 산출하기 때문에 일관된 평가 결과를 얻을 수 있는 것이 사실이다. 하지만 평가지에 기록할 수 없는 가족의 개별적이면서 민감한 문제를 놓칠 수 있으며, 평가지에 기재된 내용만으로는 가족에게 필요한 지원의 정도와 같은 질적인 면은 진단하기가 어렵다. 이러한 경우 오히려 반구조화된 면담이나 비구조화된 면담이 사용되기도 한다. [그림 5-4]에는 초기 면담에서 반구조화된 면담방법을 사용하여 가족에게 필요한 지원 관련 정보를 수집한 사례가 제시되어 있다.

김 교사는 은솔이의 가족에게 필요한 지원을 파악하기 위해 은솔이 어머니와의 면담을 계획하였다. 면담에서 다루게 될 내용으로는 다음 내용을 정하였다.

- 아동의 발달사 및 행동 문제
- 가족의 스트레스와 필요한 지원
- 경제적인 문제

은솔이 어머니와 김 교사의 면담이 진행되는 동안, 김 교사는 은솔이의 어머니로부터 요즘 은솔이의 언니가 은솔이와 관련하여 학교생활을 힘들어한다는 이야기를 듣게 되었다. 김 교사는 은솔이 언니의 구체적인 어려움을 파악하기 위해 좀 더 깊이 있는 대화를 나누었다.

은솔이 어머니는 은솔이 언니가 학교에서 친구들이 동생의 행동이나 장애 특성에 대해 물어볼 때마다 동생에 관해 어떻게 설명해야 할지 몰라서 괴로워하고 있다고 하였다. 은솔이 언니의 학교 적응, 동생과의 관계 등에 관해 좀 더 면담을 진행하다가, 다음 형제지원 프로그램에 은솔이 언니를 포함시키는 것에 관해 의논하고 가족이 이 안건에 관해 의논한 후, 다음에 있을 가족과의 면담일에 형제지원 프로그램 참여 여부를 결정하기로 하였다.

[그림 5-4] 반구조화된 면담 방법 활용 사례

면담의 실행이 면대면 대화 외에 질문지를 통해서 가능한 것처럼, 때로는 전화나 알림장과 같은 다른 형태로도 이루어질 수 있다. 예를 들어, 일과에서의 수행을 기록한 일화기록, 일지와 같은 간단한 형식의 알림장을 만들어서 부모와의 간접적인 의사소통 통로를 만들고, 이를 통하여 지속적인 면담의 과정을 가질 수 있다. 또한 전화를 통하여 직접 음성을 들으면서 면담을 할 수도 있다. 전화나 알림장을 통한 정보 수집방법은 면대면 대화보다 용이하고 부담이 적을 뿐만 아니라 교육 및 중재가 진행되는 중에도 필요에 따라 사용할 수 있어서 효율적이다. 전화를 이용할 경우에는 상대방이 통화하기에 편리한 시간을 확인하고, 어떤 내용으로 어느 정도 통화하게 될 것인지를 미리 알리는 것이 바람직하다. 또한 면담지나 알림장을 사용할 때와는 달리 통화 기록을 남기지 않으면 통화 내용을 알 수 없으므로 통화할 때 기록하는 습관을 갖도록 한다. [그림 5-5]는 알림장을 사용한 예를 보여 주고 있다.

김 교사는 다음 주에 있을 소풍을 앞두고 자폐 아동인 은솔이가 지닌 행동 문제가 외부에서 어떻게 드러날지 걱정하고 있는 중이다. 그래서 행동 문제가 발생하기 전에 미리 예측하고 행동 지원을 준비하기 위해 부모로부터 수집해야 할 간단한 질문 목록을 부모와 의사소통하는 알림장에 기재하여 은솔이 가방에 넣어 두었다. 은솔이 어머니는 오늘도 은솔이 가방 안에서 알림장을 꺼내면서 약간 긴장되기도 하고 얼마나 잘했을까 궁금하기도 했다. 오늘 알림장에는 은솔이가 개학 후 식습관이 다시 안 좋아져서 밥을 먹기 싫어하거나 너무 천천히 먹는다는 내용의 글이 적혀 있었다. 은솔이 어머니는 방학 때 규칙적인 습관을 유지시켜 주지 못했던 것에 대해 후회하면서 오늘부터라도 규칙적인 식사와 올바른 식습관을 가지도록 가정에서도 일관된 교육을 시켜야겠다고 생각했다. 알림장의 하단에는 다음 주에 있을 은솔이네 유치원 소풍에서 은솔이가 프로그램의 목표대로 잘 수행하도록 도와주기 위한 몇 가지 질문이 있었다. 어머니는 현장학습에 잘 참여시키려는 교사의 노력에 감사하면서 꼼꼼히 상세하게 답을 써 내려갔다.

- -

알림장
• 소풍 장소에 연못과 동물원이 있다고 하는데, 어머님은 은솔이가 소풍 장소 내에서 이동할 때 어떤 행동을 보일 것이라고 예측하시나요?
• 유치원 버스를 타고 소풍 장소에 도착한 후 단체식사를 하고, 놀이터에서 30분 동안 자유놀이를 하고, 동물원과 식물원을 둘러보고 돌아올 예정입니다. 일정표를 보시고 이러한 활동 중에 은솔이가 특별히 힘들어하거나 싫어하는 활동이 있다고 생각되시면 알려 주세요.

[그림 5-5] 알림장 사용의 예

3. 면담 결과의 해석 및 활용

　면담의 결과를 종합적인 진단 결과에 적절하게 반영하기 위해서는 면담의 과정에서 수집된 정보를 주의 깊게 살펴보고 해석해야 하며, 해석된 결과는 진단 팀과의 의사결정 과정을 통해 부모 및 아동과 관련된 조기 교육 및 다양한 서비스 전문가에게 전달되어야 한다. 면담의 결과를 해석하고 적절하게 효과적으로 활용하기 위해서는 교사가 다음과 같은 사항을 기억해 두어야 한다.

　첫째, 면담 과정에서 기술한 가족의 정보를 선별해야 한다. 진단 과정에서는 면담 대상자가 누구든 진단의 목적에 부합되는 필요한 정보 외에 다양한 내용을 제공하게 된다. 면담 시 수집하게 되는 아동과 가족에 관한 내용은 진단 정보로서 유용할 수도 있고 그렇지 않을 수도 있다. 면담 과정에서는 제시되는 모든 정보를 여과 없이 모두 기록해야 하지만, 면담 후에는 면담 대상자가 제공한 정보가 가지는 의미를 종합하고 분석할 수 있어야 한다. 특히 불필요한 정보와 필요한 정보를 선별하는 과정이 필요하다. 따라서 교사는 필요한 정보를 선별하고 종합할 수 있는 능력을 갖추어야 한다.

　둘째, 면담 시 면담 대상자, 특히 부모가 제공한 정보가 다른 진단방법을 통해 얻은 결과와 일치하는지를 확인하여 분석하는 작업이 필요하다. 앞에서 언급하였듯이, 부모가 판단하는 자녀의 발달기술에 관한 내용은 교사가 진단도구를 사용하거나 관찰을 통해 얻은 결과와 일치하지 않을 가능성이 높다. 이러한 경우 교사는 불일치한 정보의 내용을 검토하여 재진단의 필요성을 결정하고 실행 계획을 세워야 한다. 특히 교사는 아동이 장애 또는 장애 위험으로 인하여 진단에 의뢰되었다는 사실만으로도 아동의 능력을 과소평가할 수 있는 가능성이 있다. 그렇기에 전문가로서의 무조건적인 권위의식을 버리고 부모의 의견을 존중하는 태도를 보여야 할 것이다. 또한 부모의 판단이나 가지고 있는 정보는 아동에 대한 잘못된 이해로부터 온 것일 수도 있다. 그러므로 이러한 경우에는 부모가 납득할 수 있도록 설명하고 이해시키는 능력도 필요하다.

　셋째, 교사는 면담을 여러 가지 다양한 진단방법 중 하나로 이해하고 활용해야 한다. 즉, 면담은 직접적인 관찰이나 검사를 실행한 후 얻게 되는 정보가 아니기 때문에 면담 결과로 얻은 정보만으로 진단 결과를 작성하는 것은 바람직하지 않다. 면담 외에 관찰, 검사도구를 상호 보완적으로 사용하여 각각의 결과를 총체적으로 종합·정리하고 해석함으로써 대상 아동 또는 가족에 대하여 신뢰성 있는 진단 결과를 얻을 수 있어야 할 것이다.

 요약

이 장에서 우리는 장애 영유아의 진단 및 평가 방법의 하나인 면담에 대하여 살펴보았다. 면담은 대상 아동을 진단하기 위해 부모, 가족 구성원, 일반교사, 다양한 치료사 등을 상대로 직접적인 면접을 통하여 진단적 정보를 수집하는 것을 의미한다.

면담의 실행을 위해서는 교사의 숙련된 능력이 요구된다. 숙련된 능력이란 (1) 선입견이나 편견을 배제하고 중립적인 태도로 면담에 임하는 능력, (2) 가족을 협력자로 받아들이고 있음을 확신시키는 능력, (3) 효율적으로 면담 시간을 운영하는 능력, (4) 면담 결과와 함께 여러 가지 다른 진단방법의 결과를 종합하고 분석할 수 있는 능력을 의미한다.

면담을 실행하는 구체적인 방법은 질문 제시 방법이나 내용에 따라 구조화된 면담, 반구조화된 면담, 비구조화된 면담으로 분류된다. 교사는 면담의 목적에 따라 적절한 면담 방법을 선택해야 한다. 면담의 목적이나 필요에 따라서는 직접적인 면대면의 면담 형태 외에 전화, 알림장과 같은 간단한 형태로도 면담을 할 수 있다. 면담의 과정은 면담을 준비하는 단계, 면담 초기, 면담 중기, 정리 및 마무리 단계로 이루어지며, 이때 면담의 목적과 기능에 맞는 면담도구를 활용할 수 있다. 면담의 대상자는 면담의 목적에 따라 결정된다. 특히 교육진단 과정에서는 부모, 가족, 일반교사, 관련 치료사가 면담 대상자가 되는데, 영유아기에는 주로 부모 및 가족이 주요 면담 대상으로 참여한다.

면담의 결과를 해석하고 적절하게 활용하기 위해서는 (1) 면담 결과에서 기술한 가족의 정보에서 필요한 정보를 선별해야 하며, (2) 면담 대상자의 정보와 기타 수집된 정보가 불일치하는 경우 그에 대한 조정 작업이 선행되어야 하고, (3) 관찰이나 검사와 같은 다양한 방법을 사용한 진단 결과와 상호 보완적으로 사용해야 한다.

| 참고문헌 |

강순구, 조윤경 역(1990). 포테이지 아동 발달 지침서. 서울: 도서출판 특수교육.

곽금주(2002). 아동 심리평가와 검사. 서울: 학지사.

김승태, 김지혜, 송동호, 이효경, 주영희, 홍창희, 황순택(1997). 한국아동 인성검사(Korean Personality Inventory for Children: KPI-C) 실시요강. 서울: 정문사.

오경자, 이혜련, 홍강의, 하은혜(1997). K-CBCL 유아. 청소년 행동평가 척도. 서울: 중앙적성 출판사.

허계형, Jane Squires, 이소영, 이준석(2006). 부모작성형 유아모니터링체계(Korean Ages and Stages Questionnaire(K-ASQ)). 서울장애인종합복지관.

한국교육평가회 편저(2004). 교육평가 용어사전. 서울: 학지사.

Bailey, D. B., & Simeonsson, R. J. (1988). *Family assessment in early intervention.* Columbus, OH: Merrill.

Bailey, D. B., & Wolery, M. (1992). *Teaching infants and preschoolers with disabilities* (2nd ed.). New York: Merrill.

Bailey, D. B., & Wolery, M. (2003). 장애영유아를 위한 교육(이소현 역). 서울: 이화여자대학교 출판부. (원저 1999년 2판 출간)

Benner, S. M. (2003). *Assessing young children with special needs: A contexed-based approach.* Clifton Park, NY: Delmar Learning.

Bricker, D., Squires, J., & Mounts, L. (1995). *Ages and stages questionnaires: A parent-completed, child-monitoring system.* Baltimore: Paul H. Brookes.

Caldwell, B. M. & Bradley, R. H. (1984). *Home Observation for measurement of the environment* (Rev. ed.). Little Rock, AR: University of Arkansas.

O'Shea, D. J., O'Shea, L. J., Algozzine, R., & Hammitte, D. J. (2006). 장애인 가족지원(박지연, 김은숙, 김정연, 김주혜, 나수현, 윤선아, 이금진, 이명희, 전혜인 역). 서울: 학지사. (원저 2001년 출간)

Thomas, A., & Chess, S. (1977). *Temperament and Development.* New York: Brunner/Mazel.

Wachs, T. D. (1988). Environmental assessment of developmentally disabled infants and preschoolers. In T. D. Wachs & R. Sheehan (Eds.), *Assessment of young developmentally disabled children.* New York: Plenum.

Winton, P. J. & Bailey, D. B. (1998). The family-focused interview: A collaborative mechanism for family assessment and goal setting. *Journal of the Division for Early Childhood, 12,* 195-207.

진단 및
평가의 실제

3
제   부

| 제6장 | 아동 발달 진단
| 제7장 | 기능적 행동진단
| 제8장 | 가족진단
| 제9장 | 환경진단

제6장
아동 발달 진단

1. 아동 발달 진단의 이론적 배경
2. 발달 영역별 진단의 실제

1. 아동 발달 진단의 이론적 배경

1) 아동 발달의 이해

특수아 조기교육의 대상 아동은 발달에서 장애 또는 지체를 보이는 아동이다. 따라서 이들을 위한 교육은 교육 활동의 우선적인 목표를 아동의 발달 촉진에 두며, 교육 활동을 계획하기 위한 교육진단의 가장 핵심적인 내용으로 아동의 발달이 어느 정도로 이루어지고 있는지를 알고자 한다. 아동의 발달 상태를 이해하기 위해서는 무엇보다 발달에 대한 이해가 선행되어야 한다. 발달이란 개인에게서 나타나는 체계적이고 연속적으로 일어나는 변화를 의미한다(Shaffer, 1999). 즉, 발달은 태내에서 수정되는 순간에서부터 출생 후 아동기, 청소년기, 성인기를 거쳐 사망에 이르기까지 생애 전반에 걸쳐 연속적으로 일어나는 변화의 과정이다. 이러한 변화는 생물학적 과정으로서 성숙해 가는 변화와 함께 환경과의 상호작용을 통해 경험하면서 습득해 가는 변화를 모두 포함한다. 따라서 아동의 발달은 성숙과 학습이라는 두 가지 요소에 의해 영향을 받는 과정이라고 할 수 있다.

인간의 발달은 매우 복잡한 과정이다. 이러한 복잡한 현상을 좀 더 잘 이해하기 위해서는 발달과 관련된 기본적인 원리를 이해하는 것이 중요하다. 지금까지 이루어진 연구들을 통하여 아동의 발달과 관련해서 보편적으로 수용되고 있는 기본적인 원리는 다음의 일곱 가지로 제시될 수 있다(이소현, 2003; Hooper & Umansky, 2004). 첫째, 발달에는 일정한 순서가 있다. 예를 들어, 대부분의 유아는 기어 다니는 행동을 먼저 습득한 후에 걸을 수 있게 되고, 걸음을 걷기 시작한 후에야 뛰는 것이 가능해진다. 둘째, 발달은 일정한 방향으로 진행된다. 영유아는 머리가 몸보다 일찍 발달한다. 즉, 머리에서 발 방향으로 발달이 진행된다. 또한 발달은 온몸을 움직이는 행동에서 손과 손가락을 움직이는 세부적인 방향으로 발달된다. 셋째, 발달은 지속적인 과정이지만 그 속도가 항상 동일하지는 않다. 일반적으로 발달은 지속적으로 성장하는 과정을 거치지만, 신체 발달의 경우 급속도로 성장하는 시기가 있는 것처럼 발달의 속도는 연령에 따라 차이를 보인다. 넷째, 발달에는 개인차가 있다. 발달은 개개인이 지닌 특성에 따라 각기 다른 발달의 속도와 양상을 보인다. 다섯째, 발달에는 결정적 시기가 있다. 결정적 시기란 발달이 가장 잘 이루어지는 시기를 의미하며, 발달의 민감기라고 할 만큼 특정 발달에 있어서 습득이 잘 이루어지는 중요한 시기를 말한다. 여섯째, 발달의 각 영역은 상호 연관된다. 신체, 인지, 언어, 사회성 등은 각기 서로 영향을 미치면서 발달하게 된다. 예를 들어, 또래와의 놀이를 회피하면서 혼자 놀기만 하는 진수는 또래와의 놀이 장면에서 배울 수 있는 언어 습득의 기회를 갖지 못하게 된다. 즉, 사회적 발달 영역에서의 지체는 언어 발달에 부정적인 영향을 미칠 수 있다는 것이다. 마지막으로 발달은 유전 및 환경에 의하여 영향을 받는다. 전문가 간에 둘 중 어느 것이 더 큰 영향을 미치는지에 대한 논의가 활발하게 이루어져 온 것이 사실이지만, 현재는 둘 다 발달에 결정적인 영향을 미치는 것으로 동의되고 있다. 예를 들어, 아동의 유전적 형질이 신체적 외모나 성격 등에 영향을 미침과 동시에 사회적, 문화적, 가족 변인 등의 환경적 요인도 아동 발달에 영향을 미치는 것으로 알려지고 있다.

발달에 대하여 좀 더 심도 있게 이해하기 위해서는 이상의 보편적인 원리 외에도 발달과 관련된 기본적인 지식을 갖추어야 한다. 발달의 개념, 발달지표, 발달 영역별 발달의 순서 및 내용 등 발달과 관련된 지식은 이소현(2003)에서 간단하게 살펴볼 수 있으며, 좀 더 구체적인 내용은 기타 아동 발달과 관련된 전문서를 참고하기 바란다.

2) 아동 발달 진단의 중요성

모든 아동은 발달에 있어서 개인차를 보인다. 이것은 앞에서 설명한 발달의 원리 중 하나로도 포함되는 보편적인 현상이다. 예를 들어, 12개월에 걷기 시작하는 아동이 있는가 하면, 10개월 또는 15개월에 걷기 시작하는 아동도 있다. 이와 같이 개인차가 너무 크게 나타나는 경우 특수교육 대상자로 그 적격성을 인정받게 되고 특별한 도움을 받게 된다. 따라서 이들을 위한 교육 활동은 환경과의 상호작용을 촉진하고 구체적인 교수 활동을 제공함으로써 발달을 촉진하는 데 목표를 둔다. 결과적으로 장애 영유아 교육진단의 가장 핵심적인 내용은 개별 아동의 현행 발달 수준을 파악하고 발달상의 강점과 약점을 알아내어 교수 활동 계획에 유용하게 사용할 수 있는 정보를 제공하는 것이다.

일반적으로 아동의 발달 영역은 (1) 인지 발달, (2) 신체 발달(감각 및 운동 기능), (3) 의사소통 발달, (4) 사회성 및 정서 발달, (5) 적응행동 발달의 다섯 가지로 구성된다. 따라서 장애 영유아를 위한 발달 진단은 이러한 발달 영역에 대한 현행수준을 이해하고 각 영역의 강·약점을 파악하는 활동이다. 이와 같은 활동을 통하여 교사는 다음과 같은 구체적인 혜택을 얻을 수 있다.

첫째, 발달 진단을 통하여 대상 아동이 또래 집단에 비하여 어느 정도의 발달 수준을 보이는지 알 수 있다. 장애 영유아 교육에 있어서 특수교육 적격성이 인정되는 가장 대표적인 이유 중 하나는 아동이 발달상의 지체를 보이는 것이다. 다시 말해서, 보편적인 또래에 비하여 특정 영역의 발달이 어느 정도의 지체를 보이는가는 특수교육 대상자로서 그에 적절한 서비스를 필요로 하는지를 결정해 주는 기준이 된다. 따라서 교육진단에 의뢰되는 모든 장애 영유아는 발달상의 지체나 일탈적 특성을 지니고 있는 것으로 가정되기 때문에 각 발달 영역별 현행수준을 파악함으로써 아동에 대한 구체적인 이해와 교수 활동의 시작점을 찾는 것이 교사들에게 매우 중요한 과제라 할 수 있다.

둘째, 발달 진단을 통하여 수집한 발달 영역별 진단 결과는 개별 아동의 발달적 특성을 파악할 수 있게 해 준다. 일반적으로 장애 영유아를 위한 발달 평가도구들은 그 하위 범주를 구분하여 발달 과제를 목록화하고 있다. 예를 들어 3장에서 소개한 장애 유아를 위한 캐롤라이나 교육과정의 경우, 인지, 의사소통, 사회적응, 소근육 운동기술, 대근육 운동기술이라는 다섯 가지 하위 범주하에 주의집중과 기억, 일반적인 개념과 크기 및 수의 개념, 상징적 놀이, 추론, 시지각, 표현 어휘, 대화기술, 책임감, 자아개념, 자조기술, 소근육 운동기술 등의 25개 교육과정 발달 단계가 포함되어 있다. 따라서 각 발달 영역에 대한 아동의 발달 수준을 상세하게 파악함으로써 발달 프로파일을 알게 되는 것이다. 영유아를 위한 사정, 평가 및 프로그램 체계(이하 AEPS)의 경우에도 발달 영역의 하위 범주는 소근육, 대근육, 적응, 인지, 사회-의사소통, 사회성의 여섯 가지 영역으로 구분된다. 이렇게 하위 범주로 구분된 발달 영역은 각각의 현행수준을 서로 비교하여 볼 수 있는 프로파일을 그려 봄으로써 개별 장애 아동이 모든 영역에 고르게 전반적인 발달지체를 보이는지, 운동 영역의 발달지체는 없으나 언어와 인지 영역의 발달지체가 크게 나타나는지 등의 발달적 특성을 파악할 수 있다.

셋째, 발달 진단은 아동이 성취해야 할 교수목표를 수립하는 데 도움이 된다. 앞에서도 언급하였듯이, 발달은 일정 순서에 따라 진행된다. 즉, 특정 아동의 현행수준을 이해함으로써 그다음 단계의 예상되는 발달 수준 또는 발달상의 기술을 추측하고 적절한 교수목표를 설정하는 데 도움이 될 수 있다. 예를 들어, 장애 아동을 위한 캐롤라이나 교육과정의 자조기술 영역을 보면, 옷입기 영역의 2.5세 수준의 발달 과제로 '신발을 벗는다'가 제시되어 있다. 또한 3세 수준의 발달 과제로는 '신발끈, 큰 단추와 같은 잠금장치를 푼다'가 있다. 이처럼 발달지표에서 목록화되어 있는 항목은 연령별로 발달되는 순차적인 발달 과제를 제시하고 있음을 알 수 있다. 따라서 위의 예에서 대상 아동이 특별한 장치가 없는 신발을 벗는 것을 할 수 있다면 그보다 발전된 기술인 신발의 끈이나 찍찍이와 같은 부착물을 조절할 수 있는 기술이 필요한지를 점검해 볼 수 있다.

넷째, 발달 영역별 진단을 계획하고 실행한 결과는 개별 유아의 발달 영역별 강점과 필요한 기술을 정확히 알게 한다. 발달 영역별로 성취하지 못한 기술뿐만 아니라 일관되게 성취할 수 있는 기술을 알 수 있으며, 어떤 방법 또는 전략을 사용하여 성취하는지를 파악할 수 있다. 장애 아동이 지닌 강점을 파악하는 것은 적절한 교육을 계획하고 실행하기 위해 성취하지 못한 기술을 파악하는 것 이상으로 중요하다고 할 수 있다.

다섯째, 앞에서도 언급하였듯이 영유아기 발달에 있어서 영역별 발달기술은 상호 보완적인 영향을 미친다. 이것은 발달의 전반적인 지체 여부를 넘어서서 각 영역별 발달에 대한 세밀한 진단이 필요한 이유로 작용한다. 한 예로 수희는 교사에게 물을 달라고 요구하는 말을 하지 못한다. 요구하는 말을 하기 위해서는 발성을 위한 구강 운동기술을 지녀야 하며, 타인을 도움을 줄 수 있는 존재로 인식하고 상호작용할 수 있는 사회성 기술과 함께 실제로 의사소통의 요구적 기능을 실행하는 기술을 지니고 있어야 한다. 만일 수희가 물을 달라고 요구하지 못하는 이유가 말을 하지 못해서가 아니라 다른 사람에게 요구하여 결국 물을 마시게 될 것이라는 사회성 또는 의사소통 발달 측면의 문제로 인한 것이라고 가정한다면, 단순하게 '물'이라는 단어 말하기를 교수목표로 수립하는 것은 부적절할 것이다. 따라서 발달 영역별 기술에 대한 구체적인 진단 결과는 장애 아동의 교육 계획을 위해서 아동의 총체적인 발달과 함께 발달 영역 간 상호연관성을 고려할 수 있게 해 준다(Hanson & Lynch, 1995).

2. 발달 영역별 진단의 실제

장애 영유아의 발달을 진단하기 위해서는 교사가 적절한 진단 방법과 절차를 선정하여 실행할 수 있어야 한다. 교사는 발달 진단을 통하여 아동의 현행 발달 수준을 파악하고 발달 영역별 강점과 약점을 알아낸 후 그 정보를 바탕으로 아동에게 가장 적절한 교수목표와 교수 전략을 포함한 교육 계획을 수립하게 된다. 따라서 이러한 과정에 유용하게 사용될 정보를 수집하는 것이 발달 진단의 궁극적인 목표라고 할 수 있다.

미국 장애인교육법(IDEA 2004)은 아동의 발달을 다섯 가지 하위 영역으로 나누고 있다. 그것은 적응행동, 인지, 의사소통, 신체, 사회성 및 정서 발달로 〈표 6-1〉에서와 같이 정의된다. 우리나라에서도 장애인 등에 대한 특수교육법(2007)에서 '발달지체를 지닌 특수교육 대상자'를 정의하면서 신체, 인지, 의사소통, 사회 · 정서, 적응행동의 다섯 가지로 발달 영역을 구분하고 있다. 앞에서도 강조하였듯이, 아동의 발달은 각 발달 영역이 상호 영향을 미치기 때문에 분리된 발달 영역으로 구분하는 것은 이론적인 측면에서의 이해를 위한 것이며, 아동의 발달이 영역별로 분리되어 이루어지는 것이 아님을 명심해야 한다. 일반적으로 이와 같은 다섯 가지 발달 영역별 진단을 위해서는 이 책의 앞부분에서 소개한 검사도구(3장), 면담(4장), 관찰(5장)의 세 가지 방법을 모두 사용하게 된다. 여기에서는 운동 기능, 인지, 의사소통, 사회-정서, 적응행동의 순으로 영역별 주요 발달 특성을 간략하게 소개하고 구체적인 진단방법에 대하여 설명한다.

표 6-1	장애인교육법(IDEA 2004)에서 제시한 다섯 가지 발달 영역
영 역	**정 의**
적응행동 발달	다양한 환경에서 성공적으로 적응하게 하는 연령에 적합한 자조기술 및 기타 행동의 발달
인지 발달	연령에 적합한 정신적 기능으로, 특히 인식하고 이해하고 알아 가는 기능의 발달
의사소통 발달	생각과 느낌을 표현하고 다른 사람의 발성, 비구어, 손짓, 몸짓, 문자 표현을 이해하는 능력의 발달
신체 발달	대근육 운동 기능과 소근육 운동 기능의 움직임을 조절하고 협응시키는 연령에 적합한 능력의 발달
사회-정서 발달	자신과 다른 사람의 느낌을 이해하고 사회적으로 적절한 방법으로 그에 반응하는 연령 및 상황에 적합한 능력의 발달

1) 운동기능 발달

(1) 정의 및 특성

운동 기능은 몸의 작은 근육(소근육)과 큰 근육(대근육)의 움직임을 스스로 통제할 수 있게 되는 능력으로 움직임과 자세, 균형을 위한 신체적인 기초를 제공한다. 일반적으로 운동기능 기술은 학습의 기초를 형성하는 기본적인 기술로 인지, 사회성 및 정서, 적응행동 등의 발달에 결정적인 영향을 미친다. 이것은 움직이고 특정 자세를 취하고 균형을 잡는 등의 기본적인 신체 발달이 환경을 탐구하고 말을 하고 일상적인 자조기술을 수행하고 놀이에 참여하고 구체적인 지식을 습득해 가는 모든 과정에 영향을 미치기 때문이다. 실제로 아동의 발달 과정을 살펴보면 운동 기능이 발달되어 감에 따라 주변을 폭넓게 탐구하게 되고, 놀이에 더욱 적극적으로 참여하게 되며, 점점 더 독립적으로 먹고 마시고 옷을 입는 등의 행동을 할 수 있게 된다.

영아의 운동 기능은 초기에는 주로 반사적인 기술에 의존하지만 성장하면서 근육이 강화되고 자신의 움직임을 조절하는 능력도 향상된다. 특히 움직임에 대한 조절 능력뿐만 아니라 눈과 손의 협응 능력을 포함한 여러 가지 정교한 운동

기술은 2~6세에 발달하게 된다(이소현, 2003). 일반적으로 장애 영유아는 특별히 운동기능 발달에서의 장애가 아니더라도 운동기능 발달에서의 지체나 결함을 보이는 경우가 많다(Bigge, Best, & Heller, 2001). 운동기능 발달이 지체되거나 방해를 받게 되면 환경과의 상호작용이 차단되고 다른 발달 영역의 행동 수행에도 부정적인 영향을 미칠 수 있다. 그러므로 운동기능 발달은 특수아 조기 교육과정에서 매우 중요한 영역으로 다루어지게 된다.

장애 영유아 교육 현장에서 교사가 운동기능 발달을 진단하기 위해서는 몇 가지 필요한 지식과 기술을 갖추어야 한다(Cook & Kilgo, 2004). 첫째, 운동기능 발달과 관련된 다른 전문 영역(예: 물리치료, 작업치료)의 전문가와 효과적으로 의사소통을 하는 등 협력할 준비가 되어 있어야 한다. 필요한 경우 근육, 운동과 관련된 용어와 친숙해져야 한다. 둘째, 전형적인 운동기능 발달에 대하여 명확하게 이해하고 운동기능 발달 영역의 진단을 필요로 하는 아동을 판별해 내는 데 사용하는 선별방법을 알고 있어야 한다. 셋째, 현장에서 사용할 수 있는 운동기능 발달 진단도구와 친숙해야 한다. 넷째, 아동의 현재 운동 기능에 맞는 중재 프로그램을 계획하고 실행하기 위해 이들에게 필요한 기능적인 기술을 파악하는 능력을 가지고 있어야 한다. 마지막으로 운동기능 발달 영역에서의 변화를 파악하고, 중재 전략을 검토하고, 진보를 문서화하고, 중재의 효과를 평가할 수 있는 기술을 가지고 있어야 한다.

(2) 진단 영역

운동기능 발달은 일반적으로 소근육 운동기술과 대근육 운동기술의 발달로 구성된다. 소근육 운동기술은 손이나 발, 얼굴 등에 있는 소근육을 사용하는 능력이다. 팔 뻗기, 손바닥으로 잡기, 손가락으로 집기, 쌓기, 가위로 자르기, 끈을 구멍에 끼우기, 놓기, 쌓기, 끈 매기, 가위로 자르기, 그리기 등의 행동에 사용되는 기술이 포함된다. 대근육 운동기술은 환경 내에서 이동하거나 돌아다니는 기술을 의미한다. 구르기, 앉기, 기기, 서기, 걷기, 던지기, 제자리 뛰기 등에 사용되는 움직임과 근육의 조절을 포함한다. 각각의 하위 영역에 대한 정의와 구체적인 기술의 예는 〈표 6-2〉와 같다. 아동의 운동기능 발달을 진단할 때에는 교사,

표 6-2	운동기능 발달 영역의 정의 및 예	
하위 영역	정 의	행동의 예
소근육 운동기술	손이나 발, 얼굴 등에 있는 소 근육을 사용하는 능력	• 시선을 중앙으로 가져온다. • 놀잇감을 잡으려고 팔을 뻗는다. • 크레파스나 색연필로 도형을 그린다. • 가위로 색종이를 모양대로 자른다. • 땅콩을 집어서 먹는다. • 잠옷의 단추를 끼운다. • 운동화 끈을 맨다.
대근육 운동기술	환경 내에서 이동하거나 돌아 다니는 기술로 구르기, 앉기, 기기, 서기, 걷기, 던지기, 제 자리 뛰기 등에 사용되는 움직 임과 근육의 조절	• 엎드린 자세에서 머리를 든다. • 의자에 혼자서 앉는다. • 걸어서 교실/방 안을 돌아다닌다. • 계단을 올라간다. • 공을 던진다. • 자전거를 탄다. • 줄넘기를 한다.

물리치료사, 작업치료사 등 다양한 배경의 전문가가 함께 참여하는 것이 바람직하다. 특히 물리치료사와 작업치료사는 연령에 적합한 발달 과업과 함께 비전형적인 발달 패턴에 대하여 잘 알고 있으므로 가족이나 교사와 함께 일과 내에서 보이는 운동기술을 관찰하고 진단하도록 도와줄 수 있다.

운동기능 발달을 진단할 때에는 아동의 전반적인 발달 정도와 함께 특정 운동기술을 수행할 때 얼마나 능숙하게 잘 수행하는지에 대한 질적인 측면과 이러한 기술을 생활 중에 정확하게 사용하고 있는지의 기능적인 측면도 측정해야 한다(이소현, 2003). 뿐만 아니라 환경 내에서 기능적인 움직임을 위한 기회가 있는지를 평가하는 환경진단이 함께 이루어져야 한다. 이는 진단을 통하여 아동이 특정 운동기술을 습득하고 있는지만을 단순하게 평가하기보다, 그 기술이 실제 생활에서 얼마나 필요한지와 그 기술의 발달을 위해 어떤 환경이 주어지고 있는지, 그 기술이 특정 환경의 조정으로 기능적인 목적을 달성할 수 있는지를 판단하여 교수계획을 해야 하기 때문이다. [그림 6-1]에서의 예를 살펴보자. 정수에게 주어진 두 가지 환경은 정수의 신체 발달에 미치는 영향이 각기 다르다. 걷기를 위한 기회가 전혀 주어지지 않는 환경에서는 아동이 걷기기술을 발달시킬 수 없는 것이 당연하다. 따라서 아동이 생활하는 주요 환경에 대한 진단에서는 (1) 아동이 생활하는 가정, 유치원, 보육시설 등의 물리적인 환경을 살펴보아야 하고, (2) 아동에게 요구되고 기대되는 운동 발달이 어느 정도인지를 알아내야 하며, (3) 환경 내에서 아동의 운동 발달을 위한 기회가 주어지고 있는지에 대한 정보를 수집해야 한다.

정수는 걷는 자세가 불안정하고 속도가 느려 이동할 때 시간이 많이 걸린다. 정수의 어머니는 정수가 혼자 이동할 때 시간이 너무 많이 걸리기 때문에 집에서 생활하는 동안 주로 정수를 안아서 이동시키곤 한다. 예를 들어, 식사 시간에 식탁 의자로 걸어와 앉게 하기보다는 안아서 식탁 앞으로 데려와 의자에 앉히곤 한다. 그러나 유치원에서는 상황이 달라진다. 정수의 교사는 정수가 안아 달라고 도움을 요청하여도 스스로 이동하도록 격려하고 칭찬하여 독립적인 이동을 연습할 기회를 제공하고 있다. 특히 정수의 이동 시간을 고려하여 교실에서 특정 장소로 이동할 때 정수가 먼저 갈 수 있도록 배려하곤 한다.

[그림 6-1] 정수에게 주어진 두 가지 환경의 예

(3) 진단방법

운동기능 발달을 진단하는 데는 체크리스트, 규준참조검사 및 준거참조검사를 포함한 검사도구, 면담, 자연적 관찰의 다양한 방법이 사용된다. 3장에서 소개한 교육과정 중심의 진단도구 중 포테이지 아동 발달 지침서는 운동 영역에서

감각 및 신체 발달을 진단하도록 고안되어 있으며, AEPS와 영·유아 캐롤라이
나 교육과정에서는 대근육과 소근육 영역으로 나누어 운동 발달 능력을 평가한
다. [그림 6-2]는 AEPS에서 제시하는 소근육과 대근육 운동 발달 영역의 항목을

작은 운동(소근육) 영역
도달하기, 잡기, 놓기
1. 동시에 두 손 중앙으로 가져오기 2. 두 개의 물건 중앙으로 가져오기 3. 양손 중 한쪽의 엄지, 검지, 중지 끝으로 주먹 크기의 물건 잡기 4. 양손 중 하나로 손과 팔을 표면 위에 얹어 의지하지 않고 엄지와 검지 끝을 사용하여 콩 크기의 물건을 잡기 5. 물건 정렬하고 쌓아 올리기
작은 운동 기술의 기능적 사용
1. 수평 면에서 각 손목 돌리기 2. 조각을 맞추는 놀잇감이나 물건을 조립하기 3. 양손 중 한쪽의 검지로 물건을 작동하기 4. 그림책을 올바르게 세워 한 장씩 책장 넘기기 5. 시범 후 간단한 도형 보고 그리기
큰 운동(대근육) 영역
누운 자세와 엎드린 자세의 움직임과 운동력
1. 머리 돌리기, 팔 움직이기, 다리 차기를 독립적으로 하기 2. 누운 자세에서 엎드린 자세로, 엎드린 자세에서 누운 자세로 뒤집기 3. 팔과 다리를 교대로 움직여 앞으로 기기
앉은 자세에서 균형 잡기
1. 균형 잡힌 앉은 자세 취하기 2. 의자에 앉고 일어서기
균형과 운동성
1. 장애물 피하며 걷기 2. 도움 없이 구부렸다가 균형 잡고 다시 서기 3. 장애물 피하여 달리기 4. 계단 오르내리기

[그림 6-2] AEPS의 소근육과 대근육 운동 항목

목록화한 것이다. 이러한 발달 영역은 직접 검사를 실행해 보는 방법 외에도 자연적 관찰, 부모 면담 등의 다양한 방법을 통해서 진단이 가능하다.

　교사는 다양한 자연적인 상황에서 아동의 행동을 관찰함으로써 아동의 운동기능 발달에 대한 정보를 수집할 수 있다. 예를 들어, 일과 중 바깥놀이 시간에 일화기록을 통하여 아동의 대근육 운동 발달에 대한 정보를 수집할 수도 있으며([그림 6-3] 참조), 간단한 체크리스트를 만들어 신속하고 효율적으로 각 항목에 대한 체계적인 정보를 수집할 수도 있다. [그림 6-4]는 한국 영아 발달연구(곽금주 외, 2005)를 이용하여 교사가 제작한 간단한 체크리스트를 보여 주고 있다. [그림 6-5]는 유치원에서 교사가 아동의 대근육 운동기술에 대한 정보 수집을 위하여 일과 전반에 걸쳐 자연적인 관찰과 부모 면담을 통하여 기록한 관찰지의 예를 보여 주고 있다. 이 예에서 알 수 있듯이, 교사의 관찰과 부모와의 면담은 서로 정보를 확인하고 보완해 주는 역할을 하고 있다. 그러므로 이 책의 전반에 걸쳐서 강조하고 있듯이 아동의 운동기능 발달 진단에서도 검사, 관찰, 면담의 다양한 방법을 통하여 진단이 이루어진다면 현행수준 및 강·약점을 파악하는 데 도움이 될 것이다.

이　름: 오윤오　　　　　　　　　　　날　짜: 2009. 3. 15.

장　소: 운동장 놀이터　　　　　　　　관찰자: 김윤지

신체 발달

윤오는 놀이터의 철탑 사다리 오르기의 가로지지대를 여덟 칸 올라갔다. 각 지지대마다 왼발을 먼저 위 칸으로 옮긴 다음 오른발을 왼발 옆으로 옮겼다. 지지대를 한 칸씩 오를 때마다 발과 반대되는 방향의 손으로(왼발과 오른손) 손잡이를 꼭 잡곤 하였다. 내려올 때는 올라가는 것과 반대로 하며 내려왔다.

[그림 6-3] 대근육 운동 발달에 대한 일화기록의 예

운동기능	네	아니요	가끔
• 작은 주사위를 2개 이상 쌓아 올릴 수 있다.			
• 3개 이상의 놀잇감을 한 줄로 늘어놓을 수 있다.			
• 동화책을 찢어지지 않게 넘길 수 있다.			
• 1조각용 퍼즐을 맞출 수 있다.			
• 집게손가락으로 놀잇감이나 물건을 누를 수 있다.			
• 계단, 오르는 놀이기구를 난간이나 성인의 손을 잡고 올라갈 수 있다.			
• 굴러가는 놀잇감을 밀고 다닌다.			
• 공을 찰 수 있다.			

[그림 6-4] 운동기능 발달 관찰을 위한 교사 제작 체크리스트의 예

• 평가 영역: 대근육 운동기술

• 아동 이름: 김은솔   • 생년월일: 2006년 1월 10일

• 평가기간: 2009년 1월 20일 ~ 1월 27일   • 평가자: 교사, 부모, 물리치료사

• 진단 내용:
1. 대근육 운동기술: 누운 자세에서 일어선다/도움 없이 걷는다/공을 던진다/계단을 올라
   간다/놀잇감을 끌고 다니면서 걷는다/커다란 놀잇감을 들고 걷는다/음악에 맞추어 움직
   인다/균형 잡힌 자세로 앉는다/의자에 앉고 일어선다
2. 대근육 운동 환경: – 아동이 생활하는 가정과 유치원의 물리적인 환경
                  – 운동기술이 기대되고 요구되는 정도
                  – 운동기술 발달을 위하여 제공되는 기회

일과	진단 내용	평가 장소	평가자	평가 방법	관찰 및 면담 기록
기상	• 누운 자세에서 일어선다.	가정 내 침실	부모	면담	• 누운 자세에서 혼자서 일어날 수 있지만 어머니에게 의존하는 편임
아침 식사	• 균형 잡힌 자세로 앉는다. • 의자에 앉고 일어선다.	가정 내 식당	부모	면담	• 실내에서 장애물을 피해서 걸어서 돌아다님 • 식탁 앞 의자에 앉혀 주면 허리에 힘을 주고 앉아 있음

〈계속〉

일과	진단 내용	평가 장소	평가자	평가 방법	관찰 및 면담 기록
	• 도움 없이 걷는다.				• 의자가 높아서 앉고 일어설 때 어머니가 도와줌 • 바른 자세를 하고 식사할 때 어머니가 칭찬함
등원 시간	• 계단을 올라간다.	유치원 현관	교사	관찰	• 교실로 올라갈 때 교사를 기다려서 손을 잡고 올라감
간식 시간	• 계단을 올라간다.	유치원 식당	교사	관찰	• 간식을 먹고 난 후 교실로 올라갈 때 옆의 난간을 잡고 올라감 • 계단을 올라갈 때 바닥에 있는 발바닥 표시를 보면서 한 발씩 가려고 시도하는 모습 보여서 교사가 칭찬함
미술 활동	• 균형 잡힌 자세로 앉는다. • 의자에 앉고 일어선다.	유치원 교실	교사	관찰	• 미술 시간에 책상 앞으로 모이라는 지시에 도움 없이 의자에 앉고 자세를 유지함 • 미술활동 시간 종료 후 자리에서 일어남 • 교실 내의 작은 나무 의자가 유아가 일어서거나 앉기, 자세를 유지하는 데 무리 없음
바깥 놀이	• 도움 없이 걷는다. • 놀잇감을 끌고 다니면서 걷는다. • 공을 던진다.	유치원 운동장	물리 치료사 교사	관찰	• 혼자서 걸어 다니지만 뛸 때는 장애물을 잘 보지 않음 • 손수레를 끌고 다님 • 요구하자 교사에게 큰 공을 던지지 않고 가져다줌 • 공이나 놀잇감이 배치되어 있지 않아서 놀이 전 배치해 두었음 • 교수 기회를 위해서는 공, 놀잇감, 위험하지 않은 장애물의 배치가 필요함 • 교사가 충분히 배치되어 있어서 운동기술을 시도하거나 성취했을 때 칭찬하거나 격려할 수 있음

[그림 6-5] 운동기능 발달 진단을 위한 자연적 진단방법의 예

2) 인지 발달

(1) 정의 및 특성

인지 능력은 내적으로 발달되는 정신적 과정이라고 할 수 있다(Wolery, 2004). 인지 능력은 다양하고도 복잡한 과정으로 구성되어 있어 하나로 정의하고 측정하는 것은 어려운 일이다. 장애인교육법(IDEA 2004)에서는 인지 발달을 연령에 적합한 정신적 기능으로, 특히 인식하고 이해하고 알아 가는 기능의 발달로 명시하고 있다. 일반적으로 인지 능력은 추상적 사고 또는 추론 능력, 지식을 습득하는 능력, 문제해결 능력의 세 가지 구성요소를 지닌 것으로 이해되고 있다(Sattler, 1990). 좀 더 구체적으로 설명하면, 인지 능력이란 사물이나 사건에 대하여 이해하고, 이해한 내용을 저장하고, 저장한 내용을 필요할 때 기억해서 사용할 수 있는 능력을 의미한다. 인지 능력이 발달하게 되면 점점 더 복잡하고 추상적인 정보에 대한 그와 같은 처리가 가능해진다고 할 수 있다. 이렇게 정보를 이해하고 저장하고 기억해서 사용하는 능력은 언어, 사회성, 신체 발달과도 밀접하게 관련된다. 따라서 인지 능력이 지체되는 아동은 기타 관련된 발달 영역에서의 지체도 함께 보이는 경우가 많다. 따라서 아동의 인지 발달에 대한 정확하고도 구체적인 이해는 아동의 인지 발달 수준을 이해하기 위해서뿐만 아니라 기타 발달 영역의 발달 수준을 총체적으로 이해하고 촉진하기 위해서 필수적인 역할을 하게 된다.

인지 능력은 내면적으로 일어나는 정신적인 과정이므로 측정하기가 어렵다. 그러나 아동의 인지 발달은 그 행동을 통하여 표면적으로 나타나기 때문에 발달에 따른 다양한 행동적 특성을 관찰함으로써 인지 발달을 평가할 수 있다. 일반적으로 아동이 특정 자극에 주의 집중을 하거나, 새로운 정보를 이미 가지고 있는 지식과 통합하거나, 사물의 수를 세거나, 글자를 읽기 시작하거나, 기억했던 정보를 떠올리거나, 미래의 사건을 예측하고 계획을 세우는 등의 행동을 보일 때 인지 발달이 이루어진다고 말할 수 있다(이소현, 2003). 〈표 6-3〉은 영유아기 아동의 인지 발달을 측정하는 데 유용하게 참조할 수 있는 구체적인 행동의 예를 보여 주고 있다.

표 6-3	영유아기 아동의 인지 발달을 나타내는 행동
연 령	**행동의 예**
12개월 이하	• 주변을 살핀다. • 사물을 탐구하기 위하여 손과 입을 사용한다. • 손에 닿지 않는 원하는 물건을 얻기 위하여 노력한다. • 몸짓을 모방한다.
12~24개월	• 사물을 짝짓는다. • 거울 속의 자신을 이해한다. • 사물이 어디에 속하는지를 기억한다. • 동물과 소리를 짝짓는다.
24~36개월	• 관계 있는 사물을 짝지어 의미 있게 사용한다(예: 컵과 컵 받침을 주면 컵을 받침 위에 올려놓는다). • 자신과 사물을 상징놀이에 사용한다. • 길이를 이해하기 시작한다. • 모양과 색깔을 짝짓는다.
36~48개월	• 정보를 요구하는 질문을 한다. • 자기 나이를 안다. • 크기에 따라 분류한다. • 동그라미를 보고 따라 그릴 수 있다.
48~60개월	• 친숙한 사물의 그림을 짝짓는다(예: 신발, 양말, 사과, 바나나). • 방해받지 않고 10분간 과제를 수행한다. • 세 개의 간단한 그림을 순서대로 나열한다. • 평행선 사이에 선을 긋는다.

출처: 이소현(2003). 유아특수교육연구(pp. 88-89). 서울: 학지사에서 발췌 수정함.

　이와 같이 인지 능력의 발달은 의사소통, 사회성, 신체 발달 영역의 기술로 표현되기 때문에 평가에서 다른 발달 영역과 완전히 분리되기는 어렵다. 예를 들어, 색깔을 인지하고 있는지를 판단하기 위해서는 빨간색 자동차를 가리키며 "무슨 색 자동차지?"라고 물어서 답하게 하거나, "빨간색 자동차가 어디 있을까?"라고 물어서 색깔을 가리키게 하는 방법을 사용할 수 있다. 다시 말해서, 도형이나 크기 등 인지 발달을 진단하기 위해서는 인지적 이해를 표현하는 행동이나 언어를 통해서 평가하는 경우가 대부분이다. 따라서 나이가 어리거나 기타 발달 영역의 지체가 예상되는 아동의 경우 인지 발달에 대한 진단을 실시할 때 대상 아동의 언어 능력이나 운동 능력 등을 고려해서 인지적 기술의 발달 정도를 평가하고 해석해야 한다.

(2) 진단 영역

영유아기 인지 발달은 크게 감각운동 기술과 전학문 기술의 발달로 나누어 볼 수 있다. 감각운동 기술은 영아기에 습득되는 행동으로 기본적인 개념 및 사고 발달의 전조이며, 출생 직후에는 반사행동으로 시작되지만 나중에는 정신적 과정을 표출하는 운동기술이나 행동 양식으로 신속하게 전환된다(Piaget, 1952). 생후 2년에 해당되는 감각운동기에 습득되는 감각운동 기술은 (1) 수단-목적(목적성 문제 해결), (2) 대상영속성, (3) 공간관계 (4) 인과관계, (5) 모방(몸짓 및 음성), (6) 사물과 관련된 도식(놀이)을 포함한다. 〈표 6-4〉에는 감각운동 기술의 정의와 각 기술에 해당하는 행동의 구체적인 예가 제시되어 있다.

감각운동기가 지난 후에도 아동은 주변의 세상에 대한 많은 지식을 습득해 간다. 유아기에 학습하는 많은 것은 영아기의 인지적 능력과는 상당한 차이를 보인다. 즉, 좀 더 진보된 감각으로 인과관계나 공간관계를 이해하게 되며, 엄청나게 향상된 언어기술을 보이게 되고, 그림 그리기 및 가장놀이를 보이게 되며, 세상이 어떻게 수량화되고 셈해질 수 있는지에 대하여 이해하게 된다. 일반적으로 장애 유아를 위한 인지 능력의 진단은 전형적인 발달을 보이는 유아에게 중요한 인지기술을 중심으로 이루어진다. 유아기의 인지 능력 구성에 대한 절대적인 기준이 없는 것은 사실이지만, 일반적으로 이후의 목적 있는 교수 활동에 접근할 수 있게 해 주는 전학문 기술(preacdemic skills)을 중심으로 진단하고 교수한다. 전학문 기술은 학문적 교육과정 학습을 준비시키는 기술을 교수하기 위한 아동의 발달 수준에 적합한 기술을 의미한다. 즉, 주요 학문적 기술인 읽기, 쓰기, 수학과 관련된 교수가 좀 더 성공적이기 위한 필수적이고 전조적인 행동을 의미한다. 따라서 버스 표지판을 보고 "버스."라고 말하는 것처럼 친숙한 상징물을 보고 이해하는 행동은 전읽기 기술, 숫자를 차례대로 말하는 행동이나 모든 사물을 세고 측정할 수 있다는 것을 아는 행동은 전수학 기술, 그리고 그리기 도구를 들고 낙

표 6-4	감각운동 기술의 정의 및 행동의 예	

하위 영역	정 의	행동의 예
수단-목적	사물과 사람을 이용하는 목적 있는 문제해결 능력	• 모빌이 움직이게 하려고 계속해서 건드림 • 손이 닿지 않는 곳에 있는 물건을 갖기 위해서 막대기를 사용함 • 막대기에 원판을 꽂으려고 구멍이 있는 원판을 골라냄 • 게임을 계속하려고 상대방을 보고 웃거나 눈을 맞춤 • 물을 마시기 위해서 물이 있는 곳으로 교사를 데리고 감
대상영속성	사물을 보거나 듣거나 만지지 못할 때에도 여전히 존재한다는 사실을 이해하는 능력	• 시야 밖으로 사라지는 사물을 계속해서 보려고 함 • 얼굴에 덮인 천을 벗기고 시각적인 접촉을 반복적으로 시도함 • 부분적으로 가려진 사물을 찾음 • 보이는 곳에서 감춰진 사물을 찾음 • 보이지 않는 곳에서 옮겨진 사물을 찾음
공간관계	공간에서 사물의 위치 및 다른 것과의 관계에서 사물의 위치를 인식하는 능력	• 움직이는 사물을 시각적으로 따름 • 사물에 주어진 장소가 있는 것처럼 행동함 • 사물의 3차원적 속성을 이해하기 시작하면서 이리저리 돌려보고 탐구함 • 사물 간 또는 사물과 자신 간의 공간관계에 대하여 표현함
인과관계	사건의 원인을 인식하는 능력으로, 행동이 사물에 대한 변화를 일으킬 수 있음을 인식하는 능력	• 물건을 떨어뜨릴 때 나는 소리를 듣기 위해 계속해서 떨어뜨림 • 어머니의 손을 건드려 놀잇감의 태엽을 계속 감게 함 • 과자 상자를 열기 위하여 상자를 교사에게 줌 • 결과가 주어졌을 때 원인을 추측하고, 원인이 주어졌을 때 결과를 예측하는 능력을 보임
모방	다른 사람의 말(음성)과 행동(몸짓)을 따라 하는 능력	• 어머니의 발성에 반응하여 소리를 냄 • 다른 아동이 우는 소리를 듣고 따라 움 • 새로운 소리나 단어를 따라 함 • 이전에 들었던 소리나 단어를 기억을 통하여 발성함
사물과 관련된 도식(놀이)	다양한 사물에 대해서 다양한 행동을 수행하는 능력	• 손가락 빨기를 반복함 • 친숙한 사물을 가지고 행동을 반복함(예: 딸랑이) • 여러 가지 사물을 다양한 방법으로 조작하기 시작함 • 성인의 행동을 모방하기 위하여 사물을 사용함(예: 핸드폰으로 전화 받는 흉내 내기) • 두 가지 사물을 함께 사용함(숟가락으로 커피잔 젓기) • 사물을 가장놀이에 사용함(예: 블록을 전화로 사용)

출처: Bailey, D. B. & Wolery, M. (2003). 장애영유아를 위한 교육(이소현 역). 서울: 이화여자대학교 출판부. (원저 1999년 2판 출간)에서 발췌 수정함.

서하는 행동은 전쓰기 기술의 예라고 할 수 있다. 〈표 6-5〉는 각각의 전학문 기술의 정의와 그 기술이 나타나는 구체적인 행동의 예를 보여 주고 있다(Bailey & Wolery, 2003).

표 6-5	전학문 기술의 정의 및 예	

하위 영역	정 의	행동의 예
전읽기 기술 (prereading skills)	읽기의 목적을 지닌 교수 활동이 제공되기 전에 필요한 기술	• 인쇄물을 읽는 행동의 목적을 인식함 • 글자나 단어의 같고 다름을 시각적으로 식별함 • 글자나 단어를 인식하고 판별함 • 글자를 주어진 소리와 연결하거나 소리를 주어진 글자와 연결함 • 좌우, 상하, 전후 방향을 이해함
전쓰기 기술 (prewriting skills)	쓰기의 목적을 지닌 교수 활동이 제공되기 전에 필요한 기술	• 쓰기도구를 쥐고 마구 휘갈김 • 선이나 도형을 모방하여 그림 • 선들이 결합되어 있는 모양을 모방하거나 덧그림 • 모델 없이 글자나 숫자를 씀 • 좌우로 움직이면서 글자를 씀
전수학 기술 (premath skills)	수학의 목적을 지닌 교수 활동이 제공되기 전에 필요한 기술	• 숫자를 차례대로 말함 • 마지막으로 센 숫자가 그 집합의 개수인 것을 이해함 • 많다, 적다, 같다로 사물의 집합을 식별함 • 숫자를 인식하고 이름을 말함 • 숫자를 정확한 개수에 짝짓고, 사물의 개수를 숫자에 짝지음

(3) 진단방법

인지 영역의 기술은 검사도구, 관찰, 면담의 방법을 다양하게 사용하여 진단한다. 교사가 인지적 발달 항목을 진단하기 위하여 검사도구를 사용한다 하더라도 그 항목에 대하여 관찰하거나 양육자 면담을 통하여 그 내용을 보충하고 확인하는 것이 바람직하다. 예를 들어, [그림 6-6]은 AEPS의 인지 영역 중 한 항목을 진단하는 다양한 방법을 제시하고 있다. 이 그림에서는 AEPS의 인지 영역 내 하위 항목인 '관련된 물건들을 범주화하는 능력의 하위 항목인 크기, 형태, 색깔에 따라 물건을 모을 수 있는 능력이 있는가'를 진단하기 위해서 체계적인 관찰, 놀이

- 영역: 인지/초기 개념
- 목적: 관련 물건의 범주화

- 문항: 크기, 형태, 색깔에 따라 물건을 그룹 짓기
- 준거: 유아는 시각적 모형을 제시했을 때 크기, 형태, 색깔에 따라 물건을 모은다.

진단방법	절차 및 방법
체계적 관찰	• 유치원 일과 내에서 교사가 관찰하기 위한 계획 세우기 • 관찰자, 자료기록자, 자료기록 방법 결정하기 • 일과 내 자유놀이 시간, 자유놀이 후 정리 시간, 식사 후 식판 정리시간을 관찰하기로 계획
놀이중심 진단	• 진단 팀 및 놀이장소, 놀잇감의 준비 • 놀이 촉진자를 통해 구조화된 놀이장면에서 혹은 자유 놀이 중 유아가 놀이 중 크기, 형태, 색깔별 분류를 할 수 있는가를 보여 주는 기회를 만들어 주기
역동적 진단	• 교사의 평가과정에서 빨강과 초록의 분류를 어려워하는 것을 보고 빨간색과 초록색을 연상할 수 있는 과일 이름을 함께 부르면서 유아가 분류할 수 있게 교수하기 • 교수하는 동안 교사와 유아 간의 상호작용 중에 유아가 사용하는 학습 전략, 학습에 방해가 되는 유아의 행동특성, 필요한 지원유형을 파악하기 • 빨강과 초록을 분류하는 것이 가능한가를 평가한 후 다음 교수목표를 결정하기
면담 (질문지, 알림장)	• 부모님께 설문지나 알림장을 통해 질문하기 "가정에서 유아가 크기, 형태, 색깔별로 물건을 모으는 것을 보신 적이 있는지요? 예를 들어, 부엌에서 엄마의 수저분류를 보고 숟가락, 젓가락, 포크들을 크고 작은 것대로 구분하여 통에 넣는다든가, 빨래를 정리하는 엄마를 도와서 양말은 양말 서랍에 넣고 티셔츠는 티셔츠끼리 놓는다든가, 놀잇감통에 자신의 물건들을 정리할 때 인형은 인형끼리, 자동차는 자동차끼리 모아서 놓는 것과 같은 행동입니다. 이와 같이 크기, 형태, 색깔별 분류 행동들을 관찰하신 적이 있으시면 예와 함께 적어 주시기 바랍니다."

[그림 6-6] AEPS의 인지기술 진단을 위한 다양한 진단방법의 예

중심 진단, 역동적 진단, 면담을 사용하기 위해 준비하는 절차와 방법을 보여 주고 있다. 특히 부모 면담을 통하여 특정 관련 정보를 수집하고자 할 때에는 직접 면담이나 질문지 등의 방법을 사용할 수 있다. 부모에게 질문지를 사용하여 아동

의 발달에 대한 정보를 수집하는 경우, 부모가 이해하기 쉽고 일상적인 관찰을 통하여 쉽게 반응할 수 있도록 질문지를 작성하는 것이 중요하다. [그림 6-7]은 인지 발달 진단을 위해 교사가 만든 부모 작성용 체크리스트의 예를 보여 주고 있다.

안녕하십니까? 본 체크리스트는 ○○의 인지 발달에 관해 알아보기 위한 것입니다. 문항별로 '관찰 상황'을 잘 읽어 보시고 오른쪽에 표시해 주시면 감사하겠습니다. 체크리스트를 완성하신 후 보내 주신 자료는 잘 검토하여 ○○를 위한 교수계획에 반영하도록 하겠습니다.

인 지	항상 그렇다	가끔 그렇다	전혀 그렇지 않다
1. 손에 닿지 않는 과자나 놀잇감을 꺼내기 위해 도구를 이용한다. [관찰 상황] 높은 곳에 있거나 손이 닿지 않는 곳(소파 아래 또는 깊은 상자 속 등)에 있는 물건을 꺼내기 위해 의자 등의 올라설 수 있는 물건이나 막대 등의 도구를 찾아오는지 관찰한다. 주변에 의자나 올라설 수 있는 상자 등이 있는 상황에서 좋아하는 과자나 놀잇감 등을 높은 곳에 올려 두고 관찰할 수 있다. 이때 관찰의 초점은 영아 스스로가 해결 방안을 생각해 내는지를 보는 것이므로 과자나 놀잇감을 성공적으로 꺼낼 수 없어도 관계없다. 성인은 지시나 단서가 될 만한 말을 하지 않도록 주의한다.			
2. 물건의 방향을 바꾸어 문제를 해결한다. [관찰 상황] 주둥이가 작은 유리병이나 손이 잘 들어가지 않는 좁은 컵 등에 영아가 좋아하는 과자나 구슬 등의 작은 물건을 넣어 두고, 영아가 유리병을 뒤집어서 물건을 꺼낼 수 있는지를 관찰한다. 이때 관찰의 초점은 영아 스스로가 해결 방안을 생각해 내는지를 보는 것이므로 성인이 지시나 단서가 될 만한 말을 하지 않도록 주의한다.			
3. 예전에 들었던 소리나 단어를 기억하여 말하곤 한다. [관찰 상황] 영아가 이전에 들었던 소리나 단어를 기억하고 말하는지 관찰한다. 이때 소리가 정확하면 '항상 그렇다'로, 소리의 일부분만 일치하면 '가끔 그렇다'로, 그리고 그러한 행동이 전혀 관찰되지 않으면 '전혀 그렇지 않다'로 기록한다.			

[그림 6-7] 부모 작성용 인지 발달 영역 체크리스트의 예

영·유아 캐롤라이나 교육과정 또한 다양한 방법으로 인지 영역의 하위 항목을 진단할 수 있다. 영·유아 캐롤라이나 교육과정의 인지 영역은 집중력과 기억력: 시각/공간, 시지각: 블록과 퍼즐, 시지각: 짝맞추기와 분류하기, 사물의 기능적 사용과 상징놀이, 문제해결 및 추론, 수개념 등으로 하위 영역이 구성되어 있으며, 각 하위영역에 따라 진단을 수행하게 된다. 발달 영역의 진단 결과의 의미를 해석하고 그 진단 결과를 토대로 교수계획을 수립하는 과정에 대해서는 10장에 상세히 설명한다.

인지 발달의 진단에서 중요한 것은 아동의 인지 능력을 반영하는 행동이 환경 내에서 얼마나 잘 나타나는지를 알아야 한다는 것이다. 이는 어떤 환경에서 어떻게 진단했는지에 따라 아동의 행동이 다르게 나타날 수 있다는 사실을 의미한다. 따라서 장애 영유아의 인지 발달 진단을 위해서는 진단도구를 선정하거나 진단을 실행할 때 다음과 같은 구체적인 지침을 유의해야 한다.

첫째, 대상 장애 아동의 연령을 반드시 고려해야 한다. 예를 들어, 나이가 어린 영아기 아동을 진단하기 위해서는 영아기 아동에게 적용 가능한 도구나 방법을 사용해야 한다.

둘째, 진단 과정에서 수집된 자료가 아동의 행동을 대표하는 사례여야 한다. 이것은 진단을 실행하는 교사가 진단 과정을 통하여 아동이 다양한 행동과 반응으로 자신의 독특한 능력을 보여 줄 수 있는 적합한 기회를 제공할 수 있어야 함을 의미한다. 예를 들어, 인지 능력의 진단은 그 내용 구성에 있어서 완전히 언어적으로만 구성되거나 완전히 비언어적으로만 구성되어서는 안 되며, 인지 발달을 추론할 수 있는 다양한 행동을 끌어낼 수 있어야 한다(McCormick & Nellis, 2004).

셋째, 여러 진단방법을 통해 수집된 자료는 교수계획에 종합적으로 반영되어야 한다. 또한 진단을 하는 동안 아동이 보이는 다양한 반응 양식, 학습 방법, 행동을 세심하게 관찰하고 기록해야 한다. 특히 검사도구를 사용하여 인지 능력을 진단하는 경우, 각 항목의 합격(pass)과 실패(fail) 여부만을 판단하여 결과를 반영하게 되면 진단 자료는 교수계획과 연계되지 않을 수 있다. 따라서 진단 결과가 교수계획에 유용하게 사용될 수 있도록 발달 과제를 어떻게 수행하였는지, 실패한 항목에서는 어떤 오류를 보였는지, 성취하지는 못했다 하더라도 현재 나타나기 시작한 기술에는 어떤 것이 있는지 등의 행동 특성을 살피고 상세하게 기록해야 한다.

3) 의사소통 발달

(1) 정의 및 특성

의사소통은 두 사람 또는 그 이상의 사람 간에 정보가 전달되는 과정으로, 의도적이건 비의도적이건 자신의 감정이나 생리적인 상태, 바람, 의견 또는 인식을 다른 사람에게 전달하는 행위를 의미한다(Bailey & Wolery, 2003). 따라서 아동의 특정 행동이 의사소통으로 간주되기 위해서는 (1) 몸짓이나 발성/발화를 포함한다, (2) 행동이 다른 사람을 향하여 이루어진다, (3) 의사소통의 기능을 지닌다의 세 가지 요소를 지녀야 한다(Wetherby & Prizant, 2001).

의사소통 기술은 말(speech), 언어(language), 의사소통(communication)의 세 가지 측면을 모두 포함한다. 말은 발성기관의 움직임에 의하여 만들어지는 소리와 소리의 합성으로 정의되며, 언어는 다른 사람과의 의사소통을 위해서 사용되는 전통적인 상징체계를 의미한다. 그리고 의사소통은 말하는 사람과 듣는 사람 간의 생각이나 의견, 감정 등의 의사 교환을 의미한다.

장애 영유아의 의사소통 능력을 진단하는 중요한 이유는 다음과 같다(Crais & Roberts, 2004). 첫째, 의사소통은 장애 영유아의 사회적, 정서적, 인지적, 신체 발달과 함께 주요 발달 영역 중 하나로서 아동의 전반적 발달 수준을 파악하기 위하여 진단에 포함되어야 한다. 둘째, 의사소통은 아동이 부모나 교사와 상호작용을 하기 위한 수단이다. 즉, 교사나 부모가 아동과 소통하기 위해서는 아동의 의사소통 발달 수준을 알아야 한다. 이를 위해서는 아동이 누구와 어떤 방법으로 의사소통을 하며, 타인을 이해시키기 위해 어떤 행동을 보이는지 등을 진단해야 한다. 아동의 의사소통 수준이 파악되어야만 이들에게 적절한 과제를 요구할 수 있으며, 이들과 상호작용하는 성인의 의사소통 수준을 수정하여 아동의 의사소통을 증진시킬 수 있다. 교사나 부모가 아동의 의사소통 수준에 가깝게 접근할수록, 아동은 성인과의 상호작용에 더 빈번히 참여하게 된다. 셋째, 영유아기는 의사소통 발달을 위한 가장 중요한 시기다. 일반적으로 약 3세가 되면 대부분의 아동은 의사소통 체계의 주요 요소를 모두 습득하게 된다. 특히 언어 발달은 출생 직후부터 시작되는 일련의 연속된 단계를 통하여 이루어지며, 학령기에 이르러서는 성인이 사용하는 모든 유형의 문장을 사용할 수 있는 것으로 알려져 있다. 또 5세 이전의 영유아가 보이는 언어 발달상의 지체나 결함은 학령기 학업기술이나 사회성 및 행동 발달에 부정적인 영향을 미치는 것으로 알려져 있다 (Aram & Hall, 1989; Beitchman, Hood & Inglis, 1990; Catts, 1993; Tomblin et al., 1997). 따라서 아동의 언어 발달을 포함한 의사소통 발달 수준에 대한 정확한 이해와 이를 근거로 한 의사소통 발달 촉진의 노력은 특수아 조기교육 영역에서 매우 중요한 교육과정으로 인식되어야 한다.

(2) 진단 영역

일반적으로 의사소통 진단은 아동이 의사소통을 하기 위하여 특정 수단이나 형태(예: 몸짓, 발성, 단어, 문장)를 얼마나 잘 사용하는지와 함께 그러한 것을 얼마나 잘 이해하는지에 초점을 맞춘다. 이것은 아동의 의사소통을 진단할 때 표현언어와 수용언어 모두에 초점을 맞추면서 아동의 능력을 진단해야 한다는 것을 의미한다. 또한 의사소통과 관련된 아동의 능력 외에도 의사소통 대상자의 행동을 포함한 의사소통 환경에 대한 진단도 함께 이루어져야 한다. 〈표 6-6〉은 의사소통 발달 진단을 위한 진단 영역과 각 영역을 구성하는 진단 내용을 보여 주고 있다(Bailey & Wolery, 2003).

표 6-6   의사소통 발달 진단 영역 및 내용

진단 영역			진단 내용
표현 언어	형태	발성 및 발화	• 말소리를 모방할 수 있는 구강 근육조직 기능은 어떠한가? • 발어를 위한 음성 조절을 적절하게 하는가? • 발성 및 발화의 질적인 부분에서 부자연스러운 부분은 없는가?

〈계속〉

진단 영역			진단 내용
표현 언어	형태	의사소통 수단	• 의사소통을 위해 어떤 방법(몸짓, 발성, 발화, 기타)을 사용하는가?
		의미론	• 연령에 맞게 의미 있는 어휘를 다양하게 사용하는가?
		형태론 및 구문론	• 여러 가지 단어를 사용할 때 문법적으로 적합하게 단어를 붙여서 혹은 문장으로 만들어서 사용하는가?
	기능	의사소통 기능	• 어떤 목적을 위해 의사소통하는가?
		의사소통 의도	• 의사소통을 하기 위한 욕구나 의도가 있는가?
수용 언어		비언어적 반응 전략	• 의사소통할 때 표정, 몸짓을 적절하게 사용하는가?
		타인의 표현 이해	• 타인이 표현하는 말이나 몸짓의 의미를 이해하는가?
		기능적인 청력	• 환경 내의 소리와 사람의 음성에 대한 반응을 다르게 보이는가? • 친숙한 사람의 음성에 대한 반응이 다른가?
의사소통 환경		의사소통 기회	• 아동의 환경은 의사소통 기회를 얼마나 제공하는가? • 양육자가 아동에게 가장 필요하다고 생각하는 의사소통 기술은 무엇인가?
		의사소통 대상자	• 부모, 교사 등 의사소통 대상이 되는 사람들의 상호작용 스타일은 어떠한가?

① 아동의 능력

의사소통과 관련된 아동의 능력을 진단할 때에는 크게 표현언어와 수용언어로 나누어 진단할 수 있다. 표현언어는 자신의 사고나 감정을 의사소통할 수 있는 능력으로, 몸짓, 발성, 단어나 기타 정보를 전달하기 위하여 사용되는 모든 행동을 의미한다. 표현언어 진단은 표현의 형태와 기능으로 나누어 이루어질 수 있다. 여기서 표현의 형태란 정보 전달을 위한 의사소통적 수단 또는 행동을 의미한다. 그것은 아동의 발달 수준에 따라서 신체 자세, 얼굴 표정, 손 뻗치기, 응시 방향 및 회피, 울기 및 옹알이 등의 비언어적이고 발성적인 행동에서부터 관습적인 몸짓이나 발성/발화 등의 행동뿐만 아니라 구화나 수화 등의 상징 체계 사용에 이르기까지 매우 다양하게 나타날 수 있다. 따라서 의사소통 진단을 위해서는 아동이 상대방과 의사소통을 하기 위하여 어떤 형태의 행동(예: 몸짓, 구어, 수화)

을 사용하고 있는지와 어떤 체계가 가장 적절한지를 확인해야 한다. 또한 표현언어 진단에서는 기능적인 측면을 함께 진단해야 하는데, 이는 아동이 의사소통 욕구나 의도를 지니고 있는지와 함께 그 의도가 어떠한 목적을 지니고 있는지를 알아보아야 함을 의미한다. 예를 들어, 아동이 '물'이라는 말을 하는 행동은 물을 달라는 요구하기 기능을 가지고 있는 표현일 수도 있고 물이 쏟아졌다고 설명하려는 의도일 수도 있다. 또한 아동에 따라서는 아무런 목적 없이 '물'이라는 말을 반복해서 할 수도 있다. 따라서 의사소통 진단에서는 아동이 특정 행동을 의사소통의 목적을 지니고 사용하는지와 함께 얼마나 다양한 의사소통 기능을 어느 정도로 적절하게 사용하는지를 진단해야 한다. [그림 6-8]은 표현언어의 형태나 기능 면에서 매우 제한된 행동을 보이는 4세 아동인 정호의 사례를 보여 주고 있다.

정호는 좋아하는 기차놀이를 하고 있을 때 엄마가 다가가서 말을 시켜도 좀처럼 대답을 하거나 반응을 보이지 않는다. 집 안에서 뛰어가다 넘어져도 앉아서 울기만 할 뿐 동생처럼 엄마에게 와서 다친 곳을 보여 주거나 왜 넘어졌는지 또는 자신이 얼마나 아픈지를 설명하는 일이 없다. 필요한 것이 있어도 엄마를 부르기보다는 엄마의 손을 끌고 가서 원하는 물건 위에 엄마의 손을 올려놓을 뿐이다. 가정에서 필요한 것이 있거나 도움을 청할 때 "어." 라고 소리를 지르기는 하지만 원하는 물건을 손가락으로 정확하게 가리키기보다는 물건 앞으로 엄마를 데리고 가서 소리를 지르곤 한다.

[그림 6-8] 정호의 의사소통 행동 예

수용언어는 자신에게 주어진 의사소통적인 신호를 수용하고 이해하는 능력으로서 아동의 의사소통 능력을 진단할 때 반드시 포함되어야 할 영역이다. 아동의 수용언어 능력을 진단할 때에는 먼저 청력을 검사해야 한다. 일반적으로 청력검사는 전문가에 의한 청음검사로 이루어진다. 비공식적인 관찰을 통해서도 아동의 기능적인 청력에 대한 정보를 제공할 수 있다. 예를 들어, 큰 소리에 놀라는 반응을 보이는지, 사람의 말이나 기타 환경음에 대하여 반응을 보이고 방향정위를 하는지, 사람의 말소리가 아닌 기계음 등의 소리에만 반응을 보이는지, 친숙한 사람의 말소리에 편안해하는 반응을 보이는지 등을 관찰할 수 있다. 청력에 대한 정보를 수집한 후에는 아동의 이해력을 진단하게 된다. 예를 들어, 아동의 발달 수준에 따라 몸짓이나 표정과 같은 비언어적 반응 전략을 이해하는지, 상황 단서나 비언어적 신호가 없어도 상대방의 언어를 이해하는지 등을 알아보게 된다.

아동의 의사소통 능력 진단을 위해서는 이와 같이 표현언어와 수용언어 외에도 구어 능력과 함께 언어와 관련된 인지 및 사회-정서 능력을 진단해야 한다. 장애 아동 중 많은 수는 인지 결함, 청력 상실, 신경학적 장애 등으로 인해 의사소통의 일차적인 수단으로 말을 사용하지 못하는 경우가 있다. 따라서 말을 하지 못하는 아동을 위한 의사소통 진단에서는 아동이 말을 배울 수 있는 가능성을 지니고 있는지를 확인해야 한다. 이를 위해서는 현재 알아들을 수 있는 말의 수준이 어느 정도인지, 다양한 말소리를 모방하는 능력을 지니고 있는지, 말을 사용하고자 하는 관심과 동기를 보이는지 등을 알아보아야 한다. 구강 기능에 대한 철저한 검사를 위해서는 언어치료사나 작업치료사의 도움을 받는 것이 좋으며, 교사의 비공식적인 관찰도 유용하게 사용될 수 있다.

이 장 전반에 걸쳐 강조되고 있듯이, 아동의 각 발달 영역은 서로 밀접하게 연계되어 영향을 미친다. 의사소통의 경우에도 기타 발달 영역에 의하여 영향을 받기도 하고, 다른 영역의 발달에 영향을 미치기도 한다. 특히 의사소통 능력을 진단할 때에는 아동의 인지 능력 및 사회-정서적 행동의 맥락을 함께 고려해야 한다. 예를 들어, 의사소통 능력의 발달은 상징놀이나 인과관계 등 인지 발달과 밀접하게 연관된다. 또한 얼굴 표정이나 눈 맞춤 등의 사회-정서적 단서는 의사소통 능력의 발달과 직접적으로 관련된다. 따라서 아동의 의사소통 능력을 진단할 때에는 이와 같은 기타 발달 영역의 진단 결과를 함께 고려해야 한다.

② 의사소통 환경

의사소통 진단에서는 의사소통 대상자의 스타일 및 행동과 환경 내에서의 의사소통 기회 및 필요성을 함께 진단한다. 의사소통은 그 정의에서도 알 수 있듯이 대상자와의 상호작용을 통해서 이루어진다. 따라서 의사소통 능력은 대상자의 스타일이나 행동에 의하여 영향을 받을 수밖에 없다. 의사소통 대상자와 관련된 진단을 위해서는 아동과 주로 의사소통을 하는 대상자가 누구인지를 먼저 알아야 한다. 일반적으로 부모 등의 주 양육자나 형제, 교사, 또래가 대상자로서의 역할을 하게 된다. 이들의 의사소통 스타일이나 행동은 아동의 의사소통 발달을 촉진하기도 하고 방해하기도 한다. 따라서 아동의 의사소통 시도에 어떻게 반응하는지, 아동을 향하여 지시적인 행동을 보이는지 혹은 촉진적인 행동을 보이는지 등을 관찰함으로써 아동의 의사소통 시도를 수용하는 정도, 아동의 시도를 확장하고 정교화하는지의 여부, 아동의 행동에 대한 후속 반응의 종류 및 일관성 등에 대하여 평가하게 된다.

의사소통의 기회 및 필요성을 진단하는 것은 아동의 환경 내에서 의사소통을 해야 하는 기회가 얼마나 주어지며, 일과 중에 의사소통을 필요로 하는 장면이 얼마나 되는지를 평가하는 것을 의미한다. 예를 들어, 의사소통적인 교환을 필요로 하는 예측 가능하고 반복적인 활동(예: 까꿍놀이 등의 공동행동일과)이 풍부하게 제공되는 환경은 의사소통의 기회를 제공함으로써 아동의 의사소통 발달을 촉진할 것이다. 또한 도움을 요청하거나 물건을 요구하고, 상대방의 행동을 거부하거나 저항하고, 자신의 의사를 결정하고 선택해야 하는 다양한 환경적 기회가 제공된다면 아동의 의사소통 발달이 촉진될 것이다.

(3) 진단방법

의사소통 진단은 구조화된 검사, 면담, 자연스러운 환경 내에서의 관찰로 이루어진다. 영유아기 아동의 언어 및 의사소통 능력을 진단하기 위하여 많은 검사도구가 개발되어 있다. 〈표 6-7〉은 아동의 의사소통 능력을 측정하기 위하여 국내에서 사용되고 있는 검사도구를 보여 주고 있다. 이런 도구는 앞에서 설명한 진단 영역의 모든 요소를 진단할 수 있는 것이 아니기 때문에 교사가 진단목적에 맞추어 적합한 도구를 선정하고 사용할 수 있어야 한다. 이 표에 제시된 의사소통 진단을 위하여 개발된 검사도구 외에도 영·유아 캐롤라이나 교육과정이나 AEPS와 같은 교육과정 중심 진단도구를 이용하여 의사소통 발달을 진단

표 6-7　의사소통 진단을 위한 검사도구		
검사도구	연령	특 징
영유아 언어발달검사 (SELSI)	4 ~ 35개월	• 언어 발달지체를 조기 선별하기 위한 목적 • 수용언어와 표현언어, 언어 전반에 대한 등가연령과 백분위 점수 도출
취학전 아동의 수용언어 및 표현언어 발달척도 (PRES)	2 ~ 6세 5개월	• 언어 이해 및 표현 능력 진단 • 각 연령 단계마다 3개 문항씩 45개 문항으로 구성 • 수용언어, 표현언어, 통합언어의 언어 발달연령, 수용언어와 표현언어의 백분위 점수
그림 어휘력 검사	2 ~ 8세 11개월	• 수용어휘 능력 진단 • 112개 문항의 어휘력 평가로 구성 • 등가연령과 백분위 점수 제공
언어이해 인지력 검사	3 ~ 5세 11개월	• 장애 아동의 언어이해 인지력 측정 • 대명사, 부정어, 크기 개념, 위치, 색, 수량, 성별, 비교, 분류, 소유격, 시제, 단수/복수, 의문사, 사물의 기능 등으로 구성 • 등가연령과 백분위 점수 제공
구문의미 이해력 검사	4 ~ 9세	• 언어 발달장애를 판별하기 위한 목적으로 구문의미 이해능력 진단 • 문법에 초점을 맞춘 38개 문항으로 구성 • 연령에 따른 백분위 점수 제공
언어문제 해결력 검사	5 ~ 12세	• 문제 해결력 진단 • 원인 이유, 해결 추론, 단서 추측의 세 가지 범주로 구성 • 총점과 세 가지 범주의 백분위 점수 제공
한국 표준 수용어휘력 검사	2 ~ 12세	• 500개의 문항과 100개의 그림판으로 구성 • 백분율과 수용언어 연령을 제공

할 수도 있다.

　아동의 의사소통 발달을 진단할 때 교사는 검사도구만을 사용해서는 안 된다. 다른 발달 영역의 진단에서와 마찬가지로 양육자 면담이나 체계적인 관찰 등을 통한 정보 수집이 반드시 함께 이루어져야 한다. 검사도구만을 사용하게 되면 교수계획을 위한 충분한 정보를 제공하기가 어렵다. 즉, 진단 대상이 되는 아동의 강점과 요구를 파악하여 프로파일을 구성하는 데 부족하게 된다(Wetherby & Paul, 2001; Prizant, 2001). 예를 들어, 검사도구만으로는 아동이 실생활에서 자발적으로 사용하는 어휘나 그 어휘들을 상황에 적절하게 사용하고 있는지를 판단하기가 어렵다. 따라서 아동의 의사소통을 정확하게 진단하기 위해서는 양육자와의 면담이나 직접 관찰 등의 다양한 전략이 사용되어야 한다. 친숙한 일상생활을 직접 관찰하거나 촬영된 비디오테이프를 관찰하여 분석하고, 가장 가까운 의사소통 대상자인 부모나 주 양육자와 면담을 함으로써 의사소통과 관련된 다양한 정보를 수집하여 의미 있는 진단 성과를 얻을 수 있다.

　면담은 양육자로부터 유용한 정보를 얻을 수 있기 때문에 효과적인 진단방법으로 선호된다. 부모와의 직접적인 대화나 체크리스트 등을 통하여 아동이 일상에서 사용하는 언어나 기타 의사소통 행동에 관한 충분한 정보를 얻을 수 있다. 특히 양육자는 아동이 자연스러운 상황에서 어떻게 의사소통을 하는지에 대한 정보를 가지고 있을 뿐만 아니라 실제로 아동과 가장 친숙한 의사소통 대상자로서 자연스럽게 의사소통적 상호작용을 이끌어 낼 수 있다. 따라서 양육자와의 면담은 유용한 정보를 수집하는 데 필수적인 과정이라 할 수 있다. 예를 들어, 아동과 친숙하지 않은 교사가 제한된 장면에서 검사도구를 사용하여 이끌어 내기 어려운 여러 가지 진단 항목에 대해서 양육자와의 면담을 통해 관련 정보를 수집할 수 있다.

　또한 가정이나 유치원과 같은 자연스러운 생활 장면을 직접 관찰하거나 구조화된 환경에서 아동의 의사소통 행동을 관찰하는 방법을 사용함으로써 아동의 의사소통 행동에 대한 구체적인 정보를 얻을 수 있다. 아동의 언어 표현을 수집하여 분석하는 발화 샘플 분석 방법을 사용하기도 하는데, 이것은 가정이나 교실에서의 놀이 장면을 촬영하거나 녹음하여 아동이 발화한 언어를 분석하는 것이다. 발화한 언어를 분석하는 것은 자발적인 언어 표현의 형태 및 기능과 함께 의

이름	윤영지	관찰일	2009년 1월 10일
생년월일	2007년 3월 1일	관찰자	모
장면	목욕놀이 중 어머니가 물에 뜨는 놀잇감을 줌	동생과 인형놀이 중 동생이 가진 곰인형을 보고 있음	동생과 그림 놀이하다가 동생이 영지의 그림을 잡아당기는 상황
아동의 말/행동	"더 줄까?"라는 말과 함께 팔을 뻗음	동생을 보면서 "주까 주까."라고 말함	고개를 좌우로 흔들면서 동생을 보고 "시여."라고 말함

기능	요구하기	○	○	
	관심 끌기			
	거절하기			○
	언급하기			
	정보 제공			
	정보 찾기			
	기타			
상황	어디서	욕실	거실	거실
	누구와	어머니, 동생	동생	동생
형태	구문/문법	"더 주세요."라는 말을 의문문 형태로 표현함	"곰을 줘."라는 말에서 조사 사용의 오류를 보임	대명사를 정확하게 사용하지 못함
내용	목적/의미	놀잇감을 더 달라는 의미	크레파스를 달라는 의미	동생이 자신의 그림을 가져가는 것이 싫다는 의미

전반적 의사소통 환경	준비도	영지는 무언가 요구할 때 분명하게 동생이나 어머니를 보고 표현함. 부모와 흥미나 관심을 나누기 위한 의사소통 시도가 많지 않지만 부모가 유도하면 좋아하는 그림책을 볼 때 함께 얼굴을 마주 보면서 웃음
	기회	부모는 원하는 것들을 말이나 몸짓으로 표현하는 기회를 주려고 노력하는 편이지만 양육을 분담하는 조모가 알아서 해 주는 편임. 가족은 영지의 언어 표현에 대해 칭찬을 많이 함
	대상자 스타일	모는 영지에게 말을 할 때도 천천히 쉽게 표현해 주고 영지가 무언가 표현하면 표현이 끝날 때까지 기다려 주는 편이지만, 부와 조모는 기다리기보다는 대신해 주는 모습을 많이 보이거나 말을 시키기보다는 행동으로 무언가 해 주는 경향이 있음

[그림 6-9] 의사소통 관찰표의 예

사소통 환경 및 상황을 모두 고려하여 아동의 의사소통 기술을 분석할 수 있다는 장점을 지닌다. 가정에서의 발화 샘플을 수집할 경우 부모 보고용 관찰 기록지를 제출하도록 부탁하여 함께 분석하게 되면 종합적인 분석을 할 수 있다. 발화 샘플 분석은 녹음된 자료만으로 가능하지만, 의사소통 의도나 기능을 분석하기 위해서는 비디오 촬영을 통해 의사소통 상황이나 맥락을 고려하는 것이 효과적이다. [그림 6-9]는 의사소통의 기능, 상황, 형태, 내용이 포함된 의사소통 관찰표의 예로 교실에서 교사가 또는 가정에서 부모가 관찰할 때 사용할 수 있다.

의사소통 발달 진단에서는 필요한 경우 언어치료사나 작업치료사의 도움을 받는 것이 좋다. 모든 진단 과정에서와 마찬가지로, 전문가 간의 협력적 진단은 의사소통 발달 영역의 진단에서도 권장되는 실제로서 강조되고 있다. 특히 언어치료가 동반되고 있거나 언어치료가 필요한 아동의 경우에는 언어치료사가 교육진단에서부터 참여하여 협력적으로 진단을 계획하고 실행하는 것이 아동을 위한 교수계획에 궁극적인 도움이 될 수 있다.

4) 사회-정서 발달

(1) 정의 및 특성

사회-정서 발달은 자신과 다른 사람의 느낌을 이해하고 사회적으로 적절한 방법으로 그에 반응하는 연령 및 상황에 적합한 능력의 발달을 의미한다. 영유아기 아동에게 사회-정서 능력의 발달은 매우 중요한 의미를 지닌다. 영유아기의 사회-정서 발달은 환경을 이해하고 의사소통을 하면서 발달되어 가기 때문에 언어나 인지 능력과 상호 관련되어 영향을 미친다. 환경과 환경 내의 타인과 소통하고 지속적으로 상호작용하면서 사회적 기술이 확장되고, 궁극적으로는 사회적 능력을 형성하게 되는 것이다. 즉, 또래나 성인과의 상호작용을 통해 적절하게 그리고 효과적으로 상호 간의 목적을 성취해 갈 수 있는 사회적 능력을 습득하게 된다(Guralnick, 1992).

사회-정서 발달은 양육자와의 긍정적인 상호작용으로 시작된다(Rochat, 2001;

Zeanah & Zeanah, 2001). 서로에게 영향을 주는 상호작용의 초기 형태는 생후 6개월경부터 나타나는 애착관계다. 양육자와의 애착관계는 영유아에게 환경을 탐색하는 안정감을 주고 정서적 조절을 지원한다(Ainsworth, Blehar, Waters, & Walls, 1978; Thompson, 2001). 따라서 영아기 사회적 발달의 주요 과제는 양육자와 안정적인 애착관계와 긍정적인 상호작용 방식을 형성하는 것이다.

취학 전 유아에게는 또래와 긍정적으로 상호작용을 하거나 사회적인 관계를 형성하는 기술을 습득하는 것이 발달 과제가 된다. 또래 상호작용은 그 이전에도 나타나기는 하지만 취학 전 유아에게서 가장 빈번하고 복잡해진다(Rubin, Bukowski, & Parker, 1998). 특히 이 시기에는 또래라는 놀이 상대와 상호작용하면서 많은 사회적 규칙을 습득해 간다. 아동이 또래 집단에 사회적으로 수용되거나 적은 수라도 상호적인 우정관계를 형성하고 있다면 사회-정서 발달이 건강하게 이루어지고 있다고 말할 수 있다(Johnson, Ironsmith, Snow, & Poteat, 2000).

이상의 다양한 사회-정서 능력을 진단하기 위해서는 다음과 같은 점을 유의해야 한다. 첫째, 아동이 자연스러운 상황에서 가장 편안한 상태에서 표출하는 사회적 행동을 관찰할 수 있어야 한다(Lynch, 1996). 여기서 말하는 편안한 상태란 아동이 친숙하고 편안하게 여기는 공간을 의미한다. 따라서 가정이나 유치원과 같은 일상적인 환경에서 친숙한 사람과 함께 있는 상황 중에 관찰이 이루어져야 한다.

둘째, 아동의 사회-정서 발달 진달을 위해서는 주변의 상호작용 대상자를 진단에 참여시키는 것이 중요하다. 특히 영유아기에는 양육자의 태도와 행동에 따라 영유아의 사회적 발달이 영향을 많이 받게 되는 시기이므로, 양육자를 진단에 참여하게 하여 양육자와 아동의 놀이 상황을 관찰한다든가 가정에서의 상호작용에 관한 정보를 충분히 수집하는 것이 필요하다. 또래 역시 상호작용의 중요한 대상자기 때문에 또래에게서 수용도를 파악하거나 혹은 또래와의 상호작용을 관찰하여 필요한 정보를 수집할 필요가 있다.

셋째, 환경진단을 통하여 상호작용의 기회가 주어지고 있는지를 평가하는 것은 장애 영유아의 사회-정서 발달 중재를 계획하기 위한 중요한 과정이다. 예를 들어, 장애 아동이 장애를 지닌 또래로만 구성된 교육환경에 배치되어 있다면 일반교육 환경에 배치된 아동에 비하여 훨씬 더 적은 또래 상호작용 기회를 갖게 될 것이다(Brown, Odom, & Buysse, 2002). 따라서 아동이 또래 집단을 만나고 접촉할 수 있는 기회 및 환경에 대한 진단도 함께 이루어져야 한다.

마지막으로 사회-정서 발달 진단을 통하여 양적인 결과만을 도출하는 것은 무의미할 수 있다. 다시 말해서, 아동이 사회적 상호작용을 시도하는 빈도와 같은 양적인 면 외에도 어떤 방식으로 시도하는지와 같은 질적인 면에 관한 진단정보도 함께 수집되어야 할 것이다. 예를 들어, 30분의 자유놀이 시간 중에 50%의 비율로 또래 상호작용을 보였다는 진단 결과를 통해서는 상호작용이 일회적인 시작하기와 반응하기가 반복적으로 나타난 것인지 혹은 한 번의 시작행동과 반응행동이 있은 후 길게 유지된 것인지를 알 수가 없다. 또한 상호작용 중에 구체적으로 어떤 형태의 놀이를 어느 수준으로 보였는지에 대한 정보도 제공하지 않는다. 따라서 상호작용이나 친구관계 등 사회-정서 발달 영역의 진단은 양적 자료와 함께 질적인 자료가 유용한 정보를 제공해 준다는 사실을 고려해야 한다.

(2) 진단 영역

사회-정서 발달 영역을 진단할 때에는 먼저 아동의 특성 및 기질을 파악해야 하고, 양육자와의 애착 또는 상호작용을 살펴보고, 사회적 행동, 또래와의 사회적 상호작용 및 관계, 우정의 발달 등을 진단하게 된다. 〈표 6-8〉은 사회-정서 발달의 진단 영역과 그 내용을 보여 주고 있다(Bailey & Wolery, 2003).

아동의 사회-정서 발달을 진단할 때 기질적 특성을 아는 것은 매우 중요하다. 영아의 기질적 특성은 사회적 발달과 정서적 발달의 손상을 가중시키기도 하고(Zeanah & Zeanah, 2001), 영아와 양육자 간의 상호작용을 통한 긍정적인 관계 형성을 어렵게 만들기도 한다. 따라서 아동의 기질적 특성을 파악하여 양육자와의 상호작용에 어떠한 영향을 미치고 있는지를 알아봄으로써 사회-정서 발달 촉진에 긍정적인 영향을 미칠 수 있다.

양육자와의 안정된 애착은 양육자와 신체적으로 근접하지 않아도 관계에는 변함이 없다는 사실을 믿는 것으로(Marvin, 1977), 약 48~60개월에 안정되게 형성된다. 안정된 애착은 낯익은 사람과 낯선 사람의 구분, 낯선 사람과 있을 때의

표 6-8   사회-정서 발달 진단 영역

진단 영역		진단 내용
기질적 특성		• 아동의 활동 수준, 접근성, 적응성, 반응 강도, 관심 전환, 집중력, 집중 유지력
양육자와의 관계	애착	• 아동이 지닌 부모와의 관계에 대한 믿음 • 아동이 양육자와의 분리나 재회 시 어떤 반응을 보이는가?
	상호작용	• 상호작용 형태가 질적으로 우수한가? • 아동에게 촉진적이고 반응적인 환경인가?
또래와의 관계	상호작용	• 또래와의 상호작용 빈도 및 지속 시간, 상호작용의 질
	사회적 관계	• 또래와의 사회적 관계를 형성할 수 있는 사회적 기술
	우정	• 또래와 긍정적인 관계를 유지하는 기술 • 지속적으로 함께 놀이하는 친구가 있는가, 있다면 누구인가? • 지속적으로 함께 놀이하는 친구가 몇 명인가?

불안감, 주 양육자와의 분리불안 등의 과정을 거쳐서 발달하게 된다. 이와 같은 애착관계는 양육자와의 상호작용에 영향을 미침으로써 궁극적으로는 사회-정서 발달과 관련될 수 있다. 따라서 영유아기 아동의 사회-정서 발달을 진단하기 위해서는 양육자와의 애착이 잘 형성되어 있는지, 그 형태가 어떠한지 등에 대한 정보를 통하여 유용한 자료를 수집하여야 한다.

양육자와의 상호작용 진단은 상호작용 형태가 질적으로 우수하고 양육자에게 만족스러운지, 그것이 영유아에게 촉진적이고 반응적인 환경을 제공해 주는지를 결정할 수 있는 자료가 된다. 상호작용이 질적으로 우수하다는 것은 주고받기와 상호성의 특성을 지니며, 게임놀이를 하듯 즐겁고, 상대를 배려하면서 조화롭게 변화시켜 갈 수 있는 형태임을 의미한다(Bailey & Wolery, 2003). 양육자와 영유아의 상호작용 진단은 양육자와 영유아의 놀이 상황을 촬영하여 관찰하고 분석하는 방법을 사용하고, 양육자와의 면담을 통해 상호작용 방식에 대한 견해나 습관에 관한 정보를 수집할 수 있다.

취학 전 장애 유아의 사회적 발달상의 어려움은 또래와의 관계 형성에서 양적, 질적 차이로 나타난다. 또래관계의 발달은 사회적 상호작용에 참여하는 것에서

부터 출발한다. 사회적 상호작용에 참여하기 위해서는 상호작용을 시작하는 기술과 시작행동에 대하여 적절히 반응하는 기술을 갖추어야 한다. 그러나 대체적으로 장애 유아는 또래와의 상호작용 참여 비율이 낮으며 놀이 집단에서 이탈되거나 고립되는 경우가 많다. 실제로 유아교육기관에 통합된 장애 유아가 또래에게 수용되거나 거부되는 것은 그들이 지닌 사회적 기술, 의사소통 기술, 놀이기술과 밀접한 관계가 있는 것으로 보고되고 있다(Odom, Zercher, Li, Marquart, & Sandall, 2002). 따라서 사회-정서 발달 영역의 진단은 상호작용을 시작하고, 또래의 상호작용에 반응하고, 형성된 상호작용을 유지하는 기술을 지니고 있는지를 평가해야 한다.

사회-정서 발달 진단 영역에서 고려해야 할 또 다른 요소는 우정의 발달이다. 사회적 기술이 빈약한 아동은 또래에게 수용되기 어렵고, 이로 인해 또래와의 긍정적인 관계를 형성하기 어려우며 우정으로 발전되기는 더욱 어렵다. 반대로 또래와의 우정을 발전시키지 못하는 아동은 또래와 놀이할 기회가 적어지고 사회적 기술을 습득할 수 있는 기회도 부족하게 되는 악순환을 경험하게 된다. 따라서 또래관계 형성이 가능한 연령의 아동을 대상으로 사회-정서 영역을 진단할 때에는 우정과 관련된 부분도 함께 고려해야 한다.

(3) 진단방법

사회-정서 발달을 진단하기 위한 정보 수집은 다른 발달 영역에서와 마찬가지로 규준 및 준거 참조검사를 포함한 검사도구, 주 양육자나 또래와 같은 관련인과의 면담, 자연적 또는 구조화된 장면에서의 관찰 등 다양한 방법을 통하여 이루어진다.

검사도구를 사용하여 사회-정서 발달을 진단할 때, 교사는 3장에서 소개한 교육과정 중심 진단도구인 포테이지 아동 발달 지침서, AEPS, 영 · 유아 캐롤라이나 교육과정 등을 활용할 수 있다.

사회-정서 발달을 진단하기 위한 관찰은 주 양육자와의 애착 또는 상호작용, 또래와의 상호작용을 포함한 사회적 행동을 대상으로 사용된다. 양육자와의 애착이 형성되어 있는가를 평가하는 방법으로 가장 보편적인 관찰방법은 Ainsworth와 동료들(1978)이 개발한 낯선 상황을 설정한 평가방법이다. 이 평가방법에서는 설정된 낯선 상황에서 영유아가 주 양육자에게 보이는 애착행동을 측정하기 위해 먼저 어머니와 아동이 실험자와 함께 놀이 공간에 있다가 어머니가 아이를 실험자에게 맡기고 3분간 방을 떠났다가 다시 돌아온다. 다음 단계는 어머니와 실험자 모두 아이만 남겨 놓고 3분간 방을 떠난 후 다시 재회하는 것이다. 이러한 분리와 재회의 과정에서 아이가 어떻게 반응하는지를 관찰한다. 일반적으로 안정된 애착을 가진 영아는 주 양육자와 분리할 때 힘들어하고 어머니와 재회할 때는 반가워하면서 어리광을 부리고 함께 놀이를 하는 것으로 보고되고 있다.

상호작용을 관찰하기 위해 아동이 주 양육자와 놀이하는 것을 직접 관찰하는 방법 또한 영유아의 특성 및 기질, 영유아와 양육자의 상호작용 형태를 진단할 수 있는 유용한 방법이다. 직접 관찰을 보완하기 위해 보다 자연스러운 가정에서의 상호작용을 관찰하기 위해서, 교사는 양육자에게 가정에서 양육자와의 놀이 및 상호작용 장면을 촬영하게 하고 녹화된 내용을 분석하여 진단에 참조할 수 있다. 자연적인 장면에서의 상호작용을 직접 관찰하는 방법이나 촬영된 비디오 내용을 관찰하는 방법은 또래와의 상호작용을 진단하기 위해서도 유용한 방법이다.

상호작용 관찰을 위해서는 5장에서 설명한 바와 같이 다양한 방법을 사용할 수 있다. [그림 6-10]은 유치원에서 오전 자유놀이 시간 30분 동안의 사회적 상호작용을 시작행동, 반응행동, 확장행동의 범주로 나누어 각 하위 범주에 대한 목표행동이 어느 정도 발생하는지 보기 위하여 관찰한 결과를 보여 주고 있다. [그림 6-11]은 장애 아동과 또래가 함께 참여하는 소집단 활동에서 상호작용 발생을 관찰하여 기록한 관찰 기록지를 보여 주고 있다. 이때 상호작용은 상대를 향한 시작행동이 있고 그 시작행동에 대한 반응행동이 뒤따르는 것으로 포괄적으로 정의되었으며, 목표행동의 구체적인 조작적 정의는 그림에 제시된 바와 같다.

교사는 일과 중에 또래 간 상호작용을 관찰하면서 자연스럽게 또래와 놀이하는 장면을 관찰하게 된다. 놀이하는 장면에서 교사는 장애 아동의 놀이기술을 측정할 수 있다. 놀이는 장애 영유아가 세상에 대해 배우는 통로가 되어 여러 영역의 발달을 교수할 수 있는 중요한 활동이므로 발달 영역 진단에 포함시키는 것이 좋다. 놀이기술 진단은 놀잇감을 기능적으로 사용하는지, 놀이환경은 어떠한지,

또래 상호작용 관찰 기록지				
• 이름: 최진수			• 관찰일시: 2009년 1월 20일 9:00~9:30	
• 생년월일: 2005년 1월 10일			• 관찰자: 김은수	
목표행동		정의	발생빈도	비 고
사회적 시작 행동	시작하기	(1) 다른 아동의 행동을 유도하지만 놀이 활동을 특별히 명시하지 않거나, (2) 상호 작용적이지만 놀이 활동을 지시하거나 언 급하지 않는 비특정 언어나 몸짓	//// //// //	또래에게 놀잇감을 가 지고 가서 "어… 이 거,"라고 말함
	나누기	또래에게 사물을 제공하거나 주는 행동		자신이 좋아하는 자동 차를 가져다줌
	나누도록 요구하기	또래에게 놀잇감이나 교재를 나누어 달 라는 언어적 또는 몸짓 요구	//// /	좋아하는 놀잇감을 여 자 친구가 가지고 있을 때는 요구하기도 함
	놀이 제안하기	다른 아동의 행동을 유도하고 놀이 활동 을 명명하는 언어행동		놀잇감을 건네주면서 주로 이름을 말함
	기존의 놀 이에 참여	두 명 이상의 아동들이 이미 진행하고 있 는 활동에 참여하기 위한 언어적 또는 몸 짓상의 요구행동	///	주로 특정 아이들 주 변을 돌다가 옆에 앉 음
사회적 반응 행동	수긍하는 반응	제안된 활동에 참여하겠다는 동의를 나타 내는 언어 또는 몸짓 행동	//// ////	또래의 놀이 제안을 귀 기울여 듣지 않음
	대안 반응	대체 활동을 제안하는 언어나 동의는 하 지 않지만 상호작용적인 언어		
확장된 사회적 상호 작용	질문하기	상호작용 중 활동의 내용과 관련된 열린 질문을 하거나 새로운 놀이 주제를 소개함	//	놀잇감을 바꿔 가면서 "이거 할래?"라고 물음
	듣기	상호작용적인 또래의 언어적 또는 몸짓상 의 행동에 관심 기울이기		
	동일주제 이야기 하기	사회극 활동과 비구조화된 활동을 포함하 는 진행 중인 활동과 직접적으로 관련된 대화와 놀이행동에 참여하기		친구들의 질문이나 대 화 상황을 회피함

[그림 6-10] 또래 상호작용 중 사회적 행동 진단의 예

상호작용 관찰 기록지			
대상 아동	김은호	관찰일시	2009년 3월 27일 9:10~9:20
또래 아동	최진수, 심오준	관찰 장면	오전 자유놀이 중 블록영역
관찰자 1	오주희	관찰방법	부분간격 기록법 (7초 관찰/3초 기록)

목표행동의 조작적 정의

- 시작행동: 대상 아동 또는 또래가 상대를 향해 보이는 말이나 몸짓으로 행동이 발생되기 전 5초 동안 그 행동의 대상자로부터 어떤 사회적 행동도 전달받지 않은 경우에만 시작행동으로 간주함
- 반응행동: 시작행동이 발생한 후 5초 이내에 그 시작행동을 보인 대상자에게 반응하는 말이나 몸짓
- 상호작용: 시작행동이 발생한 후 5초 이내에 그 시작행동을 향한 반응행동이 발생한 경우나 한 번 발생한 상호작용이 다음 구간으로 지속되는 경우

구간	시작행동		반응행동		상호작용	구간	시작행동		반응행동		상호작용
	대상	또래	대상	또래			대상	또래	대상	또래	
1						31					
2						32					
3		✓				33		✓	✓		✓
4						34					
5						35		✓			
6		✓				36		✓	✓		✓
7		✓				37					✓
8		✓	✓		✓	38					✓
9						39					
10						40	✓				
11		✓				41	✓			✓	✓
⋮						⋮					

유의사항:

[그림 6-11] 또래 상호작용 관찰 기록지의 예

혼자 놀이하는지 또는 또래와 함께 놀이하는지 등을 평가하는 사회적 놀이 진단을 포함한다. 가정에서의 놀이 장면, 일과 중 또래와의 놀이 장면을 관찰한 진단 정보를 분석하여 아동이 조작놀이, 블록놀이, 역할놀이, 가장놀이 등에서 선호하는 놀잇감이나 사회적 놀이 수준 등을 파악할 수 있다. 또한 놀이 중 또래의 반응이나 성인의 자극 및 촉진, 놀이환경의 구조화 정도, 놀이를 위한 성인 의존도 등을 평가하는 놀이환경 진단도 함께 이루어질 수 있다.

면담은 검사도구나 관찰로 수집한 정보를 수정하거나 보완하는 역할을 할 수 있다. 간접 면담의 형태인 질문지는 정보 수집이 용이하고, 평상시 아동의 사회적 행동에 관해 관찰하면서 느꼈던 정보를 수집할 수 있게 해 준다. 질문지를 활용한 [그림 6-12]의 친구 조사지(Goldman & Buysse, 2005)는 교사나 부모가 작성하게 하여 대상 아동의 또래관계를 파악하는 데 사용할 수 있다. 아동의 또래관계를 평가하는 데에는 사회적 지원망을 측정하는 방법도 유용하다. 사회적 지원망 측정은 학급 내 장애 아동에 대한 사회적 수용과 사회적 선호도를 측정하는 것으로, 일반적으로 교사가 장애 아동의 학급 내에서 또래를 대상으로 질문지를 작성하게 하여 진단한다. 예를 들어, 학급 내 각 아동에게 '좋아하는 친구'와 '싫어하는 친구'를 세 명씩 지목하게 하여 학급 내 아동이 보이는 대상 아동에 대한 사회적 선호도를 파악하는 데 참조할 수 있다.

면담의 형식으로 사회적 관계를 측정하는 또 다른 방법으로는 또래 지명이 있다. 이 방법은 아동을 대상으로 직접 면담이나 질문지 형식으로 실시하게 되는데, 각각의 문항에 해당되는 또래의 이름을 말하거나 표시하게 하는 방법이다. 예를 들어, '우리 반에서 제일 잘 도와주는 친구는 (   )이다', '우리 반에서 나를 잘 괴롭히는 친구는 (   )이다'에서 괄호 안에 적당한 친구의 이름을 말하거나 쓰게 하는 것이다. 이러한 질문지 형식의 또래 지명 방법을 사용하면 학급 내의 사회적 관계, 사회적 선호도를 파악할 수 있다.

놀이친구(playmates)		
1. _____는 누구와 함께 놀이하나요? 아래에 친구의 이름을 적어 주세요. 이 친구와 얼마나 자주 놀이하는지 오른쪽 칸에 표시해 주세요.		
놀이친구 이름	때때로	자주
_____	☐	☐
_____	☐	☐
_____	☐	☐
_____	☐	☐
_____	☐	☐
_____	☐	☐
_____	☐	☐
_____	☐	☐
_____	☐	☐
_____	☐	☐

특별한 친구(special friends)					
2. 위의 친구 중에서 _____가 생각하는 자신의 특별한 친구는 누구입니까? 아래에 적어 주세요.					
이름	연령	성별	얼마나 오랜 친구입니까? (○○개월)	같은 학급 친구입니까?	장애가 있는 친구인가요?
_____	____	남 / 여	개월	네 / 아니요	네 / 아니요
_____	____	남 / 여	개월	네 / 아니요	네 / 아니요
_____	____	남 / 여	개월	네 / 아니요	네 / 아니요
_____	____	남 / 여	개월	네 / 아니요	네 / 아니요
_____	____	남 / 여	개월	네 / 아니요	네 / 아니요

[그림 6-12] 친구 조사지

출처: Goldman, B. D., & Buysse, V. (2005). *Palymates and friends questionnaire for teachers, revised*. Chapel Hill: The University of North Carolina, FPG Child Development Institute.

5) 적응행동 발달

(1) 정의 및 특성

적응행동은 다양한 환경에 성공적으로 적응하게 하는 연령에 적합한 자조기술 및 기타 행동으로, 환경 내에서 독립적으로 기능하게 하는 일상적인 기술을 의미한다. 적응행동 기술은 미국 장애인교육법(IDEA)에 자조기술(self-help skills)로 명시되었으나 1991년부터 적응행동이라는 용어로 변경되었다. 자조기술은 식사기술, 용변기술, 착탈의 기술 등 생활을 유지하기 위한 기본적인 행동으로 독립성을 유발하며, 일반적으로 신체적 기능과 관련되어 있고, 행동을 수행함으로써 문화적인 관습을 따르게 되는 행동을 의미한다(Bailey & Wolery, 2003). 적응행동은 독립적인 기능을 통하여 가정과 지역사회에 적응하게 하는 행동이라는 점에서 자조기술과 유사하지만 아동이 자신의 환경에 적응하고 독립적으로 기능하게 하는 행동을 좀 더 폭넓게 포함한다.

영유아기 아동의 발단 진단에서 적응행동의 발달 수준을 아는 것은 다음과 같은 이유로 인하여 매우 중요하다. 첫째, 적응행동의 정의에서도 알 수 있듯이 장애 영유아를 위한 궁극적인 교육의 목적인 환경 내에서의 독립적인 기능을 촉진하기 위해서는 아동의 적응행동 수준을 평가하고 그에 따른 적절한 교수를 제공해야 한다. 둘째, 적응행동 중 대부분의 자조기술은 5세 전에 습득되는 행동이다(Johnson-Martin, Jens, Attermeier, & Hacker, 1990). 즉, 전형적인 발달을 보이는 아동은 음식물 섭취나 식사하기, 옷을 입고 벗기, 용변처리 등의 자기관리 기술을 유아기에 습득한다. 따라서 이러한 기술이 자연스럽게 발현되는 시기에 잘 나타나고 있는지를 점검함으로써 그렇지 못한 경우 적절한 시기에 지원을 제공할 수 있다.

적응행동 발달의 진단을 위해서는 다음과 같은 지침을 특별히 주의해야 한다. 첫째, 적응행동의 평가는 실제 생활에서의 기술을 측정해야 하므로 구조화된 장면인 검사실에서의 검사로는 정확한 진단이 어렵다. 따라서 주 양육자와의 면담이나 설문지를 통한 간접적인 측정을 사용하여 진단 정보를 수집하는 것이 효과적이다. 또한 교사가 자연스러운 장면에서 관찰방법을 사용하는 경우에도 일회적인 관찰로 발달 수준을 확정 짓기보다는 여러 차례에 걸쳐 관찰한 후 측정 결과를 정리하는 것이 바람직하다.

둘째, 적응행동은 상황에 따라 필요한 기술이 각기 다르다고 할 수 있다. 따라서 교사는 적응행동의 상황에 따른 특성을 감안하여 매일 발생하는 일상생활 전반에서 나타나는 아동의 능력을 유추해 보고, 그에 따른 연령에 맞는 적응행동을 평가할 필요가 있다.

셋째, 적응행동은 기타 발달 영역과의 관계가 밀접한 영역이므로 적응행동 외의 발달 영역 진단 결과와 차이가 많이 나는 경우 적응행동 발달 수준을 측정한 방법이 적절하였는지를 검토해 보아야 한다. 예를 들어, 화장실에 가고 싶다는 욕구를 표현하는 적응행동 기술은 의사소통 기술 및 사회성 기술과 관련이 있다. 즉, 의사소통에서 요구를 표현하는 능력이 부족한 아동은 적응행동 영역의 '화장실 의사 표현'에서도 어려움을 가질 가능성이 높다. 또는 숟가락 사용이 가능해도 구강기관의 기능이 원활하지 않거나 자세를 바르게 할 수 없어서 밥을 흘리면서 먹을 수 있다. 이는 자조기술의 어려움이 다른 발달 영역의 기술과 연관되어 있으므로 어떻게 도와줄 것인가를 판단하기 위한 교수 전략을 결정하는 데 있어서 참조해야 할 중요한 진단 정보가 된다.

넷째, 적응행동 기술을 진단할 때는 아동의 환경을 함께 진단해야 한다. 환경을 관찰하고 진단하는 것은 가정이나 지역사회와 같은 친숙한 환경 중 특정 장소에서 아동에게 필요한 적응행동 기술을 파악하고 환경에서 유용하게 사용될 수 있는 적응행동 기술을 교수하기 위한 계획을 세우는 데 도움이 된다. 또한 부엌이나 화장실과 같은 하위 환경 내에서 현재 할 수 있는 기술과 앞으로 습득해야 할 기술을 알아내기 위한 것이기도 하다. 더욱이 환경을 진단함으로써 환경이 아동에게 적응행동 기술을 사용할 기회를 제공하고 있는지, 또는 그러한 기회를 사용하도록 촉진하는지를 판단해야 한다.

(2) 진단 영역
적응행동은 개인적 관리 능력과 지역사회 적응 능력이라는 두 가지 하위 범주로 구분되며, 두 가지 범주 모두 좀 더 구체적인 요소로 구성된다. 개인적 관리 영역은 착탈의 기술, 식사하기 기술, 용변처리 기술, 몸단장 기술을 포함하며, 지역사회 적응 능력은 외식하기나 여가 활동과 같은 지역사회에서 문화적으로 적절한 기능을 수행하는 기술을 포함한다. 〈표 6-9〉는 적응행동 발달의 진단 영역과 그 구성요소를 구체적인 예와 함께 보여 주고 있다(Bailey & Wolery, 2003).

표 6-9 적응행동 발달의 진단 영역

진단 영역		정 의	행동의 예
개인적 관리	착탈의 기술	옷을 입고 벗는 행동	• 상의나 하의를 입고 벗기 • 양말이나 신발을 신고 벗기 • 지퍼, 후크, 단추를 풀거나 잠그기
	식사하기 기술	식사를 위해 도구를 사용하는 행동	• 숟가락이나 젓가락 사용하기 • 컵으로 마시기, 컵에 물 따르기 • 빵에 잼 바르기
	용변처리 기술	용변을 처리하는 행동	• 배뇨나 배변을 위한 의사 표현하기 • 화장실에서 배뇨나 배변 하기, 물 내리기 • 배뇨나 배변 후 뒷처리 바르게 하기
	몸단장 기술	위생적으로 몸과 옷매무새를 잘 유지하는 행동	• 손 씻고 말리기 • 휴지로 코 풀기 • 세수하기, 이닦기, 목욕하기 • 머리 빗기
지역사회 적응 능력	지역사회에서 적절한 행동을 하는 기술	지역사회를 잘 이용하는 행동	• 식당, 체육관, 목욕탕, 미용실 등 지역사회 기관에서 적절하게 행동하기 • 지역사회 내에서 원하는 장소로 이동하기 • 가게에서 물건 사기 • 지역사회(병원, 식당 등)에서 만나는 사람들에게서 적절한 서비스를 받기 • 대중교통 이용하기 • 공공시설(도서관, 경찰서, 우체국 등) 이용하기 • 극장 또는 여가를 위한 장소 이용하기

(3) 진단방법

교사는 적응행동 발달 영역의 기술을 평가하기 위해서 검사도구, 면담, 관찰과 같은 다양한 방법을 사용할 수 있다. 먼저 AEPS, 영·유아 캐롤라이나 교육과정, 포테이지 아동발달 지침서와 같은 준거참조검사에서 발달 영역별 기술에 포함된 적응행동 기술을 평가함으로써 발달 수준을 파악할 수 있다. 준거참조검사를 사용하는 것은 적응행동 기술의 습득 수준을 파악하게 해 주고, 연령 준거를 기준으로 대상 아동의 연령에 필요한 발달기술을 판단하게 해 준다. 즉, 교육과 중재 목표를 세우기 위한 기술을 선별하는 데 도움을 주는 자료가 될 수 있다 (Salvia & Ysseldyke, 2001). 또한 적응행동 영역 외에 다른 발달 영역과의 비교를 통해 적응행동 기술을 교수하기 위한 계획을 세우는 데 참고 자료로 활용할 수 있다. 예를 들어, 식사하기 기술에서 숟가락이나 포크 등의 도구를 사용하기 위해서는 소근육 운동기술이 필요하다. 따라서 이러한 경우에는 식사하기 기술을 가르치기 위해 소근육 운동기술 발달의 진단을 참조하여 교수 활동을 계획하는 것이 유용할 것이다.

적응행동 발달 진단을 위한 도구의 항목을 살펴보면 알 수 있듯이, 적응행동 기술은 자연스러운 상황에서 관찰 정보를 통하여 그 발달 수준을 파악하는 것이 적절하다. 따라서 검사도구를 사용할 때에는 일상생활에서 장애 아동을 관찰하는 가족 구성원이 제공하는 정보를 참조하는 것이 좋다. 예를 들어, 준거참조검사인 AEPS는 자유놀이나 간식 시간과 같은 일과 안에서 교사 또는 전문가가 함께 협력하여 진단하는 교육과정 중심 진단도구다. AEPS에서 제시하는 적응 영역의 기술을 진단한 예는 [그림 6-13]에 제시되어 있다.

기술이 습득되었는지의 여부는 일상생활에서의 관찰을 통해 분명한 식별이 가능하다. 따라서 하루 전반에 걸쳐 적응행동이 발생하는 시간의 관찰을 통하여 아동이 특정 기술을 습득하고 있는지 알아보아야 한다. 그러나 교사가 하루 종일 아동을 관찰할 수 없기 때문에 아동과 가장 많은 시간을 보내는 주 양육자와의 면담이 중요한 정보를 제공하게 된다. 예를 들어, 용변기술과 같은 자조기술은 하루 중 자주 발생하지 않는 기술이므로 부모가 제공하는 관찰 정보가 중요한 자료가 된다. 〈표 6-10〉은 용변처리에 필요한 구체적인 기술에 따라 사용되는 여러 가지 진단방법을 보여 주고 있다.

- 영역: 적응

- 이름: 윤정호   • 생년월일: 2007년 1월 10일

- 평가기간: 2009년 1월 20일~1월 27일   • 평가자: 교사, 작업치료사, 물리치료사

- 진단 내용:
1. 음식 먹기: 고형 음식과 음료수를 먹거나 마실 때 혀와 입술 사용하기/딱딱한 음식물 깨물고 씹기/컵이나 유리잔으로 마시기/포크와 숟가락으로 먹기/다른 용기로 음식물과 음료수 옮기기
2. 개인 위생: 대소변 가리기 시도하기/손 씻고 말리기/양치질하기
3. 옷 벗기: 스스로 옷 벗기

일과	진단 내용	관찰 및 면담 기록
등원	• 스스로 옷 벗기	• 외투를 벗을 때 작은 단추의 경우 풀어 주어야 하지만, 단추가 크면 고개를 숙였을 때 보이는 단추는 뺄 수 있음. 두 팔을 벌린 채로 깡충깡충 뛰면서 털어서 벗음 • 한 팔을 교사가 잡아 주면 다른 한 팔은 자신이 손으로 잡아 뺄 수 있음
간식 시간/ 점심 시간	• 고형 음식과 음료수 먹기 • 혀와 입술 사용하기 • 딱딱한 음식물 깨물고 씹기 • 컵이나 유리잔으로 마시기 • 포크와 숟가락으로 먹기 • 다른 용기로 음식물과 음료수 옮기기	• 콩과 같은 단단한 음식을 씹어서 먹을 수 있지만, 사과가 큰 조각일 때 깨물어서 토막을 내어 먹는 것은 하지 않으려고 함 • 우유나 물이 채워져 있는 컵을 혼자서 잡고 마시기에 어려움이 없음 • 포크로 찍는 힘이 부족하여 교사가 포크로 찍어 주면 들고 먹을 수 있으며, 떡은 혼자 포크로 찍어 먹을 수 있음. 숟가락으로 스프나 콘프레이크를 떠서 먹을 수 있음. 숟가락을 잡을 때 손바닥 전체로 감싸서 잡기 때문에 흘리는 경우가 종종 있음 • 점심을 먹은 후 남은 음식을 국그릇에 모을 때 교사가 식판을 잡아 주면 할 수 있음

[그림 6-13] AEPS를 사용한 진단 결과

표 6-10	용변처리 기술의 하위 유형별 측정방법

기술의 유형		측정방법
선수기술	방광 조절	아동이 언제 배변, 배뇨하는지와 언제 음식물을 섭취하는 알기 위해 시간표집법을 사용한 직접 관찰
	일정한 양을 모아서 방뇨하기	기저귀가 젖었는지에 대해 기록하는 전체기록법에 의한 직접 관찰
	변기에 앉는 자세	적절한 자세를 선정하기 위한 직접 관찰
	적절한 의학적 상태	의학적 기록
바람직한 기술	강화물 선정	직접 관찰, 부모 면담, 강화 메뉴 사용
	교수 조절	성인의 요구에 대한 순응 여부를 기록하는 사건기록법에 의한 직접 관찰, 방해행동의 빈도를 기록하는 사건기록법
	배설 또는 불편함에 대한 인식	용변처리와 관련된 행동들의 변화를 기록하는 직접 관찰 및 부모 면담
	변기에 앉기	변기에 앉아 있는 지속 시간을 기록하는 직접 관찰
	부모 참여	교수 절차를 설명하고, 참여를 유도하고, 훈련 프로그램을 수행할 수 있는 능력 여부를 결정하기 위한 부모 면담
	요구하는 기술	요구하기 기능을 지니고 있는지를 결정하기 위한 전체기록법
	의복관리, 이동력, 위생처리	의복관리 기술 및 화장실에 가는 능력을 진단하기 위한 사건표집법을 사용한 직접 관찰

출처: Bailey, D. B., & Wolery, M. (2003). 장애영유아를 위한 교육(이소현 역, p. 578). 서울: 이화여자대학교 출판부. (원저 1999년 2판 출간)에서 발췌 수정함.

 요약

이 장에서는 장애 영유아의 발달 영역별 진단 및 평가에 대하여 살펴보았다. 발달 영역별 진단을 성공적으로 실행하기 위해서 장애 아동의 전반적인 발달에 대한 개념을 먼저 알아보았으며, 발달 영역별 진단이 왜 필요한지에 대하여 그 중요성을 중심으로 살펴보았다.

일반적으로 아동의 발달 영역은 운동기능 발달, 인지 발달, 의사소통 발달, 사회-정서 발달, 적응행동 발달로 구성된다. 이 다섯 가지의 주요 발달 영역에서 아동의 현행수준을 이해하고 각 영역의 강점 및 약점을 파악하는 진단 과정은 교수 활동 계획을 위하여 반드시 선행되어야 할 과정이라고 할 수 있다. 따라서 이 장에서는 다섯 가지 발달 영역별로 어떻게 진단해야 하는지를 설명하였다.

　운동기능 발달, 인지 발달, 의사소통 발달, 사회-정서 발달, 적응행동 발달의 순으로 발달 영역별 정의 및 특성을 살펴보았으며, 진단 내용으로 포함되어야 하는 하위 영역을 제시한 후 구체적인 진단방법을 설명하였다. 진단방법을 소개할 때는 이 책의 3, 4, 5장에서 제시한 검사, 관찰, 면담의 방법을 중심으로 설명하였다.

| 참고문헌 |

강순구, 조윤경 역(1990). 포테이지 아동 발달 지침서. 서울: 도서출판 특수교육.

곽금주, 성현란, 장유경, 심희옥, 이지연, 김수정, 배기조(2005). 한국 영아 발달연구. 서울: 학지사.

김승국, 김옥기(1985). 사회성숙도 검사. 서울: 중앙적성출판사.

박혜원, 조복희, 최혜정(2003). 한국 베일리 영유아 발달검사. 서울: 도서출판 키즈팝.

이소현(2003). 유아특수교육. 서울: 학지사.

이영철, 허계형, 이상복, 정갑순 역(2005). 영유아를 위한 사정, 평가 및 프로그램 체계(AEPS): vol. 1 지침서. 서울: 도서출판 특수교육.

최진희, 김은경, 윤현숙, 이인순, 이정숙 역(1996). 장애유아를 위한 캐롤라이나 교육과정. 서울: 사회복지법인 대한사회복지개발원.

Ainsworth, M. D., Blehar, M. C., Waters, E., & Walls, S. (1978). *Patterns of attachment: A psychological study of the strange situation*. Hillsdale, NJ: Lawrence Erlbaum.

Allen, K. E. & Cowdery, G. E. (2005). *The exceptional child: Inclusion in early childhood education* (5th ed). Albany, NY: Delmar.

Aram, D. M., & Hall, N. E. (1989). Longitudinal follow-up of children with preschool communication disorders: Treatment implications. *School Psychology Review, 18*, 487-501.

Bailey, D. B., & Wolery, M. (2003). 장애영유아를 위한 교육(이소현 역). 서울: 이화여자대학교 출판부. (원저 1999년 2판 출간)

Beitchman, J. H., Hood, J., & Inglis, A. (1990). Psychiatric risk in children with speech and language disorders. *Journal of Abnormal Psychology, 18*, 283-296.

Bigge, J. L., Best, S. J., & Heller, K. W. (2001). *Teaching individuals with physical or multiple disabilities* (4th ed.). Columbus, OH: Merrill Prentice-Hall.

Brown, W. H., Odom, S. L., & Buysse, V. (2002). Assessment of preschool children's peer-related social competence. *Assessment for Effective Intervention, 27*, 61-71.

Catts, H. (1993). The relationship between speech-language impairments and reading disabilities. *Journal of Speech and Hearing Research, 36*, 948-956.

Cook, M. J., & Kilgo, J. (2004). Assessing motor skills in infants and young children. In M. McLean, M. Wolery, & D. B. Bailey (Eds.), *Assessing infants and preschoolers with special needs* (3rd ed., pp. 301-344). Upper Saddle River, NJ: Pearson.

Crais, E., & Roberts, J. (2004). Assessing communication skills. In M. McLean, M. Wolery, & D. B. Bailey (Eds.), *Assessing infants and preschoolers with special needs* (3rd ed., pp. 345-411). Upper Saddle River, NJ: Pearson.

Goldman, B. D., & Buysse, V. (2005). *Palymates and friends questionnaire for teachers, revised.* Chapel Hill: The University of North Carolina, FPG Child Development Institute.

Guralnick, M. J. (1992). A hierarchical model for understanding children's peer-related social competence. In S. L. Odom, S. R. McConnell, & M. A. McEvoy (Eds.), *Social competence of young children with disabilities. Issues and strategies for intervention* (pp. 37-64). Baltimore: Paul H. Brookes.

Hanson, M. J., & Lynch, E. W. (1995). *Developing cross-cultural competence.* Baltimore: Paul H. Brookes.

Hooper, S. R. & Umansky, W. (2004). *Young children with special needs* (4th ed.). Upper Saddle River, NJ: Pearson Education.

Johnson-Martin, N. M., Jens, K. G., Attermeier, S. M., & Hacker, B. (1990). *The Carolina curriculum for infants and toddlers with special needs.* Baltimore: Paul H. Brookes.

Johnson, C., Ironsmith, M., Snow, C. W., & Poteat, G. M. (2000). Peer acceptance and social adjustment in preschool and kindergarten. *Early Childhood Education Journal, 27*, 207–212.

Lynch, E. (1996). Assessing infants: Child and family issues and approaches. In M. Hanson (Ed.), *A typical infant development* (2nd ed., pp. 115–146). Austin, TX: PRO-ED.

Marvin, R. S. (1977). An ethological-cognitive model for the attenuation of mother-child attachment behavior. In T. Alloway, P. Pliner, & L. Krames (Eds.), *Attachment behavior* (pp. 25–60). New York: Plenum.

McCormick, K., & Nellis, L. (2004). Assessing cognitive development. In M. McLean, M, Wolery, & D. B. Bailey (Eds.), *Assessing infants and preschoolers with special needs* (3rd ed., pp. 256–300). Upper Saddle River, NJ: Pearson.

Odom, S. L., Zercher, C., Li, S., Marquart, J., & Sandall, S. (2002). *Social acceptance and social rejection of young children with disabilities in inclusive classes.* Manuscript submitted for publication.

Paul, R. (2001). *Language disorders from infancy through adolescence* (2nd ed.). St. Louis, MO: Mosby.

Piaget, J. (1952). *The Origins of Intelligence in Children.* New York: International Universities Press.

Rochat, P. R. (2001). Social contingency detection and infant development. *Bulletin of the Mellinger Clinic, 65*, 347–361.

Rubin, K. H., Bukowski, W., & Parker, J. G. (1998). Peer interactions, relationships, and groups. In N. Eisenberg (Ed.), *Handbook of child psychology, Vol. 3: Social, emotional, and personality development* (5th ed., pp. 619–700). New York: John Wiley & Sons.

Salvia, J., & Ysseldyke, J. (2001). *Assessment* (8th ed.). Boston: Houghton Mifflin.

Sattler, J. M. (1990). *Assessment of children* (3rd ed.). San Diego, CA: Jerome M. Sattler.

Shaffer, K. R. (1999). *Developmental psychology: Childhood and Adolescence* (5th ed.). New York: Brookes/Cole.

Thompson, R. A. (2001). Sensitive periods in attachment? In D. B. Bailey, J. T. Bruer, F. J. Symons, & J. W. Lichtman (Eds.), *Critical thinking about critical periods* (pp. 83–106). Baltimore: Paul H. Brookes.

Tomblin, J. R., Records, N. L., Buckwalter, P., Zhang, X., Smith, E., & O'Brien, M. (1997). Prevalence of specific language impairment in kindergarten children.

Journal of Speech, Language, and Hearing Research, 40, 1245-1260.

Wetherby, A., & Prizant, B. (2001). *Communication and Symbolic Behavior Scales Developmental Profile.* Baltimore: Paul H. Brookes.

Wolery, M. (2004). Monitoring child progress. In M. McLean, M, Wolery, & D. B. Bailey (Eds.), *Assessing infants and preschoolers with special needs* (3rd ed., pp. 545-584). Upper Saddle River, NJ: Pearson.

Zeanah, C. H., & Zeanah, P. (2001). Towards a definition of infant mental health. *Zero to Three, 22*, 13-20.

제7장
기능적 행동진단

1. 기능적 행동진단의 이론적 배경
2. 기능적 행동진단의 실제
3. 기능적 행동진단 결과의 활용

1. 기능적 행동진단의 이론적 배경

1) 기능적 행동진단의 정의 및 목적

일반적으로 모든 아동은 장애 여부와 상관없이 그 정도와 형태는 달라도 행동 문제를 보인다. 이것은 발달 과정에서 보편적으로 나타나는 전형적인 현상으로, 대부분의 경우 시간이 지나면 사라지거나 일반적인 교수 전략으로 감소되곤 한다. 특히 나이가 어린 아동은 가정이나 유치원에서 주어지는 환경에 적응하는 과정 중에 부적절한 행동을 보이게 되는데, 이것은 이들이 특정 상황에서의 적절한 행동과 부적절한 행동을 구분해 가는 과정이기도 하다. 다시 말해서, 환경과의 상호작용이나 의사소통을 위하여 여러 행동을 시도하면서 언제, 무엇을, 어떻게 해야 하는지를 학습하게 된다는 것이다. 결과적으로 모든 아동은 '문제행동'이라고 불리는 행동을 하게 되는데, 여기서 문제행동이란 부모나 교사의 주의를 끌거나 학급의 규칙을 위반하거나 문화적인 규준에서 벗어나는 행동 등을 의미한다.

이렇게 모든 아동이 보이는 문제행동이 다 중재의 대상이 되는 것은 아니다. 일반적으로 가끔씩 발생하는 문제행동은 교사나 부모의 관심 대상이 되지는 않는다. 아동이 보이는 행동이 중재를 필요로 하는 문제행동으로 간주되기 위해서는 그 행동의 발생 빈도나 강도, 발생 상황, 그 행동을 보이는 아동의 연령 등 많은 요소가 고려되어야 한다. 예를 들어, 만 4세 유아가 유치원에서 한 달에 한 번 정도의 빈도로 약간의 탠트럼(tantrum)을 보이는 경우, 교사는 그다지 많은 걱정을 하지 않는다. 그러나 만 4세 유아가 일과 중에 하루에도 몇 차례씩 탠트럼을 보인다면 심각한 행동 문제로 고려하게 된다. 마찬가지로 하루에 한두 번 정도 손가락을 빠는 일은 교사의 큰 관심 대상이 되지 않지만 하루 종일 연속적으로 손가락을 빨아 활동 참여에 방해가 된다면 중재 대상이 될 수 있다. 또한 만 1세 아동이 손가락을 빠는 것과 초등학교 입학을 앞둔 아동이 손가락을 빠는 것은 교사에게 매우 다른 의미로 해석될 수 있다. 자해행동이나 공격행동과 같이 자신이나 타인에게 해를 끼칠 수 있는 행동은 그 빈도가 낮다고 하더라도 그 행동이 안전에 미치는 영향으로 인하여 중재 대상의 심각한 문제행동으로 간주하게 된다. 이와 같이 행동 문제는 행동의 특정 속성(예: 빈도, 강도, 시기)이 부적절한 경우에만 심각한 문제행동으로 간주되어 중재의 대상이 된다. 여기서 부적절하다는 것은 행동으로 인하여 아동 자신 및 또래의 일상적인 일과와 활동 참여를 심각하게 방해하는 경우를 말한다(Allen & Cowdery, 2005).

장애 아동을 가르치는 교사는 이들이 보이는 다양한 형태의 문제행동으로 인하여 심각한 어려움을 경험하곤 한다. 앞에서도 설명하였듯이, 모든 아동이 크고 작은 행동 문제를 보이는 것은 사실이지만 장애를 지닌 아동은 일반 아동에 비하여 다양하고 심각한 문제행동을 보이곤 한다. 따라서 이들을 양육하는 부모와 교사는 행동 문제에 대한 적절한 대처 방법을 알기 위하여 많은 노력을 기울이고 있다. 아동의 문제행동을 다루는 가장 좋은 방법은 그것이 발생하지 않도록 예방하는 것이다(Walker, Stiller, & Golly, 1998). 이를 위해서는 아동이 그 행동을 보이는 이유를 알아야 한다. 다시 말해서, 아동이 왜 문제행동을 보이는지 알아낸 후에 그 원인을 적절하게 조절함으로써 더 이상 그러한 행동이 발생하지 않도록 해야 한다는 것이다. 예를 들어, [그림 7-1]에서 소개하고 있는 진희의 경우 친구를 때리고 탠트럼을 보이는 이유를 파악한 후에 그와 동일한 효과를 가져다 주는 적절한 대안적 행동을 하도록 지도한다면 더 이상 문제행동이 나타나지 않을 수 있다는 것이다.

아동이 행동 문제를 보이는 이유, 즉 문제행동의 원인을 문제행동의 기능이라고 한다. 그리고 이러한 문제행동의 기능을 파악하는 과정을 기능진단(functional assessment) 또는 기능적 행동진단(functional behavior assessment)이라고 한다. 즉, 기능적 행동진단은 문제행동의 이유를 이해하고 문제행동을 일으키고 유지시키는 환경적 조건을 정확하게 식별하기 위하여 정보를 수집하는 과정을 의미한다(Bambara & Kern, 2008). 좀 더 구체적으로는 문제행동 발생 전에 어떤 일이 있었는지와 문제행동 발생 후에 주변 사람이 어떤 반응을 보이는지 등을 알아봄으로써 아동이 문제행동을 하는 이유가 무엇인지, 문제행동을 함으로써 무엇을 얻었는지 또는 무엇을 피할 수 있었는지 등을 확인해 가는 과정이라고 할 수 있

진희는 소망유치원에 다니는 4세 유아다. 진희의 담임교사와 보조교사를 비롯하여 유치원의 모든 교사는 진희가 심각한 행동 문제를 지니고 있다고 생각한다. 담임교사는 특히 자유선택활동 중 진희가 또래에게 보이는 공격행동이 가장 심각하다고 염려하고 있다. 진희는 자유선택활동 중에 주로 블록 영역과 극놀이 영역에서 활동을 하곤 하는데, 자신이 원하는 놀잇감을 다른 친구가 가지고 있는 경우 친구를 밀거나 때리는 등의 공격행동을 서슴없이 보이며 놀잇감을 빼앗곤 한다. 그럴 때마다 교사는 진희에게 놀잇감을 친구에게 다시 돌려주도록 지시하지만, 진희는 칭얼거리며 거부하거나 요구가 계속되면 누워서 심하게 소리를 지르곤 한다. 최근에는 진희의 이와 같은 탠트럼을 방지하기 위하여 진희가 친구의 놀잇감을 빼앗아도 다시 돌려주라고 요구하지 않게 되었다. 다만 놀잇감을 빼앗긴 친구가 다른 놀잇감을 가지고 활동을 할 수 있도록 안내해 주곤 한다. 교사는 이러한 방법이 적절하지 않다는 것을 느끼고 있으며, 진희의 행동에 어떻게 대처할 수 있을지 알아보기 위하여 좀 더 체계적인 방법으로 진희의 행동을 관찰해 보기로 하였다.

[그림 7-1] 진희의 문제행동 예

다(Kerr & Nelson, 2006; Sugai et al., 2000). [그림 7-1]의 예를 다시 들자면, 진희는 친구를 밀거나 때리고 물건을 빼앗는 등의 공격행동을 보인다. 진희가 이러한 행동을 하는 이유는 친구가 가지고 있는 놀잇감을 가지려는 것일 수 있다. 또는 친구가 놀이하는 장면에서 발생하는 소음이 싫어서 놀이를 하지 못하게 하기 위한 것일 수도 있으며, 주변 성인의 관심을 얻기 위해서일 수도 있다. 따라서 교사는 진희가 왜 친구를 향한 공격행동을 보이는지 정확하게 그 이유를 알기 위해서, 다시 말해 진희의 공격행동의 이유와 환경적인 요소를 알기 위해서 체계적인 방법으로 행동진단을 하게 된다.

2) 기능적 행동진단의 중요성

미국 장애 영유아 교육을 주도하는 특수교육학회(CEC)의 조기교육분과(DEC, 2005)에서는 교사와 가족이 문제행동을 보이는 어린 아동을 위하여 다음과 같은 요소들을 반드시 고려해야 한다고 강조하고 있다. 즉, (1) 문제를 일으키는 요소, 유지시키는 후속결과, 문제행동의 기능을 선별하고 확인하는 과정을 포함한 종합적인 진단 실시하기, (2) 문제행동을 예방하고 만성적이고 강도가 높은 문제행동을 교정하기 위하여 다양한 증거 기반의 전략 적용하기, (3) 사회적 및 정서적 능력과 적절한 의사소통 및 적응 행동을 가르치고 지원하기 위하여 다양한 증거 기반의 전략과 서비스 실행하기, (4) 팀 구성원이 자연적인 환경에서 개별화 중재 계획을 개발하고 실행하도록 지원하기다. 특히 문제행동과 관련해서 학회의 입장을 표명한 성명서에서는 어린 아동을 대상으로 개별화 교육 프로그램(IEP)이나 개별화 가족지원 서비스(IFSP)를 계획하고 실행하는 모든 교사는 문제행동의 예방과 중재를 효과적으로 실행하는 데 필요한 지식과 기술을 습득할 수 있는 기회를 반드시 가져야 한다고 강조하고 있다(DEC, 1998). 결과적으로 장애유아의 문제행동을 다루기 위해서는 교사가 행동과 관련된 지식과 기술을 갖추고 있어야 하며, 그것을 바탕으로 긍정적인 방법으로 행동을 진단하고 다룰 수 있어야 한다는 것이다. 이와 같은 맥락에서 1997년 개정된 미국 장애인교육법(IDEA)에서도 아동의 문제행동이 자신과 다른 아동의 발달에 영향을 미치고 그로 인하여 자신의 교육적 배치에 부정적인 영향을 미치는 경우 문제행동을 진단하고 적절한 중재를 개발하기 위하여 기능적 행동진단과 긍정적 행동지원을 적용하도록 명시하고 있다(Amstrong & Kauffman, 1999).

　과거에는 문제행동을 다루기 위하여 체벌 위주의 중재가 주로 이루어져 왔다. 그러나 이와 같은 전통적인 체벌 위주의 행동 중재는 문제행동의 원인, 즉 기능을 고려하지 않은 채 실행되었기 때문에 그 중재 효과가 매우 제한적이었을 뿐만 아니라 체벌의 혐오적이고 처벌적인 특성으로 인하여 여러 가지 윤리적인 문제가 제기되어 왔다. 따라서 최근 들어서는 이를 보완하기 위하여 긍정적 행동지원(positive behavior support: PBS) 방법이 적용되기 시작하였다(Kerr, & Nelson, 2006; Magg, 2004; Walker, Shea, & Bauer, 2007). 긍정적 행동지원은 개별 아동에게 적합한 중재를 실행하는 총제적이고 종합적인 과정이다(Bambara & Kern, 2008). 개별 아동에게 적절한 행동지원 계획을 수립하기 위해서는 무엇보다 행동의 발생과 관련된 정보 수집을 위하여 기능적 행동진단을 수행해야 한다. 결과적으로 기능적 행동진단은 장애 아동의 문제행동을 긍정적인 방법으로 다루기 위하여 전제되는 필수적인 과정이라고 할 수 있다.

　기능적 행동진단은 행동 발생과 관련된 두 가지 원리에 의하여 그 중요성이 더욱 강조된다. 첫 번째 원리는 모든 문제행동은 의사소통적인 기능을 지닌다(Koegel, Koegel, & Dunlap, 1996)는 것이다. 따라서 교사는 아동이 문제행동을 보일 때 그 행동이 의도하는 의사소통적인 기능이 무엇인지를 파악하고, 좀 더 적절한 방법으로 동일한 의도를 달성할 수 있도록 지원하여야 한다. 장애 아동이 문제행동을 통하여 의사소통하고자 하는 대표적인 기능으로는 관심 끌기, 회피하기, 원하는 물건이나 활동 얻기, 자기조절하기, 놀이 또는 오락의 다섯 가지가 있다(Durand, 1988). 예를 들어, [그림 7-1]의 진희의 경우 자신이 원하는 놀잇감을 갖기 위하여 친구를 밀거나 때리는 행동을 보일 수 있으며, 놀잇감을 돌려주라는 교사의 요구를 회피하기 위하여 소리 지르거나 탠트럼을 보이는 것일 수 있다. 또 다른 예로는 이야기 나누기 시간에 자리를 이탈하여 돌아다니는 행동을 보이는 아동의 경우 그러한 행동을 통하여 교사가 자신에 대해 지속적인 관심을 보이도록 의도하는 것일 수 있다. 또한 친구가 블록으로 만들고 있는 성을 계속해서 무너뜨리며 방해하는 행동을 보이는 아동은 친구의 관심을 원하거나 함께 놀기를 원하는 의도에서 나온 행동일 수 있다. 이러한 행동은 성인 또는 또래의 관심을 끌기 위한 기능을 지닌 문제행동이라고 할 수 있다. 주변의 자극이 너무 많아 이를 조절하기 위하여 반복적인 상동행동을 보이는 아동의 경우, 그 상동 행동은 자기조절 기능을 지닌 것으로 볼 수 있다. 컴퓨터를 하기 위해서 친구를 밀치는 행동이나 자유선택활동 종료 시 가지고 있던 놀잇감을 교구장에 가져다 두는 대신 소리를 지르고 탠트럼을 보이는 등의 행동은 진희의 경우에서와 같이 원하는 물건이나 활동을 얻고자 하는 기능을 지닌 것이다. 소리 지르거나 탠트 럼 행동은 교사의 지시나 주어진 과제 수행을 회피하기 위한 기능으로도 나타난 다. 이와 같이 문제행동은 여러 기능을 지닌다. 특히 교사는 동일한 형태의 행동 이 다양한 기능을 지니기도 하지만 다양한 형태의 행동이 동일한 기능으로 인하 여 발생하기도 한다는 사실을 이해해야 한다. 따라서 아동의 문제행동이 의사소 통적인 기능을 지니고 있음을 전제하고 행동의 외형적인 형태로만 그 기능을 단 순하게 판단하기보다는 체계적인 행동진단을 통하여 특정 행동이 어떤 기능을 지니고 있는지를 정확하게 파악할 수 있어야 할 것이다. 〈표 7-1〉은 아동의 문 제행동이 지니는 보편적인 기능과 각 기능에 따른 의사소통적 의도를 보여 주고 있다.

　행동 발생과 관련된 두 번째 원리는 문제행동은 행동이 발생하는 상황이 변화 할 때 감소하거나 증가할 수 있다(Chandler & Dahlquist, 2006)는 것이다. 즉, 아 동이 나타내는 여러 가지 다양한 문제행동은 주변 상황을 적절히 변화시킴으로 써 조절될 수 있다는 것이다. 따라서 교사는 기능적 행동진단을 통하여 문제행동 의 발생과 관련된 환경적인 상황을 파악할 수 있어야 한다. 여기서 말하는 상황 이란 아동의 행동에 영향을 미칠 수도 있는 내적 또는 외적 상태나 사건을 의미 한다. 이러한 환경적인 상황은 생리학적 상태(예: 고통, 배고픔, 두려움, 피로, 각 성)와 주변 자극에 의한 모든 경험(예: 시각적 경험, 청각적 경험) 등 매우 다양한 사건과 상태를 모두 포함하며, 이들 간의 복잡한 상호작용에 의하여 아동의 행동 에 영향을 미치게 된다(이소현, 박은혜, 2006). 일반적으로 문제행동의 발생과 관 련된 상황은 선행사건, 배경사건, 후속결과로 분류된다. 이들에 대해서는 이 장 의 뒷부분에서 설명한다.

표 7-1	문제행동의 기능 및 의사소통적 의도의 예
문제행동의 기능	**문제행동의 의사소통적 의도**
관심 끌기	다른 사람의 관심을 얻으려는 목적의 행동으로 인사를 하거나, 자기와 함께 있어 달라고 요구하거나, 자신을 보게 하거나, 자신에게 말을 걸어 주기를 원하는 등의 기능을 지닌다.
과제/자극 피하기	특정 사람이나 활동 등을 피하기 위한 목적의 행동으로 '싫어요', '하기 싫어요' 등의 거부 표현, 과제가 너무 어렵거나 쉽거나 지루하다는 표현, 쉬고 싶다는 표현 등의 의사소통적 기능을 지닌다.
원하는 물건/활동 얻기	원하는 것을 얻기 위한 목적의 행동으로 특정 음식이나 음료수, 놀잇감 등의 물건을 얻거나 특정 활동을 하고자 하는 기능을 지닌다. 때로는 원하는 물건을 잃게 되거나 원하는 활동이 종료될 때 물건을 잃지 않거나 활동을 지속하고자 하는 기능을 지니기도 한다.
자기조절	자신의 에너지(각성) 수준을 조절하기 위한 목적의 행동으로 손 흔들기, 손가락 두들기기, 물건 돌리기 등의 행동으로 나타나며, 상동행동이나 자기자극 행동으로 불리기도 한다.
놀이 또는 오락	단순히 하고 싶어서 하는 행동으로 특히 다른 할 일이 없는 경우에 나타나곤 한다. 자기조절 기능을 지닌 행동과 유사하게 반복적인 돌리기나 던지기 등의 형태로 나타나지만, 자기조절 행동과는 달리 행동에 완전히 몰입되는 경우가 많아 다른 활동이나 과제에 집중할 수 없게 만든다.

출처: 이소현, 박은혜(2006). 특수아동교육: 통합학급 교사들을 위한 특수교육 지침서(개정판, p. 496). 서울: 학지사.

2. 기능적 행동진단의 실제

1) 기능적 행동진단을 위한 정보 수집

기능적 행동진단은 문제행동에 대한 중재 계획을 세우기 위하여 문제행동과 관련된 정보를 수집하는 것이다. 따라서 기능적 행동진단을 통하여 얻은 정보는 아동이 보이는 바람직하지 않은 행동을 감소시키고 바람직한 행동을 증가시킴으로써 삶의 전반적인 질을 향상시키는 데 유용해야 한다. 일반적으로 문제행동의 기능을 파악하기 위하여 수집하는 정보는 아동 및 그 행동과 관련된 개괄적인 정보와 문제행동의 발생과 관련된 배경사건, 선행사건, 후속결과 등의 상황적 요인에 대한 구체적인 정보의 두 가지로 나누어진다(Bambara & Kern, 2008; Walker et al., 2007; Wheeler & Richey, 2005).

개괄적인 정보는 문제행동에 직간접적으로 영향을 미칠 수 있는 여러 요소를 포함한다. 예를 들어, 전학이나 이사, 부모의 이혼 등과 같은 생활의 주요 변화나 건강 관련 문제, 발달 수준이나 과제 수행 능력, 전반적인 삶의 질 등과 같이 개별 아동의 전반적인 생활양식이나 개인적인 변화에 관련된 일반적인 내용이다. 이러한 정보는 문제행동의 특성이나 기능을 이해하고 구체적인 정보 수집방법이나 수집 내용을 파악하는 데 도움이 될 수 있다.

개괄적인 정보는 주로 진단 초기 의뢰, 아동과 관련된 기록의 검토, 면담을 통하여 수집될 수 있다. 예를 들어, 아동의 병원 기록을 검토하거나, 이전 교육기관 또는 담당교사의 기록을 살펴보거나 면담을 하는 동안 아동의 건강 상태, 최근에 일어난 특별한 변화, 이전에 주로 나타났던 문제행동과 그에 대한 주변 사람의 반응, 전반적인 발달 수준, 특별히 좋아하는 물건이나 사람 등과 같이 문제행동에 직접 관련되었다고 판단할 수는 없어도 어떤 형태로는 문제행동에 영향을 미칠 수 있는 주변 요인을 파악할 수 있다.

구체적 정보에는 문제행동 발생과 관련된 상황인 선행사건, 배경사건, 후속결과가 포함된다. 선행사건은 행동이 발생하기 직전에 나타나는 환경적인 사건이며(예: 과제 요구, 사회적 관심 결여, 원하는 물건 제거), 배경사건은 행동 발생에 직접적인 영향을 미치지는 않지만 선행사건에 대한 반응 가치를 높임으로써 행동의 발생 가능성에 영향을 미치는 환경적인 사건이고(예: 피로감, 질병, 약물 복용, 사회적 상호작용 상황), 마지막으로 후속결과는 행동이 발생한 직후에 주어지는 환경적인 사건으로 행동에 특정 기능을 부여해 줌으로써 그 행동의 미래 발생률에 영향을 미치는 것이다(Bambara & Kern, 2008). 이와 같은 세 가지 상황적 요소가 행동 발생에 미치는 영향은 [그림 7-2]에서와 같이 설명될 수 있다. 즉, 행동은 행동이 발생하는 맥락인 배경사건과 선행사건의 영향을 받아 발생하며, 행동이 발생한 후에 뒤따르는 후속결과에 의하여 앞으로의 발생률이 증가하기도 하고 감소하기도 한다. [그림 7-3]은 이와 같은 행동 발생 체계 내에서 배경사건

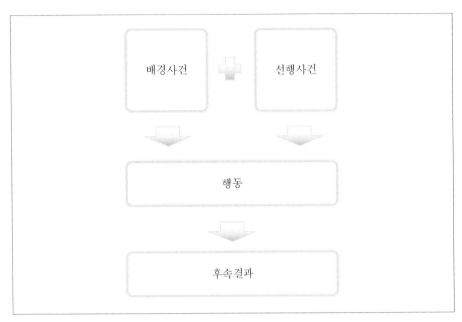

[그림 7-2] 행동 발생 체계

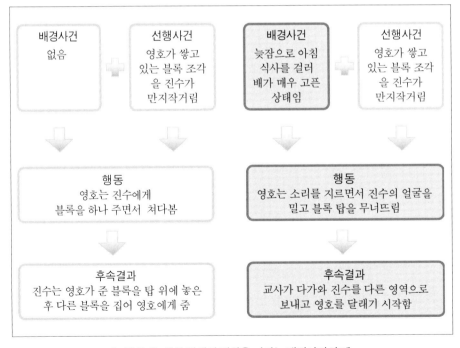

[그림 7-3] 행동 발생에 영향을 미치는 배경사건의 예

이라는 상황적 요소가 뒤에 나타나는 행동에 어떤 영향을 미칠 수 있는지를 보여
주고 있다.

이들 상황에 대한 구체적인 분석은 문제행동의 기능, 즉 발생 원인에 대한 정
보를 제공해 줄 수 있다. 예를 들어, 유치원 등원 시 매일 아침 교실에 들어가기
싫다고 우는 아동의 경우, 유치원 등원 전에 집에서는 어떤 일이 있었는지, 등원
버스에서는 어떤 일이 있었는지, 몸이 불편한 것은 아닌지 등과 같은 문제행동
발생에 영향을 줄 만한 여러 가지 배경사건을 살펴볼 수 있다. 또한 문제행동 전

표 7-2   기능적 행동진단을 위하여 수집해야 할 정보의 유형별 내용

정 보	정보 유형	정보 내용
개괄적 정보	삶의 주요 사건	죽음이나 질병, 전학이나 부모의 이혼 등 삶에서 경험한 잊기 어려운 힘든 사건이나 변화
	건강 관련 요소	정신건강(예: 우울증) 및 일반 건강(예: 알레르기, 수면 문제) 관련 요소
	문제행동의 역사	문제행동의 시작 시기 및 주변인의 반응 등 문제행동과 관련된 내용
	이전의 중재 노력	문제행동과 관련하여 이전에 제공되었던 중재의 종류나 결과 등 중재 관련 요소
	학업기술 및 과제 수행력	아동에게 중요한 기술/과제(예: 의사소통, 사회적 상호작용)
	강점 및 약점	활용할 수 있는 강점과 도움이 필요한 약점
	선호도	아동이 좋아하는 사람이나 활동 등
	전반적인 삶의 질	아동의 삶이 아동에게 의미 있는 요소로 구성되어 있는가에 대한 내용(예: 통합환경, 친구, 역할 모델, 좋아하는 활동)
구체적 정보	선행사건	문제행동이 발생하기 직전에 바로 그 환경에서 발생한 사건
	배경사건	문제행동 발생과 관련된 선행사건과 후속결과에 간접적으로 영향을 미치는 사건
	후속결과	문제행동 발생 직후에 바로 그 환경에서 발생한 사건으로 문제행동이 계속 발생할지의 여부에 영향을 미치는 사건

에 어떤 일이 있었는지를 살펴볼 수도 있을 것이다. 보라가 유치원 버스에서 내려서 교실로 가는 동안 어떤 선생님이 주로 옆에 있었는지, 어떤 친구가 있었는지, 유치원 마당에는 어떤 놀잇감이 있었는지 등에 대하여 관찰할 수도 있다. 마지막으로 보라가 교실에 들어가기 싫다고 울고 떼쓸 때마다 후속결과로 제시된 것은 무엇이었는지를 살펴보고 기록할 수도 있다. 보라가 울고 떼쓸 때 선생님과 또래 친구는 어떤 반응을 하였는지, 그러한 반응이 보라가 원하는 것이었는지 등에 대하여 살펴볼 수 있다. 구체적 정보를 수집하는 이유는 문제행동에 직접적인 영향을 미치고 관여하는 환경적 요소를 파악하여 문제행동의 원인이나 의도를 이해하기 위한 것이다. 이러한 구체적인 정보는 뒤에서 설명될 일화기록이나 ABC 관찰방법 등을 적용하여 수집할 수 있다.

〈표 7-2〉는 아동의 문제행동에 대한 기능진단을 위하여 수집해야 할 정보를 유형별로 보여 주고 있다(Bambara & Kern, 2008).

2) 정보 수집방법

기능적 행동진단을 위한 정보 수집은 2장에서 설명한 바와 같이 다양한 방법을 통하여 이루어질 수 있다. 이 장에서는 기록을 검토하거나 아동 주변의 관련인을 대상으로 면담을 하는 등의 간접적인 방법과 실제로 문제행동 및 그 관련 상황을 관찰하는 직접적인 방법으로 나누어 설명하고자 한다(Bambara & Kern, 2008; Gresham, Watson, & Skinner, 2001; Walker et al., 2007).

(1) 간접적인 방법
① 발달력 및 관련 기록의 검토
아동의 전반적인 발달에 관한 정보 및 다양한 생활에 관련된 기록은 기능적 행동진단을 위하여 유용한 정보를 제공할 수 있다. 기능적 행동진단을 실시하는 초기 단계에서 살펴보아야 할 요소 중 하나는 유치원이나 학교 생활과 관련된 기록이다. 일반적으로 이 단계에서 살펴보게 되는 기록에는 아동의 개별화 교육 프로그램(IEP), 개별화 가족지원 계획(IFSP), 관련 서비스 전문가의 개인적 기록(예:

언어치료사, 물리치료사, 작업치료사 등이 아동과 상호작용하는 기간 동안 기록한 다양한 자료), 유아교육기관에서 보관하고 있는 다양한 기록, 이전에 아동에게 실시하였던 중재 방법 및 그 효과에 대한 기록 등이 포함될 수 있다(McEvoy, Neilsen, & Reichle, 2004).

이러한 관련 기록은 아동에 대한 기본적인 정보, 즉 생년월일, 교육 경험, 신체적 상태 등을 비롯한 아동에 관한 기초 정보, 특수교육적 상황(의뢰, 장애 증명, 배치 등), 현재 또는 이전에 받았거나 받고 있는 관련 서비스의 종류 및 기간 등과 같은 다양한 정보를 파악하는 데 도움이 된다. 특별히 이러한 관련 기록을 검토하여 수집한 정보는 문제행동에 영향을 미치는 의료적·신체적 상태를 파악하거나 이전에 아동이 경험했던 여러 가지 다양한 사건을 파악하는 데 많은 도움이 된다.

관련 기록을 검토하고 행동평가 절차에서 활용하는 동안 주의해야 할 사항은 관련 기록에 대한 지나친 해석이나 의존을 피해야 한다는 것이다. 즉, 관련 기록에 제시된 행동 문제의 기능이 과거와 현재에 다를 수도 있으며, 아동을 단편적으로만 이해하고 있는 사람들에 의하여 기록된 자료일 가능성도 있기 때문에 관련 기록 자료에 대한 해석에 많은 주의가 필요하다.

② 면담

기능적 행동진단을 위한 면담은 유아와 유아의 행동 문제를 잘 아는 주변 사람과 공식적이거나 비공식적인 대화를 중심으로 실시된다. 면담의 주요 목적은 다음과 같은 정보를 수집하는 것이다(Neilsen & McEvoy, 2004). 즉, (1) 목표행동의 조작적 정의, (2) 행동이 발생하거나 발생하지 않는 상황, (3) 문제행동을 예측하게 해 주는 선행사건 및 문제행동과 관련된 후속결과, (4) 이전에 사용된 중재, (5) 대체행동 및 사용 가능한 강화자의 종류다. 〈표 7-3〉은 이와 같은 정보를 수집하기 위하여 면담에서 사용할 수 있는 주요 질문의 예를 보여 주고 있다. 면담에서 수집된 자료는 문제행동을 이해하는 초기 단계에서는 많은 도움을 줄 수 있다. 그러나 면담은 2장에서 언급된 바와 같이 때로는 신뢰도와 타당도가 부족하므로 기능적 행동진단 과정의 여러 다양한 방법을 보완하는 자료로 사용되어야 한다. 면담은 일반적으로 면담자의 경험, 면담 전의 관찰 내용, 개별적인 인상 등

표 7-3	기능 평가를 위해 면담 시 활용할 수 있는 주요 질문의 예

1. 어떤 행동이 문제가 됩니까?
2. 문제행동이 가장 자주 발생하는 시간은 언제입니까? (예: 매주 월요일 집단활동 시간)
3. 문제행동이 가장 자주 발생하는 장소는 어디입니까? (예: 율동실)
4. 어떤 유형의 과제나 활동을 할 때 문제행동이 발생하나요? (예: 소집단 활동, 자유선택활동)
5. 문제행동이 발생할 때 제시되는 과제나 활동의 특성은 무엇입니까? (예: 과제 지속 시간이 길 때, 좋아하지 않는 과제를 제시할 때)
6. 문제행동이 발생할 때 주로 제시되는 과제의 형태는 무엇입니까? (예: 소근육 활동, 미술활동)
7. 문제행동이 발생하거나 문제행동을 할 때 주로 함께 있는 사람은 누구입니까?
8. 행동 발생 전에 주로 어떤 일이 있었으며, 행동 발생 후에 제시된 결과는 무엇입니까? (예: 질문, 과제 제시, 도움 주기, 꾸지람하기, 칭찬하기)
9. 문제행동에 영향을 미칠 것으로 여겨지는 상황이 있습니까? (예: 지나치게 소란스러운 환경, 신체적인 문제)

출처: Chandler, L. K. & Dahlquist, C. M. (2006). *Functional assessment: Strategies to prevent and remediate challenging behavior in school settings* (p. 57). Englewod Cliffs: Merrill Prentice Hall.

과 같이 면담자의 주관적인 견해가 작용할 수 있다. 또한 면담 대상자가 대상 아동과 상호작용을 했던 경험이 부족한 경우에는 문제행동과 관련된 결정적인 변인을 적절히 지적하지 못할 수도 있다. 따라서 면담을 통하여 제시된 정보를 해석하고 활용하는 데는 많은 주의가 필요하며, 그 정보는 다른 정보원과 함께 사용되어야 한다.

일반적으로 면담은 비형식적인 대화를 중심으로 실시된다. 하지만 필요에 따라서는 체계적이고 구조화된 면담을 실시할 수도 있다. 면담의 구체적인 방법에 대해서는 5장을 참조하기 바란다. 구조화된 면담을 실시하는 경우 행동진단과 관련된 체크리스트나 행동평정 척도를 사용할 수 있다. 이러한 도구는 직접적인 기능적 행동진단과 중재를 실시하기 위하여 초기에 사용할 수 있는 비교적 간단하고 용이한 방법으로, 다른 기능적 행동진단 방법과 함께 사용될 수 있다. 그러나 행동평정 척도는 목표행동의 선행사건이나 후속결과에 대한 구체적인 정보를 얻을 수 없다는 단점을 지닌다. 〈표 7-4〉에는 면담 과정에서 사용할 수 있는 구조화된 면담 및 행동진단 체크리스트 등의 목록이 제시되어 있다.

| 표 7-4 | 행동진단을 위한 구조화된 면담 및 체크리스트의 예 |

유 형	출 처	내 용	비 고
기능진단면담 (Functional Assessment Interview: FAI)	O'Neill et al. (1997)	• 행동의 형태, 빈도, 지속시간, 강도 • 행동과 관련된 환경적 조건 • 아동의 발달력과 병력, 신체적 상태 등 과 같은 문제행동과 관련된 상황적 변 인 • 아동이 현재 수행할 수 있는 대체행동과 의사소통 기술 • 잠재적 강화 요인과 중재	타당도와 신뢰 도가 높음
동기진단척도 (Motivation Assessment Scale: MAS)	Durand & Crimmins (1988)	• 16개 항목의 질문으로 구성 • 문제행동이 발생하는 상황이나 문제행 동의 기능을 파악하기 위한 내용으로 구성	빠르고 쉽게 사 용할 수 있으나 신뢰도 문제가 지적됨. 따라서 추후 직접 관찰 을 통한 자료를 보완해야 함
기능분석 선별도구 (Functional Analysis Screening Tool: FAST)	Iwata (1995)	• 18개 항목의 질문으로 구성 • 문제행동 발생에 가장 많이 연관된 요 인 파악	
행동기능 질문지 (Questions About Behavioral Function: OABF)	Matson & Volmer (1995)	• 25개의 체크리스트로 구성 • 다양한 환경 내에서 문제행동의 빈도 파악 • 문제행동의 의사소통적 의미 파악	신뢰도와 유용 도가 높음
교사를 위한 기능 진단 기록지 (Functional Assessment Informant Record for Teachers: FAIR-T)	Edwards (2002)	• 교사가 실시하는 기능적 행동 평가 • 방해행동 • 상황적 사건, 선행사건, 후속결과, 이전 에 수행하였던 중재방법 등에 대한 정보 기록	

(2) 직접 관찰을 통한 기능진단

직접 관찰은 문제행동에 영향을 미치는 환경이나 상황적 요소를 이해하기 위하여 행동이 발생하는 시간에 직접적으로 행동을 기록하는 방법이다. 따라서 교실이나 가정, 놀이터 등과 같이 아동의 문제행동이 발생하는 자연스러운 상황 내에서 아동의 행동을 관찰하고, 그와 더불어 행동 전에 발생하는 환경적 사건(선행사건)과 행동 직후에 뒤따르는 사건(후속결과)을 살펴보고 기록하게 된다. 여기서는 기능적 행동진단을 위하여 많이 사용되는 직접 관찰 방법으로 일화기록, ABC 관찰, 산점도, 체크리스트에 대하여 알아보고자 한다.

① 일화기록

일화기록은 직접 관찰 방법 중 비교적 구조화의 정도가 낮은 방법으로 아동의

- 이   름: 김 은 지
- 생년월일: 2005. 11. 23.
- 관 찰 일: 2009. 9. 20.
- 관 찰 자: 오 윤 미

시 간	일과/활동	행 동	결 과
9:20	대집단 활동	교실 밖으로 나가서 돌아다님	은지가 좋아하는 친구를 밖으로 내보내 은지를 데리고 들어와 옆에 같이 앉게 함
10:05	바깥놀이	연주가 타고 있는 그네를 잡고 비키라고 소리 지르며 밀침	보조원이 달려가 차례를 정해 주고 차례대로 타게 함, 이때 은지부터 먼저 타게 함
11:00	간식	갑자기 옆 자리에 앉아 있는 정우의 우유 컵을 들고 마심	정우가 우유 컵을 빼앗아 우유가 쏟아지고 은지는 울기 시작함, 교사가 은지를 달래고 정우와 은지 모두에게 우유를 더 부어 줌
11:35	미술 활동	교사의 허락 없이 교실 밖으로 나가 화장실에 가서 물놀이를 함	교사가 화장실에 가서 교실로 데리고 옴, 미술 영역에서 활동을 계속하도록 은지가 좋아하는 색깔의 색지와 크레파스를 줌

[그림 7-4] 유치원 일과 중 교사가 작성한 일화기록의 예

행동에 대하여 발생한 그대로 서술하는 방법이다. 일화기록에서는 교사의 판단을 배제하고 사실 그대로를 기록함으로써 문제행동의 중요한 증거가 될 수 있는 사건을 사실 그대로 남기게 된다. 예를 들어, 미국의 경우에는 교사가 문제행동에 대한 기록을 반드시 남기도록 법적으로 규정되어 있으므로 학교나 교육청 단위로 특정 양식에 따라 문제행동이 발생한 사건을 그대로 기록한다. 이는 법적인 의무에 의하여 이루어지는 과정이기는 하지만 기록에 행동의 선행사건과 후속결과 등의 정보가 포함되는 경우 매우 유용한 행동진단 자료로 사용될 수 있다. 즉, 일화기록은 행동을 평가하기보다는 기록하고 분석하기 위한 유용성을 지닌다. 일화기록은 아동 행동 관찰일지나 문제행동을 일으키는 여러 특정 사건에 대한 기록, 그 외에도 기관에서 주로 사용하는 다양한 양식을 이용하여 이루어진다(Walker et al., 2007; Wheeler & Richey, 2005). [그림 7-4]에는 유치원 교사가 아동의 행동 문제와 관련해서 정해진 양식에 따라 작성한 일화기록의 예가 제시되어 있다. 일화기록의 작성 및 활용에 대한 구체적인 방법은 4장을 참조한다.

② ABC 관찰

A(antecedents, 선행사건)-B(behavior, 행동)-C(consequence, 후속결과) 관찰(Carr & Carlson, 1993)은 기능적 행동진단을 위한 직접 관찰 방법 중에서 가장 많이 사용되는 방법 중 하나다(Kerr & Nelson, 2006; Neilsen & McEvoy, 2004; Walker et al., 2007). ABC 관찰은 문제행동의 발생에 영향을 미치는 환경적 요소를 파악하거나 문제행동 전에 발생하여 교수목표에 영향을 미치는 사건을 파악하고, 동시에 행동 후에 제공되는 교사나 또래의 반응 또는 환경적 요소의 변화와 같은 후속결과를 이해하기 위하여 사용될 수 있다.

ABC 관찰은 [그림 7-5]에 제시된 바와 같이 일반적인 선행사건과 행동, 후속결과를 관찰한 내용 그대로 기록하는 것이다. 관찰자는 부모, 교사, 교직원, 형제 등과 같이 대상 아동을 잘 알고 생활을 같이 하는 주변 사람이 될 수 있다. 관찰자들은 행동이 발생하는 자연스러운 환경에서 선행사건과 결과를 관찰하고 기록한다. ABC 관찰에서는 거의 모든 기록이 관찰자에 의존하기 때문에 관찰자의 역할이 매우 중요하다. 따라서 관찰자는 대상 아동을 관찰하는 기간 중에 아

선행사건	행 동	후속결과
그림을 그리게 함	다른 친구의 그림에 낙서함	교사의 지시로 생각하는 의자에 가서 앉아 있음
집단활동 시간 중 다른 친구가 발표함	옆의 친구를 때림	교사가 때리지 말라고 꾸중함
담임교사와 테이블 활동을 수행함	의자에서 일어나 교실 안을 돌아다님	교사가 이름을 부르며 자리에 앉으라고 말함

• 이　　름: 윤선오　　　　• 관찰일: 2009. 9. 22.
• 생년월일: 2005. 10. 9.　• 관찰자: 오윤미
• 관찰시간: 9:00∼11:30　• 관찰상황: 오전 일과

[그림 7-5] ABC 관찰 기록지의 예

동의 행동에 개입하지 않으면서 사실을 있는 그대로 기록할 수 있어야 한다. 또한 관찰 대상 행동을 명확히 이해하고, 그와 관련된 변인이 무엇인지를 잘 알고 기록하여야 한다(Chandler & Dahlquist, 2006; Wheeler & Richey, 2005).

ABC 관찰방법은 목표 행동과 선행사건 및 후속결과를 주변 인물의 기억에 근거하여 체크하는 것이 아니라 관찰자가 아동의 행동을 직접적으로 관찰하고 행동이 발생할 때마다 직접 기록하는 방법으로 정확한 평가 정보를 얻을 수 있다는 점에서 매우 바람직한 방법이다. 그러나 시간과 노력이 많이 들기 때문에 모든 아동을 대상으로 이 방법을 적용할 수 없다는 점은 이 방법의 제한점으로 지적되고 있다.

③ 산점도

산점도(scatterplot)는 분포도라고도 불리는 방법으로 문제행동이 가장 많이 나타나는 시간을 알아보기 위하여 사용된다(McEvoy et al., 2004). 산점도는 ABC 관찰과 같은 직접 관찰을 더욱 효과적으로 수행하기 위하여 보조적으로 사용될 수도 있다. 예를 들어, 보라의 교수목표를 분석하기 위하여 산점도를 사용하여 관찰한 결과, 요일별로는 월요일에 그리고 일과별로는 이야기 나누기 시간 및

집단활동 시간에 문제행동을 가장 많이 한 것으로 나타났다. 이러한 결과에 근거하여 교사는 월요일과 이야기 나누기 및 집단활동 시간에 보라의 행동이 보라의 교수목표에 영향을 미칠 수 있는 요인이 있을 것으로 파악하고, 그 시간대에 ABC 관찰을 실시하여 구체적인 문제행동의 원인을 살펴보기로 하였다. 이와 같이 산점도는 선행사건이나 후속결과 등 문제행동과 관련된 구체적인 정보를 제공하지는 않지만 가장 많이 발생하는 시간대를 이해하고 개략적인 문제행동의 원인을 알 수 있게 해 준다. 또한 작성이 용이하다는 장점도 지닌다. [그림 7-6]

- 이　　름: 강 보 라
- 생년월일: 2004. 3. 9.
- 관찰시간: 8:30~12:00
- 관 찰 일: 2009. 9. 28.
- 관 찰 자: 오 윤 미
- 문제행동: 의자 흔들기

시간 활동	날짜									
	4/6 월	4/7 화	4/8 수	4/9 목	4/10 금	4/13 월	4/14 화	4/15 수	4/16 목	4/17 금
8:30~9:00 도착 및 자유놀이										
9:00~9:15 이야기 나누기	✓✓✓✓	✓✓✓	✓✓✓✓✓ ✓✓✓✓	✓✓✓		✓✓✓	✓✓✓✓✓ ✓✓✓✓	✓✓✓	✓✓✓✓✓ ✓✓✓	✓✓✓
9:15~10:00 집단 활동	✓✓✓✓✓ ✓✓✓✓	✓✓✓	✓✓✓	✓✓✓✓✓ ✓✓✓✓	✓✓✓✓✓ ✓✓✓✓	✓✓✓✓✓ ✓✓✓✓	✓✓✓	✓✓✓✓✓ ✓✓✓✓		✓✓✓✓✓ ✓✓✓
10:00~10:30 간식	✓✓✓✓✓					✓✓✓				
10:30~11:00 미술 활동	✓✓✓✓✓ ✓✓✓					✓✓✓✓✓ ✓✓				
11:00~11:30 자유선택활동	✓✓✓✓✓					✓✓✓✓				
11:30~12:00 정리 및 귀가 준비										

　□ = 비발생　　□ = 1~5회　　▨ = 6회 이상

[그림 7-6] 산점도 양식의 예

은 산점도를 이용하여 보라가 유치원에서 보이는 의자 흔들기 행동이 대략적으로 언제, 얼마나 자주 나타나는지를 관찰한 결과를 보여 주고 있다. 관찰한 자료에 의하면 보라는 이야기 나누기와 집단활동 시간에 주로 의자 흔들기 행동을 많이 보이고 있으며, 의자에 앉아서 하는 활동인 미술과 간식 시간에는 문제행동을 보이지 않고 있다. 그러나 월요일에는 활동의 유형과 상관없이 의자 흔들기 행동이 집중적으로 나타나고 있음을 알 수 있다.

④ 체크리스트

체크리스트는 주로 면담을 통하여 간접적으로 정보를 수집할 때 많이 사용되는 방법이지만 직접 관찰을 위해서도 유용하게 사용될 수 있다. 앞에서 설명한 기술식 ABC 관찰방법은 문제행동에 영향을 미치는 선행사건과 후속결과를 구체적으로 이해할 수 있다는 점에서 매우 바람직한 방법이지만, 구체적인 기록을 하는 동안 교사가 대상 아동을 지속적으로 관찰하고 기록해야 하기에 다른 아동을 가르치고 돌보는 데 어려움이 있을 수 있다. 즉, 시간과 비용이 많이 든다는 점에서 현실적인 문제가 제기되고 있다. 따라서 이와 같은 문제를 줄이고 용이하게 사용될 수 있는 방법으로 체크리스트를 사용할 수 있다(Bambara & Kern, 2008; Miltenberger, 2007).

체크리스트는 목표행동과 함께 선행사건 및 후속결과 등을 기록하고 관찰자가 관찰기간 동안 목록에 기록된 행동이 발생했는지의 여부를 체크하는 방법으로 사용된다. 이 방법은 시간과 비용이 많이 드는 직접 관찰 방법의 단점을 보완할 수 있다는 장점을 지닌다. 따라서 관찰과 기록을 위하여 많은 시간을 사용할 수 없는 교사가 교육 현장에서 쉽게 적용할 수 있는 매우 편리하고 간편한 방법이라고 할 수 있다. 그러나 목표행동과 관련된 세부적이고 구체적인 행동적 특징이나 관련 내용을 자세히 제시하지 못할 수 있다는 단점도 지닌다. [그림 7-7]은 목표행동, 선행사건, 후속결과와 관련된 행동을 관찰하기 위한 체크리스트 양식의 예를 보여 주고 있다.

지금까지 기능적 행동진단을 위한 간접적인 방법과 직접적인 방법에 대하여

자극-행동-반응 체크리스트

이름: 최시온
작성법: 매 사건 발생 시, 해당되는 모든 선행사건, 행동, 결과에 체크하세요.

문제행동

장소: 교실   날짜: 2004. 3. 30.   시간: 10:00

자극: 행동 직전에 일어난 일	행동	반응: 행동 직후에 일어난 일
☐ 무언가를 하라고 요구받음	☐ 안절부절못함	☐ 문제행동에 대해 토의
☐ 무료함: 교재나 활동이 없음	☐ 불순종	☐ 무반응/무시
☐ 원하는 것을 얻지 못함	☐ 과제 이탈	☐ 행동에 대한 제지
☐ 좋아하는 활동을 제지받음	☐ 신체적 공격	☑ 활동에 임하도록 말로 재지도
☐ 시끄러운 환경	☐ 언어적 공격	☐ 활동에 임하도록 신체적으로 재지도
☐ 타인이 아동을 화나게 함	☐ 기물 파괴	☐ 신체적 제지
☐ 한 활동에서 다른 활동으로 전환해야 함	☐ 다른 사람을 놀리거나 화나게 함	☐ 교실에서 나가게 함
☑ 다른 아동이 관심을 받음	☐ 달아나기	☐ 하던 활동을 계속하게 함
☐ 불명확함	☐ 소리 지르기	☐ 타임아웃(지속 시간:____)
☐ 기타:_____	☑ 탠트럼	☐ 기타:_____
	☐ 기타:_____	

바람직한 행동

장소: 운동장   날짜: 2004. 3. 30.   시간: 11:30

자극: 행동 직전에 일어난 일	행동	반응: 행동 직후에 일어난 일
☐ 무언가를 하라고 요구받음	☐ 지시 이행	☐ 강화
☑ 교사/또래의 관심을 받음	☐ 조용히 앉아 있기	☑ 타인의 관심
☐ 혼자 있음	☐ 과제 수행	☐ 무시
☐ 좋아하는 장난감/활동	☑ 차례 기다리기	☐ 놀이가 계속됨
☐ 다른 아동이 놀기를 청함	☐ 정리하기	☐ 기타:_____
☐ 다른 아동과의 놀이	☐ 나눠 쓰기	
☐ 전이 시간을 미리 알려 줌 (예: "5분만 더 보고 TV 끄자.")	☐ 기다리기	
☐ 기타:_____	☐ 다른 사람에게 친절	
	☐ 순조로운 전이	
	☐ 다른 아동과 사이좋게 놀기	
	☐ 기타:_____	

[그림 7-7] 직접 관찰을 위한 체크리스트의 예

출처: Bambara, L. M., & Kern, L. (2008). 장애 학생을 위한 개별화 행동지원: 긍정적 행동지원의 계획 및 실행 (이소현 외 역, p. 213). 서울: 학지사. (원저 2005년 출간)

살펴보았다. 〈표 7-5〉는 이 두 가지 방법이 지니는 장점 및 단점과 함께 활용을 위한 권장사항을 비교하여 제시하고 있다. 실제로 기능적 행동진단을 실시하게 되는 경우에는 이러한 방법 중 하나를 선택하여 사용하기보다는 다양한 방법을 복합적으로 사용하면서 행동에 대한 정보를 수집하게 된다.

표 7-5 기능적 행동진단을 위한 간접적 방법과 직접적 방법의 장단점

방 법	장 점	단 점	권장사항
간접적 방법	• 개괄적 정보를 알려 준다. • 좀 더 자세한 진단을 해야 할 것에 대한 기초 정보를 신속히 수집하게 해 준다. • 다양한 시간대, 주변인과 환경에 대한 정보를 수집하게 해 준다. • 학생 본인의 관점을 알게 해 준다.	• 정보 제공자가 그 학생을 얼마나 잘 알고 있는지에 따라 정확도가 달라진다. • 중재 개발로 직결될 만큼 구체적이지 못할 수 있다. • 상업적으로 제작된 도구들이 모든 상황에 사용 가능한 것은 아니다.	• 상업적으로 제작된 도구는 초기 정보 수집에 사용하고, 그 학생 고유의 필요를 조사할 때는 도구를 수정하여 사용한다. • 직접적 방법과 병행한다.
직접적 방법	• 행동이 발생했을 때 직접 정보를 수집한다. • 자연스러운 환경에서 실시된다. • 환경, 행동, 선행사건, 후속결과에 대한 많은 세부사항을 제공한다.	• 시간이 많이 소요된다. • 문제행동의 발생을 그 자리에서 기록하는 것이 매일의 일과에 방해가 될 수 있다. • 문제행동 발생을 놓칠 수 있다. • 자주 일어나는 행동일수록 관찰과 기록이 어렵다. • 발생 빈도가 낮은 행동의 경우에는 수집된 정보가 충분치 않을 가능성이 있다.	• 상업적으로 제작된 도구들은 초기 정보 수집에 사용하고, 그 학생 고유의 필요를 조사할 때는 도구를 수정하여 사용한다. • 일과 중 자료 수집은 최대한 간소화한다.

출처: Bambara, L. M., & Kern, L. (2008). 장애 학생을 위한 개별화 행동지원: 긍정적 행동지원의 계획 및 실행 (이소현 외 역, p. 216). 서울: 학지사. (원저 2005년 출간)

3. 기능적 행동진단 결과의 활용

지금까지 이 장에서는 기능적 행동진단을 통하여 수집해야 하는 정보의 종류와 정보를 수집하는 방법에 대하여 알아보았다. 요약하자면, 기능적 행동진단은 간접적인 방법과 직접적인 방법에 의하여 이루어진다. 이를 위해서 먼저 아동의 발달력을 검토하여 특이사항이 없는지 살펴보고, 부모나 친지, 교사 등과 같이 아동을 잘 아는 사람들과 면담을 실시하게 된다. 이러한 면담이나 발달력 검토 외에도 여러 가지 행동평정 척도나 체크리스트 등을 활용할 수도 있다. 이와 같은 간접적인 방법을 실시한 후에는 더 구체적으로 아동의 행동을 관찰할 수 있다. 직접적인 관찰 방법은 일화기록이나 ABC 관찰 등이 적용된다. [그림 7-8]은 이상의 다양한 행동진단방법을 통하여 은지의 행동진단 계획을 세운 예를 보여 주고 있다. 또한 〈표 7-6〉은 기능적 행동진단이 적절하게 실행되었는지를 점검해 볼 수 있는 타당도 평가 기준의 예를 보여 주고 있다. 교사는 이와 같은 평가 항목을 점검해 봄으로써 기능적 행동진단 결과를 유용하게 활용할 수 있는지를 판단할 수 있다.

기능적 행동진단은 [그림 7-9]에서 보는 바와 같이 긍정적 행동지원을 계획하

기능적 행동진단 계획서

• 이 름: 김 은 지　　　　　　　• 날 짜: 2009. 11. 1.

진단 활동	책임자	기 한
기록 검토	특수교사	11/3
면담: 담임교사, 보조원, 작년 담임	특수교사	11/5
면담: 조부모, 부모	특수교사	11/9
산점도(날짜별)	담임교사, 보조원	11/3~11/10
직접 관찰(산점도에 근거하여 문제행동이 자주 발생하는 시간과 그렇지 않은 시간에 실시)	특수교사, 보조원	11/10~11/17

[그림 7-8] 기능적 행동진단 계획서의 예

표 7-6	기능적 행동진단의 타당도 평가 기준의 예

평가 영역	평가 질문
내용	1. 진단 내용은 문제행동과 대체행동을 이해하고 정의하는 데 적절한 도움을 주는가? 2. 진단 내용은 기능적 관계를 설명할 수 있도록 다양한 상황적 사건을 포함하는가? 3. 진단이 이루어진 상황은 실제 문제행동이 발생하는 상황과 유사한가?
과정	4. 문제행동과 환경적 사건은 진단을 실행하게 될 환경에서 가장 자주 발생하며 서로 기능적 관계가 있는 변인인가? 5. 진단은 효과적인 중재에 도움이 되는 인과관계를 제시할 수 있는가?
기능적 관계	6. 기능적 관계의 유무와 중재 타당도를 제시할 수 있는 실증적 자료가 측정이나 진단 과정에서 측정되었는가?
신뢰도 및 일반화 가능성	7. 측정된 자료는 내적 신뢰도, 검사-재검사 신뢰도, 측정자 간 신뢰도가 있는가? 진단 결과를 사용할 다양한 상황이나 시간에도 적합한가? 8. 수집된 자료는 측정자, 행동, 시간, 상황, 진단방법 등이 변경되어도 일반화될 수 있는가?
외부 변인과의 일치도	9. 수집된 자료는 정확한 측정인가? 예를 들어, 측정된 결과가 단일 대상 설계의 결과와도 일치하는가?
결과	10. 진단 자료는 중재 타당도를 지니는가? 11. 진단 자료는 사회적 타당도를 지니는가?

출처: Shriver, M. D., Anderson, C. M., & Proctor, B. (2001). Evaluating the validity of functional behavior assessment. *School Psychology Review, 30*, 180-192.

[그림 7-9] 긍정적 행동지원 계획을 위한 5단계 절차

기 위한 5단계 절차 중 2단계에 해당되는 절차다(Bambara & Kern, 2008). 이 그림에서 볼 수 있듯이, 기능적 행동진단의 실행은 진단해야 할 대상 행동이 분명해야 시작될 수 있다. 기능적 행동진단을 통하여 수집된 정보는 문제행동의 원인

을 이해할 수 있도록 가설 개발의 근거가 되며, 개발된 가설에 근거하여 구체적인 행동지원 계획을 개발하고 실행하게 된다. 따라서 기능적 행동진단 결과를 유용하게 활용하기 위해서는 긍정적 행동지원 절차를 잘 이해하고 실행할 수 있어야 한다. 여기에서는 기능적 행동진단을 실시한 후 그 결과를 기반으로 이루어지는 가설 개발과 행동지원 계획 개발에 대하여 간략하게 알아보고자 한다.

1) 문제행동의 가설 개발

문제행동의 기능 설정을 위한 가설 수립이란 기능진단을 통하여 수집된 자료에 의하여 파악된 문제행동의 원인이나 기능을 설정하고 검토하는 과정이다 (Kerr & Nelson, 2006). 다시 말해서, 교수목표의 발생 원인이 무엇인지, 문제행동이 유아에게 어떤 기능을 충족시키고 있는지를 설명하는 것이다. 수립된 가설이 문제행동과 그 기능을 명확히 설명하는 경우 이러한 가설에 근거하여 긍정적 행동지원 계획을 수립하고 실행하게 된다. 가설 문장에는 문제행동 전에 일어난

가설 1

진희는 <u>자신이 원하는 놀잇감을 친구가 가지고 있을 때</u>　<u>그 놀잇감을 갖기 위하여</u>
　　　　　　　　(선행사건)　　　　　　　　　　　　　　(기능)

<u>친구를 밀거나 때리는 등 공격행동을 보인다.</u>
　　　　　　　　(행동)

가설 2

진희는 <u>교사가 자신이 원하지 않는 행동을 하도록 요구할 때</u>　<u>그 행동을 수행하지 않기</u>
　　　　　　　　(선행사건)　　　　　　　　　　　　　(기능)

<u>위하여</u>　<u>울거나 소리 지르고 바닥에 누워 떼를 쓴다.</u>
　　　　　　　　　(행동)

[그림 7-10] 기능적 행동진단을 통하여 설정된 가설의 예

사건, 즉 선행사건과 배경사건을 포함하며, 다음으로는 문제행동을 기술하고 마지막으로 그러할 것으로 추정되는 문제행동의 기능을 서술한다. [그림 7-10]은 이 장의 서두에서 소개된 사례([그림 7-1] 참조)에서 진희의 문제행동에 대해 기능적 행동진단에 근거하여 설정한 가설의 예다. 여기서 볼 수 있는 것과 같이 기능적 행동진단에 근거하여 설정된 가설은 중재 계획에 사용될 수 있는 중요한 정보를 제공한다.

2) 긍정적 행동지원 계획 수립

기능적 행동진단 과정에서 수집된 자료는 중재를 위하여 의미 있게 해석될 수 있어야 한다. 수집된 진단 자료에는 다음과 같은 내용이 포함되어야 한다(Wheeler & Richey, 2005).

- 문제행동에 대한 조작적 정의
- 행동에 영향을 줄 가능성이 있는 특정한 상황적 변인(예: 이사 등의 커다란 변화, 신체적 질병)
- 교수목표를 유발하는 데 지속적으로 영향을 미치는 배경사건과 선행사건, 아동이 상호작용하게 되는 여러 다양한 상황, 아동에게 제시되었던 과제, 주변 사람, 하루 일과 중 특정 시간, 교수적 단서 등
- 문제행동의 유지 요인으로 작용하는 행동에 대한 후속결과 및 배경사건
- 문제행동의 기능
- 문제행동의 기능과 동일한 기능을 지닌 대체행동
- 문제행동을 위하여 이전에 사용하였던 행동 중재 전략
- 대상 아동의 부모와 가족의 교수목표에 대한 견해 및 행동지원 계획에 대한 사회적 타당성 여부에 관련된 자료

긍정적 행동지원 계획에서 우선적으로 고려해야 할 것은 교수목표에 가장 적합한 중재 유형을 선정하는 것이다. 긍정적 행동지원을 위한 일반적인 중재 계획

은 유아의 문제행동 발생에 영향을 미치는 선행사건이나 배경사건에 대한 중재, 대체행동 교수, 후속결과를 중심으로 한 중재 등으로 구분될 수 있다(Wheeler & Richey, 2005). 이 세 가지 중재에 대하여 간략하게 살펴보면 다음과 같다.

첫째, 선행사건이나 배경사건에 대한 중재는 교수목표를 유발하는 여러 요인을 조절하는 전략이다. 일반적으로 문제가 되는 여러 가지 배경사건이나 선행사건을 수정하거나 제거하는 것이 해당된다. 이를 위해서는 다음과 같은 질문을 하고 그에 적절한 중재를 실행해야 한다.

- 교수목표의 발생을 예방할 수 있는 환경적 변화는 무엇인가?
- 교수목표를 유발하는 특정한 선행사건과 배경사건을 변화시키기 위하여 무엇을 해야 하는가?
- 적절한 대안적 행동의 발생을 촉진하기 위하여 시간표와 일과를 어떻게 변화시켜야 하는가?

예를 들어, 감기에 걸려서 몸이 불편한 경우에 아동은 평소에 비하여 문제행동을 더 하게 될 가능성이 있다. 따라서 감기는 문제행동에 영향을 미치는 배경사건으로 작용하게 된 것이다. 이러한 경우 감기를 치료하면서 평소보다 더 세심하게 아동을 배려하게 될 것이며, 이런 세심한 배려는 문제행동과 직접 연관된 여러 가지 선행사건을 변화시킬 수 있다. 즉, 감기에 걸린 아동에게 과제의 양을 줄여 줌으로써 문제행동 발생 가능성을 줄이게 된다면 배경사건을 이해하고 선행사건에 변화를 준 경우다.

이와 같이 문제행동이 나타나기 전의 여러 가지 환경적 요소에 변화를 줄 때 고려해야 할 구체적인 사항은 (1) 지나치게 반복적인 과제나 난이도가 너무 높은 과제는 제시하지 않는다, (2) 쉬운 과제와 어려운 과제를 교대로 제시한다, (3) 아동의 선호도를 파악해서 좋아하는 과제를 제시한다, (4) 아동이 수행하기 힘든 교수 활동이나 내용인 경우 보다 쉽게, 아동이 수행하기 용이한 방법으로 제시한다(Bambara & Knoster, 1988) 등이다.

둘째, 대체행동 교수는 문제행동과 동일한 기능을 지니고 있는 바람직한 대안적인 행동을 가르치는 것이다. 대체행동을 가르칠 때 주의해야 할 점은 대체행동이 문제행동처럼 수행하기 쉬워야 한다는 점이다. 예를 들어, 원하는 것을 얻기 위해서 소리를 지르는 아동에게 대체행동을 가르치고자 할 경우 그 행동은 소리 지르기 행동과 같이 아동이 쉽게 수행할 수 있어야 하며, 그 행동의 효과도 소리 지르기 행동을 통하여 얻었던 효과와 동등하거나 그 이상이어야 한다.

셋째, 후속결과를 중심으로 한 중재는 전통적인 행동수정 전략에서 사용되어 왔던 것으로 행동의 결과에 대하여 긍정적 강화를 제공하거나 벌을 주는 것 등이 해당된다. 이러한 후속결과 중심의 중재 역시 매우 중요한 행동지원 전략이지만 이를 수행하는 과정에서는 보다 포괄적인 긍정적 행동지원 전략의 일부로 적용할 수 있어야 한다.

지금까지 살펴본 바와 같이, 장애 아동의 교수목표를 진단하고 지원 전략을 계획하며 실행하는 과정 전반에서 반드시 고려해야 할 것은 이러한 중재를 실시했을 경우 아동과 그 가족이 보다 나은 삶을 살 수 있을지에 관한 것이다. 즉, 기능적 행동진단과 긍정적 행동지원을 통하여 아동의 문제행동이 감소하고 바람직한 행동이 증가할 경우 아동 자신과 가족의 생활 전반에 긍정적인 영향을 주게 되었는지를 살펴보아야 한다.

3) 긍정적 행동지원의 실행 및 평가

긍정적 행동지원의 마지막 단계는 그 계획을 실행하고 효과를 평가하고 필요한 경우 중재목표나 중재방법에 대한 수정을 실시하는 것이다. 긍정적 행동지원을 실행하고 그에 대한 평가에서 고려해야 할 다음과 같은 요소는 다음과 같으며, 특별히 이러한 요소는 긍정적 행동지원의 질을 평가할 수 있는 주요 요소이기도 하다(Gable, Hendrickson, & Von Adker, 2001).

- 긍정적 행동지원 방법으로 적용한 지원은 문제행동의 기능과 동일해야 하며 행동이 발생하는 상황에 적절해야 한다.
- 행동지원으로 긍정적 변화가 있어야 한다.

- 행동 중재를 실행하는 주변 사람이 받아들일 수 있는 방법이어야 한다.
- 대상 아동의 발달 수준이나 기능 수준에 적합해야 한다.

　긍정적 행동지원의 실행이 성공적이었는지를 결정하는 것은 매우 어려운 과제다. 왜냐하면 장애가 있는 아동의 경우 문제행동을 완전하게 제거하기 힘들기 때문이다. 특히 문제행동이 다양한 상황적 변인과 관련될 뿐만 아니라 아동 스스로가 지니는 다양한 의사소통적 문제가 문제행동과 연결되기 때문에 장애 아동에게 모든 상황에서 요구되는 모든 적절한 기술을 다 가르칠 수는 없는 것이 사실이다. 따라서 교사는 아동 개개인에 대한 지속적인 행동 중재가 필요함을 인식해야 하며, 아동의 문제행동을 감소시키고 바람직한 행동을 증가시키는 교수환경을 조성하기 위하여 관심을 기울여야 한다. 또한 특별한 행동 중재가 필요한 상황을 적절하게 판단하고 행동진단을 통하여 계획을 수립하고 실행할 수 있는 자질을 갖추어야 할 것이며, 실행한 중재가 효과적인지를 결정할 수 있어야 할 것이다.

 요약

　장애 아동의 행동 문제는 앞서 제시된 바와 같이 행동 문제 자체로서의 문제 외에도 대상 아동의 전반적인 발달을 저해하고 다양한 또래 및 성인과의 사회적 관계를 방해하는 요소로 작용하기 때문에 중재되고 지원되어야 하는 부분이다. 일반적으로 장애 아동을 가르치는 모든 교사는 크고 작은 행동 문제로 인하여 행동지원 계획을 세우고 실행해야 하는 과제에 직면하게 된다. 이를 위해서 필수적으로 선행되어야 하는 과정이 기능적 행동진단이다.

　지금까지 이 장에서는 바람직하지 않은 문제행동을 감소시키고 바람직한 행동을 증가시킬 수 있는 행동지원 계획을 세우기 위하여 실시해야 하는 기능적 행동진단에 대하여 살펴보았다. 이를 위하여 먼저 기능적 행동진단의 정의와 중요성을 행동 발생 원리에 근거하여 살펴보았고, 다음으로는 기능적 행동진단의 직접적인 실행을 위한 실제를 살펴보았다. 마지막으로 기능적 행동진단을 실시한 후 그 결과를 활용하기 위한 방안으로 긍정적 행동지원의 개괄적인 설명과 함께 진단 결과를 통한 가설 개발 및 지원 계획 수립 및 실행과 평가에 대하여 간략하게 설명하였다.

| 참고문헌 |

이소현, 박은혜(2006). 특수아동교육: 통합학급 교사들을 위한 특수교육 지침서(2판). 서울: 학지사.

Allen, K. E., & Cowdery, G. E. (2005). *The exceptional child: Inclusion in early childhood education* (5th ed.). Clifton Park, NY: Thompson Delmar Learning.

Amstrong, S. W., & Kauffman, J. M. (1999). Functional behavior assessment: Introduction to the series. *Behavioral Disorders, 24*, 167-168.

Bambara, L. M., & Kern, L. (2008). 장애 학생을 위한 개별화 행동지원: 긍정적 행동지원의 계획 및 실행(이소현, 박지연, 박현옥, 윤선아 역). 서울: 학지사. (원저 2005년 출간)

Bambara, L. M., & Knoster, T. (1988). Designing positive support plans. *In Innovations* (Vol. 13). Washington, DC: American Association on Mental Retardation.

Carr, E. G., & Carlson, J. I. (1993). Reduction of severe behavior problems in the community using a multicomponent treatment approach. *Journal of Applied Behavior Analysis, 26*, 157-172.

Chandler, L. K., & Dahlquist, C. M.(2006). *Functional assessment: Strategies to prevent and remediate challenging behavior in school settings.* Englewood Cliffs, NJ: Merrill Prentice Hall.

Division for Early Childhood (DEC). (2005). *Identification of and intervention with challenging behavior.* Concept Paper of DEC. Missoula, MT: DEC.

Durand, V. M. (1988). Motivational assessment scale. In M. Hersen & A. S. Belleck (Eds.), *Dictionary of Behavioral assessment techniques* (pp. 309-310). New York: Pergamon Press.

Durand, V. M., & Crimmins, D. B. (1988). Identifying the variables maintaining self-injurious behavior. *Journal of Autism and Developmental Disorders, 18*, 99-117.

Edwards, R. P. (2002). A tutorial for using the Functional Assessment Informant Record-Teachers (FAIR-T). *Proven Practice: Prevention and Remediation Solutions for Schools, 4*, 31-38.

Gable, R. A., Hendrickson, J. M., & Von Adker, R. (2001). Maintaining the integrity of FBA-based intervention in the schools. *The Education and Treatment of Children, 24*(3), 248-260.

Gresham, F. M., & Kern, L. (2004). Internalizing behavior problems in children and adolescents. In R. B. Rutherford, M. M. Quinn, & S. R. Mathur (Eds.), *Handbook of research in emotional and behavioral disorders*. New York: Guilford.

Gresham, F. M., Watson, T. S., & Skinner, C. H. (2001). Functional behavioral assessment: Principles, procedures, and future directions. *School Psychology Review, 30*(2), 156-172.

IDEA Amendments of 1997, Public Law 105-17. ERIC Document Reproduction Service.

Iwata, B. A. (1995). *Functional analysis screening tool*. Gainesville, FL: The Florida Center on Self-injury.

Kerr, M. M. & Nelson, C. M. (2006). *Strategies for addressing behavior problems in the classroom* (5th ed.). Upper Saddle River, NJ: Pearson Merrill Prentice Hall.

Koegel, L. K., Koegel, R. L., & Dunlap, G. (1996). *Positive behavioral support: Including people with difficult behavior in the community*. Baltimore: Paul H. Brookes.

Maag, J. W. (2004). Behavior Management: *From theoretical implications to practical applicaations* (2nd ed.). Belmont, CA: Thomson.

Matson, J. L. & Volmer, T. R. (1995). *User's guide: Questions about behavior function (QABF)*. Baton Rouge, LA: Scientific Publishers, Inc.

McEvoy, M. A., Neilsen, S., Reichle, J. (2004). Functional behavioral assessment in early education settings. In M. McLean, M. Wolery, & D. B. Baily Jr. (Eds.), *Assessing infants and preschoolers with special needs* (3rd ed., pp. 236-261). Upper Saddle River, NJ: Pearson Prentice Hall.

McMahon, C. M., Lambros, K. M., & Sylva, J. A. (1998). Chronic illness in childhood: A hypothesis-testing approach. In T. S. Watson & F. M. Gresham (Eds.), *Handbook of child behavior therapy* (pp. 311-334). New York: Plenum Press.

Miltenberger, R. G. (2007). *Behavior modification: Principles and procedures* (4th ed.). New York: Wadsworth.

Neilsen, S. & McEvoy, M. (2004). Functional behavioral assessment in early education settings. *Journal of Early Intervention, 26*, 115-131.

O'Neill, R. E., Horner, R. H., Albin, R. W., Storey, K., & Sprague, J. R. (1997).

Functional assessment and program development for problem behavior: A practical assessment Handbook (2nd ed.). Pacific Grove, CA: Brooks/Cole.

Shriver, M. D., Anderson, C. M., & Proctor, B. (2001). Evaluating the validity of functional behavior assessment. *School Psychology Review, 30*(2), 180-192.

Sugai. G., Horner. R. H., Dunlap. G., Hieneman. M., Lewis, T. J., Nelson, C. M. (2000). Applying positive behavior support and functional behavioral assessment in schools. *Journal of Positive Behavior Interventions, 2,* 131-143.

Walker, J. E., Shea, T. M., & Bauer, A. M. (2007). *Behavior Management: A practical approach for educators* (9th ed.). Upper Saddle River, NJ: Pearson Prentice Hall.

Walker, H. M., Stiller, B. & Golly, A. (1998). First steps to success. *Young Exceptional Children, 1,* 2-7.

Wheeler, J. J., & Richey, D. D. (2005). *Behavior management: Principles and practices of positive behavior supports.* Upper Saddle River, NJ: Pearson Merrill Prentice Hall.

Zirpoli, T. J., Melloy, K. J. (2001). *Behavior management applications for teachers* (3rd ed.). Upper Saddle River, NJ: Pearson Prentice Hall.

제8장
가족진단

1. 가족진단의 이론적 배경
2. 가족진단의 실제
3. 가족진단 결과의 해석 및 활용

1. 가족진단의 이론적 배경

1) 가족진단의 정의 및 목적

나이가 어린 영유아는 의식주뿐만 아니라 보호, 교육, 문화의 모든 측면에서 가족에게 의존한다. 가족은 아동이 성장하는 과정에서 의사소통하고, 감정을 조절하거나 표현하고, 문화적으로 적절한 행동을 하도록 가르치는 역할을 한다. 개별 아동이 가족에게 속해 있는 것과 같이 개별 가족은 또한 자신이 속해 있는 사회나 문화로부터 영향을 받는다. 따라서 아동의 성장·발달에 있어서 핵심적인 영향을 미치는 가족과 그 가족을 둘러싼 생태학적 환경 내에서 아동을 바라보는 견해가 더욱 강조되고 있다.

미국 장애인교육법(IDEA)은 3~5세 유아를 위한 개별화 교육 프로그램(IEP) 및 0~2세 영아를 위한 개별화 가족지원 계획(IFSP)을 개발하는 데 있어서 가족을 파트너로 포함시킬 것을 분명하게 명시하고 있다. 이것은 장애 영유아 교육을 계획하고 실행하는 데에 있어서 가족이 차지하는 중요한 역할을 강조하는 단면을 보여 주는 것이다. 즉, 가족진단을 법으로 의무화하고 있는 것은 아니지만 교육 계획 수립을 위한 '종합적인 진단 정보'를 수집하기 위해서는 가족진단이 포함되어야 함을 암시하고 있다. 특히 미국 장애인교육법은 만 3세 미만 영아의 경우 가족도 독특한 요구와 강점을 가지고 있으므로 개별적으로 진단되어야 하는 대상으로 규정하고 있으며, 아동의 교육 서비스를 계획하고 실행할 때 각 가족의 요구를 고려해야 한다고 명시하고 있다(Turnbull, Turbiville, & Turnbull, 2000). 우리나라의 경우도 2007년 장애인 등에 대한 특수교육법을 통하여 교육감은 특수교육 대상자와 그 가족에 대하여 가족상담 등 가족 지원을 제공하여야 하며(장애인 등에 대한 특수교육법 제28조 제1항) 가족상담, 양육상담, 보호자 교육, 가족지원 프로그램 운영 등과 같은 가족 지원을 건강가정지원센터나 장애인복지시설 등 타 기관과 연계하여 제공할 수 있도록 규정함으로써(장애인 등에 대한 특수교육법 시행령 제23조) 가족진단의 필요성이 더욱 커지고 있다.

가족진단은 정의하는 범위에 따라 그 의미를 달리할 수 있다. 일반적으로 넓은 의미로 사용되는 가족진단은 가족을 측정하고 평가하는 일련의 행위로, 가족을 하나의 단위로 보고 가족 내부 및 외부 체계 그리고 이들 간의 상호작용을 파악하기 위해 자료를 수집·분석하고 종합하여 그 가족에 대한 개입을 계획하는 일련의 과정을 의미한다(김유숙, 전영주, 김수연, 2003). 좀 더 좁은 의미의 가족진단은 장애 아동 교육기관에서 교육 목표와 서비스에 대한 가족의 우선적인 관심사를 결정하기 위하여 전문가가 정보를 수집하는 진행적이고도 상호적인 과정을 의미한다(McLean, Wolery, & Bailey, 2004). 장애 아동을 가르치는 교사의 경우 광의적인 의미보다는 협의적인 의미의 가족진단을 주로 실시하게 된다. 이 과정을 통해서 교사는 아동의 교육과 관련해서 가족이 지니고 있는 자원과 관심 영역 및 우선순위에 대하여 알아보게 된다. 여기서 주의해야 할 점은 특수교육 분야에서 강조하는 가족진단은 가족 내에 어떤 문제가 내재되어 있다는 가정에서 시작되는 것이 아니라 가족 내에 장애 아동이 있음으로 인해 발생하는 요구를 지원하고 장애 아동을 위한 서비스에 가족이 가진 자원과 강점을 적극적으로 활용하려는 목적으로 정보를 수집한다는 것이다. 특히 특수아 조기교육 분야에서는 가족들이 그들 자신의 목표를 성취하도록 지원하는 것이 주요 목적 중 하나로 강조되고 있다(Bailey & Wolery, 2003). 따라서 가족진단은 지원을 필요로 하는 아동을 가족 구성원의 일원으로 바라보는 견해를 통하여 궁극적으로 아동과 아동이 포함된 가장 핵심적인 환경인 가족이 함께 목표를 성취해 나가도록 도와주기 위한 시작이라고 할 수 있다. 결론적으로 특수아 조기교육 분야에서 가족진단은 개별 가족의 가치와 관심에 부합하는 지원 서비스를 제공하기 위하여 전문가들이 가족의 관심, 우선순위, 자원에 관한 충분한 정보를 수집하는 전 과정이라고 정의할 수 있다(McLean et al., 2004).

2) 가족진단의 중요성

장애 아동 교육이 성공적으로 이루어지기 위해서는 교육 프로그램을 계획하는 진단에서부터 마지막 평가에 이르기까지 가족의 참여와 이를 위한 지원이 요구된다. 가족은 여러 가지 측면에서 장애를 가진 아동에게 매우 중요한 역할을 하게 된다. 따라서 가족진단의 중요성은 가족을 진단하는 목적에 의해서 잘 드러난다. 다음은 장애 영유아 교육에 있어서 개별 가족을 진단하는 공통적인 목적으로 가족진단의 중요성을 보여 주고 있다(Baily, 2004; Brassard & Boehm, 2007).

먼저 가족진단은 아동의 발달을 촉진하고 교육함에 있어서 가족과 전문가 간의 협력적 관계와 공유된 책임의식을 형성하는 데에 중요한 역할을 한다. 전문가들은 가족진단을 실시하는 과정에서 가족에게 장애 아동을 양육하는 일이 특별한 어려움을 줄 수 있다는 사실을 인식하고 있으며 가족의 어려움과 우선순위를 주의 깊게 경청하고 그에 따라 아동과 가족에 대한 개별화된 서비스를 제공하기 위해 노력할 것이라는 것을 충분히 전달하여 장애 아동의 가족과 긍정적인 관계를 형성할 수 있다. 또한 전문가는 가족이 가진 강점과 능력을 확인하는 과정에서 가족이 스스로의 역량을 인식하고 아동과 관련된 의사결정에 적극적으로 참여할 수 있도록 지원할 수 있으며, 이를 통해 가족과 전문가는 아동 교육에 대한 책임의식을 공유할 수 있다. 따라서 가족진단은 아동의 교육을 성공적으로 진행하기 위한 협력적 관계 형성의 기초라고 할 수 있다.

둘째, 가족진단은 아동과 관련된 교육 및 지원 계획을 세우기 위해 필요한 정보를 수집하는 데에 반드시 필요한 절차다. 최근의 특수아 조기교육의 동향은 장애 영유아를 하나의 독립된 개체로 보기보다는 가족의 한 구성원으로 보는 견해를 지지하고 있으며, 장애 영유아를 위한 교육적 접근 또한 가족중심 접근을 지향하는 추세다. 따라서 아동의 교육 계획은 개별 가족의 요구와 우선순위에 기초해야 하며 가족의 자원과 강점을 활용하여 프로그램의 효과를 높일 수 있어야 한다. 미국 특수교육협회(CEC)의 조기교육분과(DEC)에서 제시한 장애 영유아 교육을 위한 '권장의 실제(recommended practices)'는 가족의 목표를 수립하고 달성하기 위해 전문가와 가족이 협력해야 하며, 가족의 기능을 강화할 수 있는 교육적 실행을 하고 아동과 가족의 선호와 방식, 우선순위 등에 따라 개별화된 지원을 제공해야 함을 강조하고 있다(Sandall, Hemmeter, Smith, & McLean, 2005). [그림 8-1]은 가족에 대한 지원이 아동의 행동과 발달에 미치는 영향을 보여 줌으로써 장애 영유아를 위한 교육이 가족중심 접근으로 이루어져야 함을 강조하고 있다.

　가족의 요구와 우선순위, 자원 등에 대한 정보 외에도 전문가는 가족진단을 통해서 아동의 발달과 성장 과정에 대한 가족의 견해를 수집할 수 있다. 가족은 누구보다도 아동에 대해 잘 알고 있는 사람들로 아동의 성장 과정과 자연스럽고 다양한 환경에서의 아동 행동에 대한 많은 정보를 갖고 있다. 따라서 전문가는 가족진단을 통해 발달력, 교육력, 병력 등 아동의 성장 과정에 대한 정보와 가정 내에서 아동 행동 및 수행 그리고 그와 관련된 가족의 요구 등 교육 계획 수립에 필요한 필수적인 정보를 수집할 수 있다. 아울러 가족에게 유용한 성과를 달성하기 위한 진단 및 교수의 타당도를 높일 수 있다.

　셋째, 장애 아동을 양육함으로써 발생할 수 있는 여러 가지 문제를 예방할 수 있다. 장애를 지닌 자녀의 양육은 일반적인 가족에 비해 더 많은 일과 어려움을 가져다줄 수 있는 도전적인 과제다. 따라서 아동을 진단할 때 가족을 대상으로 한 진단을 포함함으로써 가족을 통하여 나타날 수 있는 여러 가지 문제를 예방하는

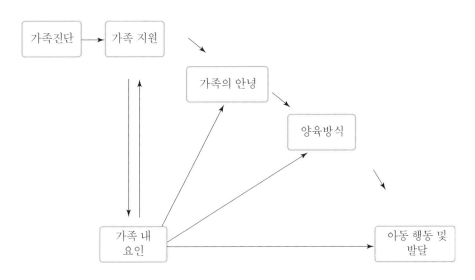

[그림 8-1] 가족 지원이 아동 행동 및 발달에 미치는 영향

출처: Sandall, S., McLean M. E., & Smith, B. J. (2000). *DEC recommended practices in early intervention/early childhood special education* (p. 40). Longmont, CO: Sopris West에서 발췌 수정.

역할을 할 수 있다. 예를 들어, 장애 자녀가 포함된 가족에게 문제가 될 수 있는 경제적 여건, 부모-자녀 관계 문제, 사회적 지원의 부족, 부모나 형제자매를 포함한 가족 구성원의 정신건강, 장애 자녀 이외의 가족 간의 관계 문제 등에 대하여 적절한 진단을 수행하고, 필요한 경우 적절한 서비스로 연계시킴으로써 가족진단이 가족의 기능이 악화되는 등의 더 큰 문제를 예방하는 역할을 할 수 있다.

넷째, 대부분의 장애 아동의 가족은 양육 및 교육과 관련해서 다양한 정보를 필요로 한다. 가족진단은 가족이 어떤 정보를 필요로 하는지에 대하여 알아보고 그 정보를 제공하거나 정보를 얻을 수 있는 방법을 알아 가도록 강화하는 목적을 달성하여, 궁극적으로는 아동의 교육이 성공적으로 수행될 수 있는 기반을 마련하게 된다.

다섯째, 가족진단은 진단 과정 자체가 중재 활동이 될 수 있다. 장애 아동의 가족들은 전문가와의 면담을 통해 자연스럽게 그들이 고민하고 있던 문제에 대해 상담할 수 있다. 또 설문지를 작성하면서 서로가 미처 알지 못했던 스트레스를 이해하게 될 수도 있으며, 가족 내의 자원과 강점을 깨닫게 될 수도 있다. 이와 같은 효과는 진단을 준비하는 과정에서 의도된 것일 수도 있지만 많은 경우 의도하지 않은 성과로 나타나기도 한다.

이상에서 살펴본 바와 같이, 가족진단은 다양한 측면에서 장애 영유아 교육진단에 있어서 매우 중요한 역할을 하는 필수적인 과정이라 할 수 있다. 그러나 실제로 교육 현장에서 가족진단을 실행할 때에는 가족을 진단의 대상으로 삼는 것 자체가 여러 가지 어려움을 초래할 수 있다(Thomlison, 2002). 가족진단에서 직면하게 되는 첫 번째 어려움은 가족진단도 사회 · 문화적 배경, 진단자의 지식 정도, 진단 맥락에 따라 달라질 수 있다는 것이다. 이러한 제한점을 극복하기 위해서 가족진단은 다양한 가족의 특성과 맥락에 따라 여러 가지 방식(예: 비공식적 면담, 공식적 면담, 검사도구를 통한 진단, 관찰 등)으로 이루어져야 한다. 가족의 복잡성에 의해서도 가족진단은 어려움에 직면하게 된다. 가족을 하나의 단위로 볼 때 가족 내부 구성원들 개개인의 특성과 함께 가족 외부의 요인인 친구, 학교, 지역사회 등의 사회 단위들이 서로 상호작용하게 되며, 가족이 처한 시점에서 사회적 · 문화적 · 정치적으로도 영향을 받게 된다. 가족의 이러한 복잡성 때문에 어느 수준까지 진단을 해야 하는지에 대한 결정은 교사에게 항상 어려운 과제로 남게 된다. 마지막으로 가족을 진단함에 있어서 측정의 실제 단위의 문제가 제시될 수 있다. 예를 들어, 어머니를 면담한 또는 어머니가 보고한 진단의 결과가 가족 전체의 의견을 반영한다고 볼 수 있는지, 자기보고식 질문지와 면담이 어느 정도로 신뢰할 만한지, 관찰을 통하여 수집한 내용이 실제로 타당하고 신뢰할 만한 정보인지 등의 이슈는 아직까지 해결책을 제시하기 어렵다. 따라서 가족의 어느 단위에 초점을 맞추었는가에 따라 그 해석에 주의를 기울여야만 할 것이다.

결과적으로 장애 영유아 교육에 있어서 가족진단은 매우 중요하고도 필수적인 과정이나 실제로 그 실행에서는 어려운 과정임에 틀림이 없다. 그러므로 교사는 장애 아동과 그 가족에게 유용하고 질적인 서비스 제공을 위해서 가족진단의 필요성을 먼저 인식하고, 그 실행 방법과 절차에 대하여 이해해야 하며, 실행 과정에서 발생할 수 있는 다양한 어려움 또한 이해해야 한다. 그리하여 가족을 효과적으로 진단하고 객관적으로 해석하고 합리적으로 개입하거나 지원하기 위한 전문적인 지식을 갖추도록 노력해야 할 것이다.

2. 가족진단의 실제

1) 가족진단 내용

앞에서 설명한 바와 같이, 가족진단은 개별 가족의 가치와 관심에 부합하는 지원적인 서비스를 제공하기 위한 목적을 지닌다. 따라서 가족진단의 내용은 크게 아동 관련 정보 및 가족 관련 정보의 두 가지로 나눌 수 있다. 가족진단을 통하여 아동 관련 정보를 수집한다는 것은 아동에게 최적의 교수 프로그램을 제공하기 위하여 진단을 수행할 때 최상의 정보원인 가족을 통하여 아동과 관련된 가장 정확한 정보를 수집할 뿐만 아니라 수집된 정보를 보충하고 확인하는 역할을 하게 된다는 것이다.

가족을 대상으로 가족 관련 정보를 수집하는 이유는 아동의 교육과 관련된 가족의 관심과 자원과 우선순위에 대한 요구를 알아보기 위함이다. 장애 자녀를 둔 대부분의 가족은 일반적으로 다음 네 가지 영역에서 그들의 요구가 무엇인지 진단되고 도움을 받아야 할 필요가 있는 것으로 알려져 있다(Brassard & Boehm, 2007).

첫째, 장애 자녀를 양육하는 가족은 어떤 정보가 필요한지에 대하여 평가되고 지원받아야 한다. 예를 들어, 특정 장애나 상황에 대한 정보, 특수교육 관련 법률 및 시행령, 도움을 받을 수 있는 지역사회 지원 집단 등에 대한 정보를 지니고 잘 활용하고 있는지에 대하여 알아볼 수 있다. 둘째, 장애 자녀를 양육하는 가족은 자녀 양육으로부터 오는 부담이나 절망 등의 감정에 잘 대응하도록 도와주는 스트레스 감소 및 지원에 대한 요구를 평가받게 된다. 특히 결혼생활 또는 부부 간의 관계 및 형제자매 관계로부터 다양한 문제가 발생할 수 있으므로 진단에서부터 이에 대한 고려가 이루어져야 한다. 예를 들어, 주간 단기보호와 같은 일시적 보호 프로그램, 적절한 학교 교육, 통학 수단, 필요한 관련 서비스 등에 대한 부모의 요구가 평가되고 지원되어야 한다. 셋째, 가족이 가장 중요하다고 생각하는 욕구를 충족시키기 위한 사회적 및 재정적 자원에 대한 진단이 필요하다. 마지막으로 가정중심 프로그램이 필요한 경우 효과적으로 참여할 수 있는 능력이나 의지 등에 대하여 평가해야 한다. 이를 위하여 미국 장애인교육법(IDEA)은 가족을 대상으로 진단할 때 (1) 가족에 대한 공식적 및 비공식적 지원, 서비스의 형태, 서비스 참여 정도와 지원에 대한 요구, (2) 가족의 물리적, 심리적, 사회경제적 자원, (3) 가족의 관심, (4) 가족의 우선순위의 네 가지 내용을 포함하도록 구체적으로 명시하고 있다(McLean et al., 2004).

가족진단 과정에서 주로 다루어지고 있는 내용을 좀 더 상세하게 살펴보면 〈표 8-1〉에서 보는 바와 같이 구체적인 내용으로 제시할 수 있다(Bailey et al., 1998; Bondurant-Utz & Luciano, 1994).

표 8-1　가족진단의 주요 내용과 의의

주제	진단 내용	진단 의의
아동의 특성과 요구	아동의 반응성, 기질, 반복적 행동 패턴, 특수한 양육 요구, 행동의 안정성 및 규칙성, 타인에 대한 반응성, 지속성, 동기 등 가족관계에 영향을 미칠 수 있는 아동 관련 요인	아동의 행동과 기질적 특성에 대한 평가를 통해서 가족의 역동적 관계를 이해할 수 있음
부모-아동 상호작용	아동에게 특정 기술을 가르치는 방법, 아동에게 적절하게 반응하는 방법, 강한 정서적 유대감을 개발하고 유지하는 방법 등	아동과 양육자 간에 생길 수 있는 상호작용에 있어서의 잠재적인 어려움을 도와주는 자료가 됨
가족의 관심	가족에 대한 사회적 지원, 재정, 다른 사람에게 아동에 대해서 설명하는 방법, 핵가족 혹은 확대가족이 장애 아동에게 대처하는 방법, 아동 돌보기, 전문가와 지역사회의 자원, 다양한 지역사회 자원을 이용할 수 있는 서비스와 기관 간 협력 등의 다양한 관심	가족 지원의 주요한 내용을 제시하며, 가족의 관심은 시간에 따라 변할 수 있으므로 수시로 파악할 필요가 있음
가족의 요구	아동의 현재와 미래에 대한 정보, 아동 교수 전략, 탁아 서비스, 재정적 지원 등 개별가족에 따른 다양한 욕구	각 가족의 도움을 원하는 특정한 욕구를 확인하고, 이러한 욕구를 충족시키도록 돕거나, 다른 전문가 혹은 기관에 의뢰하거나, 가족 스스로 자원을 개발하도록 강화하고 도와줌
가족의 자원	개별 가족 구성원이나 가족 전체의 요구 및 목표를 달성하기 위해 사용하는 수단	가족이 목표를 달성하기 위하여 자원을 창조하고 사용하는 것과 관련된 적합한 행동을 하도록 개인과 가족을 도와서, 그들이 가족 구성원으로서의 능력을 개발하고 생활주기에 적합한 요구를 충족시키도록 도와줌
가족의 목표 및 우선순위	아동에 대한 가족의 교육적인 목표와 이를 달성하기 위해서 가족이 가장 중요하다고 생각하는 내용의 위계화	가족의 개인적 자원(문제를 건설적으로 해결하게 하고 삶에 의미를 주는 개인적 특성), 가족 내 자원(배우자, 형제, 부모 또는 확대가족 내에서 얻어지는 자원), 가족 외부의 자원(이웃, 친구, 전문가, 사회기관, 교회 등) 등 가족 강점에 근거하여 목표와 우선순위의 성취를 지원해 줌
결정적 사건	장애에 대한 초기 진단 또는 인식, 진단에 대한 부모의 반응과 적응 단계, 의료적 측면에서의 어려웠던 일, 전이, 아동의 발달 성취의 실패 등	전문가가 가족에게 스트레스나 문제의 원인이 되는 사건을 예견하고, 가족을 더 잘 이해하고 대처 전략을 계획하도록 도와줌

2) 가족진단방법

가족진단의 경우에도 1장에서 소개한 진단 및 평가의 바람직한 실제 중 많은 부분이 적용된다. 즉, 가족진단은 가족중심 서비스를 계획하고 가족지원을 실행하는 데에 유용한 결과를 제시할 수 있어야 하며, 진단을 계획하고 실시하는 모든 과정이 팀 구성원에 의해 협력적으로 이루어져야 한다. 또한 가능하면 여러 가족 구성원으로부터 수렴적으로 정보를 수집할 수 있어야 하며, 여러 방법을 상

표 8-2 **가족진단을 위한 다양한 방법의 예**

진단방법		정 의	주요 절차 및 도구의 예
면담	비구조화된 면담	자연적인 상황에서 자유로운 의사소통을 통한 정보 수집	• 면담 대상자의 이야기 듣기 • 면담 대상자에게 질문하기 • 면담 대상자의 질문에 대답하기 • 대화한 내용 정리하여 요약하기
	구조화된 면담	특정 목표를 위하여 미리 계획된 방법과 절차에 의한 면대면 대화를 통하여 정보 수집	• 사전 준비 • 도입(면담의 목표 및 절차 소개) • 조사(목표와 관련된 정보 수집) • 요약 및 종결
검사	양육자 작성용 검사도구	양육자가 자기보고식으로 직접 작성하는 질문지, 체크리스트, 평가척도 등을 통한 정보 수집	• 가족요구 조사서(Bailey & Siomeonsson, 1990) • 가족요구 평가척도(Dunst et al., 1988) • 부모요구 질문지(Seligman & Darling, 1989)
	교사 작성용 검사도구	교사가 직접 작성하는 측정도구를 통한 정보 수집	• 사회적 상호작용 진단도구(McCollum & Stayton, 1985) • 어머니 행동 평가척도(Mahoney, Finger, & Powell, 1985) • HOME(Caldwell & Bradley, 2003)
관찰		행동/환경에 대한 직접적인 정보 수집	• 양육자-아동 상호작용 관찰 • 가정환경 관찰

호 보완적으로 활용함으로써 풍부한 정보를 수집할 수 있다. 무엇보다도 가족진단은 가족의 개별성을 존중하고 가족의 의사와 선택에 기초하여 계획되고 실행되어야 한다. 전문가는 가족의 선택과 여건을 존중하면서도 가능한 한 양질의 정보를 수집할 수 있는 방법을 선정하고 가족의 적극적인 참여를 유도해야 하는 과제를 갖게 된다. 가족진단도 2장에서 제시한 검사도구, 관찰, 면담 등 다양한 방법을 통하여 실시할 수 있다(〈표 8-2〉 참조). 따라서 교사는 이러한 과제를 해결하기 위해서 가족진단의 다양한 방법을 이해하고, 필요한 경우 가족이 더 선호하는 다른 방법을 통해 동일한 정보를 얻도록 적절히 활용할 수 있는 전문적인 자질을 갖추어야 한다. 이 부분에서는 면담, 검사도구, 관찰을 통한 구체적인 가족진단의 방법을 소개하고자 한다.

(1) 면담

  먼저 가족과의 면담은 가족진단에서 가장 처음에 실시하는 방법이자 가장 자주 사용되는 방법이다. 면담은 양육자의 자녀에 대한 인식과 교수 우선순위를 확인하는 등의 정보를 수집하거나 수집된 정보를 보충하고 내용을 명확히 하는 기능을 한다. 면담은 구조화된 공식적인 절차를 사용하기도 하고 구조화되지 않은 형태로 이루어지기도 한다. 특정 구조 없이 자유롭게 진행되는 비구조화된 면담은 가족과 교사 간 라포 형성에 도움을 줄 수 있지만, 경험이 적은 교사의 경우는 자료 해석이 어려울 수도 있다. 따라서 장애 아동 가족진단에서는 체계적인 질문과 목표를 미리 설정하여 계획하고 초점을 맞춘 구조화된 면담 방법이 주로 사용된다. 그러나 비구조화된 면담은 질문지 등의 공식적인 검사도구 사용에 거부감을 느끼는 가족에게 유용하게 사용될 수 있다는 장점을 지닌다(Bondurant-Utz & Luciano, 1994). 여기서 중요한 것은 가족진단 역시 아동진단과 마찬가지로 개별화되어야 한다는 것이다. 가족의 개별적인 상황이나 요구를 고려하여 진단방법이나 절차 등이 개별적으로 계획되고 진행될 때 개별 아동 및 가족에게 가장 유용한 정보를 수집할 수 있다.

  부모를 포함하는 가족과의 면담에서는 〈표 8-3〉에 제시된 것과 같은 다양한 정보를 수집할 수 있다. 부모와의 면담은 아동에 대하여 다양한 근거로부터 정보

표 8-3	부모와의 면담을 통하여 수집하는 주요 정보 내용
주 제	내 용
출생	어머니의 건강, 약물 사용이나 흡연, 임신과 출산의 문제
발달력	주요 발달지표(앉기, 서기, 걷기, 도구적 언어, 배변훈련, 자조기술, 개인적 · 사회적 관계 등)
병력	상해, 사고, 수술의 유형과 시기, 주요 질병 및 복용한 약과 치료기간
가족의 특징 및 가족력	형제와 부모의 연령, 서열, 성, 직업, 사회경제적 지위, 주요 병력 및 교육력
대인기술	타인과의 관계를 형성하는 능력, 놀이행동, 다른 아동이나 성인이 아동을 다루는 방식
교육력	과거 혹은 현재의 교육력과 교육기관에 대한 태도, 교사와 또래와의 관계, 특수교육 경험
확인된 문제	문제에 대한 세부적인 기술, 선행사건, 결과, 부모가 문제를 다루는 방식
기대	부모의 기대, 서비스 실시를 통해 얻고자 하는 목표

를 수집하는 수렴적 진단의 중요한 한 부분이다. 사전에 잘 계획된 부모 면담은 아동과 가족에 관한 가치 있는 정보원이 될 수 있으며, 아동에 대한 교육 프로그램을 운영할 때 부모의 협조를 얻는 기초가 될 수 있다. 또한 부모와의 라포를 형성하며 문제에 대한 부모의 지각을 높여 주고 진단 결정에 도움이 되는 정보를 얻을 수 있다(곽금주, 2002). 일반적으로 대부분의 부모는 자기보고식 측정이나 개방형 면담보다는 구조화된 면담과 함께 자기 보고를 실시하는 방식을 선호하는 것으로 나타나고 있다(Davis & Gettinger, 1995). [그림 8-2]에 제시된 면담과정 점검 포인트(Brassard & Boehm, 2007)는 면담을 체계적으로 준비하고 의미 있는 정보를 수집하기 위한 주요 지침으로 활용될 수 있다. 구조화된 면담에서는 다양한 검사도구를 함께 사용할 수도 있다. 검사도구를 통한 가족진단의 방법은 다음에서 설명한다.

사전 준비 및 초기 접촉	• 면담의 목적을 분명하게 전달한다 ··· ☐
	• 환영하는 분위기를 조성한다 ·· ☐
	• 복장을 적절하게 갖춘다 ·· ☐
	• 신뢰와 관련된 문제나 과거의 실망 경험이 있는지 미리 살핀다 ·········· ☐
	• 관련 정보를 수집한다 ··· ☐
	– 아동에 대한 관심 ··· ☐
	– 아동이 지니고 있을 만한 문제 ·· ☐
	– 부모로서의 과거의 노력 ··· ☐
	– 아동의 의학적, 교육적, 사회적 내력 ···································· ☐
	– 교육에 대한 기대 ··· ☐
	– (가능하다면) 면담 전에 발달력 질문지 작성 ·························· ☐
첫 번째 면담	• 가정에서 실시하는 경우 가족의 환대를 수용한다 ·························· ☐
	• 자신의 역할을 분명하게 알려 주고 비밀보장에 대하여 설명한다 ········ ☐
	• 방문 전에 아동에 대하여 가능한 한 많은 내용을 알고 간다 ············· ☐
	• 비판적인 태도를 취하지 않는다 ··· ☐
	• 쉬운 언어 또는 (필요한 경우) 아동의 모국어를 사용하도록 배려한다 ····· ☐
	• 가족에게 무엇인가 유용한 것을 남기고 끝낸다 ····························· ☐
	• 대화한 내용, 다음 단계의 절차와 일정에 대하여 간단하게 설명한다 ···· ☐
	• (가능하다면) 가족 모두를 만난다 ··· ☐
두 번째 이후 면담	• 가족진단을 위한 측정을 실시하고 그 결과를 논의한다 ·················· ☐
	• 문제의 유형과 특성을 정의하고 동의한다 ··································· ☐
	• 목표를 설정하고 우선순위를 정한다 ·· ☐
	• 어떻게 목표를 성취할 것인지에 대하여 논의한다 ························· ☐
	• 다른 가족들의 공감을 방해하는 심리적 장벽이나 해결책을 설명한다 ····· ☐
	• 가족의 능력과 통제력을 촉진한다 ·· ☐
	• 가족이 인지하는 문제를 해결하도록 도와준다 ····························· ☐
	• 신뢰 형성 및 관계 관련 문제 확인을 위하여 전문가–가족 관계를 활용한다 ☐

[그림 8-2] 면담과정 점검 포인트

(2) 검사도구

면담 외에 교육 현장에서 가장 보편적으로 사용되고 있는 방법 중 하나는 가족의 요구를 파악하기 위하여 다양한 검사도구를 사용하는 것이다. 가족진단을 위하여 사용되는 검사도구는 그 유형에 따라 크게 두 가지로 분류된다(Bailey, 2004). 첫 번째 유형은 표준화된 검사도구로 양육 스트레스나 아동의 기질 등 다양한 영역을 조사하기 위하여 개발된 측정도구를 포함한다. 특히 표준화된 검사도구는 검사 결과가 표집단과 비교하게 되어 있으므로 교사의 직접적인 교육진단에 많이 사용되는 도구는 아니지만, 개별 가족의 특성에 따라 특정 영역(예: 양육 스트레스, 가족 기능)의 문제를 알아보기 위하여 사용되기도 한다. 표준화된 가족진단 도구는 부모가 직접 작성하도록 자기보고식 도구로 개발되기도 하고 교사 작성용으로 개발되기도 한다. 예를 들어, 양육스트레스검사(Parenting Stress Index-3rd ed: PSI-3; Abidin, PAR staff, & Noriel, 1995)는 양육과 관련된 스트레스를 알아보기 위하여 부모가 직접 작성하는 검사도구다. 양육자와 아동 간의 상호작용을 알아보기 위하여 개발된 어머니 행동 평가척도(Maternal Behavior Rating Scale-Revised: MBRS, Mahoney, Finger, & Powell, 1999)와 가정환경을 조사하기 위하여 개발된 HOME(Home Observation for the Measurement of the Environment; Caldwell & Bradley, 2003)은 교사가 직접 작성하는 도구다. MBRS는 국내에서 타당화 과정을 거쳐 한국판 부모-아동 상호작용 행동평가(K-MBRS; 김정미, 제럴드 마호니, 2009)로 출간되어 사용되고 있다.

가족진단을 위한 두 번째 유형의 검사도구는 표준화되지 않은 도구로, 주로 아동의 교육을 통하여 무엇을 원하는지에 대한 요구 및 관심을 알아보고 가족이 지니고 있는 자원은 무엇인지를 조사하기 위한 목적으로 개발된 질문지나 평정척도 등의 도구다. 이와 같은 도구는 아동 및 가족을 위한 개별화된 프로그램을 개발하기 위한 목적으로 사용되기 때문에 다른 가족의 점수와 비교할 필요가 없다. 따라서 특정 항목에 대한 관심 여부 및 지원 요구를 표시하거나 정해진 척도에 따라 점수를 표시하는 등의 방법을 사용하게 된다. 대표적인 도구로는 가족요구 조사서(Family Needs Survey; Bailey & Simeonsson, 1990), 가족요구 평가척도(Family Needs Scale; Dunst et al., 1988), 부모요구 질문지(Parent Needs Survey; Seligman & Darling, 1989), 어떻게 도와드릴까요?(How can I help?; Child Development Resources, 1989) 등이 있다. [그림 8-3]에는 장애 아동 가족의 필요에 대한 부모의 인식을 조사하기 위하여 '필요하다', '모르겠다', '필요없다'의 세 가지로 평정하는 35개 항목으로 구성되어 있는 가족요구 조사서(Bailey & Simeonson, 1990)를 이용하여 특정 가족의 요구를 진단한 사례가 제시되어 있다.

가족요구 조사서

아동 이름: <u>김은지</u>   작성자: <u>이영진</u>   관 계: <u>모</u>   작성일: <u>2009. 2. 9.</u>

어린 자녀를 양육하는 가족은 정보와 지원을 필요로 하곤 합니다. 이 설문지는 부모님께 도움이 될 만한 내용이 무엇인지 알아보기 위한 것입니다. 아래에 나열된 항목은 많은 가족들이 필요하다고 생각하는 내용입니다. 이 중에서 전문가와 함께 의논하고 싶은 내용이 있으면 오른쪽 칸에 ✓를 표시해 주시기 바랍니다. 이 항목들 외에 기타 내용에 대하여 의논하고 싶으시면 마지막에 기록해 주십시오. 이 설문지에 기록된 모든 내용은 상담과 교육의 목적 외에는 사용되지 않을 것입니다.

	문 항	필요하다	모르겠다	필요없다
자녀에 대한 정보	1. 아동의 성장과 발달			
	2. 아동과 함께 놀고 이야기하는 방법			
	3. 아동을 가르치는 방법			
	4. 아동의 행동을 다루는 방법	✓		
	5. 내 자녀가 지닐 수도 있는 상태나 장애에 대한 정보	✓		
	6. 내 자녀를 위해 현재 가능한 서비스에 대한 정보		✓	
	7. 내 자녀가 앞으로 받게 될 서비스에 대한 정보			
가족 및 사회 적 지원	8. 자녀에 대한 염려를 내 가족 중 누군가와 이야기하기			
	9. 이야기할 수 있는 친구 사귀기			
	10. 나 자신을 위해 더 많은 시간 갖기		✓	
	11. 배우자가 자녀의 상태에 대해 이해하고 수용하도록 도와주기	✓		
	12. 가족의 문제를 토론하고 해결책을 찾도록 도와주기	✓		
	13. 어려울 때 가족이 서로 지원하도록 도와주기			
	14. 집안일, 자녀 돌보기, 기타 가족 일을 누가 할 것인지 결정하기			
	15. 가족 여가 활동을 정하고 시행하기			
경제 적인 문제	16. 식비, 주거비, 의복비, 의료비, 교통비 등의 비용 지불하기			
	17. 자녀에게 필요한 특수도구 마련하기			
	18. 치료비, 교육비, 기타 자녀에게 드는 비용 지불하기	✓		
	19. 취업을 위한 상담이나 도움			
	20. 자녀를 맡기거나 단기보호를 위한 비용 지불하기			
	21. 자녀가 필요로 하는 놀잇감 구입하기			

〈계속〉

문항		필요하다	모르겠다	필요없다
다른 사람 에게 설명 하기	22. 자녀의 상태에 대해서 시댁 및 친정 부모에게 설명하기			
	23. 자녀의 상태에 대해서 다른 자녀에게 설명하기			
	24. 친구, 이웃 또는 낯선 사람들이 자녀에 대해서 질문할 때 반응하는 방법			
	25. 자녀의 상태에 대해서 다른 아동에게 설명하기	✓		
	26. 내 자녀와 비슷한 아동이 있는 가족에 대한 읽을거리 찾기			
자녀 양육	27. 내 자녀를 돌보아 줄 수 있는 능력 있는 사람이나 단기보호 프로그램 찾기	✓		
	28. 자녀를 위한 탁아 프로그램이나 유치원 찾기			
	29. 교회에서나 종교 활동 중 자녀를 돌보아 줄 적절한 도움 찾기			
전문 적 지원	30. 목사, 신부 등과의 면담			
	31. 상담가와의 면담(심리학자, 사회복지사, 정신과 의사 등)	✓		
	32. 자녀의 교사나 치료사와 더 많은 이야기 나누기			
지역 사회 서비 스	33. 내 자녀와 같은 아동을 둔 부모를 만나서 이야기하기		✓	
	34. 자녀의 교육이나 치료를 할 수 있는 기관에 대해 알기	✓		
	35. 가까운 거리에 자녀가 이용할 수 있는 특별활동 프로그램에 관한 정보 얻기	✓		

• 기타 의논하고 싶은 내용이나 도움이 될 만한 정보를 적어 주세요.

좋은 유치원 다니면서 받은 혜택에 감사하고 인도하신 주님께도 감사합니다. 지난해도 여러 가지 지원으로 참 행복했어요. 아빠도 무척 좋아하셨어요. 가족 캠프를 좀 더 적극적으로 지원해 주셨으면 합니다. 비용도 더 저렴하면 좋겠습니다(정부에서 지원을 많이 해 주셨으면…). 유치원에서 아이들과 1박 2일로 다녀오는 캠프가 혹시 가능할지요? 내 아이니까 당연히 부모가 돌보아야 하겠지만, 때로는 하루쯤은 아이에 대해서 잘 아는 분에게 맡길 수 있다면 부모나 형제에게 참 많은 도움이 됩니다. 특히 정서적으로, 하루지만 평온한 안정감을 느낍니다. 그만큼 아이에 대한 긴장도가 높음을 새삼 느낍니다.

• 특별히 만나서 의논하고 싶은 사람이 있으면 적어 주세요.

은지가 새로운 환경이나 사람에 대해서 눈치를 많이 보는데, 전문가를 만나서 상담해 보아야 할지, 어떤 전문가를 만나야 할지 고민입니다.

[그림 8-3] 가족요구 조사서

이와 같은 도구는 많은 부모에 의하여 도움이 되는 것으로 평가되고 있다(McLean et al., 2004). 특히 가족은 이러한 도구의 사용이 전문가와 함께 자신의 생각과 견해를 나누는 데 유용하며, 도구를 통하여 자신과 아동에 대한 정보를 제공하는 것에 대하여 편안하게 느끼는 것으로 보고하였다. 특히 많은 어머니가 이와 같은 정보를 나눌 때 교사 등의 전문가와 면대면으로 이야기하기보다는 서면으로 작성하는 도구 사용을 더 선호하는 것으로 나타났다. 그러나 가족진단을 위하여 검사도구를 사용하는 경우 도구에 포함된 내용이 모든 가족에게 충분하지 않을 수도 있다는 사실을 기억해야 한다. 따라서 검사지의 마지막 부분에 개방형 질문을 포함하거나 추후 면담을 통하여 정보를 보충하고 확인하는 과정을 거쳐야 한다(Bailey, 2004). 또한 검사도구를 사용하는 경우에는 먼저 진단의 목적을 가족에게 알려 줌으로써 진단을 통하여 얻고자 하는 의미 있는 정보를 잘 얻을 수 있어야 하며, 특히 가족이 대답하기 꺼리는 질문에 대해서는 대답하지 않을 권리가 있다는 사실을 명확하게 설명해 주어야 한다.

(3) 관찰

관찰은 자연스러운 환경이나 구조화된 환경에서 양육자와 아동이 보이는 상호작용을 직접 보고 기록하거나 가정환경 등을 직접 둘러보고 평가하는 등 상호작용과 가정환경을 중심으로 이루어진다. 이와 같은 관찰을 통한 가족진단은 검사도구나 면담의 방법을 통하여 얻을 수 없는 정보를 수집하고 기존의 정보를 보충하는 데 중요한 역할을 한다.

부모-자녀 상호작용에 대한 직접 관찰은 장애진단에서뿐만 아니라 교수계획을 위한 교육진단에서도 매우 유용하게 사용될 수 있다. 관찰을 통하여 상호작용의 비율, 질, 패턴 등을 알 수 있는데, 진단의 목적에 따라 시간을 정해서 일어나는 상황을 기록하는 비구조화된 관찰과 구체적인 정보가 필요할 때 체계적인 관찰 시스템을 이용해서 관찰을 시행하는 구조화된 관찰의 방법이 사용될 수 있다(Bondurant-Utz & Luciano, 1994). 가족을 진단하기 위한 구체적인 관찰방법은 4장에서 설명한 방법을 참조하기 바란다.

아동이 속한 가정의 환경은 아동의 발달에 결정적인 영향을 미친다. 이러한 이유로 인하여 아동에 대한 종합적인 진단의 내용으로 가정환경에 대한 정보를 필요로 하게 된다. 가정환경 진단을 통하여 교사는 가정환경이 아동의 발달을 얼마나 잘 지원하고 있는지와 함께 궁극적으로는 아동이 지니는 발달이나 학습 또는 행동적인 문제에 어떠한 영향을 미치는지를 점검할 수 있다. 가정환경에 대한 관찰은 아동과 가족의 상황이나 선호에 따라 구조화된 정도를 달리하여 이루어지므로 교사는 특정 가정환경을 관찰할 때 가족과의 사전 합의에 따라 계획을 세우고 진행해야 한다. 좀 더 체계적인 정보를 수집하기 위해서는 관찰 시 가정환경 진단을 위하여 개발된 관찰 중심의 검사도구를 사용할 수도 있다. 예를 들어, HOME(Caldwell & Bradley, 2003)은 아동의 가정환경과 발달을 위한 지원 정도를 측정하도록 개발된 도구로 영아용(Infant-Toddler HOME, 0~3세), 유아용(Early Childhood HOME, 3~6세), 초등학교 저학년용(Middle Childhood HOME, 6~10세), 청소년용(Early Adolescent HOME, 10~15세)으로 나누어진다. 이 도구는 우리나라에서 많은 연구자들에 의해 타당화 연구가 이루어졌지만(예: 김정미, 곽금주, 2007) 아직 상용화되지는 않고 있다. 그러나 이 도구에서 다루고 있는 다음과 같은 가정환경상의 요소는 아동의 발달과 관련해서 일관성 있게 영향을 미치는 것으로 가정하여 개발되었기 때문에 이 도구를 사용하지 않는 일반적인 관찰에서도 유용한 지침으로 사용될 수 있다.

- 기본적인 신체적 욕구와 건강 및 안전을 만족시키는 환경
- 소수의 성인과의 비교적 빈번한 접촉
- 긍정적인 정서적 분위기
- 적절한 수준의 욕구 만족
- 아동에게 과도하지 않은 다양한 감각 자극
- 가치 있는 행동을 강화하는 신체적 · 구어적 · 정서적으로 반응적인 환경
- 탐구 및 운동기능 활동에 대한 최소한의 사회적 제약
- 물리적 및 시간적 환경 구성
- 풍부하고 다양한 공동의 문화적 경험
- 감각-운동 과정의 협응을 촉진하는 놀잇감 제공

- 성취를 가치 있게 생각하고 촉진하는 성인과의 접촉
- 아동의 인지, 사회성-정서 발달 수준에 적합한 경험의 누적

지금까지 살펴본 가족진단방법을 종합해 보면, 가족에 대한 면담은 가족진단의 기본적인 방법으로 다양한 자료를 확보할 수 있으며, 평가척도나 질문지 등의 진단도구로는 가족의 요구와 자원에 대한 질적·양적 평가를 할 수 있다. 또한 아동과의 상호작용이나 가정환경을 관찰함으로써 가족이 지닌 강점과 요구를 확인할 수 있을 뿐만 아니라 기존의 아동 관련 정보를 확인할 수도 있다. 이와 같이 다양한 진단방법은 각각 주요 기능이 있을 뿐만 아니라 장단점을 지닌다. 따라서 교사는 가족진단을 계획할 때 개별 아동 및 가족을 고려하여 가장 적절한 진단방법을 사용하되, 가능한 한 다양한 방법을 동시에 사용하여 수집된 정보의 신뢰도를 높이는 것이 바람직하다.

3) 가족진단 절차

자녀의 양육과 관련해서 가족이 가지고 있는 강점과 요구는 가족마다 매우 다르다. 특히 장애를 지닌 아동이 포함되는 가족의 경우 이들이 지니는 관심 영역과 요구는 더욱 달라질 수밖에 없다. 결과적으로 가족을 진단하기 위한 과정은 이와 같은 서로 다른 가족의 요구 및 관심에 따라 개별화되어야 하며, 가족과 전문가 간의 협력적인 관계도 개별 가족의 상황에 따라 다양한 수준에서 형성해 나가야 한다. 예를 들어, 개별 가정이 처해 있는 문화적인 상황이나 생애주기별 시기(예: 자녀가 영유아기인지, 학령기인지, 청소년기인지에 따라 가족의 요구가 달라질 수 있음) 또는 사회경제적 지위에 따라 가족의 요구나 관심 영역은 달라질 수 있다. 또한 장애를 지닌 아동의 장애 유형이나 정도도 가족의 우선순위에 영향을 미친다. 때로는 사회경제적 지위나 아동의 장애 특성이 유사한 두 가정이 자신들의 과거 경험이나 문화적인 배경 등 기타 요인에 따라서 상이한 요구를 지니기도 한다. 결과적으로 가족을 진단하는 교사는 모든 가족이 아동에 대한 관점이나 교육에 대한 계획 및 지원 요구 등에서 지니고 있는 관심, 요구, 우선순위 등이 모

두 다를 수 있음을 인식해야 한다. 특히 개별 가족이 지니는 강점이나 참여 의지 역시 가족마다 모두 다를 수 있다는 가정하에 진단 과정에 임해야 한다. 즉, 가족진단은 각 가정에 따라 개별화된 계획에 의해서 이루어져야 한다(Dunst & Trivette, 1996).

장애 아동의 가족진단을 시행할 때 따르게 되는 절차는 다음과 같이 진단을 시행하기 전 계획 단계에서 고려해야 할 내용을 살펴봄으로써 이해할 수 있다(Bevery & Thomas, 1999; Thomlison, 2002). 다음 내용에서 제시하고 있는 것과 같이 진단을 위한 사전 계획을 잘 수립한 후에 수립된 계획에 따라 진단을 실시하게 된다면 가족진단을 통하여 얻고자 하는 정보를 수집하여 진단의 목적을 달성할 수 있을 것이다.

(1) 1단계: 어떤 내용의 정보를 수집할 것인가

가족진단은 각 아동에 관한 정보를 수집하고 아동에 대한 가족의 인식 및 요구와 관련된 정보를 수집하는 것이다. 교사는 다양한 아동과 그 가족을 접하게 된다. 따라서 교육진단이라는 커다란 진단 틀 내에서 타당한 정보를 수집하고 적절한 교육 계획을 세우기 위해서는 각 아동의 가족이라는 체계 내에서 진단 계획을 수립해야 한다. 특히 나이가 어린 영유아가 가족이라는 특정 구조 내에서 발달과 학습을 성취하게 하는 교육 계획을 개발하고 성공적으로 실시하기 위해서는 개별 가족을 대상으로 앞에서 설명한 가족진단의 내용 중 특별히 어떤 정보를 수집해야 하는지를 결정해야 한다.

(2) 2단계: 언제 어떻게 가족진단을 시행할 것인가

일반적으로 교사는 새로운 학년이 시작되면서 아동 및 가족과 만나게 된다. 경우에 따라서는 학기 중에 장애를 진단받고 특수교육 프로그램에 들어오기도 한다. 교사는 새로운 학기가 시작되면서 교육 프로그램을 계획할 때나 수시로 교육 계획에 대한 점검이 필요할 때 아동 및 가족을 진단하게 된다. 대체적으로 가족진단은 교육 프로그램의 시작 과정에서 개별화 교육을 계획할 때 처음 시행된다. 그러나 진단은 개별화 교육 프로그램을 개발하고, 이를 시행하는 과정에 대해서 평가하고, 이를 토대로 계획을 다시 수정하는 지속적이고도 연계적인 과정 전반에 걸쳐 가족과 함께 또는 가족을 대상으로 정보 및 자료를 수집하게 된다. 가족진단의 경우 이러한 전 과정 중 어느 시기에 가족이 참여하고 싶어 하는지 또는 어느 정도 관여하고 싶어 하는지 등에 대한 가족 선호도를 존중해야 한다.

가족진단의 시기가 결정된 후에는 1단계에서 고려한 정보 수집의 내용에 따라 어떤 진단방법을 사용하게 될지 결정해야 한다. 일반적으로 앞에서 설명한 가족 대상의 면담, 검사도구, 관찰 등의 다양한 방법을 통하여 필요한 정보를 수집하게 된다. 이때 진단의 기본적인 원칙에 따라 가능한 한 다양한 방법으로 다양한 장면과 상황에서 다양한 근거의 정보를 수집하는 것이 효율적이라는 사실을 명심해야 한다.

(3) 3단계: 누가 가족진단에 참여할 것인가

가족진단은 그 자체를 통해서 교사와 가족이 아동, 가족, 교사, 프로그램에 대해서 같이 알아가는 과정임을 항상 명심해야 한다. 진단 과정에 다양한 사람이 참여함으로 인해서 수집되는 정보에 대한 다양한 생각이 모아질 수 있지만, 진단 참여자의 수가 많음으로 인해서 가족이 압도당하거나 당황해서는 안 된다. 또한 진단 과정 때문에 가족이 너무 방해를 받거나 귀찮다는 생각이 들어도 안 된다. 이상적인 측면만 고려하자면, 가족진단에 참여하는 사람은 가족이 결정해야 할 것이다. 즉, 가족 구성원은 자신 중에 누가 어느 정도로 참여하기를 원하는지, 자신들이 신뢰하는 사람은 누구며 라포를 형성하는 사람은 누구인지, 그들이 협력하고 싶고 의사소통이 잘되는 사람은 누구인지 등에 따라 진단 참여자와 그 정도를 결정하게 된다. 그러나 현재 교육 현장에서는 교사가 가족진단을 실시하는 경우 거의 단독으로 시행하는 경우가 대부분이며, 복지관 등의 진단 전문기관에서는 기관 중심의 전문가로 구성되곤 한다. 비록 그렇다고 할지라도 가족진단을 직접 실행하는 교사나 기타 전문가는 진단 과정에서 가족의 요구와 선호도를 최대한 반영하면서 다양한 근거의 정보를 수집할 수 있도록 최선을 다해야 할 것이다.

(4) 4단계: 가족진단에서 수립된 정보를 어떻게 사용할 것인가

가족진단은 간단한 주관적인 과정이 아니다. 진단자가 개인적인 문화적 · 경험적 영향에 따라서 가족의 요구, 자원, 프로그램의 유용성 및 장애 관련 태도에 대한 지각이 달라질 수 있다. 또한 가족진단을 통하여 수집된 결과는 전문가나 기타 진단 팀의 관점이 아닌 가족의 관점을 반영하고 있기 때문에 결과를 해석하고 사용할 때 주의를 요한다. 가족진단의 결과를 통하여 가족은 자신들이 활용 가능한 자원을 인식하고 그것을 사용할 수 있는 정보를 얻을 수 있어야 한다. 그리고 진단을 실시한 교사는 가족의 우선순위에 따른 지원이 무엇인지 판별하여 교육 계획에 반영하고 제공할 수 있어야 한다.

3. 가족진단 결과의 해석 및 활용

1) 가족진단 결과의 활용 절차

가족진단을 위하여 가족과의 면담 및 다양한 검사도구 등을 적용한 후에는 그것을 통하여 수집된 정보를 정리하고 해석함으로써 부부, 부모, 가족 등에 대한 적절한 지원 계획을 세우는 절차로 넘어간다. 활용 계획을 세울 때에는 가족진단을 통해 보고된 가족의 요구와 우선순위에 기초하여 가족 지원의 구체적인 내용과 우선순위를 결정하고, 개별화 가족지원 계획이나 개별화 교육 프로그램에 반영한다. 이때 가족의 자원과 강점을 활용함으로써 가족의 능력을 강화하고 아동 교육 및 가족 지원의 효과를 높일 수 있다. 지원 계획을 세운 다음에는 구체적인 지원을 실행하고 사전에 계획된 가족 지원 효과 점검 방안에 따라 그 성과를 평가한다. 만약 지원을 시행하고 있는 중에 새로운 문제가 발생하게 되면 문제에 대한 평가를 통해서 지원 계획을 수정 · 보완하게 된다. 이러한 진단-지원 계획-지원 시행-재평가-지원 수정이라는 순환적 과정을 통해서 장애 영유아 및 그 가족들은 개별 요구에 의한 가장 적절한 서비스를 받게 된다(그림 8-4] 참조).

이와 같은 가족지원 프로그램의 시행과 그에 대한 지속적인 진단 평가를 시행

하는 과정에서, 가족은 자신의 가족 역동성을 다루는 방법을 알게 되고 가족 구성원 각자가 가족을 바라보는 눈이 다르다는 것을 깨닫게 된다. 가족은 현재 문제에 대한 가족의 대처가 더 이상 효과적이지 않다고 느낄 때 개입의 필요성을 인식하게 된다. 이러한 개입 과정 내에서의 진단 평가는 부부와 가족 체계에 대해 보다 이해하기 쉬운 청사진을 제공하므로, 진단 평가를 시행하는 것 자체가

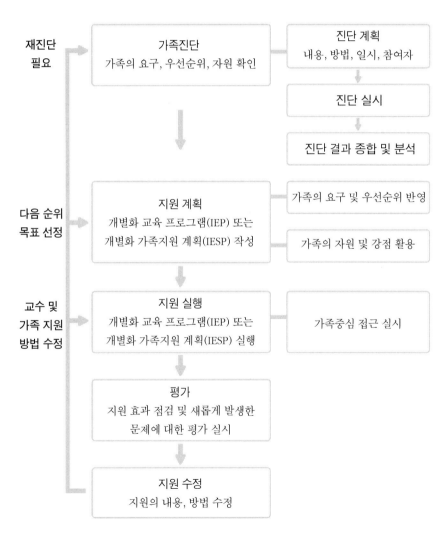

[그림 8-4] 가족진단 및 가족 지원의 순환적 과정

가족 변화의 계기를 제공하게 된다(곽금주, 2002).

2) 가족진단 및 지원 계획 사례

여기서는 실제 가족을 대상으로 가족진단을 실시하고 그 결과를 해석하여 지원 계획을 수립한 사례를 통하여 장애 영유아 가족진단의 실제적인 적용 절차를 알아보고자 한다. 이 사례의 대상이 되는 가족은 만 2세 8개월 된 성연이라는 아동의 가족이다. 성연이의 가족은 성연이의 말 발달이 늦다고 생각하여 병원에 진단을 의뢰하였으며, 발달이 전반적으로 지체된 것으로 진단받았다. 성연이는 현재 특수교사가 있는 일반 유치원에 다니고 있다. 성연이 가족에 대한 가족진단 계획과 실행, 지원 계획 수립의 과정은 다음과 같다.

(1) 가족진단 계획하기

성연이가 유치원에 입학하자, 특수교사와 담임교사는 빠른 시일 내에 성연이에 대한 정보를 수집하고 개별화 교육 프로그램을 수립해야 했다. 두 교사는 개별화 교육 프로그램을 작성하는 데 있어서 가족의 견해를 반영하고 성연이의 발달에 긍정적인 영향을 미칠 수 있도록 가족을 적절히 지원할 필요가 있다는 데에 동의하고 가족진단을 위한 구체적인 계획을 세우기로 하였다. 계획을 세우기에 앞서 두 교사는 가족진단을 통해 달성할 주요 목표를 다음과 같이 설정하였다.

- 가정 내에서 아동 행동과 수행 정도 및 관련 요구 알기
- 부모와 자녀 간의 상호작용 특성에 대해 평가하기
- 자녀 양육과 관련된 가족의 관심 부분에 대한 정보 수집하기
- 자녀 양육과 관련된 요구와 어려움에 대한 정보 수집하기
- 가족의 특성과 자원 및 강점에 대한 정보 수집하기
- 자녀에 대한 가족의 기대와 우선순위 목표 확인하기
- 가정환경과 가족 내 주요 사건에 대한 정보 수집하기
- 부모와 협력적인 관계 형성하기

진단 목표	진단방법 및 전략
1. 성연이의 특성과 요구에 대한 정보 수집하기	• 면담 • 아동기초정보 조사서(선호도 조사) • AEPS 가족보고서
2. 부모와 성연이의 상호작용 평가하기	• 가정에서의 상호작용 관찰(가능한 경우) • 교실에서의 관찰
3. 가족의 관심에 대한 정보 수집하기	• 면담
4. 가족의 요구 및 양육에서의 어려움에 대한 정보 수집하기	• 가족요구 조사서 • 면담
5. 가족의 특성과 자원 및 강점에 대한 정보 수집하기	• 면담
6. 자녀에 대한 가족의 기대목표 및 우선순위 확인하기	• 면담
7. 가정환경과 자녀 양육에 영향을 미치는 가족 내 결정적 사건에 대한 정보 수집하기	• 가정환경 관찰(가능한 경우) • 아동기초정보 조사서(생육력, 교육력, 병력 등) • 면담
8. 가족과 전문가 간의 협력적 관계 형성하기	• 아동과 관련된 사전 정보 수집 • 학기 초 개별 면담 형식으로 실시 • 가족의 선택을 존중하여 진단 일정 및 방법 수정하기

표 8-4 가족진단의 목표별 수집 정보 및 진단방법

가족진단의 목표를 확인한 다음, 두 교사는 각 목표를 달성하기 위해 수집해야 할 구체적인 정보를 결정하고 가능한 진단방법을 확인하였다. 진단목표별로 교사가 계획한 진단방법은 〈표 8-4〉와 같다.

두 교사는 다양한 정보를 효율적으로 수집할 수 있도록 공식적인 면담을 실시하고 면담에서의 구체적인 질문을 미리 정하기로 하였다. 면담 시간을 절약하고 면담 질문을 효과적으로 선정하기 위해 부모가 작성해야 할 질문지는 미리 가정으로 발송하여 작성하게 하였고, 면담 전에 검토하여 기초 정보로 활용하도록 계획하였다. 부모가 작성할 질문지는 유치원에서 작성하여 사용하고 있는 아동기초정보 조사서와 가족요구 조사서(Bailey & Simeonsson, 1990), AEPS의 가족보고서로 선정하였다. 아동기초정보 조사서는 성연이의 가족관계 및 생육력, 교육력, 병력 등의 정보와 선호도를 조사하기 위한 내용으로 구성되었으며, 유치원의 전체 아동을 대상으로 작성되는 것이다. 가족요구 조사서는 가족이 필요로 하는 정보나 지원의 내용을 알아보기 위해 선정하였다. 또한 AEPS의 가족보고서는 가정에서의 아동 수행을 보고할 수 있는 자료로 교사가 작성한 유아관찰자료 기록양식과 비교할 수 있다는 장점이 있어서 채택하였다.

면담을 위한 사전 준비와 세부적인 진행방식은 성연이의 가족에 맞추어 개별화하되, 형식은 3월 적응기간 동안 학급의 모든 아동에게 실시하는 학기 초 개별면담으로 진행하였다. 면담은 담임교사가 주도하고 특수교사가 함께 참여하여 필요한 정보를 보충적으로 수집하도록 계획하였다. 이렇게 유치원의 일반적인 서비스 내에 성연이를 위한 특별한 서비스를 삽입하는 방식으로 지원을 제공하는 것은 통합의 성과에 긍정적인 영향을 미칠 뿐만 아니라 성연이가 유치원 내에서 동등한 구성원으로서 인정받고 있다는 느낌을 가짐으로써 가족과 교사 간의 신뢰를 높이는 데에 도움이 될 것으로 생각되었다. 교사들은 가정통신문을 통해 면담의 목적과 취지에 대해 소개하였다. 아동의 구체적인 면담 날짜와 장소, 면담에 참여할 가족 구성원은 가족이 결정하게 하여 가정통신문을 통해 결정한 내용을 전달받았다.

성연이와 가족 간의 상호작용을 관찰하고 가정환경에 대한 정보를 수집하기 위해서 가정 방문이 도움이 된다고 생각되었으나, 가족의 여건과 의사에 따라 결정하기로 하고 질문지를 통해 가족의 의사를 물어보기로 하였다. 이러한 일련의 계획하에 가족진단은 다음과 같이 실행되었다.

(2) 가족진단 실행하기

① 검사도구를 활용한 사전 정보 수집 및 면담 질문 개발

면담을 실시하기 전 사전 정보를 얻기 위해서, 교사는 학기가 시작되고 일주일이 지났을 때 아동기초정보 조사서와 가족요구 조사서, AEPS의 가족보고서를 성연이의 가족에게 발송하였다. 각 질문지에는 질문지의 목적과 작성방법을 자세히 소개하였고, 어머니가 성연이를 하원시키기 위해 유치원을 방문하였을 때 작성방법을 다시 한 번 구두로 설명하였다. 가족이 작성한 질문지는 특수교사가 분석하여 기초 정보를 정리한 후 담임교사와 함께 검토하였다. 특수교사는 기초 정보에 따라 면담을 위한 질문을 선정한 후 담임교사와 협의하여 최종 질문을 확정하였다.

면담 질문은 먼저 가족요구 조사서를 분석하여 가족의 주된 요구를 확인하였고, 나머지 두 개의 질문지를 통해 각 요구에 따른 정보를 정리한 후 부족한 정보가 있을 경우 관련 질문을 포함시켰다. 또한 교사가 작성한 유아관찰자료기록양식과 가족이 보고한 가족보고서를 비교하여 교실 내에서의 관찰 내용과 가정 내에서의 수행이 다른 경우나 특수교사와 담임교사가 의논하여 아동의 특성이나 행동에 대해 궁금한 부분을 질문에 포함시켰다.

특수교사는 먼저 가족요구 조사서를 검토하여 성연이의 가족이 성연이와 함께 놀고 이야기하는 방법과 성연이의 행동을 다루는 방법, 성연이를 가르치는 방법에 대한 지원이 필요하다는 사실을 알았다. 특수교사는 아동기초정보 조사서를 통해 성연이가 말이 늦다는 이유로 처음 병원에서 진단을 의뢰한 것을 알았고, 가족보고서를 검토하면서 성연이가 사회-의사소통 영역에서 많은 어려움을 겪는다는 것을 알 수 있었다. 따라서 성연이와 가족 간의 여가생활 및 놀이 방법에 대한 정보와 함께 가정 내에서 성연이가 나타내는 구체적인 의사소통 행동 및 특성에 대한 정보를 수집할 필요가 있었다. 또한 가족이 특히 다루기 어려워하는 성연이의 행동이 무엇인지 확인하고 그와 관련된 구체적인 정보가 필요했다. 따라서 이러한 정보를 얻기 위한 질문을 선정하였다.

한편 성연이 어머니는 자신을 위해 더 많은 시간을 갖고 싶어 했고 성연이 아버지는 자녀의 상태에 대해 더 잘 이해하고 수용하기를 원하였다. 아동기초정보 조사서를 통해 특수교사는 성연이가 언니를 좋아하고 언니와 자주 놀이한다는 사실을 알았다. 하지만 아버지와의 관계에 대한 정보는 없었다. 따라서 아버지와 성연이의 관계에 대한 더 구체적인 질문을 포함하였고, 가족관계를 비롯하여 어머니를 도울 수 있는 가정 내외에서의 자원 여부를 확인할 수 있는 질문을 포함하였다.

성연이는 유치원에서 자주 대소변 실수를 하고 이따금 소변을 보고 싶은 듯한

면담 주제	질문 내용
성연이의 특성과 요구	• 가정에서 성연이는 주로 어떻게 의사소통을 합니까? (예: 말, 행동, 소리, 손짓 등) • 가정에서 성연이가 주로 하는 말은 어떤 것입니까? • 가정에서 성연이는 주로 어떤 상황에서 말을 합니까? • 성연이는 주로 어떻게 자신의 요구를 표현하고 그럴 때 부모님은 어떻게 하십니까? • 가정에서 성연이는 화장실에 가고 싶을 때 어떻게 합니까? • 가정에서는 소꿉놀잇감을 가지고 놀 때 구체적으로 어떻게 놉니까? • 가정에서 특별히 어려움을 느끼는 성연이의 행동이나 특성이 있다면 말씀해 주세요.
가족과 성연이의 상호작용	• 성연이가 떼를 쓰거나 하지 말아야 할 행동을 할 때 어떻게 대처하십니까? • 아버지와 성연이의 관계는 어떤가요? 애정 표현은 어떻게 하십니까? • 부모님은 성연이와 어떻게 놀아 주십니까? • 언니는 성연이와 어떻게 지냅니까?
가족의 요구 및 관심	• 성연이를 가르치는 방법이 궁금하다고 하셨는데 가정에서 성연이에게 특별히 가르치고 싶은 부분이 있습니까? • 그 밖에 요즘 성연이를 키우면서 어려움을 느끼는 부분이 있습니까?
가족의 자원 및 강점	• 어머니께서 안 계실 때에 성연이를 돌봐 주는 분이 계십니까? • 어머니가 생각하는 가족의 강점이 있다면 어떤 것입니까?
성연이에 대한 우선순위 목표	• 특별히 성연이가 시급하게 배워야 한다고 생각하는 행동이나 기술이 있습니까? 그 이유는 무엇입니까?
기타 정보 및 유치원에서의 교육과 관련된 의견	• 성연이가 유치원에 입학하면서 특별히 걱정되는 부분이 있으십니까? • 성연이나 성연이의 가족에 대해 저희가 알아 두었으면 하는 부분이 있으면 말씀해 주십시오. • 저희에게 당부하고 싶은 것이 있으면 말씀해 주십시오.

[그림 8-5] 성연이 가족을 위한 면담 프로토콜

행동을 하면서도 화장실에 가지 않으려는 행동을 보이면서 실수를 하곤 했다. 그래서 가정에서는 어떻게 수행하고 있는지에 대한 질문도 포함하였다. 또한 특수교사는 아동기초정보 조사서를 검토하던 중 성연이가 유치원에서는 한 번도 관찰되지 않았으나 가정에서는 소꿉놀잇감을 주로 갖고 논다는 사실을 알았다. 따라서 구체적으로 어떻게 갖고 노는지 소꿉놀잇감을 활용하여 상호작용적인 놀이를 할 수 있는지 등에 대한 질문을 포함하여 성연이의 사회적 · 인지적 놀이 수준에 대한 정보를 보충하기로 하였다.

이러한 과정을 통해 면담 질문을 선정한 후에는 면담 프로토콜을 만들어 담임교사와 다시 검토하였고 최종적인 프로토콜을 작성하였다([그림 8-5] 참조). 면담을 실시하기 전 사전 정보 수집과 면담 질문 개발은 면담 시간을 줄이면서도 효과적으로 정보를 수집할 수 있도록 함으로써 한정된 시간 안에 진행되어야 하는 면담을 효율적으로 활용하는 데에 기여할 수 있었다.

② 가족 면담 실시

면담 프로토콜을 만든 후 교사는 면담과정 점검 포인트([그림 8-1] 참조)에 따라 면담의 준비 과정을 점검하고 면담 상황에서 주의할 점에 대해 의견을 나누었다. 면담은 학기가 시작되고 2주가 지난 후 가족이 결정한 날짜와 시간에 유치원 내 상담실에서 실시되었다. 성연이의 어머니와 담임교사, 특수교사가 원탁에 둘러앉아 편안하게 대화할 수 있도록 하였다. 먼저 담임교사는 성연이의 어머니가 긍정적인 태도로 대화하고 편안한 분위기로 느낄 수 있도록 2주간 유치원에서 성연이의 적응 정도와 수행에서의 장점을 중심으로 가볍게 이야기를 시작하였다. 담임교사는 면담 프로토콜에 따라 차례로 질문을 하되 이미 어머니가 자발적으로 진술한 부분은 질문을 생략하였고, 필요한 경우 특수교사가 추가적인 질문을 하였다. 면담 내용은 특수교사가 간단히 메모를 하였다.

면담은 교사가 성연이 어머니로부터 정보를 수집하는 수단이었지만 면담 과정에서 자연스럽게 상담과 정보 제공이 이루어지기도 하였다. 성연이 어머니는 성연이 언니의 학교 친구들과 그 어머니들이 함께 하는 모임에 참여하고 있는데, 성연이에 대해 그들에게 어떻게 설명을 해야 할지 몰라 어려움을 겪고 있다고 하였다. 이에 대해 교사는 성연이에 대해 설명하는 방법을 소개하였다. 또 면담을 통해 어머니가 자신만의 시간을 갖고 싶어 하지만 성연이를 돌봐 줄 사람이 없어서 스트레스를 갖고 있다는 사실을 알게 되어, 이미 서로 도움을 주고받고 있는 유치원의 다른 장애 아동 부모를 소개해 주기로 하였다.

교사는 면담을 통해 성연이 어머니가 성연이의 떼쓰는 행동과 이유를 분명히 알 수 없는 상황에서 우는 행동 때문에 어려움을 겪는다는 것을 알았고, 가정에서도 대소변 실수가 잦고 화장실에 가지 않으려는 경우가 많아 걱정을 하고 있다는 사실을 알 수 있었다. 또한 질문지를 통해 가정 여건상 가정 방문은 하기 어렵다는 의사를 전달받았지만, 아버지와 성연이와의 관계에 대한 지원이 필요하였기에 어머니와 의논하여 가정에서 아버지와 성연이 간의 놀이 상황을 비디오로 녹화해서 유치원으로 보내 주기로 결정하였다. 교사들은 최종 교육 계획과 지원 방안을 마련한 후 어머니와 전화나 별도의 비공식적인 면담을 통해 다시 협의하기로 하고 면담을 정리하였다.

③ 아버지-아동 상호작용 관찰

아버지와 성연이의 놀이를 녹화하기 위해서 먼저 특수교사는 어머니를 통해 촬영할 때 주의점을 간단히 설명했다. 주의점은 새로운 놀잇감으로 인한 효과를 배제하기 위해 집에서 평상시 갖고 노는 놀잇감을 이용하며 아버지와 성연이의 표정이 잘 보이는 위치에서 촬영하고 가능한 한 두세 차례에 걸쳐 촬영하는 것 등이었다.

특수교사는 녹화된 테이프를 보면서 아버지와 성연이의 놀이방법과 성연이의 행동에 대한 아버지의 반응, 성연이와의 놀이를 이끌어 내는 방법, 애정 표현의 정도 및 방법, 아동의 행동에 대한 강화와 피드백 등을 관찰하였다. 관찰한 결과를 토대로 아버지가 성연이와의 놀이 상황에서 할 수 있는 적절한 놀이행동에 대해 특수교사와 담임교사가 함께 의논하고 대략적인 지원 계획을 세웠다.

(3) 가족진단 결과 및 지원 계획 수립

지금까지의 가족진단 결과, 성연이 가족의 주요 요구 및 관심은 (1) 성연이의 문제행동 다루기, (2) 아버지와 성연이의 긍정적인 관계 지원하기, (3) 어머니가 여가 시간을 활용할 수 있도록 지원하기의 세 가지로 도출되었다. 또한 성연이 가족이 생각하는 교육적 우선순위는 성연이가 대소변을 가릴 수 있도록 가르치는 것이었다.

　한편 성연이 가족은 다음과 같은 강점과 자원을 가지고 있었다. 첫째, 성연이 어머니는 성연이의 교육에 열의를 보이며 가정 내에서 성연이를 가르칠 만한 의지를 갖고 있었다. 둘째, 성연이의 아버지는 엄격하고 성연이가 집 안을 어질러 놓고 노는 것을 참지 못하여 자주 야단을 치지만 성연이의 교육에 관심이 많고 성연이와 긍정적인 관계를 형성하려는 의지가 있었다. 셋째, 가정의 경제적 여건이 그리 어렵지 않아 그로 인한 스트레스는 없었다. 넷째, 성연이는 언니를 좋아하고 언니도 성연이를 잘 돌봐 주는 편이었다. 다섯째, 성연이의 어머니는 사교적이고 사람을 좋아하는 성격으로 보고되었고 유치원에서 부모 모임에 적극적으로 참여하고 싶어 하였다.

　이러한 진단 결과에 기초하여 교사는 성연이 가족에 대한 지원 계획을 수립하고 성연이 어머니와 협의하여 최종 계획을 확정하였다. 성연이 가족에 대한 가족 지원 계획은 [그림 8-6]과 같다.

문제행동 다루기	가정에서 문제행동이 주로 나타나는 상황을 기록할 수 있는 기록 양식을 제공하고 가족의 기록을 분석하여 문제행동의 선행사건과 결과 분석하기
	가정 및 유치원에서의 관찰에 기초하여 문제행동의 기능을 대체할 수 있는 의사소통 기술을 개별화교육프로그램에 포함시키기
	가정 내에서 기능적 의사소통 기술을 가르치기 위한 전략에 대한 정보 제공하기
	가정 내에서 예측 가능한 환경을 제공할 수 있도록 일과를 구조화하고 선택의 기회를 많이 제공하도록 지원하기
대소변 훈련	가정과 유치원에서 주로 대소변을 보는 시간을 기록한 후 대략적인 대소변 시간과 간격 확인하기
	가정과 유치원에서 시간에 맞춰 화장실에 데려가고 성공했을 경우 칭찬하기

〈계속〉

	가정과 유치원의 화장실에 성연이가 좋아하는 캐릭터 스티커를 붙여 주고 화장실에 갈 때 언니나 성연이가 좋아하는 또래가 함께 가 주도록 하기
	개별화 교육 프로그램에 배변훈련과 관련된 교수목표를 포함하고 지속적으로 성취 정도를 평가하기
아버지와의 긍정적인 관계 지원하기	아버지와 함께 놀 수 있는 간단한 놀이 소개하기
	놀이 상황에서 성연이와 함께 놀기 위한 기술(예: 성연이의 행동을 모방하기 등)을 교사가 비디오로 촬영하여 가정에 적용할 수 있도록 지원하기
	아버지가 매일 하루 세 번 이상 성연이를 안아 주는 등의 애정 표현을 하도록 권하기
	유치원에서 실시하는 '아버지의 날' 행사에서 다른 장애 아동의 아버지들과 만나서 관계를 맺을 수 있도록 지원하기
어머니의 여가 시간 및 스트레스 지원하기	유치원의 장애 아동 부모 모임에 참여할 수 있도록 소개하기

[그림 8-6] 성연이 가족을 위한 가족 지원 계획

요약

　가족은 장애 아동의 교육적 성과에 직·간접적으로 영향을 미치기 때문에 가족 진단은 장애 아동을 위한 포괄적이고도 종합적인 진단의 필수적인 요소로 포함되는 과정이다. 교육진단의 측면에서 가족진단은 아동 교육과 서비스에 대한 가족의 우선적인 관심사를 결정하기 위한 진행적이고 상호적인 정보 수집 과정으로 정의할 수 있다. 가족진단은 가족과 전문가 간의 협력적 관계를 형성하고 아동과 관련된 교육 및 지원 계획에 필요한 정보를 수집하는 데에 기여한다. 또한 장애 영유아를 양육함으로써 발생할 수 있는 가정 내 문제를 예방하고 가족에게 필요한 정보가 무엇인지 알아볼 수 있다는 점에서 중요하다. 때로는 가족진단 자체가 상담 또는 부모 교육 등의 역할을 하는 중재 활동이 되기도 한다. 그러나 교사는 가족을 대상으로 하는 과정에서 생기는 어려움도 있기 때문에 가족진단의 실행 방법과 절차를 잘 알고 실행과정에서 발생할 수 있는 여러 가지 어려움을 이해함으로써 가족을 효과적으로 진단하여 결과를 분석하고 합리적으로 지원하는 역량이 필요하다.

가족진단은 면담, 검사도구, 관찰 등의 방법을 통해 실시될 수 있다. 가능한 한 여러 가지 방법을 보완적으로 사용하고 여러 가족 구성원의 관점을 반영함으로써 진단의 정확성을 높이는 것이 좋다. 또한 아동 교육이나 가족 지원을 계획하는 데에 의미 있는 정보를 제공할 수 있는 내용으로 실행되어야 한다. 가족진단의 전반적인 절차는 가족의 관점과 선호도를 반영하여 계획되고 실행되어야 하며, 진단과 지원의 각 과정은 순환적으로 실행되어야 한다. 이 장의 마지막 부분에서는 가족진단의 진행 과정에 대한 실질적인 이해를 돕기 위하여 구체적인 사례를 제시하였다.

| 참고문헌 |

김유숙, 전영주, 김수연(2003). 가족평가 핸드북. 서울: 학지사.

김정미, 제럴드 마호니(2009). 부모-아동 상호작용 행동 평가: K-MBRS와 K-CBRS. 서울: 박학사.

곽금주(2002). 아동 심리 평가와 검사. 서울: 학지사.

이영철, 허계형, 문현미, 이상복, 정갑순 역(2008). 영유아를 위한 사정, 평가 및 프로그램 체계. 서울: 도서출판 특수교육.

Abidin, R. R., PAR Staff, & Noriel, O. (1995). *Parenting stress index-Third edition (PSI-3)*. Odessa, FL: Psychological Assessment Resources.

Bailey, D. B. (2004). Assessing family resources, priorities, and concerns. In M. McLean, M. Wolery, & D. B. Bailey (Eds.), *Assessing infants and preschoolers with special needs* (pp. 172-203). Upper Saddle River, NJ: Prentice Hall.

Bailey, D. B., McWilliam, R. A., Darkes, L. A., Hebbeler, K., Simeonsson, R. J., Spiker, D., & Wagner, M. (1998). Family outcomes in early intervention: A framework for program evaluation and efficacy research. *Exceptional Children, 64*, 313-328.

Bailey, D. B., & Simeonsson, R. J. (1988). Assessing needs of families with handicapped infants. *Journal of Special Education, 22*, 117-127.

Bailey, D. B., & Wolery, M. (2003). 장애영유아를 위한 교육(이소현 역). 서울: 이화여자대학교 출판부. (원저 1999년 2판 출간)

Bevery, C. L., & Thomas, S. B. (1999). Family assessment and collaboration building: Conjoined processes. *International Journal of Disability, Development and Education, 46*(2), 179-197.

Bondurant-Utz, J. A., & Luciano, L. (1994). Family involvement. In J. A. Bondurant-Utz & L. Luciano (Eds.), *A practical guide to infant and preschool assessment in special education* (pp. 41-58). Boston: Allyn & Bacon.

Brassard, M. R., & Boehm, A. E. (2007). *Preschool assessment: Principles and practices.* New York: The Guilford Press.

Caldwell, B. M., & Bradley, R. H. (2003). *Home Observation for Measurement of the Environment (HOME): Administration manual.* Little Rock, AR: University of Arkansas.

Davis, S. K., & Gettinger, M. (1995). Family-focused assessment for identifying resources and concerns: Parent preference, assessment information, and evaluation across three methods. *Journal of School Psychology, 33,* 99-121.

Dunst, C. J., & Trivette, C. M. (1996). Empowerment, effective helpgiving practices and family-centered care. *Pediatric Nursing, 22,* 334-337, 343.

Mahoney, G., Powell, A., & Finger, I. (1999). *The maternal behavior rating scale.* Available from the author, Mandel School of Applied Social Sciences, 11235 Bellflower Rd., Cleveland, OH 44106-7164.

McLean, M., Wolery, M., & Bailey, D. B. (Eds.). (2004). *Assessing infants and preschoolers with special needs.* Upper Saddle River, NJ: Prentice Hall.

Sandall, S., Hemmeter, M. L., Smith, B. J., & McLean, M. E. (2005). *DEC Recommended Practices: A comprehensive guide for practical application in early intervention/early childhood special education.* Longmont, CO: Sopris West.

Sandall, S., McLean M. E., & Smith, B. J. (2000). *DEC recommended practices in early intervention/early childhood special education.* Longmont, CO: Sopris West.

Thomlison, B. (2002). *Family assessment handbook: An introductory practice guide to family assessment and intervention.* Pacific Grove, CA: Books/Cole.

Turnbull, A. P., Turbiville, V., & Turnbull, H. R. (2000). Evolution of family-professional partnership models: Collective empowerment as the model for the early 21st century. In S. J. Meisels & J. P. Shonkoff (Eds.), *Handbook of early intervention* (pp. 630-650). New York: Cambridge University Press.

제9장

환경진단

1. 환경진단의 이론적 배경
2. 환경진단의 실제
3. 환경진단 결과의 해석 및 활용

1. 환경진단의 이론적 배경

1) 환경진단의 정의 및 목적

장애 아동과 그 가족에게 개별적으로 적합한 교육과 지원 계획을 세우기 위해서는 아동과 가족이 직접 생활하고 접하는 환경에 대한 정보가 필요하다. 환경진단은 "환경과 행동 간의 상호작용과 아동 행동의 생태학적인 맥락에 대한 평가"(Greenwood, Carta, Kamps, & Arreage-Mayer, 1990, p. 36)로 정의된다. 다시 말해서, 개별화 교육 프로그램을 계획하기 위한 교육진단에서 환경진단은 아동의 행동과 그 아동이 속한 환경적인 맥락 간의 기능적 관계(또는 상호작용)에 대한 관찰을 의미한다(Kontos, Moore, & Giorgetti, 1998). 좀 더 구체적으로 설명하자면, 환경진단은 아동이 지닌 환경적인 자원을 파악하는 과정으로서 개별 아동을 위한 지원 계획을 수립하기 위해 필요한 총체적인 정보를 수집하는 과정의 일환이라고 말할 수 있다. 그러므로 환경진단은 장애 유아가 접하는 환경의 물리적 측면(예: 장소, 교재 · 교구)에 대한 평가를 바탕으로 환경 내에서 가족이나 또래, 교사 등과 발생하는 상호작용의 사회적 측면을 모두 포함하며, 교사의 교수 스타일이나 교수 상황 등의 교수적 환경을 포함할 수도 있다. 또한 더 광범위하게는 가정환경이나 지역사회 환경도 포함된다.

환경진단은 표준화 검사에서와 같이 표집단의 성취와 분포를 통하여 아동이나 가족의 행동을 비교하기보다는 아동과 그 가족이 생활하고 있는 환경에서 기대되는 구체적인 행동을 개별적으로 고려한다. 이것은 최근에 강조되고 있는 생태학적 접근의 중요성이 반영된 것이다. 이러한 맥락에서 환경진단은 참여할 환경에 대한 분석을 통하여 장애 아동과 그 가족에게 필요한 목표를 설정하고, 환경 안에서의 일과와 활동 참여를 촉진하기 위해 어떤 조정과 지원이 필요한지를 결정하는 과정으로서의 역할을 하게 된다(Noonan & McCormick, 2006).

교사는 환경진단을 통하여 다음과 같은 구체적인 목표를 달성함으로써 혜택을 얻게 된다(Bailey, 1989; Brassard & Boehm, 2007). 첫째, 특정 환경이 아동의 발달 촉진에 영향을 미치는 정도를 결정해 준다. 둘째, 환경이 아동을 양육하기에 또는 교육시키기에 안전하고 편안한지를 알게 해 준다. 셋째, 환경이 최소한으로 제한적인지 또는 '정상화 원리'를 따르고 있는지를 알게 해 준다. 넷째, 특정 환경에서 아동이 성공적으로 기능하기 위하여 요구되는 기술이 무엇인지 알게 해 준다. 다섯째, 교사와 부모가 아동의 참여를 촉진하고, 시도를 강화하고, 언어 및 행동 모델을 제공하고, 문해 및 사회성 등의 발달을 위한 기반을 제공하는지 알게 해 준다. 이러한 목표를 달성하기 위하여 교사는 (1) 질적으로 우수한 환경이 갖추어야 할 구성요소가 무엇인지 알아야 하며, (2) 현재의 환경이 그러한 질적 구성요소를 갖추고 있는지를 체계적으로 평가할 수 있어야 하고, (3) 평가 결과를 교육 계획에 반영함으로써 환경을 질적으로 향상시킬 수 있어야 한다.

결과적으로 환경진단에 임하는 교사는 환경진단을 실시하기 전에 장애 아동을 위한 바람직한 환경이 어떠해야 하는지에 대한 지식을 갖추고 있어야 하며, 이러한 지식을 바탕으로 아동의 현재 환경이 어떻게 조절되고 강화되어야 하는지를 결정할 수 있어야 한다. 일반적으로 장애 아동을 위한 바람직한 환경 구성을 위해서는 다음과 같은 요소가 고려되어야 한다(이소현, 2003).

- 사고의 위험을 줄이고 안정감을 제공하는 안전한 환경
- 아동이 참여할 수 있는 접근 가능한 환경
- 아동의 수와 활동을 고려한 충분한 공간이 확보된 환경
- 아동이 환경과 상호작용할 때 예측 가능하면서도 즉각적인 피드백을 제공해 주는 반응적인 환경
- 과제 수행 동기를 제공하는 참여를 촉진하는 환경

2) 환경진단의 중요성

환경진단의 중요성은 환경의 중요성을 통하여 가장 쉽게 이해할 수 있다. 장애유아의 교육에 있어서 환경은 유아의 성장과 발달을 촉진하고, 참여와 학습을 증진시키며, 독립적인 기능을 가능하게 하는 등 매우 중요한 역할을 한다. 예를 들

어, 아동이 새로운 기술을 학습하거나 일반화하도록 지원할 때, 문제행동을 예방하고 조절할 때, 계획된 활동에 참여하도록 동기화할 때 등의 다양한 교수 상황에서 환경은 아동의 행동에 결정적인 영향을 미칠 수 있다. 특히 환경을 구성하는 '환경 설계(environmental engineering)'가 효과적인 교수를 위한 가장 중요한 과제 중 하나로 강조되고 있다는 사실(Neisworth & Buggey, 1993)은 환경의 중요성을 단적으로 보여 주는 예라 할 수 있다. 이와 같이 환경이 교육 프로그램 내에서 아동의 학습과 발달에 미치는 영향을 고려한다면 환경에 대한 구체적인 진단 없이 최상의 교수계획을 세우기는 어렵다고 할 수 있다. 예를 들어, 환경의 특정 요소가 제한됨으로써 아동의 행동 발달에 직접적인 영향을 미치는 경우를 흔하게 볼 수 있다. 함께 놀이를 할 또래가 없는 경우 또래 상호작용이라는 행동을 보일 수 없으며, 요구해야 할 상황이 발생하지 않는 환경에서는 요구하기 행동이 나타날 수 없다. 〈표 9-1〉은 장애 유아를 위한 교육환경의 특정 요소가 제한된 예들을 보여 주고 있다. 이와 같은 환경적인 제한은 궁극적으로 아동의 행동을 제한시킴으로써 학습과 발달에 부정적인 영향을 미치게 된다. 따라서 과거에는 아동을 진단할 때 아동만을 대상으로 정보를 수집하는 경우가 대부분이었으나, 현재는 환경이 아동의 발달과 학습에 미치는 영향을 고려하여 환경의 특성에 대한 진단을 반드시 포함하도록 권장되고 있다(Brassard & Boehm, 2007).

이와 같이 환경진단의 중요성이 인식되기 시작하면서 장애 유아를 위한 진단 과정에 환경진단을 반드시 포함해야 한다는 주장이 제기되고 있는 것이 사실이다. 하지만 실제로 장애 아동을 교육하는 현장에서 환경진단은 실행하기에 매우 어려운 과제로 인식되고 있다. 환경을 진단하기 위해서 교사는 아동의 환경에 대한 신뢰할 만한 자료를 수집해야 한다. 그러기 위해서는 다양한 상황에서의 관찰 및 다양한 사람과의 면담이 필수적인 과정으로 포함된다. 그러나 이와 같은 자료 수집 절차에는 많은 시간과 노력이 필요하다. 특히 장애를 지닌 아동의 경우에는 교육기관의 교수환경뿐만 아니라 가정환경이나 지역사회 환경 등 아동이 속해 있는 다양한 환경을 모두 포함해야 하며, 각 환경에서 아동의 기능에 대한 자료를 모두 수집해야 하기 때문에 교사에게 현실적인 부담으로 작용하고 있다. 그럼에도 미국의 장애인교육법(IDEA 2004)은 아동이 문제를 보이는 영역의 학업 및

| 표 9-1 | 특수아 조기교육 현장에서 제한된 환경의 예 |

	이용 가능성	접근 가능성	구성	시간표 및 활용
공간	대근육 운동 기능 및 움직임 활동을 위한 실외놀이 공간이 없음	운동 기능이 손상된 아동이 독립적으로 접근할 수 없는 장소에 독서 영역이 설정됨	활동 영역을 위한 경계가 불분명하여, 결과적으로 잦은 영역 이동이 발생하고 놀잇감과 교재들이 교실 내에 흩어져 있음	실외놀이 공간을 사용할 수 있는 시간이 배정되지 않음
교재·교구	복잡한 구조물을 만들거나 한 명 이상의 아동이 함께 놀 수 있을 정도로 충분한 수의 블록이 준비되어 있지 않음	소꿉놀이 교재가 높은 벽장 속에 저장되어 있어 아동이 볼 수 없으며 교사만 접근할 수 있음	블록, 소근육 운동 기능 교재, 인형이 같은 선반에 모두 함께 전시되어 있음	물놀이 및 모래놀이 도구가 준비되어 있으나, 이를 사용할 수 있는 시간이 배정되어 있지 않으며 교사 지원이 없음
인적자원	일반 유아가 없음	건물 내에 일반 유아가 함께 있지만, 학급이 분리되어 있음	교실 내에 일반 유아가 함께 있지만, 교수 활동 능력에 따라 집단을 구성하여 상호작용 기회를 제공하지 못함	일반 유아가 함께 있지만, 장애 유아와의 사회적 의사소통을 촉진하기 위한 체계적인 전략을 실시하지 않음

출처: Bailey, D. B., & Wolery, M. (2003). 장애영유아를 위한 교육(이소현 역, p. 75). 서울: 이화여자대학교 출판부. (원저 1999년 2판 출간)

행동 특성을 기록하기 위해서는 아동만을 대상으로 해서는 안 되며 반드시 학습 환경까지도 함께 관찰하도록 규정하고 있다. 이와 같은 사실은 환경진단의 중요성을 간과해서는 안 된다는 것으로 해석될 수 있다. 결과적으로 교사는 최상의 교육 프로그램을 계획하기 위하여 환경진단의 중요성을 인식하고 현실적인 실행 가능성을 모색해야 하며, 실제로 환경진단을 수행함으로써 구체적인 혜택을 얻을 수 있어야 한다.

2. 환경진단의 실제

앞에서도 설명하였듯이, 환경진단은 다양한 환경을 대상으로 이루어져야 한다. 교사가 직접 아동을 교육하는 학급과 그 학급이 속한 교육기관은 중요한 교수적 환경으로 아동의 학습과 발달에 결정적인 영향을 미친다. 특히 교사는 교수적 환경 구성의 책임을 지게 되므로 환경진단을 통하여 바람직한 교수환경이 구성되어 있는지 점검할 수 있어야 한다. 또한 가정은 모든 아동이 하루 중 많은 시간을 보내는 공간이면서 필수적인 적응기술을 학습하는 일차적인 환경으로서 그 의미를 지닌다. 더욱이 나이가 어린 아동의 경우에는 의식주의 대부분을 가정에 의존하기 때문에 가정환경의 중요성이 더욱 가중된다. 지역사회는 가정과 교육기관이 속한 좀 더 광범위한 개념의 환경으로 아동이 궁극적으로 생활하게 될 공간이라는 의미에서 그 중요성을 고려해 볼 수 있다. 따라서 지역사회 연계교육이 강조되고 있으며, 가정이나 유치원에서 학습된 모든 기술은 궁극적으로 지역사회 환경에서 독립적이고 기능적으로 사용될 때 그 의미가 부여되기도 한다. 이 장에서는 교사가 직접 관련된 학급 및 기관 환경진단을 중심으로 설명하고자 하며, 가정환경 및 지역사회 환경의 진단에 대해서도 간략하게 설명한다. 특히 가정환경진단과 관련해서는 8장의 가족진단 내용을 참조하기 바란다.

1) 학급 및 기관 환경

장애를 지닌 아동의 교육은 아동의 연령이나 지역사회 특성 등 다양한 요소에 의하여 가정중심 또는 기관중심 프로그램으로 운영된다. 일반적으로 장애 유아들을 위한 가장 보편적인 교육환경은 기관중심 프로그램이라고 할 수 있다. 현재 우리나라의 경우 장애인 등에 대한 특수교육법(2007)에 의하여 유아에게는 의무교육을 제공하고, 영아에게는 무상교육을 제공하도록 규정하고 있다. 이들에게 교육을 제공하는 기관은 특수학교 유치부, 유아특수학교, 일반 유치원의 특수학급 및 일반학급을 모두 포함한다. 이 외에도 어린이집 등의 보육시설과 복지시설

표 9-2	학습환경의 요인별 구성요소

요인		구성요소
구조적 요인	물리적 구조	• 물리적 공간의 크기, 밀도, 활동 영역의 크기 • 학급 설계(공간 배치 및 활동 영역의 구분, 주의 집중을 촉진하고 문제행동을 감소시키는 공간 배치 등) • 다양한 배경과 장애를 지닌 아동이 탐구하고 문제를 해결하도록 격려하는 교재 · 교구의 배치 • 소음, 조명, 색조 등의 환경 조건 • 교재의 수와 배치(특히 특별한 도움을 필요로 하는 아동에 대한 배려)
	사회적 구조	• 교사-아동 비율 • 집단의 크기 • 장애 아동의 통합 비율 • 가정 연계 및 부모 참여
과정적 요인	환경 내 상호작용	• 성인과의 상호작용 빈도 및 질 • 또래와의 상호작용 빈도 및 질 • 문제행동 관리 • 바람직한 행동에 대한 피드백 및 강화 • 풍부한 언어의 성인-아동 대화
	교수 활동	• 사용되는 교수방법의 유형 • 모든 발달 영역을 포괄하는 활동 • 다양성에 대한 이해를 촉진하는 활동 • 장애 아동을 위한 적절한 활동 • 참여, 언어 발달, 발현적 문해기술, 사회적 상호작용, 독립심, 문제 해결력을 촉진하는 교수적 요소 • 필요한 경우에 제공되는 성인의 비계교수와 적절한 속도 • 일관성 있는 시간표 • 아동 중심의 활동(훈련과 연습에만 치중하지 않는) • 진행적인 과정으로서의 관찰 및 중재 절차/활동 • 수행에 대한 피드백을 제공할 수 있게 하는 교사 훈련 • 단순한 교사의 지시

등에서 장애 유아를 위한 교육이 이루어질 수 있다. 유치원이나 특수학교에서 교육받는 유아는 주로 하루에 3~6시간을 머무르며, 일반 유아교육과정이나 특수

학교 교육과정에 따라 교육받는다.

장애 유아의 긍정적이고 바람직한 성장과 발달을 위해서는 질적인 학급과 기관 환경이 우선되어야 한다(Bowman, Donovan, & Burns, 2001). 학급 및 기관 환경에서 교사의 행동 및 아동의 학습에 영향을 주는 요소는 매우 다양하다. 일반적으로 교육의 질에 영향을 미치는 요소는 교육환경의 구조적 요인과 과정적 요인으로 구분된다(Phillips & Howes, 1987; Vandell & Wolfe, 2000). 구조적 요인이란 일반적으로 학급의 크기나 교사 대 아동 비율, 교사의 학력이나 경력 또는 임금과 같은 교사 관련 요인, 건물이나 공간과 같은 물리적 환경 등을 포함한다. 과정적 요인이란 프로그램을 진행하면서 나타나는 요인으로, 발달적으로 적절한 자극이 주어지는지, 교사와 아동 간 상호작용이 잘 이루어지는지, 아동의 정서 발달이 잘 촉진되고 있는지, 건강하고 안전한 환경이 제공되는지 등을 포함한다.

학급과 기관의 환경을 진단하기 위해서는 환경의 구조적 요인과 과정적 요인을 모두 고려해야 한다. 학습환경의 구조적 및 과정적 요인의 구체적인 구성요소는 〈표 9-2〉와 같다(Brassard & Boehm, 2008). 이러한 요소는 장애 유아를 위한 환경 평가의 주요 평가 대상으로 포함되어야 한다.

(1) 물리적 환경

환경의 물리적 특성은 환경 내에서 활동하는 사람의 행동과 발달에 직접적인 영향을 미친다. 특히 물리적 공간의 다양한 특성은 유아의 참여 수준과 상호작용의 질에 영향을 미치므로 실내외 환경의 시설·설비, 공간 배치, 공간의 활용, 크기 등이 평가되어야 한다.

장애 유아를 위한 물리적인 환경 구성은 일반 유아를 위한 질적인 환경에 기반을 두어야 한다. 예를 들어, 질적인 환경에서 가장 중요한 요소로 안전이 먼저 고려되어야 한다. [그림 9-1]에는 유치원 환경 중 교실의 안전도를 점검해 볼 수 있는 항목의 예가 제시되어 있다. 또한 실내외의 활동적인 공간과 조용한 공간이나 휴식 공간 등이 균형적으로 구성되어야 한다. 예를 들어, 유치원에서 소음이 심한 경우 아동의 듣기 능력과 언어 발달(예: 다른 사람의 말을 이해하는 능력)에 부정적인 영향을 미칠 수 있으며(Heller & Edwards, 1993), 공간의 크기는 신체적인

평가 질문	예	아니요
활동실 내에는 날카로운 모서리나 위험한 놀잇감이 없는가?	☐	☐
콘센트 덮개가 설치되어 있는가?	☐	☐
선반은 벽에 잘 고정되어 있는가?	☐	☐
교실의 카펫은 바닥에 고정되어 있는가?	☐	☐
미술도구는 안전성이 검증된 것을 사용하고 있는가?	☐	☐
교실의 조명이 충분히 밝은가?	☐	☐
독극물이나 약품 등의 위험한 물건은 유아의 손이 닿지 않는 곳에 보관되어 있는가?	☐	☐
락스, 세제 및 변기를 청소하는 솔 등은 유아의 손이 닿지 않는 잠금장치가 있는 곳에 보관되어 있는가?	☐	☐
잡아당길 수 있는 전기 코드나 송풍기 같은 설비는 안전장치가 되어 있는가?	☐	☐
바닥이 항상 건조한 상태로 유지되어 있으며 미끄럽지 않은가?	☐	☐
복도와 연결되는 교실의 문에는 문턱이 없는가?	☐	☐

[그림 9-1] 유치원 교실의 안전도 점검을 위한 평가 질문의 예

활동의 종류나 양에 영향을 미치기도 한다(Smith & Connolly, 1980). 이 외에도 자연 채광과 조명, 청결 유지, 환기, 온도와 습도 조절 등 물리적인 공간과 관련된 다양한 요소를 점검해야 하며, 급식 및 간식과 관련된 위생 관리와 손 씻기나 개인 위생을 위한 물품(칫솔, 컵, 수건 등)에 대한 관리도 중요한 평가 요소가 된다.

교사의 교수 활동의 대부분이 진행되는 실내환경의 일반적인 질적 요소는 기본적인 청결 관리에서부터 개별적인 작업물의 게시, 흥미 영역의 구성에 이르기까지 다양한 측면이 고려되어야 한다. 학급 및 기관의 질적인 환경 구성과 관련된 구체적인 요소(Sandall, & Ostrosky, 1999)는 다음과 같으며 교사는 각 요소에 대한 점검표(예: '선택판이 활용되고 있는가?' '활동에 따른 개별적인 자리 배치 계획이 있는가?')를 작성하여 학급의 공간 구성에 대한 요소를 평가할 수 있다.

- 선택판 활용(강화지, 자유선택시간, 물건, 장소, 사람 등)
- 활동에 따른 개별적인 자리 배치 계획
- 능동적인 탐색을 가능하게 하는 적절한 자극의 유지
- 교재·교구에 대한 정기적인 청결 관리
- 환경적인 배치와 모든 구성물의 안전성
- 개별 아동의 흥미 영역 구성
- 필요한 경우 자극을 줄이고 조정 가능
- 독립된 놀이 공간의 확보
- 영역 간 경계
- 명칭이 있는 선반과 접근성이 보장된 교구 배치
- 진행되고 있는 주제와 관련된 교구의 재배치
- 활동 결과물의 게시
- 소음에 방해받지 않는 정적인 공간 확보

[그림 9-2]는 공간 구성의 적절한 예와 적절하지 못한 예를 그 평가 이유와 함께 보여 주고 있다.

　장애 유아를 위한 물리적 환경을 평가할 때에는 교재·교구에 대한 평가도 포함된다. 교재·교구가 환경 안에 적절하게 배치되어 있는지의 여부를 평가하는 것과 함께 어떻게 활용되고 있는지에 대한 세밀한 관찰과 분석이 요구된다. 예를 들어, 모래나 물 놀이 등의 탐색 활동에 대한 요소를 발달에 적합한 실제(DAP)에 따라 배치 운영 여부를 중심으로 평가할 수도 있으며(〈표 9-3〉 참조), 평가 항목이 세분화된 평가도구(예: ECERS-R)를 사용하여 학급과 기관의 환경을 평가한 후 약점이 무엇인지를 분석하고 개선을 위한 모니터링에 활용할 수도 있다. [그림 9-3]은 〈표 9-3〉에서 평가한 물/모래 놀이에 대하여 좀 더 세분화된 평가를 할 수 있는 ECERS-R 항목의 예를 보여 주고 있다. 이 도구는 전문가의 직접 관찰을 통해 7점 척도(1-부적합, 3-보통, 5-양호, 7-우수)를 기준으로 평가하게 된다(http://www.fpg.unc.edu/products/product 참조).

학급 A: 적절하지 않은 환경 구성

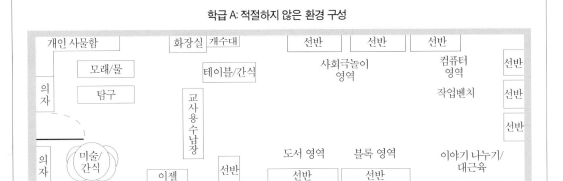

- 조형 영역이 물과 가까이 배치되지 않음
- 놀잇감이 이야기 나누기 영역에 너무 가까이 비치됨
- 조용한 공간과 소음이 많은 공간이 가까이 배치됨
- 놀이 영역의 경계가 불분명함
- 선반에 라벨이 부착되어 있지 않음

- 이야기 나누기 영역 내에 개인 유아의 자리가 표시되어 있지 않음
- 간식 테이블의 유아 간 거리가 멀어 사회적 상호작용을 제한함
- 유아가 뛰게 만드는 공간
- 어수선한 벽

학급 B: 적절한 환경 구성

- 출입문 근처에 줄을 설 수 있는 시각적 단서 제시
- 놀이 영역과 관련된 의사소통 그림판을 비구어 유아를 위하여 게시
- 독립심을 증진시키기 위하여 각 유아의 사진과 이름을 개별 의자에 부착
- 독립적인 치우기 활동을 위하여 선반에 라벨 부착
- 벽에 학급 규칙 게시

- 각 영역마다 유아의 수를 제한
- 벽에 게시된 시각적 자극 제한
- 개인 유아의 시각적 일정 게시
- 놀이 영역 입구에 놀이 영역 그림 게시
- 낮은 키의 선반과 장
- 교사가 모든 영역을 모두 볼 수 있는 높이로 구성(약 1m)

[그림 9-2] 유치원 환경 구성의 적절한 예와 적절하지 않은 예

출처: Lawry, J. Danko, C., & Strain, P. (1999). Examining the role of the classroom environment in the prevention of problem behaviors. In S. Sandall & M. Ostrosky, *Practical ideas for addressing challenging behaviors* (p. 51). Longmont, CO: Sopris West에서 발췌.

| 표 9-3 | 발달에 적합한 실제와 부적합한 실제의 예 |

적합한 실제	부적합한 실제
실외에서 물/모래 놀이, 이젤 그림 그리기 등과 같은 탐색적 활동이 매일 진행된다. 교사는 만일을 대비하여 여벌의 옷을 준비해 놓는다.	물/모래 놀이를 제공하면 주위가 더럽혀지고 교사의 보호·감독이 더 필요하기 때문에 물, 모래 놀이 등을 제공하지 않는다.

출처: Bredekamp, S. (1995). 발달에 적합한 유아교육실제(강숙현, 최미숙 역, p. 85). 광주: 전남대학교 출판부. (원저 1987년 출간)

부적합	저조	양호	우수
1	2 3	4 5	6 7
1.1 실내외에 물/모래 놀이 영역이 없음 1.2 물/모래 놀잇감이 없음	3.1 물과 모래 중 한 영역이 있음 3.2 약간의 놀잇감	5.1 실내외 중 한 곳에 물과 모래 영역 5.2 다양한 놀잇감 구비 5.3 일일 1시간 배정	7.1 실내 모두 영역구성 7.2 기타 추가 놀잇감 구비(예: 비누방울+물, 모래 대신 쌀)

정화방법

평가 질문
(3.1) 모래나 물을 영유아와 함께 사용합니까?
　　　어떻게 사용합니까?
　　　얼마나 자주 사용합니까?
　　　어디에 비치하였습니까?

[그림 9-3] ECERS-R의 모래/물 놀이 관련 평가 항목

출처: Wolery, M. (2003). Assessing children's environments. In M. McLean, M. Wolery, D. B. Bailey (Eds.), *Assessing Infants and Preschoolers with Special Needs* (3rd ed., p. 222). Upper Saddle River, NJ: Merrill/Prentice-Hall.

(2) 사회적 환경

환경의 사회적 구조는 교사-아동 비율, 집단의 크기, 장애 아동 통합 비율, 가정 연계 및 부모 참여 등의 요소를 포함한다. 교사 대 아동 비율은 활동의 형태나

생활연령에 따라 다르게 구성될 수 있다. 또한 집단의 크기도 상황에 따라 다르게 구성되는데, 특히 개별적인 접근이 효율적인 활동과 5명 미만의 소집단으로 진행되는 활동 또는 10명 이상의 대집단으로 진행되는 활동을 구분하여 구체적인 개별 장애 아동의 참여 계획을 세우는 것이 필요하다. 따라서 이를 평가할 때에는 활동에 따른 교사와 아동의 수, 2명 이상의 교사(보조교사 포함)가 있는 경우, 집단에 포함될 성인의 구성도 역할을 나누어 구체화하여 평가해야 한다. 장애 아동과 일반 아동의 수도 평가되어야 하며 아동 간의 상호작용 평가가 이어져야 한다.

(3) 환경 내 상호작용

유아교육 프로그램의 질적 요소와 가장 관계가 깊다고 보고되고 있는 변인 중 하나는 교사-아동 상호작용이다. 아동의 전인적 발달은 성인과의 긍정적, 지지적, 개별화된 상호작용을 통하여 촉진된다. 아동과 교사 간의 따뜻하고 반응적인 상호작용은 아동으로 하여금 신뢰감을 갖게 하고 더욱 적극적으로 활동에 참여하게 한다. 그러므로 아동을 존중하는 교사의 말과 행동 또는 아동의 요구와 질문에 대한 교사의 반응 양식 등은 환경 내 상호작용에 영향을 미치는 주요 요소로 평가의 대상이 될 수 있다. 특히 유치원 환경 내 상호작용에 대한 평가를 위해서는 아동이 교사를 포함하는 성인과 얼마나 자주 양질의 상호작용을 하는가와 함께 또래와의 상호작용 빈도와 질, 교사의 문제행동 관리, 바람직한 행동에 대한 피드백 및 강화 등에 대하여 살펴보아야 한다. 또래 상호작용 평가 시 일반 유아가 포함된 집단의 경우 장애 유아와 일반 유아의 구체적인 상호작용 계획이 선행되는 것이 바람직하므로 계획된 상호작용과 계획되지 않았지만 우연히 발생한 상호작용 모두를 평가해야 한다(Benner, 2003). 아동의 또래 상호작용 평가와 관련해서는 6장 중 사회-정서 발달 평가 부분이나 4장의 관찰 내용을 참조하기 바란다.

(4) 교수 활동

유치원 환경 중 교수 활동에 대한 평가는 교사가 실제로 일과를 구성하고 교육과정을 운영하는 전반적인 활동을 모두 포함한다. 예를 들어, 장애 아동이 매일

반복적으로 접하는 일과는 매우 중요한 평가요소라고 할 수 있다. 일과는 예측 가능해야 하며 규칙성을 지니고 있어야 한다. 정적인 활동과 동적인 활동이 균형 있게 일과 중에 포함되어야 하며 일과 중에 아동 주도 활동, 반복되는 일과 활동, 교사에 의해 계획된 활동이 조화롭게 이루어져야 한다. 또한 장애 아동의 일과가 일반 아동의 전형적인 일과와 모순되지 않아야 한다. 하루 일과가 주로 치료 중심의 일과로 구성되어 있어 자연스러운 놀이 기회가 부족하거나 교사나 성인의 계획 활동만 요구된다면 바람직한 환경이라고 할 수 없을 것이다. 질적으로 우수한 유치원 일과를 구성하기 위한 주요 요소는 일과가 바람직한지를 평가하기 위한 항목으로 활용될 수 있다. 〈표 9-4〉는 유치원의 바람직한 일과 구성을 위한 질적 요소를 보여 주고 있다(Sandall & Ostrosky, 1999).

표 9-4 유치원 일과 구성을 위한 질적 요소
바람직한 일과 구성의 질적 요소
• 교사 주도 활동과 아동 주도 활동의 균형 • 다양한 집단 활동의 구성(개별/소집단/대집단) • 정적인 활동과 동적인 활동의 균형 • 일과 활동 내의 연속적인 예측 가능성 • 일일 일과와 활동 계획에 대한 시간표 게시 • 활동에 대한 충분한 시간 확보 • 개별 유아의 주의집중 시간에 대한 조정 여부 • 활동-종료 신호 체계 • 일과 진행의 융통성 • 자연스럽고 예측 가능한 전이 • 기다리기 체계(약속)

유치원의 교수적 환경을 평가할 때에는 일과를 어떻게 구성하는가 외에도 교수 내용과 교수 방법을 포함하는 교육과정 운영의 모든 측면이 함께 고려되어야 한다. 장애 유아에게 '무엇을 어떻게 가르치고 배우게 할 것인가?'라는 질문은 다음과 같은 질적인 교육과정 운영 원리를 중심으로 평가될 수 있다(Bredekamp & Coople, 1997).

- 교육과정은 특정 발달 영역에 국한된 기술을 강조하기보다는 신체적, 정서적, 사회적, 인지적 발달 영역이 통합된 총체적 접근으로 한다.
- 교육과정은 유아의 흥미와 진도를 중심으로 계획되어야 하는데, 유아의 흥미와 진도에 대한 파악은 교사 관찰에 의해서 이루어진다.
- 유아가 접하는 환경은 적극적인 탐색과 상호작용이 촉진되도록 구성한다.
- 활동은 구체적이고 유아의 생활에 관련된 기능적인 것으로 이루어진다.
- 활동과 프로그램은 발달 수준에 관계없이 모든 유아의 광범위한 범위의 흥미, 능력, 요구를 고려하여 계획되어야 한다.
- 다양한 활동과 자료를 통해서 유아가 충분히 탐색하고 도전할 수 있어야 한다.
- 유아가 활동을 스스로 선택할 수 있는 기회가 주어지고 활동에 적극적으로 참여할 수 있도록 촉진되어야 한다.
- 교육과정의 자료와 활동은 문화나 성별에 따른 차별이 없도록 한다.
- 하루 일과는 휴식과 적극적인 활동이 균형 있게 이루어지게 한다.
- 적절한 실외 경험이 제공된다.

특별히 장애 아동이 포함되어 있는 교수 환경을 평가하기 위해서는 개별 장애 아동에 대한 교수 적용의 구체적인 내용이 포함되어야 한다. [그림 9-4]는 장애 아동이 학급 내에서 실제로 교육과정에 잘 참여하고 있는지를 중심으로 교수 환경을 평가해 볼 수 있는 항목의 예를 보여 주고 있다. 특히 장애를 지닌 아동은 주의 깊게 구성되고 잘 관리되는 학급 환경을 통하여 그 행동과 발달에 큰 영향을 받게 된다. 환경은 교사의 교육과 관련된 모든 노력을 지원할 수도 있고 방해할 수도 있다. 따라서 교사는 매 학기 1회 이상 학급의 구조(물리적 및 사회적)와 교수환경에 대하여 자체 평가해 보는 것이 바람직하다. [그림 9-5]에는 교사가 교실환경을 자체 평가할 때 사용할 수 있는 평가지의 예가 제시되어 있다.

지금까지 장애 유아의 교육환경을 평가하기 위한 여러 가지 구성요소에 대하여 살펴보았다. 환경진단을 위해 고안된 평가도구는 주로 물리적 환경과 교육 내용, 사회적 요소를 평가는 범주들로 구성되어 있다. 환경진단을 위한 평가도구로

	평가 내용	잘됨	보통	부족
1	장애 유아의 특수성에 맞게 교육과정이 구성되어 있는가?			
2	교육과정은 장애 유아가 좋아하는 활동을 포함하고 있는가?			
3	능동적인 선택하기가 전체 하루 일정 동안 지속적으로 강조되고 있는가?			
4	교사나 상호작용자는 수시로 바람직한 행동을 칭찬하며 장애 유아에 대한 정보를 충분히 가지고 있는가?			
5	교사의 교수 활동은 바람직한 새로운 활동을 가르치는 데 중점을 두었는가?			
6	전체 일정 동안 교사의 교수 활동은 의사소통 기술 향상에 중점을 두고 있는가?			
7	장애 유아가 아프거나 문제가 있다면 잘 대처되고 있는가?			
8	장애 유아를 위한 교수 활동은 일반 유아에게도 자연스러운 것인가?			
9	장애 유아와 일반 또래가 하루 일정 내내 꾸준히 상호작용을 하는가?			

[그림 9-4] 통합유치원에서의 교수환경 평가지

점수: 5 = 우수함 / 3 = 적절함 / 1 = 개선되어야 함

1. 교실을 매력적으로 구성하고 유지한다.　　　　　5　4　3　2　1

☐ 자극적이고 질서정연한 환경을 유지한다.
☐ 교실과 놀잇감을 청결하게 유지한다.
☐ 개인적인 관심 영역을 구성하고 유지한다(예: 감각 테이블, 미술, 블록 등).
☐ 아동의 작품을 게시한다.
☐ 필요한 경우 방해가 되는 자극을 없애거나 감소시킨다.

〈계속〉

2. 잘 정리된 일정을 유지한다.   5 4 3 2 1

　　☐ 일과는 질서 있게 예측 가능한 형태로 운영된다.
　　☐ 활동의 길이를 정할 때 아동의 주의집중 시간과 능력을 고려
　　　한다.
　　☐ 교사와 부모와 방문자가 보기 쉬운 곳에 일과를 게시한다.
　　☐ 예측 가능한 형태로 일과를 운영하되 융통성을 허용한다.
　　☐ 활동의 균형을 제공한다(활동적/조용한, 교사 주도/아동 주도,
　　　개별/소집단/대집단).
　　☐ 효율적인 이동을 계획하고 따른다; 기다리는 시간을 최소화
　　　한다.
　　☐ 전이를 준비한다; 아동에게 전이 시기에 대하여 충분히 알리고
　　　필요한 경우 지원한다.

3. 환경과 일과가 독립성을 지원하도록 구성한다.   5 4 3 2 1

　　☐ 개인적인 관심 영역을 구성하고 유지한다(예: 감각 테이블,
　　　미술, 블록 등).
　　☐ 놀이 영역을 구분하고 방해를 줄이기 위해 키가 낮은 가구를
　　　이용한다.
　　☐ 독립적인 치우기 활동을 지원하기 위하여 선반에 교재 그림
　　　으로 라벨을 붙인다.
　　☐ 유아가 쉽게 접근할 수 있도록 낮은 선반에 교재를 비치한다.
　　☐ 유아가 놀이 영역을 선택하고 이동할 수 있는 시스템을 마련
　　　한다.
　　☐ 일과 내 예측 가능한 순서를 정한다(예: 이야기 나누기는 '안
　　　녕' 노래, 주제 소개, 놀이 영역 선택을 포함)

4. 쉽게 인식할 수 있는 주제를 계획한다.   5 4 3 2 1

　　☐ 유아의 관심과 능력을 반영하는 주제를 선정한다.
　　☐ 대집단 활동에서 주제를 소개하고 이야기한다.
　　☐ 주제를 놀이 영역 내에 창의적으로 병합하고 삽입한다.
　　☐ 주제와 관련된 교재를 교실에 비치한다.
　　☐ 보충적인 활동과 경험을 계획한다.

〈계속〉

5. 팀워크를 격려한다.　　　　　　　　　　　　　　　　5　4　3　2　1

　　□ 생각을 교환하고 관찰 결과를 공유하고 새로운 전략을 논의
　　　하도록 격려한다.
　　□ 일과의 순조로운 진행을 위하여 역할과 책임을 명시한다.
　　□ 주제와 활동을 계획하기 위하여 팀 구성원 전체가 모인다(일
　　　반교사와 특수교사가 함께 모임).
　　□ 기대를 분명하게 하기 위하여 교사의 의무(매주)를 게시하고
　　　모든 교직원들이 학급 책무를 공유하도록 계획한다.
　　□ 모든 교직원들과 함께 유아의 필요, 관심, 프로그램 목표와
　　　관련된 정보를 의사소통한다.

[그림 9-5] 교실환경 점검을 위한 평가지의 예

출처: Watson, D. T., & LEAP Outreach. (1998). *Quality Program Guidelines.*

는 APEEC(The Assessment of Practices in Early Elementary Classrooms; Hemmeter, Maxwell, Ault, & Schuster, 2001), DEC 추천 실제를 바탕으로 한 평가 도구(Hemmeter, Joseph, Smith, & Sandall, 2001), CLASS(Classroom Assessment Scoring System: Preschool; Pianta, La Paro, & Hamre, 2007), ECERS-R(Early Childhood Environment Rating Scale-Revised; Harms, Cryer, & Clifford, 2007), ESCAPE(Ecobehavioral System for Complex Assessment of Preschool Environment; 관련 홈페이지: http://www.jgcp. ku.edu/products/EBASS/ ebass_descrp.htm) 등 이 있다. 3세 미만의 경우는 CIRCLE(Code for Interactive Recording of Caregiving and Learning Environment)을 주로 많이 사용한다. 〈표 9-5〉는 현재 환경 평가를 위하여 국내에서 개발되었거나 번역되어 사용되고 있는 도구를, 그리고 〈표 9-6〉은 유아교육 및 보육기관 평가를 위하여 개발된 다양한 평가 체제를 보여 주고 있다.

표 9-5	유아교육 및 보육기관 환경 평가를 위한 평가 도구의 예

평가도구	개발자 (연도)	영역 (문항 수)	평가 영역 및 내용
유아교육기관 평가준거	박혜정, 강혜원, 장명림(1987)	5	교육과정 운영의 적절성, 교육환경 구성의 적합성, 시설ㆍ설비 관리의 효율성, 경영 관리의 합리성, 가정 및 지역사회 관계의 적절성
한국 유아교육시설 기관의 표준평가 척도	이영석(1990)	9 (132)	물리적 환경, 교재ㆍ교구의 양과 질, 영양ㆍ건강ㆍ안전, 교직원, 유아교육과정의 운영, 심리적 환경, 유치원 경영 및 운영, 평가 활동, 부모 교육
APECP (유아교육 프로그램 평가척도)	Abbot-Shim & Sibley(1987), 강숙현 역(1991)	6 (147)	유아기 프로그램 건강과 안전, 학습환경, 일과 계획, 교육과정, 상호작용, 개별화
유치원 교육평가 척도	허형, 이영석, 김경성(1994)	5 (60)	물리적 환경, 교육과정 운영, 교사의 전문성, 경영 관리, 가정과 지역사회 연계
보육시설 평가척도	한국보건사회연구원 (1995)	5 (93)	물리적 환경, 교육과정 운영 및 종사자 관리, 보육 프로그램, 상호작용, 부모의 만족도
유아교육 프로그램 평가척도	이은해, 이기숙 (1996)	기본형 10 (169) 간편형 5 (80)	〈기본형〉 일과 계획, 교육과정, 상호작용, 물리적 환경, 교재ㆍ교구, 영양ㆍ건강ㆍ안전, 운영 관리, 교직원, 가정 및 지역사회 관계, 평가 활동 〈간편형〉 일과 계획 및 상호작용, 교육과정, 물리적 환경, 영양ㆍ건강ㆍ안전, 운영 관리
영유아 보육 프로그램의 진단ㆍ 평가척도	임재택, 조희숙, 황해익(1996)	6 (160)	물리적 환경, 종사자, 운영 관리, 교육과정, 영양ㆍ건강ㆍ안전, 가정 및 지역사회와의 연계
사립유치원 기관 평가준거	유현숙, 박영숙 (1997)	6 (54)	교육 목표 및 계획, 교육과정, 교육환경, 교직원, 운영 관리, 유치원의 성취
유치원 평가의 영역 및 기준	유현숙, 박영숙, 김규태(1997)	6 (54)	교육 목표 및 계획, 교육과정, 교육환경, 교직원, 운영 관리, 유치원의 성취

〈계속〉

평가도구	개발자 (연도)	영역 (문항수)	평가 영역 및 내용
보육시설 및 프로그램 평가척도	이순형, 최일섭, 신영화, 이옥경 (1998)	4 (248~ 292)	운영관리 영역: 시설 · 설비 관리, 영양 및 급식 봉사, 교육과정 운영, 인사 관리, 프로 그램 발전 유아기 프로그램: 건강과 안전, 학습환경, 교육과정, 교사–유아 상호작용, 개별화
유치원 기관평가 도구	이대균, 이기우 (1999)	10 (112)	교육 계획, 교육과정 편성, 행사 운영, 물리 적 환경, 영양 · 건강 · 안전, 교직원, 유치원 운영 관리, 가정 및 지역사회, 유아 성취, 중 장기 발전 계획
어린이집 프로그램 관찰척도	이은해, 송혜린, 신혜원, 최혜영(2003)	5 (73)	물리적 환경, 건강 · 안전 · 영양, 학습환경, 교육 경험 및 활동, 교사–영유아 상호작용

표 9-6   유아교육 및 보육기관 평가를 위한 평가 체제의 예

평가도구	개발자(연도)		영역 (문항 수)	평가 영역 및 내용
유아교육 · 보육기관 종합평가제	양옥승(2002)		5 (90)	시설 · 설비, 교육과정, 영양 · 건강 · 안전 관리, 운영 관리, 지원 체계
보육시설인증제도	여성개발원 (2003)		7 (79)	일상적 양육과 상호작용, 보육과정 운영, 보 육환경, 건강과 영양, 안전, 가족 및 지역사 회 협력, 보육 인력의 전문성과 운영 관리
우수유치원 인증체제	열린유아교육학회 (2003)		5 (86)	물리적 환경, 교육과정, 운영 관리, 유아의 영 양 · 건강 · 안전, 교직원과 가정 및 지역사회 와의 연계
유치원 평가지표	육아정책개발센터 (2007)		15 (29)	교육 계획 수립, 일과 운영, 교수–학습 방법, 평가, 교육환경, 교재 · 교구, 건강 관리, 영양 관리, 안전 관리, 교직원 인사 및 복지, 예산 편성 및 운용, 가정 및 지역사회 연계, 기관장 운영 전문성, 학부모 만족도, 종일반 운영
보육시설 평가인증 지표	보건복지 가족부 (2009)	40인 이상	7(80)	보육환경, 운영 관리, 보육과정, 상호작용, 건 강과 영양, 안전, 가족 및 지역사회와의 협력
		39인 이하	5(60)	보육환경 및 운영 관리, 보육과정, 상호작용, 건강과 영양, 안전
		장애아 전담	7(85)	보육환경, 운영 관리, 보육과정, 상호작용, 건 강과 영양, 안전, 가족 및 지역사회와의 협력

2) 가정환경

가정환경을 진단하기 위해 개발된 도구로 대표적인 것은 HOME(Home Observation and Measurement of the Environment)으로 가정에서 영유아에게 제 공되는 자극의 질과 양(Caldwell, & Bradley, 1994, p. 242)을 평가하기 위한 척도 다. 이 척도는 장애 아동의 '가정에서 일어나는 사물, 사건, 상호작용'을 판별하 기 위해 고안되었다. 중요한 것은 물리적인 측면과 사회적인 측면이 모두 진단된 다는 점이다. 영아의 경우는 (1) 어머니(주 양육자)의 정서적이고 언어적인 반응, (2) 제한이나 벌, (3) 물리적 환경과 시간 구성, (4) 적절한 놀잇감 제공, (5) 모성 적인 돌봄, (6) 다양한 자극 기회 제공의 6개의 하위 범주로 구성되어 있다. 이 여섯 가지 하위 범주는 또한 총 45개 항목으로 구성되어 있다. 만 3세 이상 유아 의 경우에는 8개의 범주와 55개의 하위 요소로 구성되어 있다(⟨표 9-7⟩ 참조). 전 문가는 1시간에서 1시간 반가량의 시간을 두고 가정을 방문하여 반구조화된 면

표 9-7   HOME 범주(유아용)

	범 주	내 용
I	놀잇감, 게임, 읽기 자료를 통한 자극	여러 재료로 만들어진 교재·교구(예: 퍼즐, 블록[숫자, 글 자], 다양한 읽기 자료[신문, 잡지, 책] 등)
II	언어 촉진	언어 발달을 촉진하는 놀잇감, 사물, 부모의 언어 사용, 선택 기회 제공
III	물리적 환경: 안전, 청결, 발달 촉진	집의 크기, 개인 공간 확보, 정돈 상태, 실내외 안전
IV	자존감, 애정 표현, 따뜻함	어머니의 긍정적인 상호작용(신체, 언어)의 빈도 기록
V	학습을 촉진하는 행동	아동의 학습 촉진 정도 기록(예: 색, 글자, 간단한 읽기)
VI	사회성을 위한 시범 보이기와 격려	아동의 부정적인 감정 표현에 대한 반응
VII	다양한 자극	다양한 언어, 경험, 놀이 정도(예: 장거리 여행 경험 등)
VIII	신체적 처벌	신체적 처벌(때리기, 흔들기, 쥐기, 찌르기 등) 여부

출처: Benner, S. M. (2003). *Assessment of young children with special needs: A context-based approach* (p. 217). Clifton Park, NY: Delmar Learning.

담을 통하여 필요한 정보를 얻게 된다. 면담 외에 관찰을 병행하여 가정환경진단 결과를 점수로 표시한다.

전문가는 직접 가정을 방문하여 아동과 가족의 상호작용 내용과 형태를 관찰하고 적절한 개별 계획을 수립할 수 있다. 또한 도움이 필요한 부분을 체크리스트와 면담을 통해서 판별하여 이 중재목표에 반영할 수 있다. 면담에서는 기상에서 취침까지의 일과를 모두 분석하게 되는데, 이를 통해 가족이 아동에게 도움을 줄 수 있는 수준과 방법 및 형태를 알게 되고, 아동은 독립성을 증진시켜 나갈 수 있다(McWilliam, 1992). 이는 일과중심 중재(routines-based intervention)로, 특히 가정환경에서는 자연스럽게 진행되는 일과에서 필요한 기술을 가르치는 중재 계획을 수립하여야 한다. 가정환경을 평가할 때에는 긍정적이거나 부정적인 측면을 모두 고려해서 평가해야 하며, 다양한 사회경제적 상황에 처해 있는 가족의 문화와 가치관을 반영하여 그들이 장애 자녀를 위해 어떠한 기여를 할 수 있는지를 신중하게 협의해야 한다(Dunst, 2000). 가정환경에 대한 평가와 관련된 상세한 내용은 8장 '가족진단'을 참조하기 바란다.

3) 지역사회 환경

특수교육의 중요한 목표 중 하나는 학교를 졸업한 후에 지역사회의 한 구성원으로서 최대한 독립적이고 만족스러운 삶의 질을 누리면서 살아갈 수 있게 준비시키는 것이다. 이를 위해서는 장애 아동도 어릴 때부터 일반 또래와 지역사회에서 자연스럽게 어울리며 살아갈 수 있는 방법을 경험하고 습득해야 한다. 따라서 최근에는 특수교육의 주요 교육과정으로 지역사회 중심의 활동이나 지역사회 적응기술 교수 등이 포함되고 있다.

지역사회 환경은 눈으로 확인할 수 있는 물리적인 측면뿐만 아니라 장애에 대한 지역사회 구성원의 의식이나 태도, 분위기 등에 대한 측면도 포함한다. 따라서 지역사회 구성원이 형성하는 이와 같은 사회적 환경은 장애 아동을 위한 환경진단에서 간과되어서는 안 될 부분이다. [그림 9-6]에서 보듯이, 지역사회 조직을 구성하는 특징은 다양한 차원에서 조망될 수 있다. 즉, 참여, 의사소통, 정보

바람직한 특성	← — →	개선되어야 할 특성
참여		
모든 개개인과 집단에게 열린 통합적 구성원 자격	← →	배타적인 구성원 자격, 특정인에 대한 회피
의사소통		
개방적, 반응적, 지원적	← →	위계적, 폐쇄적
정보 교류		
체계적으로 잘 갖추어짐	← →	부족하고 빈약한 구조
자원 활용		
지역사회 강점을 활성화	← →	지역사회 강점을 이용하지 않음
갈등 해결		
차이에 대한 중재와 촉진의 기회를 통한 관심 중심의 협상 전략	← →	개개인의 갈등과 경쟁을 해결하기 위한 주의를 기울이지 않음
활력과 동기		
지역사회의 역동적인 에너지	← →	정체되고 무관심한 분위기
공동체 책임		
다른 요구와 바람을 가진 집단	← →	개인이나 집단의 책임의식과 집단-개인 결속력 부족
대외적 관계성		
외부 집단과의 유연한 연계	← →	외부 지역사회와의 연계 부실

[그림 9-6] 지역사회 조직 구성의 특성

출처: Magrab, P. R. (1999). The Meaning of Community. In R. N. Roberts (Ed.), *Where Children Live: Solutions for Serving Young Children and Their Families* (p. 13). Stamford, CT: Ablex.

교류, 자원 활용, 갈등 해결, 동기, 공동체 책임, 대외적 관계성의 여덟 가지 측면에서 그 질의 높고 낮음에 따라 광범위하게 평가될 수 있다. 지역사회 기관이나 구성원들이 장애 관련 인식이나 환경 조성에 어느 정도의 적극성을 가지고 있는지에 따라 장애 아동과 그 가족의 삶의 질은 매우 달라질 수 있다. 지역사회의 공동체 인식과 함께 공동체 구성원으로서의 다양성이 존중되며 장애에 대해 수용적이고 의사소통이 활발한 분위기가 형성되는 것이 바람직한 지역사회 환경이 된다.

지역사회 환경을 진단하기 위해서는 장애 아동과 가족이 생활하고 있는 지역사회의 참여를 촉진하는 요인과 방해하는 요인에 대해 다양한 관련인과 면담을 실시하고 실제 지역사회 환경에서 장애 아동과 가족의 참여도를 평가해야 한다. 장애 아동의 지역사회 참여와 관련된 연구에서 Beckman과 그 동료들(1998)은 질적인 자료 분석을 통해서 지역사회 참여의 촉진 요인으로 (1) 가족의 지역사회에 대한 감각, (2) 학교-지역사회 연계, (3) 참여를 촉진하는 의도적인 전략, (4) 환경적인 수정의 네 가지를 제시하였다. 반면에 지역사회 참여를 방해하는 요인으로는 (1) 이웃의 안전과 안정감, (2) 제한된 자원, (3) 가족의 일과(일정) 시간, (4) 또래 활용의 어려움 등이 제시되었다(Odom & Diamond, 1998에서 재인용).

유치원에서의 지역사회 중심의 활동에 대한 참여를 평가하기 위해서는 활동에 참여하는 정도와 질, 활동에 관련된 사람들과의 상호작용 정도 등을 포괄적으로 점검하여, 이를 바탕으로 개별 장애 아동과 가족에게 가치 있고 필요한 지역사회 중심의 활동을 계획해야 한다. 구체적인 지역사회 활동을 계획하고 실행할 때에는 대상 장애 아동의 정보를 최대한 제공하고 그 활동에서 요구되는 참여기술을 분석하여 개별적인 목표로 설정하여야 한다. 이러한 목표는 부모를 포함한 지역사회 활동 관련자가 공유하는 것이 중요하다. 예를 들어, 교회의 주일학교에서 일반 또래와의 참여를 계획한다면 그들에게 먼저 장애 아동을 소개하고 어떻게 상호작용할 수 있는지를 구체적으로 안내하는 것이 필요하다. 따라서 특정 지역사회 환경을 평가할 때에는 아동에 대한 진단 정보를 보강하거나 중재를 계획하기 위하여 필요한 요소가 무엇인지를 잘 알고 평가의 내용을 구성해야 할 것이다.

3. 환경진단 결과의 해석 및 활용

1) 결과 해석 및 활용을 위한 일반적 지침

환경진단을 통하여 장애 아동의 발달을 촉진하는 환경과 방해하는 환경을 판단할 수 있게 된다. 환경진단은 구체적으로 아동과 환경의 역동적인 상호작용 형태와 기능을 지표로 포함하고 있는 검사도구를 사용해서 이루어진다. 또한 환경의 질과 장애 아동의 참여에 대한 정보가 필요한 측면을 직접 관찰과 면담을 통하여 정보를 수집하게 된다.

환경진단은 [그림 9-7]에서와 같은 과정으로 실행된다. 제일 먼저 진단 평가할 환경을 선택하고, 환경진단의 물리적 · 사회적 · 교수적 요소를 숙지한 후 검사와 관찰, 면담을 통하여 환경진단을 실시한다. 평가 결과를 통하여 개별적인 장애 아동의 환경 참여 목표를 설정하여 지도하게 된다. 환경은 장애 아동의 목표 행동의 조건이 되므로 새로운 참여행동을 습득시키기 위해서는 환경 점검이 선행되어야 한다.

환경진단의 결과를 바탕으로 중재 계획을 세우기 위해서는 다음의 네 가지 측면을 고려해야 한다. 첫째, 환경진단의 결과 개별 장애 아동에게 필요하다고 판단된 기술은 자연스러운 실제 상황에서 맥락을 가진 기술로 지도해야 한다. 학습기회는 자연적으로 발생하는 상황에서 확보되어야 한다. 예를 들어, '손가락으로 가리켜서 선택하기'를 지도하기 위해서는 가정과 학급의 간식 시간에 두 가지 중 선택해야 하는 상황을 만들거나 지역사회 환경에서 장보기 활동을 하면서 학습 기회 상황을 자연스럽게 만들 수 있다.

둘째, 학습 기회를 구체화할 때에는 아동의 흥미와 참여를 고려한 일과, 활동, 사건을 고려해야 한다. 선호 활동이나 일과를 파악하고 아동이 좋아하거나 아동과 원활하게 상호작용할 수 있는 사람에 대한 정보를 활용하여 학습에 대한 동기를 유발할 수 있다. 아버지와 놀이터에 나가는 활동을 좋아한다면 이러한 기회를 일과 중에 최대한 확보하고 구체적인 활동을 계획하는 것이 효과적이다. 가정,

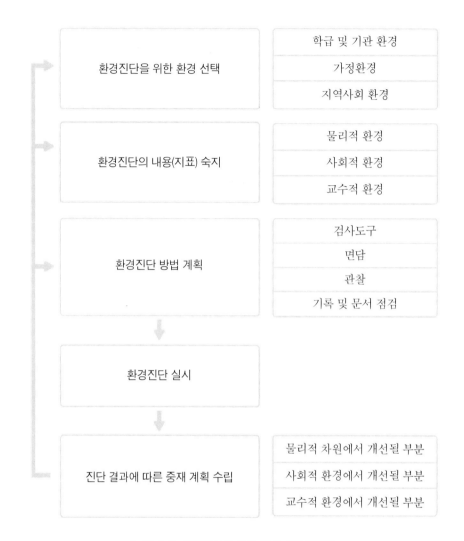

[그림 9-7] 환경진단을 통한 중재 계획의 절차

교육기관, 지역사회 환경에서 현재 수준의 참여 정도를 파악하여 단계적인 참여 계획을 수립해야 한다.

셋째, 개별 아동의 능력에 적절한 과제와 내용을 구성해야 한다. 일반 아동을 위해 고안된 활동의 경우 개별 장애 아동에게 적절한 수정 전략을 계획할 수 있다. 장애 아동에게 현재 수행 능력에 맞지 않는 행동을 요구한다면 교사나 부모는 행동을 강화하기보다는 정정해야 하는 경우가 많아지게 되고, 장애 아동은 자

첫 참여에 대한 흥미를 잃게 되어 동기 유발에 실패하기 쉽다.

넷째, 중재는 활동과 일과에서 통합적으로 이루어지는지를 반드시 평가하고 점검하여야 한다. 즉, 반복적인 행동을 요구하면서 하나의 목표행동을 맥락이 없는 상황에서 지도하기보다 일과와 활동에서 요구되는 참여행동을 통하여 통합적으로 접근해야 한다는 것이다. '색 이름 알기'는 가정에서 옷을 입고 벗을 때, 간식을 먹을 때, 놀잇감 놀이를 할 때에도 지도할 수 있다. 가정과 기관에서는 간식을 먹으면서 색 이름 알기와 수 세기(인지 발달), 손 씻기(소근육 발달, 자조기술)의 행동을 통합적으로 지도할 수 있다.

2) 환경진단을 통한 중재 계획

장애 아동의 가정, 교육기관과 지역사회 환경에 대한 중재 계획은 진행되는 활동과 일과(기상, 식사, 옷 입기, 등원, 자유선택 놀이, 화장실 사용, 간식, 이야기 나누기, 실외놀이, 진단 활동, 계획 활동, 전이, 귀가, 놀이, 목욕 등)에서 교사나 관찰자가 아동의 행동을 기록하는 것으로 시작될 수 있다. 현재 환경에서의 수행 정도를 평가할 때에는 통합환경인 경우 [그림 9-8]과 같은 절차로 일반 아동과 같이 하는 행동과 다르게 하는 행동 부분을 기록한다. 다르게 행동하는 부분에 대하여 지도가 필요하다고 여기는 항목에서는 지원의 수준을 정해야 한다(예: 시작을 도와주기, 지속하기를 도와주기, 필수 기술 도와주기, 또래 상호작용 도와주기). 하나의 활동과 일과에 하나 이상의 도움이 필요하다면 그 부분이 목표로 설정되어야 한다. 활동 참여가 어려운 경우 참여에 관한 목표를 세운다.

환경진단을 통한 중재 계획은 〈표 9-8〉과 같이 9단계로 구체화되어 실행될 수 있다. 예를 들어, 매주 일요일 교회의 주일학교에 참여하고 있다면(1단계), 기도하기, 말씀 듣기, 노래(율동)하기, 간식 먹기 등의 참여행동 목록을 설정하고(2단계), 각 행동에 대한 현재의 수행 수준을 관찰하고(3단계), 각 행동이 발생하는 조건(선행사건)과 후속결과를 정리한다(4단계; 예: 간식기도 노래를 다같이 부른 후 간식을 먹고 정리한다). 주일학교 환경에 대한 거부감이나 적응도를 평가하고(5단계), 일탈적 행동이나 발달지체로 인하여 나타나는 행동 수행 정도도 기록한다

활동	아동 참여	도움 정도	비고
	• 다른 또래와 같은 행동을 하고 있나? 　　　　예(　) 아니요(　) • 아니라면 무엇을 하나? • 또래들이 하고 있는 행동은?	• 또래보다 도움이 더 필요한가? 　　　　예(　) 아니요(　) • 그렇다면 어떻게 도울 것인가? 　a. 시작하도록 돕기 　b. 머무르도록 돕기 　c. 또래 관련 돕기 　d. 활동 관련 기술 부족	
	• 다른 또래와 같은 행동을 하고 있나? 　　　　예(　) 아니요(　) • 아니라면 무엇을 하나 ? • 또래들이 하고 있는 행동은?	• 또래보다 도움이 더 필요한가? 　　　　예(　) 아니요(　) • 그렇다면 어떻게 도울 것인가? 　a. 시작하도록 돕기 　b. 머무르도록 돕기 　c. 또래 관련 돕기 　d. 활동 관련 기술 부족	
	• 다른 또래와 같은 행동을 하고 있나? 　　　　예(　) 아니요(　) • 아니라면 무엇을 하나? • 또래들이 하고 있는 행동은?	• 또래보다 도움이 더 필요한가? 　　　　예(　) 아니요(　) • 그렇다면 어떻게 도울 것인가? 　a. 시작하도록 돕기 　b. 머무르도록 돕기 　c. 또래 관련 돕기 　d. 활동 관련 기술 부족	

교사: _____　　　이름: _____

날짜: _____　　　학급: _____

[그림 9-8] 통합학급에서 생태학적 평가를 통한 목표 설정 및 중재 계획

출처: Wolery, M., Brashers, M. S., Grant, S., & Pauca, T. (2002). *Ecological Congruence Assessment for Classroom Activities and Routines in Childcare.* Chapel Hill, NC: Frank Porter Graham Child Development Center.

표 9-8	중재 계획을 위한 Thurman의 생태학적 모델

단계	내 용
1	아동의 일상에서 주요 환경을 판별한다.
2	환경에서 요구되는 중요한 과제의 목록을 정한다. (기능성을 갖게 되는 목표)
3	과제에 대한 현행수준을 평가한다.
4	과제를 수행하기 위해 아동에게 영향을 미치는 자연적인 후속결과와 동기 요소들을 평가한다.
5	환경에 대한 아동의 거부감이나 적응도를 평가한다.
6	일탈적인 행동이나 발달지체로 인하여 나타나는 행동의 수행 정도를 평가한다.
7	환경에 조화롭게 적응할 수 있는 목표를 설정한다.
8	설정된 목표에 대한 전략을 세운다.
9	효과적으로 평가할 수 있는 방법을 고안한다.

출처: Wolery, M. (2003). Assessing children's environments. In M. McLean, M. Wolery, D. B. Bailey (Eds.), *Assessing Infants and Preschoolers with Special Needs* (3rd ed., p. 228). Upper Saddle River, NJ: Merrill/Prentice-Hall.

(6단계; 예: 조명을 어둡게 하고 시청각물을 감상하는 경우 밖으로 나가 버리는 행동을 보임, 주기도문 전체를 암송하여 말하지 못함). 그리고 주일학교 참여에 대한 현행수준 평가를 바탕으로 질적인 참여를 위한 개별 목표를 설정하고(7단계; 예: "기도하자."라는 말을 듣고 기도손을 하고 눈을 감을 수 있다), 목표 습득을 위한 전략을 구상하고(8단계; 예: 짝 친구가 "기도하자."라며 시범을 보인다), 매주 2회 기도 상황에서 목표행동에 대한 평가를 누군가 기록하도록 고안하여 평가한다(9단계).

 요약

이 장에서는 환경진단의 기본적인 개념들을 살펴보았다. 환경진단이란 아동이 접하는 물리적·환경적 자원을 파악하여 개별화된 지원 계획을 수립하기 위해 필요한 총체적인 정보 수집 과정을 의미한다. 장애 아동을 위한 환경진단의 가장 중요한 요소는 얼마나 '능동적인 환경'을 제공받고 있느냐에 대한 평가다. 장애 아동

환경과 사람과의 상호작용을 하는 특정 상황의 경험, 기회를 통해 잠재적으로 상황을 이해하고 관계를 학습할 수 있는 능력을 키울 수 있기 때문이다.

환경진단은 (1) 안전한 환경 확보, (2) 질적인 환경 제공, (3) 개별화된 중재 계획의 세 가지 측면에서 구체화되어야 한다. 환경진단은 교실 및 기관 환경, 가정환경, 지역사회 환경 등을 대상으로 이루어진다. 교실 및 기관 환경 진단은 물리적 공간, 시간 구성, 집단 구성, 교재·교구 등의 항목을 평가하는 것으로, 환경의 물리적 측면인 구조적 요인과 교수 활동 등의 과정적 측면을 모두 포함한다. 가정환경 진단을 위해서는 전문가의 관찰을 통해 가정에서 제공되는 자극의 질와 양을 평가하게 된다. 그리고 지역사회환경 진단은 지역사회 조직 구성의 특성을 기반으로 하며 진단을 통해 지역사회 중심의 활동 실행을 계획하게 된다.

환경진단의 결과를 해석하고 활용하기 위해서는 실제 상황과 맥락을 학습 기회로 활용하여 일과와 활동 안에서 통합적으로 접근해야 하는데, 특히 개별 장애 유아의 현재 능력에 기반을 두어야 한다. 중재 계획은 가정환경과 교육기관 및 지역사회 환경에 참여하기 위해 필요한 행동을 분석하여 개별 목표로 설정하여 실행하고 평가되어야 한다.

| 참고문헌 |

강숙현(1994). 유아교육 프로그램 평가척도의 이해와 활용. 서울: 동문사.

이은해, 이기숙(1998). 유아교육 프로그램 평가 척도. 서울: 창지사.

이소현(2003). 유아특수교육. 서울: 학지사.

Bailey, D. B. (1989). Assessing environments. In D. B. Bailey & M. Wolery (Eds.), *Assessing infants and preschoolers with handicaps* (pp. 97-118). Columbus, OH: Merrill.

Bailey, B. D., & Wolery, M. (2003). 장애 영유아를 위한 교육(이소현 역). 서울: 이화여자대학교 출판부. (원저 1999년 2판 출간)

Benner, S. M. (2003). *Assessment of young children with special needs: A context-*

based approach. Clifton Park, NY: Delmar Learning.

Bowman, B. T., Donovan, M. S., & Burns, M. S. (2001). *Eager to learn: Educating our preschoolers.* Washington, DC: National Academy Press.

Brassard, M. R., & Boehm, A. E. (2008). *Preschool assessment: Principles and practices.* New York: The Guilford Press.

Bredekamp, S. (1995). 발달에 적합한 유아교육실제(강숙현, 최미숙 역). 광주: 전남대학교 출판부. (원저 1987년 출간)

Bredekamp, S., & Coople, C. (Eds.). (1997). Developmentally appropriate practices in early childhood programs. Washington, DC: National Association for the Education of Young Children(NAEYC).

Caldwell, B. M. & Bradley, R. H. (1994). *Home Observation for measurement of the environment* (Rev. ed.). Little Rock, AR: University of Arkansas.

Dunst, C. J. (2000). Revisiting "rethinking early intervention." *Topics in Early Childhood Special Education, 20,* 95-104.

Greenwood, C. R., Carta, J. J., Kamps, D., & Arreaga-Mayer, C. (1990). Ecobehavioral analysis of classroom instruction. In S. Schroeder (Eds.), *Ecobehavioral analysis and developmental disabilities: The twenty-first century* (pp. 33-63). New York: Springer Verlag.

Harms, T., Cryer, D. R., & Clifford, R. M. (1990). *Infant/Toddler Environment Rating Scale.* New York: Teach College Pre.

Heller, J. H., & Edwards, C. (1993, November). *Facilitating language learning via enhancement of the listening environment.* Paper presented at the 2nd National Head Start Research Conference, Washington, DC.

Hemmeter, M. L., Joseph, G. E., Smith, B. J., & Sandall, S. (2001). *DEC recommended practices program assessment: Improving practices for young children with special needs and their families.* Longmont, CO: Sopris West.

Hemmeter, M. L., Maxwell, K. L., Ault, M. J., & Schuster, J. W. (2001). *Assessment of Practices in Early Elementary Classrooms.* New York: Teachers College Press.

Horn, E., Lieber, J., Sandall, S. R., Schwartz, I. S., & Worely, R. A. (2002). Classroom models for individualized instruction. In S. L. Odom (Ed.), *Widening the circle: Including children with disabilities in preschool programs* (pp. 46-60). New York: Teachers College Press.

Kontos, S., Moore, D., & Giorgetti, K. (1998). The ecology of inclusion. *Topics in Early Childhood Special Education, 18,* 38-48.

Lawry, J., Danko, C. & Strain, P. (1999). Examining the role of the classroom environment in the prevention of problem behaviors. In S. Sandall & M. Ostrosky, *Practical ideas for addressing challenging behaviors* (pp. 49-61). Longmont, CO: Sopris West.

Magrab, P. R. (1999). The Meaning of Community. In R. N. Roberts (Ed.), *Where Children Live: Solutions for Serving Young Children and Their Families* (pp. 3-30). Stamford, CT: Ablex.

McConnell, S., McEvoy, M., Carta, J. J., Greenwood, C. R., Kaminski, R., Good, R. H., & Shinn, M. (1998). Accountability system for children between birth and age eight. Technical Report #1.

McWilliam, R. A. (1992). *Family-centered intervention planning: A routines-based approach.* Tucson, AZ: Communication Skill Builders.

Neisworth, J., & Buggey, T. (1993). Behavior analysis and principles in early childhood education. In J. Roopnarine & J. Johnson (Eds.), *Approaches to early childhood education* (pp. 113-136). New York: Merrill.

Noonan, M. J., & McCormick, L. (2006). *Young children with disabilities in natural environment: Methods and procedures.* Baltimore: Paul H. Brookes.

Odom, S. L., & Diamond, K. E. (1998). Inclusion of young children with special needs in early childhood education: The research base. *Early Childhood Research Quarterly, 13*(1), 3-25.

Philips, D. A., & Howes, C. (1987). Indicators of quality in child care: Review of research. In D. A. Philips (Ed.), *Quality in child Care: What does research tell us?* (pp. 1-19). NAEYC, 1-19.

Pianta, R. C., La Paro, K. M., & Hamre, B. K. (2007). *Classroom assessment scoring system.* Baltimore: Paul H. Brookes.

Sandall, S. & Ostrosky, M. (1999). *Young exceptional children: Practical ideas for addressing challenging behaviors.* The Division for Early Childhood of the Council for Exceptional Children. Longmont, CO: Sopris West.

Smith, P. K., & Connolly, K. J. (1980). *The ecology of pre-school behavior.* Cambridge, UK: Cambridge University Press.

Vandell, D. L. & Wolfe, B. (2000, May). Child care quality: Does it matter and does it need to be improved? Office of the Assistant Secretary for Planning and Evaluation U. S. Department of Health and Human Services, Washington, DC. May, 2000.

Watson, D. T., & LEAP Outreach. (1998). *Quality Program Guidelines.*

Wolery, M. (2003). Assessing children's environments. In M. McLean, M. Wolery, D. B. Bailey (Eds.), *Assessing Infants and Preschoolers with Special Needs.* Upper Saddle River, NJ: Merrill/Prentice-Hall.

Wolery, M., Brashers, M. S., Grant, S., & Pauca, T. (2002). *Ecological Congruence Assessment for Classroom Activities and Routines in Childcare.* Chapel Hill, NC: Frank Porter Graham Child Development Center.

Wolery, M., Brasher, M. S., & Neitzel, J. C. (2002). Ecological congruence assessment for classroom activities and routines: Identifying goals and intervention practices in childcare. *Topics in Early Childhood Special Education, 22*(3), 131-142.

진단과
교수 활동의
연계

| 제10장 | 진단 결과의 활용 및 교수계획
| 제11장 | 진도 및 교수 활동의 점검

제4부

제10장
진단 결과의 활용 및 교수계획

1. 진단보고서 작성
2. 교수계획 수립을 위한 진단 결과의 활용

1. 진단보고서 작성

1) 진단보고서 작성의 필요성

장애 유아 교육에 있어서 종합적인 진단을 실시한 후에는 진단 결과를 요약하고 검토하여 교수계획에 유용하게 활용할 수 있어야 한다. 특히 교육진단 과정에서 수집된 정보는 다양한 진단방법(예: 교육과정 중심 진단, 관찰, 면담 등)을 통해 여러 환경(예: 유치원, 가정 등)에서 다수의 정보원(예: 부모, 교사, 보조교사 등)으로부터 수집되기 때문에, 그 결과를 잘 정리하고 활용할 수 있는 형태로 전환하지 않는다면 진단과 교수의 연계가 이루어지기 어렵다.

진단 결과를 종합하는 가장 이상적인 방법은 진단보고서를 작성하는 것이다. 특히 교사가 여러 전문가나 부모와 협력하여 아동을 교수하기 위해서는 진단 과정에서 협력하는 것은 물론, 수집된 진단 결과를 일관성 있게 공유하고 협력적으로 검토하여 교수계획을 수립하는 것이 바람직하다. 따라서 잘 작성된 진단보고서는 팀이 장애 유아를 위한 최상의 교수계획을 수립할 수 있도록 도와준다. 그러나 특수교사 단독으로 진단을 실시하고 교수하는 경우 별도의 시간과 노력을 요구하는 진단보고서 작성을 불필요하게 생각할 수도 있으며, 실제로 형식을 갖춘 진단보고서가 반드시 요구되지도 않는다. 그럼에도 광범위하게 수집된 진단 결과를 적절히 활용하기 위해서는 어떠한 형태로든 종합하는 것이 필요하며, 특히 부모와 함께 그 결과를 검토하는 과정을 거쳐야 한다. 진단 결과를 검토하는 과정에서 부모 또는 가족의 참여는 교사가 수집한 진단 결과의 타당성을 확인하고 부모가 정확한 진단 결과에 기초하여 의사결정을 할 수 있도록 하는 데에 필수적이다. 또한 교사는 수집된 진단 결과를 종합적으로 문서화함으로써 교수 실행 후에도 진도 점검을 통해 교수목표나 교수 전략을 수정해야 할 때 참고 자료로 활용할 수 있다. 더불어 이후의 아동 발달상 변화와 비교할 수 있는 기초 자료로 활용할 수도 있다. 따라서 교사는 가장 효율적인 방법으로 진단 결과를 종합하고 문서화해야 하는 과제에 직면하게 된다. 이 장에서는 일반적인 형태의 진단보고서 양식을 소개하고자 한다. 교사는 필요에 따라 교육 현장에 적절한 다양한 방법으로 양식을 개발하여 사용할 수 있다.

2) 진단보고서의 구성

진단보고서는 단지 진단도구별로 진단 결과를 나열하는 것이 아니라 여러 진단 결과를 종합하여 정리한 문서다. 진단보고서는 개별화 교육 프로그램을 작성하기 위한 근거 자료기 때문에 정확한 정보를 제공할 수 있어야 하며, 명료하고 간결하게 기술하면서도 필요한 정보를 모두 포함함으로써 팀 구성원이 올바른 결정을 할 수 있도록 안내하는 역할을 해야 한다. 따라서 진단보고서를 잘 작성하기 위해서는 정확하고 풍부한 진단 정보와 함께 작성자의 정보 분석 능력이 요구된다. 적절하게 작성된 진단보고서는 팀 구성원의 의사소통을 돕고 현재의 아동 능력에 대한 구체적인 정보를 제공함으로써 이후의 아동 성취에 대한 비교 자료로도 활용할 수 있다. 진단보고서는 크게 (1) 아동에 대한 기초 정보, (2) 아동 발달과 성장 과정에 대한 배경 정보, (3) 교육진단 과정에서 실시한 구체적인 진단방법, (4) 발달 영역별 강·약점을 중심으로 한 진단 결과, (5) 진단 결과를 통해 총괄적이고 분석적으로 제시되는 결론 및 제언 등의 부분으로 구성될 수 있다. 구체적인 내용은 필요에 따라 가감할 수 있다. 교수계획을 위해 작성되는 진단보고서에 포함되는 일반적인 내용은 다음과 같다.

(1) 기초 정보

보고서의 첫 부분에는 아동과 관련된 기초적인 정보를 기술한다. 즉, 아동의 이름, 연령, 성별, 생년월일, 현 배치, 장애진단과 관련된 진단 정보 등의 기본적인 인적 정보, 가족 구성원의 이름 및 주소, 아동의 주 양육자와 가족 구성 등을 기록하면 좋다. 또한 진단 실시자, 진단기간, 진단 장소 등을 기록한다.

(2) 배경 정보

배경 정보에 대한 부분에서는 아동의 생육력, 발달력, 치료 및 교육력 등을 간단한 서술 형식으로 기록하고, 정보의 출처(예: 부모 면담, 과거 기록 검토 등)를 기록한다. 생육력의 경우 출생 시 문제나 특이사항, 의료적 처치 여부 등을 기록한다. 예를 들면, 자연수정이었는지 혹은 인공수정이었는지, 임신 중에 나타난 어려움이 있었는지(예: 임신중독증, 약물 복용, 산모의 질병 등), 출산 중에 어려움이 있었는지(예: 조산, 난산, 만산), 출산 직후에 특별한 문제가 있었는지, 있었다면 그 문제는 무엇인지, 출생 후 받은 의학적 처치가 있었는지, 있었다면 무엇인지 등을 기록하면 좋다. 발달력은 아동이 주요 발달 이정표에 도달한 나이를 주로 기록하며, 가능하다면 부모가 아동에게 문제가 있다고 생각한 시기와 그때 나타난 주요 문제 등을 기록해 둘 수 있다. 발달력과 관련해서는 주로 고개 가누기, 뒤집기, 기기, 앉기, 서기, 첫걸음 떼기, 옹알이, 첫 단어 사용 등이 처음 나타난 연령이나 월령 등을 기술한다. 마지막으로 교육력 및 치료 경험에서는 출생 이후 받은 모든 교육 및 치료 서비스에 대해 서비스 기관, 교육이나 치료를 받은 기간, 교육 또는 치료 내용 등을 기록한다. 장애진단을 위한 진단보고서의 경우는 이 부분이 훨씬 광범위하게 기술되어야 하지만, 교육 계획을 위한 진단보고서는 기초적인 정보를 제공하는 수준으로 간단히 기술하는 것이 좋다.

(3) 진단방법

진단에 사용된 방법에 대한 보고는 측정 방법에 대한 정보를 제공함과 동시에 진단 결과가 도출되기 위한 진단자의 의도, 즉 구체적인 진단의 목적을 전달하는

표 10-1 진단방법에 따른 보고 내용

검사도구	직접 관찰	면담	환경진단
• 검사도구 목록 • 검사 일시 • 검사 실시자 • 검사목적	• 관찰자 • 관찰목적 • 시행 일시 및 장소 • 관찰된 행동 유형 • 관찰 상황과 환경 (예: 환경 내의 아동 수 등)	• 면담 대상자 • 아동과의 관계 • 면담 실시자 • 면담 주제나 목적	• 진단된 환경 • 측정방법 • 측정일시 • 진단 실시자 • 진단목적

역할을 한다. 진단방법은 그 유형에 따라 분류하여 제시할 수 있다. 각 진단방법에 따라 반드시 포함되어야 할 정보는 〈표 10-1〉과 같다.

(4) 진단 결과

　진단보고서를 작성하는 목적은 여러 가지 진단방법과 정보 출처를 통해 수집된 정보를 보다 통합된 형태로 조직화함으로써 팀 구성원의 효율적인 의사소통과 정확한 의사결정을 돕기 위해서다. 따라서 진단 결과를 단순히 진단방법별로 나열하는 것이 아니라 교수계획 수립에 용이하도록 통합적이고 체계적으로 기술함으로써 정보의 활용도를 높이는 것이 중요하다. 이를 위해서는 발달 영역 또는 교육과정 영역별(예: 의사소통, 사회성, 자조기술, 인지기술, 운동 기능 등)로 진단 정보를 종합하여 제시하거나, 아동이 주로 생활하는 환경(예: 유치원, 어린이집, 가정, 할머니 집 등)에 따라 기술하는 것이 좋다(Wolery, 2003). 또한 경우에 따라서는 이 두 가지 방법을 혼합하여 사용할 수 있다(예: 아동이 생활하는 환경에 따라 기술할 때 발달 영역별로 기술하기, 발달 영역별로 기술할 때 아동이 생활하는 환경별로 나누어 기술하기).

　교수계획 수립을 위해 진단 결과를 기술할 때에는 아동의 수행을 강점과 약점으로 나누어 서술하는 것이 일반적이다. 아동에게 필요한 우선순위 교수목표를 선정하기 위해서 아동의 수행 정도는 (1) 아동의 강점(예: 독립적으로 수행 가능한 기술과 그 기술이 사용되는 구체적인 조건 및 상황), (2) 교수목표로 고려할 만한 기술(예: 도움이나 수정이 제공되면 수행할 수 있는 기술과 기술 수행에 필요한 지원 및 수정의 종류), (3) 아동의 요구 및 약점(예: 보다 적응적으로 기능하기 위해서 필요하지만 아동이 수행하지 못하기에 가르칠 필요가 있는 기술)을 포함하여 기술할 수 있다. 또한 교수계획에 도움이 되는 기타 정보로는 (1) 중재 계획에 영향을 미칠 수 있는 변인(예: 아동의 일상적인 상호작용 방식, 흥미, 선호도), (2) 강화자로서의 가치를 가질 수 있는 자극, (3) 이전에 사용한 특정 교수 전략의 사용 결과 등을 서술할 수 있다. 〈표 10-2〉에는 수집한 진단 자료를 토대로 진단 결과를 기술할 때의 지침이 제시되어 있다.

　아동의 수행에 대해 서술할 때에는 정확하고 객관적이며 관찰 가능한 용어로

표 10-2	진단 결과 서술을 위한 지침

1. 관찰한 아동에게 장애가 있다면 그 장애가 일반 교육과정과 매일의 활동 참여 및 진보에 미치는 영향을 구체적으로 기술했는가?
2. 아동의 현재 능력과 요구에 대한 구체적인 예를 제시하고 있는가?
3. 여러 환경과 활동, 시간에 따라 자료를 수집하고 요약하였는가?
4. 모든 팀 구성원들로부터의 정보를 반영하고 있는가?
5. 검사 점수, 전문 용어, 주관적인 표현, 비판적이거나 부정적인 단어 등을 포함하고 있지 않은가?
6. 요약한 내용이 아동의 교수목표를 선정할 수 있는 정보를 제공하고 있는가? 즉, 아동의 현행수준에 대한 구체적인 정보를 제공하고 있는가?

출처: Grisham-Brown, J., Hemmeter, M. L., & Pretti-Frontczak, K. (2005). *Blended practices for teaching young children in inclusive settings* (p. 147). Baltimore: Paul H. Brookes에서 발췌 수정.

기록해야 하고, 반드시 그 기술이 측정된 조건을 상세히 제시해야 한다. '조건'은 일반적으로 수행에 필요한 교재나 도구(예: 직경 2cm 이상 굵기의 펜, 붓 등을 손바닥으로 잡을 수 있다), 시간 제한(예: 2분 동안 세 조각의 퍼즐을 혼자서 맞출 수 있다), 행동 성취를 위한 촉진이나 보조(예: 성인이 손을 잡고 숟가락에 밥을 떠 주면 혼자서 숟가락을 들어 밥을 입에 넣을 수 있다) 등을 포함하여 기술한다(Strickland & Turnbull, 1993). 예를 들어, 행동 발생 조건 없이 '한 단어를 사용해서 필요한 물건을 요구할 수 있다'고만 기술한다면 아동이 아무런 단서 없이도 스스로 필요를 느낄 때에 요구할 수 있는지, 과제 완성에 필요한 물건이 눈앞에 제시되었을 때 요구할 수 있는지, 또는 교사가 촉진을 하거나 시범을 보일 때 요구할 수 있는지 알 수 없다. 이렇게 수행이 가능하거나 불가능한 상황에 대해 자세히 기술하는 것은 교수목표를 수립하기 위한 중요한 판단 근거가 되며, 교수계획을 수립할 때 적절한 학습 기회를 찾아내고 중재 전략을 선정하는 데에도 도움이 된다(Wolery, 2003). 아동의 현재 수행에 대해 서술하기 위한 구체적인 방법은 뒤의 개별화 교육 프로그램에서의 현행수준 기술 부분에 제시되어 있다.

(5) 결론 및 제언

마지막으로 결론 및 제언 부분은 아동의 주요 능력과 중재가 필요한 영역을 요약하는 부분으로 단순한 사실만을 기록하는 결과 부분에 비해 의사결정을 위한 분석적인 정보를 제공하는 부분이라 할 수 있다. 이 부분에서는 요약된 아동의 능력을 기술함과 동시에 (1) 부가적인 진단 활동이 필요한지의 여부, (2) 잠재적 장기목표, (3) 교수를 실시할 수 있는 잠재적인 환경, (4) 잠재적인 중재 전략 및 중재 실행에 영향을 미칠 수 있는 요인의 목록 등에 대한 제안을 포함할 수 있다. 진단보고서는 부모나 교사, 치료사, 기타 관련 전문가 등 다양한 대상에 대해 보고할 목적으로 작성하게 된다. 그러므로 더욱 명확하고 객관적으로 기술해야 하며 지나치게 전문적인 용어는 피해야 한다. 특히 가족이 보게 된다는 점을 염두에 두고 가족이 아동에 대해 정확한 관점을 가질 수 있도록 가설과 사실을 명확히 구분하여 기술하며, 가능한 한 진단 활동에서 수집된 정보에 근거하여 긍정적인 표현으로 진술하는 것이 바람직하다.

진단보고서

I. 인적 정보

아동명	송현우	생년월일(연령)	2004. 4. 5.(만 4세)	성별	남(O) 여(　)
보호자명	송하균	주소(연락처)	경기도 고양시 덕양구 ☎ 031) XXX-XXXX		

II. 기초 정보

1. 진단정보
- 진단명(구체적 진단명이 있는 경우): 뇌성마비
- 진단일시: 2004년 7월 29일
- 진단기관(진단자명): XX병원(재활의학과 김민석)

2. 가족관계(주 양육자: 모)

번호	성명	관계	연령	기타 사항
1	안인숙	모	34	주 양육자
2	송하균	부	36	
3	송은비	동생	3	

〈계속〉

III. 배경 정보(정보출처: 어머니)

1. 생육력
 • 출산방법
  1) 자연분만 ___○___ 2) 유도분만_____ 3) 제왕절개_____
 • 출산 전 문제(구체적으로 기술)
  특별한 문제 없었음.
 • 출산 시 문제(있다면 모두 표시)
  1) 조산 _____ 2) 난산 ___○___ 3) 저체중 _____ 4) 기타 _____
 • 출산 직후 문제 및 처치(구체적으로 기술)
  난산으로 인해 태아가 일시적인 산소결핍증을 보였고, 분만을 실시한 병원에 적절한
  의료장비가 없어서 인근의 큰 병원으로 옮겨짐. 분만 시 양수를 먹어 기흉이 생겼고
  보름가량 치료를 받음

2. 발달력(인지, 말 및 의사소통, 운동, 정서 및 행동 특성 등)

> 4개월경 고개를 가누기 시작했으며 뒤집기, 앉기, 서기 등이 또래에 비해 매우 늦었음.
> 손을 잡아 주지 않고 한 발짝씩 걷기 시작한 것은 4세 이후며, 현재 손을 잡아 주면 비
> 틀거리며 걸을 수 있음. 생후 33개월경 엄마, 아빠 등의 간단한 말을 하기 시작했으며,
> 현재까지 발음이 매우 부정확하지만 손짓과 함께 간단한 의사소통을 할 수 있음

3. 교육 및 치료 경험

기 간	기관명	교육 및 치료 내용	기타 사항
2004. 9. ~ 2006. 12.	XX의료원	물리치료	
2007. 3. ~ 2008. 2.	XX언어치료실	언어치료	
~			
~			

4. 주요 병력

기 간	병 명	치료기관	기타 사항
2004. 4. ~ 2004. 4.	기흉	XX의료원	
2005. 1. ~ 2005. 2.	폐렴	XX의료원	
2006. 12. ~ 2006. 12.	폐렴	XX의료원	

〈계속〉

IV. 진단방법

일시	방법	실시자	목적	장소 및 환경	기타
3/3 ~ 3/7	일화기록	교사	• 아동의 선호도 조사 • 아동의 참여도 조사 • 문제행동의 기능 조사	자유선택 활동	
3/10 ~ 3/14	교육과정 중심 진단	교사 물리치료사 작업치료사 언어치료사	• 전반적 발달 영역에서의 현행수준 진단	교실 활 동 전반	가족 면담 시 정보 보충함
3/19	가족면담	교사 언어치료사	• 가족의 요구, 우선순위, 자원 등 조사 • 아동이 참여하는 환경의 종류 및 특성에 대한 조사 • 아동에 대한 정보(현행 수준 및 선호도 등) 수집	·	아동의 부모 와 면담 실시
3/10 ~ 3/19	체계적 관찰	교사 언어치료사	• 주의집중 및 활동 참여 수준 진단 • 사회적 상호작용의 특징 및 빈도 진단 • 의사소통 기능 및 사용 하는 어휘 조사 • 문제행동의 기능 조사	자유선택 활동 대·소집 단활동	
3/17 ~ 3/24	역동적 진단	교사 작업치료사	• 근접발달영역 및 필요한 지원 확인 • 소근육운동기술 진단	자유선택 활동 간식	교육과정 중 심 진단 내용 기초로 정 보 보충

V. 진단 결과

1. 발달 영역별 진단 결과

영역	강점	요구
인지	• 교사가 보여 주는 것과 같은 색의 물건을 찾을 수 있음 • 교사가 보여 주는 것과 같은 종류의 물건을 교실 내에서 찾을 수 있음 • 교사가 두 가지 물건을 보여 줄 때 큰 것과 작은 것을 각각 지적할 수 있음	• 하나, 둘, 셋 등의 수 이름을 말하지 못함 • 교사가 요구하는 수의 물건을 세지 못함 • 길다/짧다, 무겁다/가볍다, 많다/ 적다 등을 구별하는 과제를 수행하 지 못함

〈계속〉

영역	강점	요구
인지	• 반복되는 일과 내에서 다음 단계를 예측할 수 있음(예: 손을 씻고 나면 간식을 달라고 포크를 가져옴) • 손을 이용한 간단한 율동을 모방할 수 있음 • 교사의 시범을 보고 한 접시에 과자 하나씩을 놓거나 한 친구에게 과자 하나씩을 나누어 줄 수 있음 • "하나만 골라 보세요." 하는 어른의 말을 듣고 하나만 집을 수 있음 • 어른이 시범을 보일 때 블록으로 간단한 구조물을 만들 수 있음(예: 탑, 다리 등)	• 책을 읽어 줄 때 30초 정도 집중하여 그림책을 봄
사회성	• 친구가 인사를 하면 스스로 손을 흔들어 답할 수 있음 • 교사의 시범을 보고 친구에게 놀잇감을 나누어 달라고 말할 수 있음 • 일상적인 과제일 경우 언어로 이루어진 지시를 90% 이상 따를 수 있음 • 교사나 또래가 시범을 보이면 마시는 흉내, 머리 빗는 흉내, 화장하는 흉내 등을 따라 할 수 있음	• 놀이 상황에서 친구에게 부적절한 방법으로 시작행동을 보임(예: 혀 내밀기, 친구의 놀잇감 가져가기, 꼬집기 등) • 또래와의 역할놀이 상황에서 적절한 역할을 수행하지 못함 • 자유놀이 상황에서 주로 혼자 놀거나 친구들이 노는 것을 관찰하며 놀이에 적극적으로 참여하지 않음
의사소통	• 일상적인 사물의 이름을 듣고 해당하는 그림이나 실물을 지적할 수 있음 • 2단계의 과제를 포함한 지시를 따를 수 있음(예: "손 씻고 의자에 앉으세요." "가방 갖고 선생님에게 오세요.") • 일관적이지 않으나 어른이 정보를 요구할 때 자신의 경험을 기억하여 몸짓이나 한 단어 발화로 표현할 수 있음(예: "유치원에서 뭐 배웠니?" 하고 물을 때 율동을 함. "오늘 무엇이 제일 재미있었니?" 하고 물을 때 "꽃." 이라고 대답하며 활동에 포함된 요소로 표현함) • 손짓과 몸짓을 통해 자발적으로 사물/행동을 요구할 수 있음 • 주로 한 단어 수준의 발화와 손짓으로 의사소통을 함(예: 아빠, 함미[할머니], 꼬[꽃], 안먹[안 먹어요]) • 자신이 그린 그림을 보여 주거나 익숙한 물건이나 동물을 가리키며 스스로 어떤 상황을 설명하려는 시도를 보임(정보 제공)	• 다양한 위치 부사를 포함한 지시를 따르지 못함(예: 위, 아래, 옆, 뒤, 앞, 가운데) • '무엇', '어디' '누가'를 포함하는 질문에 적절히 대답하지 못함 • 교사가 한 음절의 소리를 시범 보여도 정확히 모방하지 못함 • 자음이 어두에 나오는 소리를 전혀 모방하지 못함 • 수용언어 능력에 비해 표현언어 능력이 낮아 의사소통 상황에서 자주 좌절하거나 화를 냄 • 요구하거나 거부하기를 하는 상황에서 바닥에 누워 떼를 쓰는 등의 행동을 보임

〈계속〉

영역	강점	요구
소근육 운동	• 수도꼭지에 손을 대어 주면 수도꼭지를 누르거나 올릴 수 있음 • 교사가 풀을 손에 쥐어 주면 종이에 문질러 풀칠을 할 수 있음 • 교사 보조용 가위를 잡고 교사가 함께 종이를 잘라 주면 3cm 폭의 종이를 자를 수 있음	• 색연필 등 직경 2cm 이하의 물체를 손바닥으로 쥐고 동작을 유지하지 못함 • 물건을 손바닥으로 쥘 수 있으나, 손가락으로 잡을 수 없어서 미세한 조작이 어려움
대근육 운동	• 손을 잡아 주면 걸음을 빨리하면서 달리려는 시도를 함 • 뒤에서 몸을 잡아 주면 공을 발로 찰 수 있음 • 교사의 시범을 보고 공을 30cm가량 위로 던질 수 있음 • 혼자서 평지를 걸을 수 있음 • 난간을 잡고 한 칸에 두 발씩 딛으면서 계단을 올라갈 수 있음	• 평평하지 않은 길을 걸을 때 자주 넘어짐 • 의자에 앉아 있을 때 자주 상체가 옆으로 기울어짐 • 큰 블록 쌓기, 좁은 길 걷기 등 균형 유지가 필요한 활동 참여가 어려움
적응행동	• 많이 흘리지만 혼자서 숟가락을 이용하여 밥을 먹을 수 있음 • 어른이 포크로 음식을 찍어 주면 음식을 입에 넣고 먹을 수 있음 • 옷을 벗기거나 입혀 줄 때 손을 빼거나 발을 넣는 등 도움을 주려고 함 • 용변을 보고 싶을 때 어른의 손을 끌며 "응응." 하고 소리를 내어 표현할 수 있음	• 바지의 허리 부분에 손을 대어 주는 등의 촉진이 주어져도 혼자서 고무줄 바지를 내리거나 올리지 못함 • 신발을 신을 때 교사의 완전한 신체적 도움이 필요함

2. 기타(강화자 및 교재, 교수 전략 선정에 도움이 될 정보)

현우는 자전거 타기, 소꿉놀이, 그림 그리기 등의 놀이를 좋아하며 자동차, 기차를 매우 좋아한다. 교사나 또래가 시범을 보여 주면 간단한 율동이나 동작을 자발적으로 따라 하지만 발성에 대한 모방은 매우 싫어한다. 또래를 매우 좋아해서 또래를 활용한 교수 전략을 실시할 때 교수 효과가 높을 것으로 생각된다.

VI. 결론 및 제언

현우는 같은 것과 다른 것을 변별할 수 있으며 간단한 동작을 모방할 수 있기 때문에 이를 활용한 여러 가지 개념학습이 가능할 것으로 보인다. 현우의 인지적 어려움의 대부분은 제한된 언어표현 능력과 관련이 있는 것으로 보이며, 다양한 의도와 기능을 표현할 수 있는 의사소통 기술의 습득은 전반적 학습 능력 향상에 중요한 역할을 할

〈계속〉

것으로 기대된다. 현우는 현재 주로 몸짓과 한 단어 수준의 제한된 말로 의사 표현을 하지만 요구/논평/정보 요구/거부/주의 끌기/대답/인사 등의 다양한 기능을 나타내기 때문에 상황에 적절한 한 단어 수준의 말과 관습화된 몸짓을 배우고 보완적인 의사소통 수단을 지니게 된다면 더 적극적인 의사소통이 가능할 것으로 생각된다. 특히 의도적인 발성 모방을 싫어하기 때문에 자연스러운 상황에서 시범과 모방, 말을 보조해 줄 수 있는 적절한 몸짓의 사용을 촉진할 필요가 있는 것으로 보인다. 현우는 심각한 수준은 아니지만 요구/거부/관심 끌기를 위해 적절하지 못한 행동(예: 바닥에 누워 떼쓰기, 꼬집기 등)을 하기 때문에 또래와의 긍정적인 상호작용을 촉진하기 위해 동일한 기능을 수행할 수 있는 보다 적절한 기술을 가르치는 것이 우선순위 목표로 고려되어야 할 것이다. 또한 또래를 좋아하지만 적절하지 못한 행동으로 놀이에 참여하려 하기 때문에 실제 놀이 상황에서 적용할 수 있는 적절한 사회적 시작행동 교수가 함께 이루어져야 할 것이다. 현우는 출생 시에 입었던 뇌손상으로 인해 대·소근육운동기술 사용에 여러 가지 제약을 갖고 있다. 특히 안전하고 독립적인 이동기술을 키우고 교실 내 활동 참여를 증진시키기 위한 각종 교재 및 도구의 조작기술 강화, 화장실 사용 등 일상생활에서의 독립성을 증진시키기 위한 착탈의 기술의 교수가 필요할 것으로 생각된다.

작성자: 박 정 민 (인)

[그림 10-1] 진단보고서의 예

2. 교수계획 수립을 위한 진단 결과의 활용

1) 진단보고서 검토

양질의 교수계획을 세우기 위해서는 먼저 정확한 진단 정보를 갖추는 것이 첫 번째 조건이다. 따라서 교수목표를 선정하고 교수계획을 세우기 전에 먼저 해야 할 일은 작성된 진단보고서가 교수계획 수립에 적합한지 검토해 보는 것이다. 진단 결과가 정확한지, 추가되거나 수정되어야 할 정보는 없는지 등에 대한 검토는 진단 과정에서는 물론이고 진단 결과를 종합·분석하고, 교수를 계획하고, 교수를 실시하고, 진도 점검을 하는 전 과정에 걸쳐 계속적으로 이루어져야 한다. 장애 유아에 대한 진단 결과는 한정된 시간 내에 정보를 확보해야 하는 진단 과정의 특성상 여러 가지 이유로 인해 부정확할 수 있으며, 이러한 경우 교사는 아동에 대한 적합한 의사결정을 하는 데에 혼란을 겪을 수 있다. 진단 정보의 검토 과정에서 나타날 수 있는 문제는 다음 네 가지로 요약된다(Wolery, 2003).

우선 정보 수집방법이나 진단 환경에 따라 각기 다른 결론이 제시될 수도 있다. 흔히 나타나는 문제는 가정에서 아동의 수행과 교육기관에서 아동의 수행에 차이가 있는 경우다. 예를 들어, 가정에서는 두 단어 이상의 말을 사용하여 사물이나 활동 등을 요구하지만 유치원에서는 전혀 말을 하지 않는 아동이 있다면, 이것은 아동의 수행 능력에서의 차이 때문이 아니라 의사소통 상대자나 환경과의 친숙한 정도 또는 기타 환경적 요인(예: 가정에서는 원하는 물건이나 활동이 있지만 유치원에서는 아동이 선호하는 물건이나 활동이 없는 경우, 진단을 실시한 환경의 새로움 때문에 환경을 탐색하느라 인지적 노력을 다한 경우) 때문일 수 있다. 이러한 경우에는 환경에 따른 아동의 수행 차이가 왜 나타나는지에 대한 타당한 가설을 세우고 환경 진단 자료를 재검토하거나 추가 정보를 수집할 필요가 있다. 만약 친숙하지 않은 환경이나 요구할 필요성이 존재하지 않는 상황 때문에 아동이 말을 하지 않는다면 환경에 친숙해짐에 따라서 또는 간단한 수정(예: 아동이 좋아하거나 아동에게 친숙한 물건을 교실에 두기)을 통해서 아동의 수행에 변화가 나타날 것이다. 그러나 이러한 시도에도 아동의 수행에 변화가 나타나지 않는다면 이는 두 단어를 이용한 요구하기 행동이 학습 단계 중 숙달 단계나 유지 및 일반화 단계에 이르지 못했다는 것을 의미한다. 그리하여 이러한 학습 단계를 고려한 목표설정(예: '유치원, 동네 가게에서 원하는 물건을 두 단어 문장으로 요구할 수 있다.')이 필요하다고 결정할 수 있다.

두 번째로 나타나는 문제는 아동의 수행을 기술할 때 수행 당시의 조건이 제시되지 않은 경우다. 앞에서도 설명하였듯이, 행동 수행 조건에 대하여 자세히 기술하는 것은 교수목표를 선정하기 위한 중요한 판단 근거가 되며, 교수계획을 수립할 때 적절한 학습 기회와 중재 전략을 선정하는 데에도 도움이 된다(Wolery, 2003). 예를 들어, '정아는 혼자서 밥을 먹지 못한다'는 행동 수행 조건에 대한 정보가 없는 설명을 통해서는 교수목표를 선정하기가 어렵다. 왜냐하면 정아가 밥을 먹는 모든 단계에서 다른 사람의 도움을 받아야 하는지 또는 특정 단계를 도와주어야 하는지, 정아가 숟가락과 포크를 용도에 맞게 사용하지 못하는지 또는 식사도구를 조작할 수 없는지, 만약 조작할 수 없다면 어떤 부분에서 어려움이 있는지(예: 숟가락 쥐기, 음식물 뜨기, 숟가락을 입으로 가져가기, 손목을 이용하여 숟가락 방향 바꾸기 등), 식사를 할 때의 자세는 어떠한지, 교사가 어떤 도움을 주면 혼자서 밥을 먹을 수 있는지, 그렇다면 그 도움은 무엇인지 등에 따라 교수목표가 달라지기 때문이다. 따라서 진단 과정 동안 수행 조건에 대한 정보가 충분히 수집될 수 있도록 주의를 기울여야 하며, 진단보고서 검토 시 필요한 경우 반드시 이에 대한 추가 정보를 수집해야 한다.

세 번째로 진단 과정의 신뢰도와 타당도에서 문제가 있을 수 있다. 이러한 경우에는 정보를 다시 수집하는 것이 불가피하다. 따라서 진단을 위한 사전 계획이 중요하며 진단방법의 선정 및 진단 실시의 모든 과정에 걸쳐 자료가 정확하게 수집될 수 있도록 노력을 기울여야 한다. 특히 관찰을 통한 정보 수집의 경우 관찰 대상이 되는 행동의 조작적 정의를 잘못 설정함으로써 진단 정보의 타당성을 떨어뜨릴 수 있으므로 주의하여야 한다.

마지막으로 교수계획을 세우기 위해 진단 결과를 검토하는 과정에서 자료가 불충분하다고 판단할 수 있다. 예를 들어, 민우의 사회적 놀이 수준을 관찰한 결과 주로 단독놀이나 평행놀이 수준에서 놀이를 한다고 관찰되었고, 교사와 부모는 민우의 또래관계를 증진시키기 위해 사회적 놀이 촉진을 우선순위 교수목표로 선정해야 한다는 데에 의견을 같이했다. 그러나 이 경우 놀이 중에 나타나는 구체적인 상호작용의 특성(예: 민우에게 다른 또래가 시작행동을 했을 때 민우가 보이는 반응행동)이나 의사소통 행동(예: 또래에게 주로 보이는 의사소통 형태와 기능), 모방 능력(예: 두 손을 이용한 또래의 간단한 동작 따라 하기) 등에 대한 정보가 전혀 수집되지 않았다면 사회적 놀이 촉진을 위한 구체적인 목표 선정은 어려울 수 있다. 이러한 경우에는 의사결정을 연기하고 추가 정보를 수집할 수도 있지만, 아동에게 적합할 것으로 예상되는 임시 교수목표를 정하고 중재를 실시하는 과정에서 정보를 수정하여 최종적인 교수목표를 결정하는 것이 유용하다. 예를 들어, 교사는 민우가 평행놀이 수준으로 놀이를 할 수 있기 때문에 같은 놀잇감을 서로 나누는 상호작용을 통해 놀이 중 또래 간 상호작용을 촉진하면 장기적으로 연합놀이 수준으로 진보할 것으로 판단하였다. 따라서 임시적인 교수목표를 '또래가 민우에게 놀잇감을 나누어 주면 민우는 또래와의 놀이에 10초 이상 참여할 수 있다'로 정했다. 교사는 교수를 진행하면서 민우의 반응을 관찰하고 교수목표 수행에 대한 정보를 수집하였다. 이때 민우가 교사의 촉진 없이도 몇 번의 기회 동안 반복해서 적절히 반응한다면 이미 기술을 사용할 수 있는 것이기 때문에 목표를 수정해야 한다(예: 초기 연합놀이로 진보하기 위해 민우가 또래에게 시작행동을 할 수 있도록 목표를 수정함). 반면 교사의 촉진이 필요하다면 교사가 정한 임시 교수목표는 개별화 교육 프로그램의 교수목표로 확정될 수 있다. 이러한 방법은 시간을 절약하는 데에도 도움이 되지만 교수 활동 중에 재진단이 실시되고 이를 통해 아동의 진도 점검과 계속적인 프로그램 수정이 이루어져야 하는 특수교육

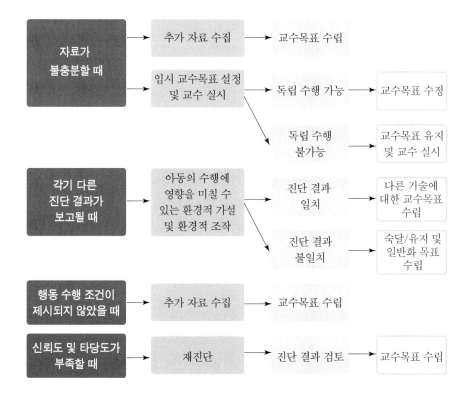

[그림 10-2] 진단 결과 검토에 따른 의사결정 절차

의 특성과도 잘 맞는 방법이다. 이상의 진단 결과 검토 과정에서 확인된 일련의 문제 상황과 각 상황에 따른 의사결정 절차는 [그림 10-2]와 같다.

2) 교수계획 수립

진단보고서의 검토가 끝나면 이를 바탕으로 교수계획을 수립하게 된다. 일반적으로 장애를 지닌 것으로 진단된 모든 아동은 개별화 교육 프로그램을 통하여 교육을 받게 된다. 따라서 교육계획을 수립한다는 것은 개별 아동을 위한 개별화 교육 프로그램을 작성한다는 것과 동일한 의미로 사용되기도 한다. 여기에서는 개별화 교육 프로그램에 대하여 간략하게 알아보고, 진단 결과 활용 및 교수계획 수립의 핵심이라고 할 수 있는 현행수준 작성 및 교수목표 선정에 대하여 설명하고자 한다.

(1) 개별화 교육 프로그램

개별화 교육 프로그램은 한 아동에 대한 총체적인 교육 계획을 포함하는 문서로, 특정 아동의 특수교육 프로그램의 방향을 이끌고 감독한다는 점에서 특수교육의 초석이라고 할 수 있다(Drasgow, Yell, & Robinson, 2001). 우리나라의 장애인 등에 대한 특수교육법에 의하면 "특수교육 대상자 개인의 능력을 계발하기 위하여"(제2조 제7항) 보호자, 특수교사, 일반교사, 진로 및 직업 교육 담당교사, 특수교육 관련 서비스 담당 인력 등으로 구성된 개별화교육지원 팀이 매 학기에 개별화 교육 계획을 작성하도록 법으로 규정하고 있다(제22조). 따라서 개별화 교육 프로그램 작성을 통해 특수교육을 제공하는 것은 의무사항이며, 양질의 개별화 교육 프로그램을 작성하기 위한 교사의 노력은 특수교육의 질과도 직결된다고 할 수 있다.

개별화 교육 프로그램을 작성하기 위해서는 다음과 같은 점을 고려해야 한다. 먼저 개별화 교육 프로그램을 작성하기 위한 일련의 과정에 장애 아동의 가족이 참여할 수 있도록 돕는다. 특히 장애 아동의 가족은 자녀에 대한 정보를 제공하고, 교사의 진단 결과와 관점의 타당성을 확인해 줄 수 있으며, 진단 정보에 기초하여 의사결정을 하는 데에 결정적인 역할을 한다. 따라서 다양한 방법으로 가족이 참여할 수 있도록 보장함으로써 교수계획의 타당성을 높일 수 있어야 한다.

둘째, 개별화 교육 프로그램이 개별 장애 아동을 위한 전반적인 교수 활동을 안내하는 포괄적인 지침이 될 수 있도록 내용을 구성해야 한다. 따라서 개별화 교육 프로그램은 단순한 개별 장애 아동에 대한 우선순위 교수목표의 목록이 아니다. 대신 아동이 장단기 목표를 성취했는지의 여부를 평가하기 위한 평가 계획(예: 평가 방법 및 성취도 보고를 위한 계획)과 함께 아동이 장단기 교수목표를 성취하거나 일반교육 및 또래와의 활동에 참여하는 데에 필요한 특수교육 및 관련 서비스나 부가적인 지원(예: 행동 지원, 점자 교수, 보조공학의 도입 등), 통합된 환경에서 보내지 않는 시간의 양 등 아동의 교수에 필요한 여러 가지 계획이 포함되어야 한다. 우리나라의 경우 개별화 교육 프로그램의 주요 구성은 장애인 등에 대한 특수교육법에 명시되어 있다. 〈표 10-3〉은 우리나라와 미국이 법적으로 요

표 10-3 개별화 교육 프로그램의 구성 내용 비교

장애인 등에 대한 특수교육법(2007)	미국 장애인교육법 (IDEA 2004)
• 대상 학생의 인적 사항 • 현재의 학습 수행 수준 • 교육목표 • 교육 내용 • 교육방법 • 평가 계획 • 특수교육 관련 서비스의 내용과 방법	• 아동의 학업 성취 및 기능적 수행에 대한 현행수준 진술 • 학업 및 기능적 목표를 포함한 측정 가능한 장기목표 • 장기목표에 따른 아동의 진보를 측정하는 방법과 진보에 대한 정기적인 보고 시기 등에 대한 진술 • 특수교육 및 관련 서비스, 부가적인 도움과 서비스, 프로그램 수정 및 지원 관련 진술 • 아동이 일반학급이나 활동에서 비장애 또래와 함께 참여하지 않는 정도 • 국가 또는 주 단위의 평가에 따라 아동의 학업 성취와 기능적 수행을 측정하는 데에 필요한 개별적 수정 • 서비스 시작 예정일 • 서비스 및 수정의 기대되는 빈도, 장소, 지속기간 • 적어도 16세부터는 훈련, 교육, 고용 및 독립적인 생활기술 등에 대해 연령에 따른 전환 평가에 기초하여 중등교육과정 이후의 목표와 이를 달성하기 위해 필요한 전환 서비스를 명시하고 해마다 새로 수정

구하는 개별화 교육 프로그램의 구성요소를 비교하여 보여 주고 있다. 두 법은 모두 유아를 포함한 모든 학령기 아동을 대상으로 하고 있기 때문에 영유아기 아동들에게 적용할 때에는 융통성 있는 해석이 필요하다. 개별화 교육 프로그램의 세부적인 구성요소 작성에 대한 정보는 개별화 교육 프로그램 작성을 위한 관련 문헌(예: 이소현, 2003; Bailey & Wolery, 2003)을 참고하기 바란다.

마지막으로 개별화 교육 프로그램은 필요한 경우 언제든지 수정 가능해야 한다. 장애 유아의 발달은 매우 복잡하며 장애를 포함한 많은 가변적인 요소의 영향을 받는다. 따라서 아동의 성취는 언제든지 변화할 수 있으며 그에 따른 교수목표와 교수계획 또한 아동의 변화에 따라 융통성 있게 수정되어야 한다. 아동의 가변적인 성취에 적합하게 가르치기 위해서는 반드시 아동의 성취에 대한 정기적이고 지속적인 정보 수집과 신속한 의사결정 과정이 필요하다. 11장에서는 아동의 성취에 대한 계속적인 자료 수집 과정인 진도 점검을 실시하기 위한 구체적인 방법과 절차가 소개되어 있다.

(2) 현행수준 기술

현행수준은 진단 결과를 기초로 결정되는 아동의 현재 발달 상태에 대한 설명이다. 그러므로 현행수준은 교수목표 및 중재 계획 수립을 위한 기초가 되며 선정된 목표가 달성되었는지의 여부를 판단하기 위한 준거를 제공한다. 현행수준을 서술하기 위해서는 특별한 중재가 필요한 기술을 확인하고 어떤 정보가 현재의 아동의 수준을 설명할 수 있는 지표가 될지를 결정하는 팀의 역할이 매우 중요하다. 진단보고서는 이러한 결정을 돕는 효과적인 수단이 될 수 있다. 또한 현행수준은 진단보고서나 진단 결과를 종합적으로 정리한 문서가 작성되었다면 이를 활용하여 기술할 수도 있다.

현행수준은 일반적으로 (1) 언어 및 의사소통, 운동 기능, 감각, 인지, 사회성, 자조기술, 놀이기술 등의 전반적 발달 영역에서의 교수목표와 관련된 현재의 기능 수준, (2) 장애로 인해서 영향을 받게 되는 기타 영역, (3) 장애가 일반 교육과정 참여나 적절한 활동에의 참여에 미치는 영향, (4) 특별히 지체된 영역에서 특정 기술을 향상시키기 위해 중재의 초점을 두어야 하는 부분 등에 대한 정보를 제공하는 것이 좋다(이소현, 2003).

현행수준의 작성 요령은 다음과 같다(Strickland & Turnbull, 1993). 첫째, 현행수준은 개별화 교육 프로그램의 다른 부분과 직접적인 관련이 있어야 한다. 특히 장단기 목표에 대한 기초선으로 참조하거나 중재에 활용할 수 있도록 교수가 필요한 기술과 교수계획에 유용한 기타 정보를 제공할 수 있어야 한다. 예를 들어, 검사 결과에 따른 점수나 발달연령 등으로 지체 정도나 수행 수준을 기술하는 것(예: 영희는 2세 수준의 단어 사용 능력을 보인다)은 장단기 목표 선정이나 중재 계획에 도움을 주지 못한다. 대신 아동이 사용하는 구체적인 기술(예: 철수는 스스로 '~ 주세요'라는 표현을 사용하여 물건을 요구할 수 있다)에 대해 서술하거나 아동의 선호도나 상호작용 양식 등을 서술하는 것이 좋다. 개별화 교육 프로그램의 현행수준은 진단보고서의 내용 중에서 장단기 교수목표 설정에 대한 합리적인 이유가 될 수 있는 교수를 실시할 때 도움이 되는 정보를 선택하여 제시한다(Gibb & Dyches, 2000).

둘째, 아동의 약점과 함께 강점에 대해서도 서술한다. 아동의 구체적인 약점을 기술하는 것은 장단기 목표를 수립하기 위한 강력한 근거를 제공하기 때문에 반드시 포함되어야 한다. 하지만 아동의 강점에 대한 정보 역시 아동이 이미 할 수 있는 것을 다시 가르치는 오류를 예방하고 강점을 활용한 교수계획을 수립하기 위한 정보를 제공하기 때문에 반드시 필요하다. 따라서 현행수준에는 장단기 목표 설정과 중재 계획에 필요한 강점과 약점을 균형 있게 서술하는 것이 좋다.

셋째, 장애가 미치는 부정적인 영향을 명확히 서술해야 한다. 이는 단순히 장애명이나 장애 정도에 대한 정보를 의미하는 것이 아니라 구체적으로 아동이 보이는 장애가 학습이나 발달, 일상생활 등에 미치는 영향을 서술해야 한다는 것이다. 예를 들어, 손을 잘 사용하지 못하는 지체장애 아동의 경우 학습 상황이나 일상생활 중에 나타나는 손 기능 및 사물 조작 능력에 대해 서술해 주는 것이 좋다. 이때 직접적으로 아동의 제한된 능력을 서술할 수도 있지만(예: 현수는 엄지와 검지를 이용해 구슬과 같은 작은 물건을 집을 수 없다), 의미 있는 정보를 제공하고 개별화 교육 프로그램 문서를 보는 사람들에게 아동에 대한 긍정적인 관점을 제공하기 위해 아동이 할 수 있는 최소한의 수행 수준을 설명함으로써 장애로 인한 영향을 제시할 수도 있다(예: 현수는 교사가 물건이 움직이지 않도록 잡아 주면 구슬, 주사위 등의 작은 물건을 손바닥과 손가락 전체를 사용하여 집을 수 있다).

넷째, 현행수준은 명확하고 구체적인 언어, 즉 관찰 가능하고 측정 가능한 행동적 용어로 기술되어야 한다. 이렇게 관찰 가능하고 측정 가능한 용어로 기술하는 것은 팀 구성원이 아동의 수행 정도를 각기 달리 해석할 가능성을 줄이며 아동에게 꼭 필요한 목표를 선정하는 데에 도움을 준다. 예를 들어, '색깔을 안다'고 기술하는 것은 아동의 능력에 대한 각기 다른 이해를 불러올 수 있다. 이에 비해 '교사가 제시한 것과 같은 색깔을 찾을 수 있다', '색 이름을 듣고 해당하는 색을 가리킬 수 있다', '물건을 보여 주고 무슨 색인지 물어볼 때 적절한 색 이름으로 대답할 수 있다' 등은 아동의 현행수준에 대한 분명한 이해를 가능하게 한다.

이러한 현행수준 정보는 개별화 교육 프로그램을 작성하는 시점에서의 능력을 반영한 것이어야 한다. 따라서 현행수준을 기술하기 위하여 사용하는 진단 결과가 최근에 이루어진 것인지 확인할 필요가 있다. 특히 특정 기술의 습득 여부나 관찰 결과의 경우 변화 가능성이 많으므로 주의하여야 한다.

(3) 교수목표 선정

개별화 교육 프로그램에서의 교수목표는 1년 또는 한 학기 동안 교수를 제공받은 후에 달성해야 할 개괄적 교육목표인 '장기목표'와 장기목표를 이루기 위한 세부적인 단계인 '단기목표'로 구성된다. 개별 아동에게 가장 적절한 장단기 교수목표를 수립하는 것은 아동의 1년 동안의 교수 방향을 결정한다는 점에서 매우 중요하다. 교사는 다음과 같은 절차를 통해 장단기 교수목표를 선정할 수 있다.

① 진단 결과에 근거한 교수목표 목록 작성

교수목표를 수립하기 위해 첫 번째로 해야 할 일은 진단 결과에 따른 잠재적인 교수목표의 목록을 작성해 보는 것이다. 교수목표의 목록은 아동에게 필요한 교수 영역을 총체적으로 확인하는 데 도움이 되며, 이 목록에 포함된 목표를 모두 교수하지 못하더라도 다음 해에 진단을 실시하거나 교수계획을 세울 때에 유용한 자료로 활용될 수 있다.

목록에 포함될 교수목표로는 (1) 가족이 중요하다고 생각하는 목표, (2) 아동이 어려움을 보이는 기술 영역 중 유아의 나이와 발달에 적합한 기술, (3) 환경 내에서 좀 더 독립적으로 기능할 수 있게 해 주는 기술(예: 식사하기), (4) 다른 기술의 학습에 도움이 되는 기술(예: 또래 모방, 상호작용 시작하기, 놀잇감 놀이), (5) 아동의 사회적 통합이나 통합된 환경에의 참여 및 접근 가능성을 높이는 데에 도움이 되는 기술(예: 사회적 상호작용 기술), (6) 가족의 양육을 돕는 기술(예: 울거나 떼쓰는 행동에 대하여 가족이 대처할 수 있는 중재 전략을 발견하도록 돕기), (7) 아동의 낙인을 최소화할 가능성이 있는 기술(예: 대소변 가리기) (8) 현실적이고 성취 가능한 기술(예: 근접발달영역상 기술) 등이 우선적으로 고려될 수 있다(이소현, 2003; Bailey & Wolery, 2003; Howard, Williams, Port, & Lepper, 2001).

또한 잠재적 교수목표의 목록 작성을 위해서는 아동의 과거의 기록(예: 이전의 배치, 교수방법, 성취 기록, 이전의 성취 속도, 행동 패턴 등), 현재의 수행 수준, 선호도, 교수목표의 실제적 유용성, 유아의 필요에 따른 우선순위, 교수 활동에 소요되는 시간 등도 함께 고려해야 한다(이소현, 2003; Strickland & Turnbull, 1993).

② 장단기 교수목표 선정

교수목표의 목록은 아동에게 필요한 것으로 선정한 것이지만 교수할 수 있는 시간과 자원이 한정된 상황에서 이를 모두 교수하는 것은 현실적으로 불가능하다. 따라서 개별화 교육 프로그램을 작성하는 교사 또는 IEP 팀은 교수목표 목록을 검토하여 우선순위를 결정하고 교수 시간을 적절하게 할당할 필요가 있다.

교수목표의 우선순위를 결정하기 위한 일반적인 준거는 여러 문헌에 소개되어 있으나(예: 이소현, 2003; Grisham-Brown et al., 2005) 개인의 판단이 모두 다를 수 있기 때문에 IEP 팀 구성원의 참여와 충분한 논의가 중요하다. Wolery (2003)가 제안한 교수목표 분류의 틀은 우선순위 교수목표를 결정하기 위한 팀 구성원의 효율적인 논의를 도울 수 있다. 먼저 팀 구성원은 각자 교수목표 목록을 검토한 후 목표들을 매우 중요한 목표(critical goal), 가치 있는 목표(valuable goal), 바람직한 목표(desirable goal)의 세 범주로 나눈다. 팀은 각 구성원이 분류한 결과를 수합하여 비교한 후 의견이 일치하지 않는 부분에 대해 함께 논의하고 합의를 도출한다. 이러한 방법은 팀 구성원이 더욱 효율적으로 의사소통할 수 있도록 도와줄 수 있다.

이렇게 목표를 설정하고 나면 과제 분석을 통해 장기목표를 달성하기 위한 단기목표를 결정한다. 이때 중요한 것은 각각의 단기목표가 장기목표를 성취하기 위한 위계적인 단계로 작성되어야 한다는 것이다. 〈표 10-4〉는 장애 유아를 위한 장기목표와 그에 따른 위계적 단기목표의 예를 보여 준다. 또한 각 단기목표는 관찰 가능하고 측정할 수 있는 행동, 행동이 발생하는 조건(예: 사용되는 교재, 과제 지시나 교사의 촉진, 행동이 발생하도록 기대되는 상황 등), 성취 기준 등이 포함되도록 작성해야 한다. 이렇게 단기목표를 구체화하는 것은 교사가 무엇을 어떻게 가르쳐야 하는지를 명확하게 해 주고 팀이 한 아동을 가르칠 때에 아동에게 기대되는 성취가 무엇인지를 모든 팀 구성원이 동일하게 기대할 수 있도록 하는 데에 도움이 된다.

넓은 의미에서 교육진단은 개별화 교육 프로그램 수립의 시작이며, 모든 교수활동은 아동의 성취와 프로그램의 효과를 평가하고 프로그램을 수정하기 위한 계속적인 진단 과정이라 할 수 있다. 따라서 개별화 교육 프로그램의 질은 수집

표 10-4 장기목표 및 그에 따른 위계적 단기목표의 예

분 류	교수목표
장기목표	인호는 놀이 중에 가상적으로 물건을 사용하거나 사건을 상상하여 놀이에 참여할 수 있다.

단기목표	1. 인호는 여러 가지 물건을 그 기능에 관계없이 간단한 동작을 통해 조작할 수 있다.
	  예) 딸랑이를 바닥에 두드려 보기, 책을 잡고 흔들어 보기 등
	2. 인호는 물건의 기능에 맞게 활동에 활용할 수 있다.
	  예) 전화기를 귀에 대어 보기, 빗을 머리에 대어 보기 등
	3. 인호는 어떤 물건을 다른 물건 대신 상상하여 사용할 수 있다.
	  예) 상자를 머리에 쓰고 모자처럼 사용하기, 막대기를 연필처럼 사용하기 등
	4. 인호는 사건을 상상하여 놀이에 참여할 수 있다.
	  예) 상자를 우주선인 것처럼 상상하여 놀기, 빈 상자 속에 사자나 호랑이가 있는 것처럼 상상하여 동물원 놀이하기

된 진단 정보의 질과 정보를 활용하는 교사의 능력 외에도 교수 활동 및 진도 점검 과정과 잘 연계된 교육진단 실행 정도에 달려 있다. 그렇기에 개별화 교육 프로그램의 수립 과정은 일회적이어서는 안 되며, 사전에 교실 활동과 잘 연계될 수 있는 진단 일정 및 방법을 계획해서 실행해야 한다. 또한 효과적인 실행방법을 통해 실제 활동 내에서 적용되어야 하며 정기적이고 지속적인 진도 점검을 통해 아동의 변화하는 요구와 성취에 따라 융통성 있게 수정할 수 있어야 할 것이다. 장애 유아를 위한 개별화 교육 프로그램 실행방법에 대한 지침과 전략은 이소현(2003, 2007), Grisham-Brown 등(2005), Sandall과 Schwartz(2008) 등을 참조할 수 있다. 그리고 진도 점검 전략은 11장을 참조하기 바란다.

요약

이 장에서는 교육 계획을 수립하기 위해 진단 결과를 활용하는 구체적인 전략들을 소개하였다. 우선 수집된 정보는 진단 결과가 정확한지 또는 충분한 정보를 제공하는지 점검해 보아야 한다. 이러한 점검 과정은 진단을 실시할 때부터 진단 결과를 종합하여 교수계획을 수립하고 교수를 실행하고 진도 점검을 하는 모든 과정에서 이루어져야 한다.

이렇게 수집된 진단 결과는 진단보고서와 같은 문서를 통해 종합적이고도 분석적으로 요약되는 것이 바람직하다. 이러한 과정은 교수계획을 위해 효율적으로 의사소통을 할 수 있도록 돕고, 이후의 아동 성취에 대한 비교 자료로 활용될 수도 있다. 진단보고서는 아동에 대한 기초 정보(예: 인적 사항, 현 배치 등)와 배경 정보(예: 생육력, 발달력, 교육력 등), 진단방법(예: 진단도구, 진단 전략, 정보 출처 등), 진단 결과(예: 발달 영역별 강점 및 제한점 등), 결론 및 제언(예: 아동의 주요 능력 및 중재가 필요한 영역 등) 등으로 구성된다.

개별화 교육 프로그램은 개별 아동에 대한 총체적 교육 계획을 나타내는 문서다. 개별화 교육 프로그램을 수립하기 위해서는 먼저 진단 결과를 토대로 현행수준을 서술해야 한다. 현행수준은 교수를 실시할 때 고려할 수 있는 정보를 제공하고 교수 실행 후 나타난 아동의 수행과 비교할 수 있는 근거가 된다. 다음으로 장단기 교수목표를 선정할 때에는 먼저 아동, 가족, 환경의 요구에 적합한 잠재적 교수목표의 목록을 작성함으로써 아동에게 필요한 교수 영역을 총체적으로 확인하는 것이 유용하다. 가족을 포함한 팀 구성원은 진단 결과를 토대로 한 협력적인 의사결정 과정을 통해 제한된 시간 내에 아동에게 최대한의 이익을 줄 수 있는 우선순위 목표를 선정할 수 있어야 하며, 선정된 교수목표는 효과적인 교수를 실시할 수 있도록 서술되어야 한다.

| 참고문헌 |

이소현(2003). 유아특수교육. 서울: 학지사.

이소현(2007). 유치원 통합교육을 위한 '개별화 교육과정'의 개발 및 실행 방안 고찰. 유아특수교육연구, 7(2). 111-135.

Bailey, D. B., & Wolery, M. (2003). 장애영유아를 위한 교육(이소현 역). 서울: 이화여자대학교 출판부. (원저 1999년 2판 출간)

Drasgow, E., Yell, M. L., & Robinson, T. R. (2001). Developing legally correct and educationally appropriate IEPs. *Remedial and Special Education, 22*, 359-373.

Gibb, G. S., & Dyches, T. T. (2000). *Guide to writing quality individualized education pregram: What's best for students with disabilities?* Boston: Allyn & Bacon.

Grisham-Brown, J., Hemmeter, M. L., & Pretti-Frontczak, K. (2005). *Blended practices for teaching young children in inclusive settings.* Baltimore: Paul H. Brookes.

Howard, V. F., Williams, B. F., Port, P. D., & Lepper, C. (2001). *Very young children with special need: A formative approach for the 21st century* (2nd ed.). Columbus, OH: Merrill.

Sandall, S. R., & Schwartz, I. S. (2008). *Building Blocks For Teaching Preschoolers With Special Needs.* Baltimore: Paul H. Brookes.

Strickland, B. B., & Turnbull, A. P. (1993). *Developing and implementing individualized education programs* (3rd ed.). New York: Macmillan Publishing Company.

Wolery, M. (2003). Using assessment information to plan intervention program. In M. McLean, M. Wolery, & D. B. Bailey (Eds.), *Assessing Infants and Preschoolers with Special Needs* (3rd ed., pp. 517–544). Upper Saddle River, NJ: Merrill/Prentice-Hall.

제11장

진도 및
교수 활동의 점검

1. 진도 점검의 이론적 배경
2. 진도 점검의 실제

1. 진도 점검의 이론적 배경

1) 진도 점검의 정의 및 목적

장애 유아를 위한 교육 활동은 교육진단 결과를 토대로 교수목표를 결정한 후 이를 성취시키기 위하여 적절한 교수계획을 세우고 실행하는 것이다. 교수계획을 수립하고 진행할 때 교사는 교수계획이 제대로 수립되었는지, 계획된 교수가 제대로 실행되고 있는지, 실행된 계획으로 인하여 원하는 성과가 나타나고 있는지 등을 살펴보아야 한다. 이러한 절차를 진도 점검이라고 한다. 따라서 진도 점검은 교수목표를 중심으로 아동의 진보 정도를 확인하는 절차를 의미하며(이소현, 2003), 구체적으로는 시간의 흐름에 따라 아동의 성취에 대한 지속적인 피드백을 제공해 주는 체계적인 정보 수집 과정을 의미한다(Grisham-Brown, Hemmeter, & Pretti-Frontczak, 2005).

진도 점검의 가장 기본적인 목표는 현재 진행하고 있는 교육 활동이나 중재가 아동에게 긍정적인 영향을 미치는지를 살펴보는 것이다. 현재 아동이 어떻게 수행하고 있는지에 대하여 체계적으로 자료를 수집하지 않는다면 아동의 교육과 관련된 의미 있는 결정을 내리기 어려울 것이다. 진도 점검은 아동의 전반적인 성취에 대한 자료와 함께 개별 교수목표 습득에 대한 자료를 제시해 줄 뿐만 아니라 적용된 교수방법의 효과를 결정할 수 있는 자료를 제공해 준다. 즉, 진도 점검을 통한 평가에는 아동의 성취 정도를 확인하는 것과 함께 교사가 교수 활동 및 중재를 충실히 실행했는지의 여부에 대해서도 확인하게 되는 것이다. 이와 같은 진도 점검 자료는 개별 아동에게 제공되고 있는 교수 프로그램이 효과가 있는지, 교수목표나 교수방법에 수정이 필요한지, 계획대로 진행하는 것이 좋은지 등에 대한 의사결정을 할 수 있게 도와준다. 따라서 진도 점검은 교육을 통해 아동이 얼마나 성취했는지를 단순히 추측하는 대신 실제로 정확하게 확인하는 것이며, 교사 스스로 자신의 교수 실제를 체계적으로 평가함으로써 현재 진행되고 있는 교수목표의 적절성, 교수방법의 효과 및 수정의 필요성을 결정하는 필수적인 단계라고 할 수 있다.

2) 진도 점검의 중요성

장애 유아를 위한 교수는 효과적이면서 동시에 효율적이어야 한다. 다시 말해, 교수를 통해 아동은 분명한 성취를 이루어야 하며 가능한 한 짧은 시간 안에 아동에게 가장 필요한 우선순위 기술을 충분히 학습할 수 있어야 한다. 따라서 교사는 현재 진행되고 있는 교수 활동이 아동의 현재 요구에 적합하며 아동에게 실제적인 성취를 이끌어 내는지를 지속적으로 점검해야 할 책무가 있다. 이를 위해 교사는 교수가 시작됨과 동시에 진도 점검을 병행해야 한다. 진도 점검을 통해 수집된 정보는 이후의 교육적 결정(예: 교수목표의 수정, 교수 전략의 수정 등)에 즉각적으로 반영되어야 한다. 따라서 교육을 통한 아동의 진보를 정기적으로 자주, 일관된 방식으로 점검하는 것은 유아특수교육의 주요 구성요소로 포함되어 그 중요성이 강조되어 왔으며(Bailey & Wolery, 2003; Odom & McLean, 1996; Sandall, McLean, & Smith, 2000), 일반 유아교육에서도 교육 프로그램의 필수적인 질적 요소로 강조되어 왔다(McAfee & Leong, 2002).

진도 점검의 중요성은 다음과 같은 세 가지 맥락에서 더욱 강조될 수 있다. 먼저 교수 초기부터 정기적으로 실시되는 진도 점검은 교수계획이 타당하게 세워졌는지를 확인할 수 있는 근거가 된다. 장애 유아를 위한 교수계획은 반드시 정확하고 충분한 정보에 기초해야 하지만 그럼에도 성공적인 교수계획을 수립하는 것은 쉽지 않다. 교사는 교수를 실시하면서 여러 가지 다양한 변인들로 인해 계획 단계에서는 예상하지 못했던 결과가 나타나기도 하고 교수목표가 잘못 설정되거나 교수 전략이 효과적이지 않다는 결론에 도달할 수도 있다. 따라서 교수와 동시에 실시되는 진도 점검 절차는 교수계획과 진단 결과의 타당성을 점검하고 이를 토대로 필요한 경우 교수목표 및 교수계획을 재빨리 수정함으로써 잘못된 정보로 인한 오류와 시간 낭비를 최소화하는 데에 중요한 역할을 한다.

또한 진도 점검을 통해 교수 실시 후 아동의 행동 및 성취도 변화를 지속적으로 살펴봄으로써 아동의 변화에 민감하게 대처할 수 있다. 교사는 아동이 교수목표를 성취하여 새로운 교수목표를 세워야 할 때는 물론, 중재를 실시하였는데도 아동의 수행에 전혀 변화가 없을 때, 진보 정도가 매우 느리거나 미약할 때, 수행 정도가 상황에 따라 매우 다르게 나타날 때 등 교수에 대한 아동의 반응과 성취에 따라 교수 전략이나 교수목표를 즉각적으로 수정해야 하는 경우가 있다. 이러한 민감하고 체계적인 의사결정 및 수정을 통해 교사는 개별 장애 유아의 현재 요구에 적합한 교수를 제공할 수 있게 된다. 진도 점검을 통해 교수 전략이나 교수목표를 수정하기 위한 구체적인 의사결정의 원칙은 뒤에서 설명한다.

마지막으로 진도 점검은 장애 유아를 가르치는 교사와 교수 팀의 교수 활동에 대한 책무성을 증명하기 위한 자료가 될 수 있다. 다시 말해서, 중재를 실시함에 따라 나타나는 아동의 성취도 변화에 대한 자료를 수집하고 기록함으로써 아동에게 실시하는 현재의 교수가 효과적이라는 것을 증명할 수 있는 근거를 제시할 수 있다. 이렇게 아동의 성취 정도에 대한 구체적인 기록을 남기는 것은 앞으로 아동이 어떠한 진도 양상을 보일지 예측할 수 있게 도와주며, 이후의 중재로 인한 아동 성취와 비교할 수 있는 또 다른 자료로 활용될 수도 있다.

2. 진도 점검의 실제

1) 진도 점검의 일반적 지침

다른 교육 활동과 마찬가지로, 진도 점검 역시 체계적인 지침을 토대로 실시될 때 가장 효과적으로 활용될 수 있다. 진도 점검의 일반적 지침은 다음과 같이 여덟 가지로 설명될 수 있다(Neisworth & Bagnato, 2000; Wolery, 2004).

1 교수계획을 기반으로 점검을 실시한다.
2 아동 활동의 전반적인 양상을 파악한다.
3 교육 환경의 질을 점검한다.
4 점검 활동에 대한 구체적인 계획을 수립한다.

⑤ 행동 발생 상황과 행동에 영향을 주는 요소를 고려한다.

⑥ 여러 사람의 다양한 견해를 반영한다.

⑦ 정기적으로 자주 실시한다.

⑧ 진도 점검의 목표에 적합한 활동을 실시한다.

첫째, 진도 점검은 우선적으로 개별화 교육 프로그램상의 교수목표가 어느 정도 달성되었는지를 확인하는 것에서부터 출발한다. 여러 교수목표가 어느 정도 달성되었는지의 상황을 정기적으로 관찰하여 요약한다면 장애 아동을 가르치는 팀 구성원들 간의 의사소통은 물론 가족에게 교육 활동의 결과를 전달하는 데도 유용하게 사용될 수 있다.

둘째, 진도를 점검할 때에는 교수목표뿐만 아니라 아동의 전반적인 활동 양상을 파악하는 것에도 주의를 기울여야 한다. 전반적인 활동 양상을 점검하게 되면 장애 아동의 수행 변화에 영향을 미칠 수 있는 여러 맥락이나 상황을 파악하는 데 도움이 된다. 점검이 필요한 영역으로는 (1) 사회적 상호작용이나 놀이의 양상, (2) 문제행동이나 부적응행동의 전반적인 수준, (3) 전체 교육 시간 동안의 활동 참여 정도를 들 수 있다.

셋째, 진도를 점검할 때에는 교육 환경의 전반적인 질 또한 포괄적으로 점검해야 한다. 즉, 교육이 실시되는 물리적 공간, 교육 활동의 구성, 교구・교재와 같은 교육 환경을 점검함으로써 수정이 필요한 부분을 찾아 개선한다. 환경을 점검할 때에는 9장에서 설명한 것과 같이 환경의 물리적(예: 공간의 크기 및 구성) 및 사회적 구조(예: 집단 크기, 장애 아동 통합 비율)와 함께 환경 내 상호작용(예: 교사 또는 또래와의 상호작용) 및 교수 활동(예: 교수방법, 시간표 구성)을 점검해야 한다. 이와 같은 환경적 요소를 점검할 때에는 다음과 같은 기준을 적용할 수 있다(Karp, 1996). (1) 아동의 발달을 촉진하는 환경인가? (2) 안전하고 편안한 환경인가? (3) 아동에게 최소 제한적인 환경인가? (4) 아동이 환경에 적응하기 위해 특정한 기술이 요구되는가? (4) 아동과 가족의 요구를 충족시키는 환경인가?

넷째, 진도를 점검할 때에는 교육 프로그램을 계획할 때와 마찬가지로 체계적

인 계획을 세워 실시해야 한다. 즉, 누가, 언제, 어디서, 어떤 자료를, 얼마나 자
주 수집할 것인지에 대해 구체적인 계획을 세워야 한다. 점검 활동의 계획에 대
해서는 뒤에서 좀 더 상세하게 설명할 것이다.

다섯째, 진도 점검은 아동이 목표행동을 수행할 필요가 있는 실제 상황에서
실시하는 것이 가장 의미 있으므로 가능한 한 자연적인 맥락에서 점검 활동이 이
루어지도록 한다. 또한 행동 발생과 관련된 요소는 무엇이며 그 요소가 행동의
발생에 어떤 영향을 미치는지도 살펴보아야 한다.

여섯째, 아동의 진도를 점검하기 위해서는 다양한 상황과 장소에서 아동과 상
호작용하며 관찰한 여러 사람의 의견과 정보가 모아져야 한다. 이는 교사뿐만 아
니라 가족, 관련 서비스 전문가와 같이 주변 인물의 다양한 견해가 이후 교수와
관련된 결정을 내리는 데 중요한 역할을 하기 때문이다.

일곱째, 이후 교육 활동과 관련된 결정을 내리기에 충분한 정보를 수집하기
위해서는 정기적으로 자주 점검을 실시하는 것이 중요하다. 그러나 필요 이상으
로 지나치게 자주 실시하는 것은 바람직하지 않으며, 목표행동의 중요도, 진도
가 나타나는 정도, 양육자의 요구 등 여러 가지 요소를 고려하여 점검 횟수를 결
정하는 것이 좋다. 예를 들어, 아동에게 매우 중요한 목표행동이라면 덜 중요한
목표에 비해 더 자주 점검할 필요가 있으며, 진도가 너무 느리게 나타나거나 교
수계획을 수정한 경우라면 진도 점검을 자주 실시해야 한다. 또한 아동의 행동과
성취를 더 자주 기록하게 되면 성취의 다양성(예: 아동의 반응에 일관성이 있는가,
어떤 날은 다른 날에 비해 반응을 더 잘하는가, 어떤 환경에서 반응을 더 잘하는가)과
성취의 경향(예: 아동이 교수목표에 대해 진보하는 경향을 보이는가, 행동이 더 나빠지
고 있는가, 행동이 동일한 수준에 머무르고 있는가)에 대해 더 빠르고 정확하게 알 수
있으며, 비효율적인 교수를 가능한 한 빨리 중단하거나 수정할 수 있다(Bailey &
Wolery, 2003).

마지막으로 진도 점검은 진도를 점검하고자 하는 구체적인 목표에 적합하게
진행되어야 한다. 즉, 점검의 목표가 초기 교육진단 결과가 타당한지를 살피는
것인지, 시간의 흐름에 따른 행동의 변화를 기록하는 것인지, 교수 활동에 수정
이 필요한 것인지를 살피고 그 결정에 따라 적합한 활동으로 진행해야 한다. 예

를 들어, 시간의 흐름에 따른 아동 행동의 변화를 기록하는 것이 목표라면 '포트
폴리오'가 유용하게 사용될 수 있으며, 교수 활동의 수정 여부를 결정하는 것이
라면 행동에 대한 '직접 관찰'을 통한 분석이 더 적합한 활동이라 할 수 있다. 점
검 활동이 실질적으로 유용하기 위해서는 양질의 진단이 지녀야 하는 특성인 신
뢰도와 타당도를 지녀야 한다(Overton, 2006). 그러므로 점검 활동의 목표와 이
를 위한 구체적인 점검 활동은 서로 긴밀하게 연관되어야 한다. [그림 11-1]은 지
금까지 설명한 진도 점검의 일반적인 지침과 이를 수행하기 위한 자체 평가 항목
을 보여 주고 있다.

진도 점검의 일반적 지침

- 교수계획을 토대로 실시한다.
- 전반적인 아동 활동의 양상을 파악한다.
- 교육환경의 질을 점검한다.
- 점검 활동에 대한 구체적인 계획을 수립한다.
- 행동 발생 상황과 행동에 영향을 주는 요소를 고려한다.
- 여러 사람의 다양한 견해를 반영한다.
- 정기적으로 자주 실시한다.
- 진도 점검의 목표에 적합한 활동을 실시한다.

진도 점검과 관련된 자체 평가 항목

- 자료 수집 절차를 명확히 이해하고 있는가?
- 수집된 자료를 정기적으로 분석하고 있는가?
- 아동의 진도 정도를 가족들에게 정기적으로 보고하는가?
- 자료 분석을 토대로 필요한 경우 팀의 합의하에 교육 활동을 수정하는가?

[그림 11-1] 진도 점검의 일반적 지침 및 관련 자기 진단 항목

출처: DeStefano, D. M., Howe, A. G., Horn, E. M., & Smith, B. A. (1991). *Best practices: Evaluating
early childhood special education programs*. Tucson, AZ: Communication Skill Builders.

2) 진도 점검방법

진도 점검을 위해서는 일반적으로 교육진단에 사용되는 대부분의 방법을 사용하게 된다. 특히 아동의 장단기 교수목표에 대한 진도 점검을 위해서는 4장에서 설명한 서술적 기록 및 직접 관찰 방법이 많이 사용되며, 전문가의 판단에 근거하는 평가척도도 많이 사용된다. 이러한 방법에 대해서는 4장에서 상세히 설명하였으므로 여기에서는 그 밖의 진도 점검에 사용되고 있는 방법 중 포트폴리오 진단과 목표달성 척도, 일반적 성과 측정에 대하여 알아보고자 한다.

(1) 포트폴리오 진단

포트폴리오 진단(portpolio assessment)은 그림, 사진, 글쓰기 표본, 오디오 또는 비디오 녹음·녹화물과 같이 아동의 실제 작품이나 일상 환경에서의 행동을 시청각적으로 기록하여 아동의 진보 정도를 파악하는 방법이다(Schipper & Rossi, 1997). 이때 구성되는 포트폴리오는 아동의 흥미나 태도, 지니고 있는 기술의 범위, 특정 시기 동안의 발달을 드러내는 의미 있는 작품을 수집하는 것이므로 시간이 지나면서 장애 유아가 어떠한 노력이나 진보, 성취를 이루었는지를 실제적으로 보여 주는 수단이 될 수 있다(Smith, Brewer, Heffner, & Algozzine, 2003).

진도 점검 시 포트폴리오 진단을 보다 체계적으로 활용하기 위해서는 다음과 같은 절차를 따르게 된다(Meisels, 1993; Meisels, Jablon, Marsden, Dichtelmiller, & Dorfman, 1994). 먼저 아동 발달 지침 및 체크리스트를 이용하여 체계적인 관찰을 실시한다. 아동에 대한 관찰 내용이나 이미 알고 있는 지식을 활용하여 기준이 되는 발달 지침이나 체크리스트의 각 항목을 완성하게 된다. 그다음으로는 아동의 수행 내용을 포트폴리오로 구조화한다. 이때 포트폴리오 속에는 핵심 항목과 개별 항목을 모두 포함하며, 영구 보존할 수 있는 실물의 작품이 만들어지지 못할 수도 있으므로 수시로 아동의 성취 내용을 사진으로 찍거나 비디오 녹화 및 오디오 녹음을 활용하는 것이 좋다(Hanline, Milton, & Phelps, 2001). 포트폴리오의 핵심 항목에는 시간의 흐름에 따른 일반적인 아동의 진보, 성장을 대표하는 기준이 되는 작품을 포함한다. 그리고 개별 항목에는 다수의 교육과정 영역이 통

유 아 명 : 김 혜 주

날   짜 : 2009, 4, 14,

관 찰 자 : 오 인 선

관찰영역 : 건강생활(대근육)

활 동 명 : 평균대 건너기

관찰내용 : 평균대 위에서 균형 잡기를 아직 어려워하나, 양팔을 벌리고 균형을 잡으며 조심스럽게 건넘, 거의 떨어지지는 않으며 성인의 도움을 약간 필요로 함

유 아 명 : 김 혜 주

날   짜 : 2009, 10, 27,

관 찰 자 : 신 지 희

관찰영역 : 건강생활(대근육)

활 동 명 : 평균대 건너기

관찰내용 : 능숙하게 평균대를 오르고 두 팔로 균형을 잡으며 끝까지 걸음, 속도는 빠른 편임

[그림 11-2] 대근육 발달의 변화를 보여 주는 포트폴리오의 예

유 아 명	김 혜 주
관찰 영역	언어생활(이름 쓰기)
관찰 날짜	2009. 3. 31.
관 찰 자	오 인 선
관찰 내용	교사의 도움 없이 스스로 이름을 쓸 수 있음, 정확하게 쓰고 쓰는 속도는 빠름, 획순에 있어서 '김'은 'ㅁ'을 먼저, '혜'는 'ㅇ'을 먼저 쓰는 경향이 있음

유 아 명	김 혜 주
관찰 영역	언어생활(이름 쓰기)
관찰 날짜	2009. 10. 29.
관 찰 자	오 인 선
관찰 내용	오른손으로 연필을 잡고 이름을 자신있게 씀, 'ㅔ' 획순을 세로 획을 먼저 씀, 이름 외에 '우유' '오리' 등 쉬운 단어를 쓸 수 있음

[그림 11-3] 언어 발달(이름 쓰기)의 변화를 보여 주는 포트폴리오의 예

유 아 명	김 혜 주	
관찰 영역	탐구생활(수 세기)	
관찰 날짜	**관찰 내용**	
2009. 6. 20.	• 1~39의 수를 셀 수 있음 • 또박또박 짚으며 정확히 잘 셈 • 일대일 대응이 가능함	
2009. 10. 31.	• 1~49의 수를 정확히 셀 수 있음 • 대략 60까지의 수를 셀 수 있음 • 1단위는 잘 세며 10단위 는 약간 혼돈스러워함 • 일대일 대응이 가능함	

유 아 명	김 혜 주	
관찰 영역	탐구생활(분류하기)	
관찰 날짜	**관찰 내용**	
2009. 6. 20.	• 아직까지 준거에 의해 분 류하는 것을 "잘 모르겠 어요."라고 하며 어려워함	
2009. 10. 31.	• 색, 모양의 두 가지 분류 기준 중 모양에 의한 분류 가 가능함	

[그림 11-4] 인지 발달의 변화를 보여 주는 포트폴리오의 예

합된 활동 속에서 아동의 개별적 특성이나 독특함이 드러나는 작품들을 포함한다. 마지막으로 요약보고서를 작성한다. 보고서는 발달 지침 및 체크리스트를 이용하여 관찰한 내용과 포트폴리오로 구조화한 수행 내용을 근거로 1년에 3~4회 정도 작성하는 것이 좋다. 보고서를 작성할 때에는 주로 5개의 발달 영역(미술 및 소근육, 운동 및 대근육, 인지 및 수, 의사소통[언어 및 문해], 사회적 능력)별로 구분하여 기술한다. [그림 11-2], [그림 11-3], [그림 11-4]는 유치원에서 작성한 포트폴리오의 다양한 예를 보여 주고 있다. 특히 [그림 11-4]의 경우 인지 발달을 나타내는 행동을 수행하는 모습을 동영상으로 녹화하여 전후의 발달을 비교하는 자료로 활용할 수 있다.

(2) 목표달성 척도

목표달성 척도(goal attaintment scaling)는 개별화 교육 프로그램상의 각 목표에 대해 기대되는 성과 수준을 척도화하여 점검하는 방법이다. 주로 5점 척도로 구성되며(-2: 기대 이하 ~ +2: 기대 이상), 각 척도에 대한 수행의 예가 설명되어 있다. 목표달성 척도는 아동의 교수목표와 직접적으로 연결된다는 장점이 있으며, 특히 다른 척도를 이용하기 어려운 중도 장애 아동에게 유용하게 사용될 수 있다(Benner, 2003). 각 목표에 대한 아동의 수행을 척도 점수로 그래프화함으로써 여러 목표에 대한 진도를 보다 효과적으로 제시할 수 있으므로 진도 점검 활동을 효율적으로 할 수 있게 해 준다. 〈표 11-1〉은 목표달성 척도의 예를 보여 주고 있다.

(3) 일반적인 성과 측정

일반적인 성과 측정(general outcome measurement)은 아동의 일반적인 성장 및 발달 지표를 이용하여 장기 교수목표의 진보를 점검하고 중재 효과를 진단하는 방법이다(McConnell et al., 1998). 아동이 학습해야 하는 일련의 하위 기술에 대한 습득 정도를 살펴보는 숙달 중심의 진도 점검은 각 하위 기술에 따라 각기 다른 점검방법이 요구된다. 여기서 하위 기술이란 일반적인 성과의 관점에서 보았을 때 영역별 성과를 구성하는 요소를 의미한다. 따라서 일반적인 성과상의 지표를 진도 점검의 지침으로 활용한다면 더욱 일관적인 점검이 이루어질 수 있다

표 11-1	목표달성 척도의 예

목표 척도		헤드스타트 아동 성과 틀에서 추출한 성과 진술			
		점차 복잡하고 다양한 어휘를 이해한다.	잠차 복잡하고 다양한 구어 어휘를 사용한다.	낱말을 인쇄 단위로 인식한다.	최소 10개의 철자(특히 이름에 있는 글자)를 안다.
-2	기대 수준 보다 현저히 낮음	한 부분으로 이루어진 일상적 지시(교수)를 이행하는 데 신체적 시연이나 모델링이 필요하다.	1~2개 단어로 이루어진 어절을 말하는 의사소통을 위해 몸짓이나 비구어 표현에 전적으로 의존한다.	지역사회에서 찾을 수 있는 글자 중심의 친숙한 상징을 인식한다.	0~4개 단어를 안다.
-1	기대 수준 보다 다소 낮음	간단한 한 부분 또는 두 부분의 지시(교수)를 이해하는 데 시각적 단서가 필요하다.	완전한 문장이 아닌 2~4개 단어 어절을 말한다.	책 속의 개별 단어를 가리키며, "이 글자가 뭐예요?"라고 묻는다.	5~9개 단어를 안다.
0	기대 수준	친숙한 테이프나 이야기를 귀 기울여 들으며 지시(교수)사항을 이행한다.	3~5개 단어 문장을 사용하며, 친숙한 성인이 물은 '무엇' 관련 질문에 대답한다.	책에 있는 단어를 손가락으로 가리키며 읽는 시늉을 한다.	10개 단어를 안다.
+1	기대 수준 보다 다소 높음	친숙하지 않은 테이프나 이야기에 귀 기울이며 지시(교수)사항을 이행한다.	5~7개 단어 문장을 사용하며, 대화 중 주고받기를 하면서 성인 및 다른 아동과 이야기를 한다.	인쇄된 형태인 자신의 이름과 학급 친구들의 이름을 인식한다.	11~15개 단어를 안다.
+2	기대 수준 보다 현저히 높음	적절한 순서, 구체적인 교재(자료), 새로운 활동을 사용하는 여러 부분으로 이루어진 교수(지시)사항을 완성한다.	5~7개 단어 문장을 사용하여 교실에 있는 익숙하지 않은 성인과 대화한다.	몇몇 낱말을 인식하고 읽을 수 있다.	16개 이상의 단어를 안다.

출처: Benner S. M. (2003). *Assessment of young children with special needs: A context-based approach* (p. 178). Clifton Park, NY: Delmar Learning.

(Deno, 1997; McConnell, 2000).

　일반적인 성과 측정은 (1) 자연적인 상황에서 반복적으로 실시할 수 있으며, (2) 발달 단계에 따른 아동의 성장 정도를 묘사해 주는 자료를 제시해 주고, (3) 교사와 부모가 심리측정학적으로 좀 더 양호한 진단 결과를 갖게 된다는 장

표 11-2   0~8세 아동을 위한 일반적인 성과 지표의 예

영 역	성 과
1. 의사소통/사회적 의도를 전달하고 이해하기 위해 언어를 사용한다.	• 몸짓, 소리, 단어나 문장을 사용하여 타인에게 욕구나 필요를 전달하거나 의미를 표현한다. • 타인의 의사소통에 적절한 몸짓, 소리, 단어, 단어 조합을 사용하여 반응하다. • 타인과의 상호작용을 시작·반응·유지하기 위해 몸짓, 소리, 문장을 사용한다.
2. 도전적인 악조건 속에서도 자신의 행동, 건강, 안녕에 대한 책임을 진다.	• 기본적인 자조기술(옷 입기, 먹기, 화장실 사용/위생, 안전 기술을 포함)을 실시한다. • 가정, 학교, 지역사회 환경 내에서 행동적 기대(지시사항, 규칙, 일과 등)에 맞게 행동한다. • 여러 바람직한 목표를 성취하기 위해 자신의 행동을 적절하게 다양화하거나 지속한다.
3. 환경과 타협하고 환경을 조작한다.	• 가정, 학교, 지역사회 환경 속에서 놀고 참여하기 위해 능숙하고 협응된 모습으로 움직인다. • 가정, 학교, 지역사회 환경 속에서 놀고 참여하기 위해 능숙하고 협응된 모습으로 놀잇감, 자료, 사물을 조작한다.
4. 긍정적인 사회적 관계를 시작하고 반응하고 유지한다.	• 가정, 학교, 지역사회 환경 속에서 사회적 상호작용을 유지하고 사회적으로 참여하면서 또래 및 성인과 상호작용한다. • 타인과의 상호작용 속에서 문제를 적절히 해결한다. • 사회적 맥락 속에서 적절한 감정을 보인다.
5. 환경을 탐구하고 추론하며, 문제를 해결하기 위하여 인지기술을 사용한다.	• 나이에 적절한 정보를 이해하며 이를 나타낸다. • 구어적·비구어적 사건을 회상한다. • 초기 문해기술 및 초기 수학기술과 관련된 개념을 이해하고 사용한다. • 사물, 개념, 상황, 사람에 대한 추론이 요구되는 문제를 해결한다.

출처: McConnell, S. et al. (1998). *Measuring growth & development: Accountability systems for children between birth and age eight* (Technical Report #2, p. 21). Minneapolis, MN: Early Childhood Research Institute on Measuring growth and Development.

점을 지닌다(Benner, 2003; McConnell et al., 1998). 〈표 11-2〉는 신생아부터 8세 아동에게 해당되는 일반적 성과 지표의 예를 보여 주고 있으며, 〈표 11-3〉은 이러한 성과 지표가 연령별로 어떻게 달라지는지를 보여 주고 있다.

표 11-3 연령별 일반적 성장 성과의 예

영 역	연령별 성과		
	생후~3세	3~5세	5~8세
의사소통	몸짓, 소리, 단어, 단어 조합을 사용하여 타인에게 특정한 의미를 표현한다.	의사소통/대화 상호작용에 참여하며, 대개 단어와 언어의 상호적인 교환, 사회적/역동적 주고받기, 사회적 관습의 사용, 같은 환경에 있는 자료를 조작하거나 타인들로부터 얻기 위해 언어를 사용하는 형태를 포함한다.	복잡한 문장을 사용하여 다양한 의사소통 목적을 수행한다.
사회성	또래와의 긍정적인 사회적 상호작용을 시작하거나, 또래가 시작한 것에 반응하고 이를 유지할 수 있다.	사회적 관계를 유지하고 놀이에 사회적으로 참여하면서 또래 및 성인과 상호작용한다.	안정적인 우정을 형성하고 유지하는 데 필수적인 사회적 기술을 보인다.
인지	양, 지시, 위치를 포함한 관계 개념을 이해하여 기능적으로 관련된 항목을 구분할 수 있다.	초기 문해와 수학 기술에 대한 개념적이고 실제적인 이해 능력을 나타낸다.	다양한 인쇄 자료를 읽고 이해한다.
적응행동	최소한의 도움을 받으며 전형적인 용변보기 활동을 수행한다.	옷 입기, 먹기, 용변 보기/위생, 안전/인물 확인을 포함한(그 이상의) 다양한 기본적이고 자조 관련의 생존기술을 보인다.	스스로 개인 위생과 섭식을 챙긴다.
운동	균형감 있고 협응된 형태로 걷고 달린다.	대근육 체계를 협응된 형태로 사용하여 환경을 조절한다.	대근육을 통제하여 공간 내에서 더 큰 협응을 만들어 낸다.

출처: Priest, J. S. et al. (2001). General growth outcomes for young children: Developing a foundation for continuous progress measurement. *Journal of Early Intervention, 24*(3), 168.

3) 진도 점검 절차

(1) 점검 활동의 계획

이 책 전반에 걸쳐 강조하였듯이, 장애 유아를 위한 교육에서 진단과 교수계획 및 실행, 진도 점검, 프로그램 수정은 순환적인 관계로 서로 연계되어 있다. 이는 진도 점검을 위한 계획 또한 장애 유아를 위한 교수계획 절차인 개별화 교육 프로그램을 개발하는 과정과 연계하여 이루어져야 함을 의미한다. 실제로 개별화 교육 프로그램은 교수목표를 진술할 때 성취 여부를 판단할 수 있는 성취 준거를 제시하는 것은 물론, 아동의 진보를 측정하기 위한 구체적인 방법과 진보에 대한 정기적인 보고 시기 등과 같은 평가 계획을 포함하도록 되어 있다(이소현, 2003; 장애인 등에 대한 특수교육법, 2007; IDEA, 2004). 따라서 아래에서 설명하는 점검 활동 계획 절차 역시 개별화 교육 프로그램을 개발하는 과정에 기초하여 실행되어야 한다. 진도 점검 활동은 일반적으로 〈표 11-4〉에서와 같은 요소

표 11-4 진도 점검 활동 계획을 위한 절차

결정 요소	내 용
무엇을 (자료 내용)	어떤 자료를 수집할 것인지 결정한다. 일반적으로 개별화 교육 프로그램상의 교수목표와 관련된 자료를 수집하게 된다.
누가 (자료 수집자)	누가 자료를 수집할 것인지 결정한다. 수집하려는 자료에 따라 아동과 장시간 함께 생활하는 사람(예: 교사, 가족)이나 매일 보지는 않더라도 정기적으로 아동을 만나는 사람(예: 언어치료사) 중에서 적절한 담당자를 선정한다.
어디서 (자료 수집 상황)	자료를 수집하는 상황을 선정한다. 구체적인 장소뿐만 아니라 점검하려는 행동이 자연적으로 요구되는 상황이나 아동에게 필요한 정도 등을 고려하여 적절한 상황을 선정하도록 한다(예: '도움 없이 스스로 식사하기'의 목표행동을 관찰하기 위해서는 하루 일과 중 점심시간을 자료 수집 상황으로 선정해야 함).
언제 (자료 수집 빈도)	얼마나 자주 자료를 수집할지 결정한다. 자료 수집은 수집된 결과를 토대로 이후 교수계획과 관련된 결정을 내리기에 충분할 정도로 '자주, 정기적으로' 실시해야 한다. 이러한 원칙에 의거하여 구체적인 점검 계획을 세우는 것이 바람직하다(예: 매주 2회, 3회기마다 등).

들을 먼저 결정한 후에 이루어지게 된다.

　먼저 교사는 어떤 정보를 수집할 것인지 확인한다. 즉, 교사는 개별화 교육 프로그램상의 교수목표들을 검토하여 구체적으로 어떤 행동에 초점을 두어 정보를 수집할 것인지를 결정해야 한다. 예를 들어, 자발적인 요구하기 행동을 증가시키는 것이 목표라면 행동의 빈도를 측정해야 하지만, 활동 중에 교사의 이야기나 과제에 집중하는 시간을 증가시키는 것이 목표라면 지속시간을 측정하게 된다. 따라서 교사는 개별화 교육 프로그램의 교수목표와 각 목표의 성취 기준 및 평가 방법을 잘 이해하고 진도 점검 계획을 세워야 한다.

　둘째, 진도 점검을 위한 정보를 누가 수집할 것인지를 결정해야 한다. 진도 점검을 위한 정보 수집은 교수목표에 따라 아동과 장시간을 함께 생활하는 사람(예: 교사, 유치원이나 어린이집 직원, 가족)이나 매일 보지는 않더라도 정기적으로 아동을 만나는 사람(예: 언어치료사) 중에서 적절한 담당자를 선정하고 계획에 따라 지속적으로 정보를 수집할 수 있게 한다. 정보를 수집하는 장소가 다양한 경우(예: 유치원와 가정)에는 여러 사람이 동시에 자료를 수집하고 공유할 수 있다. 그러나 이러한 경우 정보 수집 상황이 다르기 때문에 단순한 비교를 지양하고 자료의 해석에 주의를 기울여야 한다.

　셋째, 어떠한 상황에서 정보를 수집할 것인지를 결정한다. 이것은 단순히 정보를 수집할 장소를 결정하는 것이 아니라 점검하려는 목표행동이 필요한 자연스러운 상황이나 시간을 고려해야 한다는 것이다. 또한 목표행동이 자연적으로 필요한 여러 상황 중에서도 특히 그 행동이 더 많이 필요하거나 더 자주 발생할 가능성이 큰 상황이 있다면 그 상황이 진도 점검에 더 적절할 것이다. 예를 들어, 요구하기 기술을 평가하기 위해서는 기본적으로 아동이 무엇인가를 요구할 만한 상황과 의도가 생기는 것이 중요하다. 간식 시간은 보통 요구하기 기술을 관찰하거나 교수하기에 좋은 활동이지만 아동이 좋아하지 않는 음식이 제공되거나 먹는 것을 좋아하지 않는다면 진도 점검에 적합한 활동이라 할 수 없다. 반면 미술 활동을 매우 좋아하는 아동이라면 미술 활동 중에 여러 가지 미술도구를 이용하여 요구할 만한 상황을 만들고, 이에 대한 아동의 반응을 관찰함으로써 요구하기 기술의 성취 여부를 판단할 수 있을 것이다.

넷째, 얼마나 자주 자료를 수집할지 결정해야 한다. 앞서 일반적인 지침에서도 설명한 바와 같이, 정보 수집의 주기는 가능한 한 자주 실시하는 것이 좋지만 교수 활동과 균형을 이루도록 하는 것이 좋다. 일반적으로 교수목표에 대한 자료 수집 계획은 개별화 교육 프로그램에 포함되므로 이를 기반으로 계획하는 것이 좋다.

진도 점검을 위한 계획은 넓게 보면 개별화 교육 프로그램 개발의 한 과정으로 실행할 수 있으며 상호 보완적인 역할을 할 수 있다. 또한 개별화 교육 프로그램이 확정된 단일 문서가 아닌 것처럼, 진도 점검을 위한 계획도 아동의 성취에 따라 융통성 있게 수정되어야 한다.

(2) 점검 활동의 실행 및 결과 분석

진도 점검을 위한 계획이 수립되면 그다음에는 계획을 실행하게 된다. 진도 점검을 통하여 수집된 자료는 적절한 형태로 요약하고 분석하여 다음 단계의 교수 활동을 위한 효율적인 자료로 활용하게 된다. 자료에서 발견되는 일정한 양상을 토대로 하여 일관성 있고 체계적인 교수 활동을 실행할 수 있으며, 다음 단계의 교수적 결정을 하게 된다. [그림 11-4]에는 진도 점검을 위해 수집한 자료를 분석하여 의사결정을 하기 위한 자료 분석 절차가 제시되어 있다. 이 그림에서는 진도 점검 과정을 통하여 기술의 초기 습득 및 숙련된 수행을 촉진할 수 있도록 정해진 의사결정의 규칙을 따르고 있는 것을 알 수 있다. 기술의 일반화를 촉진하는 교수 단계에서는 〈표 11-5〉와 같은 의사결정 규칙이 적용될 수 있는데, 이와 같은 진도 점검 과정은 아동의 기술 일반화를 더욱 증진시키는 것으로 알려져 있다(Liberty, Haring, White, & Billingsley, 1988). 따라서 교사는 진도 점검을 실행하고 그 결과를 적절하게 분석함으로써 아동의 교육 성과를 증진시킬 수 있다.

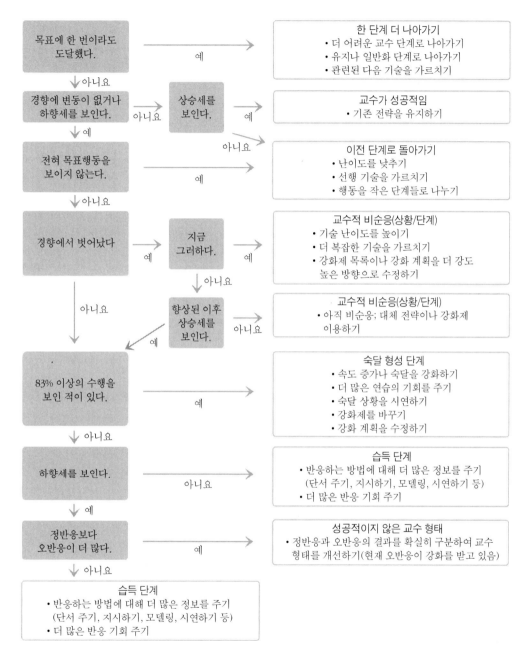

[그림 11-4] 진도 점검 자료의 분석 절차

출처: Liberty, K. A., & Haring, N. G. (1990). Introduction to decision rule systems. *Remedial and Special Education, 11*, 32–41; Wolery, M. (2004). Monitoring children's progress and intervention implementation. In M. McLean, M. Wolery, & D. B. Bailey Jr. (Eds.), *Assessing infants and preschoolers with special needs* (3rd ed., pp. 545–584). Upper Saddle River, NJ: Merrill.

표 11-5	목표행동의 일반화 상황에 대한 자료 분석 법칙		
질 문	방 안	대 답	다음 단계/의사결정
1. 목표행동이 모든 목표 상황에서 바람직한 수준으로 일반화되었는가?	모든 가능한 상황에서 일반화를 살펴본 후 준거(IEP 교수목표)와 비교하기	예	1. 교수가 성공적임 • 더 어려운 수준의 기술로 나아간다. • 새로 가르칠 기술을 선정한다. (마무리 단계)
		아니요	2번 질문으로 가기
2. 기술이 습득되었는가?	교수 상황에서의 수행을 습득 준거나 IEP 목표에 구체화된 수행 수준과 비교하기. 훈련 상황에서 수행 수준에 도달했으나 일반화되지는 않았다면 예에 답하기	예	3번 질문으로 가기
		아니요	2. 기술 습득에 문제가 있음 • 교수를 계속한다. (마무리 단계)
3. 몇몇 상황에서만 일반화가 나타나는가?	현재 및 가능한 미래의 환경에서 기술이 갖고 있는 기능을 분석하기	예	4번 질문으로 가기
		아니요	5번 질문으로 가기
4. 현재 및 잠재적인 미래 환경 상황에서 직접 훈련을 할 수 있는가?	계획된 날짜에 IEP 목표를 달성하기에 훈련 시간이 충분할 정도로 모든 상황에서 훈련을 자주 실시할 수 있는가?	예	3. 일반화 상황이 제한적임 • 바람직한 상황에서 훈련하기 • 모든 상황에서 단계적으로 훈련하기 (마무리 단계)
		아니요	5번 질문으로 가기
5. 가장 광범위한 기술을 수행하지 않는 상황에서도 아동이 강화를 받는가?	아동의 행동을 관찰하여 적절한 행동이나 부적절한 행동, 목표기술이나 비목표 기술 뒤에 어떤 사건이 뒤따르는지 확인하기. 목표기술에 뒤따라야 하는 사건이 아동에게 나타나는지, 아동이 기술을 부정확하게 사용하고 있는지, 혹은 잘못 행동하고 있는지를 결정하기	예	6번 질문으로 가기
		아니요	7번 질문으로 가기

〈계속〉

질문	방안	대답	다음 단계/의사결정
6. 아동이 제대로 반응하지 못하지만 강화를 받는가?	아무것도 하지 않는 것에 대해 강화를 받는 경우에만 '예'로 답하기(예: 반응하지 않았는데도 강화를 받는 것)	예	4. 적절한 결과가 주어지지 않는 강화의 문제 • 일반화 후속결과를 바꾸기
		아니요	7번 질문으로 가기
7. 아동이 준거가 되는 일반화 수행 수준이나 그에 근접한 수준에 한 번이라도 도달하였으며 이후 다른 상황에서는 보이지 않았는가?	현재와 과거의 수행을 고려하기. 교수목표에 구체화된 수행 수준을 각 반응 기회 상황에서의 아동 수행과 비교하기. 첫 번째 반응 기회에서 기준에 근접하는 수행을 보인 이후 수행 수준이 낮거나 전혀 수행을 보이지 않는 경우 '예'로 답하기	예	7. 강화 기능에 문제가 있음 • 자연적 강화제 사용하기 • 훈련 강화제 없애기 • 자연적 일정 사용하기 • 자연적 결과물 사용하기 • 자기 강화 가르치기 • 일반화된 행동 강화하기 • 일반화 후속결과 변화시키기 (마무리 단계)
		아니요	8번 질문으로 가기
8. 아동이 최소한 한 번 부분적으로 정확하게 반응했는가?	일화기록 및 관찰 기록을 분석하기	예	8. 차별화 기능에 문제가 있음 • 자극을 다양화하기 • 모든 자극을 사용하기 • 자주 자극을 사용하기 • 다수의 예를 사용하기 (질문지 종료)
		아니요	9번 질문으로 가기
9. 목표행동의 일부분도 수행하지 못했는가?	관찰 상황에서 아동의 수행을 분석하기	예	9. 일반화 훈련 • 정확도를 높이기 • 자연적 강화제 사용하기 • 자연적 일정 사용하기 • 적절한 자연적 자극제 사용하기 • 훈련 자극 없애기 (질문지 종료)
		아니요	멈추기(단계상 오류가 있으니 질문 1부터 다시 시작하기)

출처: Liberty, K. (1988). Decisions Rules and Procedures for Generalization. In N. C. Haring (Ed.), *Generalization for Students with Severe Handicaps: Strategies and Solutions*. Seattle, WA: University of Washington Press.

4) 교수 활동의 점검

교수 활동의 점검은 교사가 계획한 대로 교수 활동이나 중재 전략을 충분히 자주 정확하고 일관성 있게 적용하였는지를 점검하는 것을 의미한다(Neisworth & Bagnato, 2000). 이는 아동이 교수 활동을 계획할 때 예상한 만큼의 진도를 보이지 않거나 성취하지 못하는 이유가 교사의 잘못된 교수 활동에 있는 것은 아닌지 살피기 위한 것이다.

교수 활동이 충실하게 진행되었는지를 점검하기 위해서는 다음과 같은 네 가지 지침을 고려해야 한다(Wolery, 2004). 첫째, 일반적으로 교수 활동과 관련된 연구 기반의 실제를 사용하고 있는지 점검해 보아야 한다. 예를 들어, 미국 특수교육협회(CEC)의 조기교육분과(DEC)에서 발표한 '권장의 실제'를 보면 특수아 조기교육 프로그램이 갖추어야 할 여러 가지 구성요소와 각 요소에 대한 질적 평가 기준이 제시되어 있다. 이러한 기준은 교사가 실제로 적용하고 있는 교수 활동이 적합하게 진행되고 있는지를 정기적으로 점검할 수 있게 해 줌으로써 성공적인 교수 활동을 실행할 수 있도록 해 준다.

둘째, 아동이 진보를 보이지 않는 경우에는 처음에 계획했던 교수 활동을 제대로 적용하고 있는지 검토해 보아야 한다. 실행하는 모든 교수 활동에 대하여 측정하고 점검하는 것이 불가능할 수는 있으나, 최소한의 예상보다 진보의 속도가 느리거나 전혀 나타나지 않는다면 해당 교수 활동이나 중재에 문제가 있는지 반드시 검토해야 한다.

셋째, 교수 활동이나 중재 적용의 충실도를 측정할 수 있는 구체적인 방법을 개발해야 한다. 충실도 측정 방법으로는 (1) 평가척도, (2) 점검표, (3) 직접 관찰 기록이 많이 사용된다. 먼저 평가척도(예: 5점 척도)나 기타 판단에 근거한 진단(judgement-based assessment)은 아동의 놀이나 사회-의사소통 시도에 대한 '교사의 반응성'처럼 정확하게 측정하기 어려운 교수방법 적용에 사용한다. 점검표는 교수방법이 다소 복잡하고 여러 단계로 구성되었을 때 사용하는 것이 좋다. 이때 점검표의 내용은 교사가 교수 활동의 각 단계에 실시해야 할 중재 전략을 확인하는 데 사용할 수 있다. 마지막으로 직접 관찰 기록은 교수 활동 상황에서 아동 및 교사의 행동을 명확하게 측정할 수 있을 때 사용하는 것으로, 구체적인 내용은 4장에서 설명한 바 있다. [그림 11-5]는 실제로 교육 현장에서 장애 유

중재 충실도 점검표

일　시:　　　　　　　　　중재 회기:
아 동 명:　　　　　　　　교 사 명:

번호	내 용	수행 여부			비고
		예	아니요	해당 없음	
1	삽입교수계획안에 따라 적절하게 활동을 구성해 주었는가?				
2	언어적 촉진을 통해 유아에게 사회적 기술을 수행할 수 있도록 유도하였는가?				
3	유아가 언어적 촉진에 반응하지 않았을 때 신체적 촉진을 사용하였는가?				
4	유아가 신체적 촉진에 반응하지 않았을 때 목표행동에 대한 시범을 보여 주었는가?				
5	유아에게 목표행동에 대한 시범을 보여 준 후에 5초 동안 기다려 주었는가?				
6	유아에게 시범을 보여 주고 5초가 지난 후에도 반응하지 않을 경우 교정적 시범을 제공하였는가?				
7	유아가 목표행동을 수행하였을 때 칭찬 및 격려를 해 주었는가?				
8	활동 도표에 교수 여부를 기록하였는가?				
9	삽입교수계획안에 유아의 수행에 대한 평가를 기록하였는가?				

[그림 11-5] 중재 충실도 점검표 예

출처: 허수연(2008). 사회적 기술 습득을 위한 활동-중심 삽입 교수가 장애 유아의 사회적 상호작용에 미치는 영향(p. 84). 이화여자대학교 대학원 석사학위청구논문.

아를 대상으로 중재를 실시한 후에 적용한 중재 충실도 점검표의 예를 보여 주고 있다. 이 점검표는 유치원 일과 중 활동중심 삽입교수를 통하여 장애 유아에게 사회적 기술을 교수하는 동안 실제로 계획한 중재를 정확하게 사용하는지를 점검하기 위한 항목을 체크리스트의 형식으로 구성한 것이다(허수연, 2008).

넷째, 두 명 이상의 교사(또는 치료사)가 교수 활동을 함께 실시한 경우 교수 활동 점검 결과를 서로 공유해야 한다. 교수 활동의 충실도가 낮은 경우 이를 증진시키기 위하여 서로 수행에 대한 피드백을 주고받거나 필요하다면 재훈련을 실시할 수 있다.

요약

이 장에서는 장애 유아를 위한 진도 및 교수 활동의 점검 방안을 살펴보았다. 진도 점검이란 교수목표를 중심으로 아동의 진도 정도를 확인하는 절차를 말하며, 현재 진행되고 있는 교수목표의 적절성, 교수방법의 효과 및 수정의 필요성을 결정하는 필수적인 단계라고 할 수 있다. 진도 점검은 (1) 초기 진단 결과의 타당화, (2) 시간의 변화에 따른 진보 정도 기록, (3) 교수 활동 수정의 필요성 및 그 방안 결정의 세 가지 주된 목표와 기능을 지닌다.

진도 점검을 실시할 때는 다음의 여덟 가지 지침에 유의해야 한다. 첫째, 교수 계획이나 중재 계획을 토대로 점검을 실시한다. 둘째, 전반적인 아동 활동의 양상을 파악한다. 셋째, 학급 환경의 질을 점검한다. 넷째, 점검 활동을 계획한다. 다섯째, 진도 점검 활동은 맥락을 고려한다. 여섯째, 진도에 대한 여러 사람의 견해를 반영한다. 일곱째, 자주 그리고 정기적으로 점검을 실시한다. 마지막으로 진도 점검은 목표 지향적이어야 한다.

진도 점검의 구체적인 방법으로는 교육진단에서 일반적으로 사용되는 진단방법이 사용된다. 이 장에서는 특히 진도 점검에 많이 사용되는 포트폴리오 진단, 목표달성 척도, 일반적 성과 측정에 대하여 설명하였다.

교수 활동의 점검은 교사가 계획한 대로 교수 활동이나 중재 전략을 충분히 자주, 정확하고 일관성 있게 적용하였는지를 점검하는 것을 의미한다. 교수 활동을 점검할 때에는 다음과 같은 네 가지 지침을 고려해야 한다. 첫째, 일반적으로 교수 활동과 관련된 권장의 실제를 사용하고 있는지 점검한다. 둘째, 아동이 진보를 보이지 않는 경우 계획했던 교수 활동을 충실하게 적용하고 있는지 검토한다. 셋째, 교수 활동이나 중재의 충실도를 측정할 구체적인 방법을 개발한다. 넷째, 협력적 교수 활동에서는 교수 활동 점검 결과를 서로 공유한다.

| 참고문헌 |

이소현(2003). 유아특수교육. 서울: 학지사.

이소현, 박은혜, 김영태(2000). 교육 및 임상현장 적용을 위한 단일대상연구. 서울: 학지사.

허수연(2008). 사회적 기술 습득을 위한 활동-중심 삽입 교수가 장애 유아의 사회적 상호작용에 미치는 영향. 이화여자대학교 대학원 석사학위청구논문.

Bailey, D. B., & Wolery, M. (2003). 장애 영유아를 위한 교육(개정판) (이소현 역). 서울: 이화여자대학교 출판부. (원저 1999년 2판 출간)

Benner, S. M. (2003). *Assessment of young children with special needs: A context-based approach*. Clifton Park, NY: Thompson Delmar Learning.

Deno, S. L. (1997). Whether thou goest: Perspectives on progress monitoring. In J. W. Lloyd, E. J. Kameenui, & D. Chard (Eds.), *Issues in educating students with disabilities* (pp. 77–99). Manwah, NJ: Lawrence Erlbaum.

DeStefano, D. M., Howe, A. G., Horn, E. M., & Smith, B. A. (1991). *Best practices: Evaluating early childhood special education programs*. TucSon, AZ: Communication Skill Builders.

Grisham-Brown, J., Hemmeter, M. L., & Pretti-Frontczak, K. (2005). *Blended practices for teaching young children in inclusive settings*. Baltimore: Paul H. Brookes.

Hanline, M. F., Milton, S., & Phelps, P. (2001). Young children's block construction activities: Findings from 3 years of observation. *Journal of Early Intervention, 24*, 224–237.

Hills, T. W. (1992). Reaching potentials through appropriate assessment. In S. Bredekamp & T. Rosegrant (Eds.), *Reaching potentials: Appropriate curriculum and assessment for young children* (Vol. 1, pp. 43-63). Washington, DC: National Association for the Education of Young Children.

Karp, J. M. (1996). Assessing environment. In M. McLean, M. Wolery, & D. B. Bailey Jr. (Eds.), *Assessing infants and preschoolers with special needs* (pp. 234-267). Englewood Cliffs, NJ: Merrill.

Liberty, K. (1988). Decisions Rules and Procedures for Generalization. In N. C. Haring (Ed.), *Generalization for Students with Severe Handicaps: Strategies and Solutions.* Seattle, WA: University of Washington Press.

Liberty, K. A., & Haring, N. G. (1990). Introduction to decision rule systems. *Remedial and Special Education*, 11, 32-41.

Liberty, K. A., Haring, N. G., White, O. R., & Billingsley, F. (1988). A technology for the future: Decision rules for generalization. *Education and Training in Mental Retardation, 23,* 315-326.

Lynch, E. M., & Stuewing, N. A. (2002). Children in context: Portfolio assessment in the inclusive early childhood classroom. *Young Exceptional Children Monograph, 4,* 83-97.

McAfee, R., & Leong, D. (2002). *Assessing and guiding young children's development and learning* (3rd ed.). Boston: Allyn and Bacon.

McConnell, S. R. (2000). Assessment in early intervention and early childhood special education: Building on the past to project into the future. *Topics in Early Childhood Special Education, 20,* 43-48.

McConnell, S., McEvoy, M., Carta, J. J., Greenwood, C, R., Kaminski, R., Cood III, R. H., & Shinn, M. (1998). *Measuring growth & development: Accountability systems for children between birth and age eight* (Technical Report #2). Minneapolis, MN: Early Childhood Research Institute on Measuring Growth and Development.

McLean, M., Wolery, M., & Bailey Jr., D. B. (Eds.). (2004). *Assessing infants and preschoolers with special needs.* Upper Saddle River, NJ: Prentice Hall.

Meisels, S. J. (1993). Remaking classroom assessment with the work sampling system. *Young Children, 49,* 34-40.

Meisels, S. J., & Atkins-Burnett, S. (2000). The elements of early childhood assessment. In J. P. Shonkoff and S. Meisels (Eds.), *Handbook of early childhood intervention.* Cambridge, UK: Cambridge University Press.

Meisels, S. J., Jablon, J. R., Marsden, D. B., Dichtelmiller, M. L., & Dorfman, A. B. (1994). *The work sampling system* (3rd ed.). Ann Arbor, MI: Rebus Inc.

Neisworth, J. T., & Bagnato, S. J. (2000). Recommended practices in assessment. In S. Sandall, M. E. McLean, & B. J. Smith (Eds.), *DEC recommended practices in early intervention/early childhood special education* (pp. 17–27). Longmont, CO: Sopris West.

Odom, S. L., & McLean, M. E. (Eds.). (1996). *Early intervention/early childhood special education recommended practices.* Austin, TX: PRO-ED.

Overton, T. (2006). *Assessing learners with special needs: An applied approach* (5th ed.). Upper Saddle River, NJ: Merrill.

Priest, J. S., McConnell, S. R., Walker, D., Carta, J. J., Kaminski, R. A., McEvoy, M, A., Good III, R. H., Greenwood, C. R., & Shinn, M. R. (2001). General growth outcomes for young children: Developing a foundation for continuous progress measurement. *Journal of Early Intervention, 24*(3), 163–180.

Sandall, S., McLean, M. E., & Smith, B. J. (2000). *DEC recommended practices in early intervention/early childhood special education.* Longmont, CO: Sopris West.

Schipper, B., & Rossi, J. (1997). *Portfolios in the classroom: Tools for learning and instruction.* York, Maine: Stenhouse Publishers.

Smith, J., Brewer, D. M., Heffner, T., & Algozzine, B. (2003). Using portfolio assessments with young children who are at risk for school failure. *Preventing School Failure, 48*(1), 38–40.

Wolery, M. (2004). Monitoring children's progress and intervention implementation. In M. McLean, M. Wolery, & D. B. Bailey Jr. (Eds.), *Assessing infants and preschoolers with special needs* (3rd ed., pp. 545-584). Upper Saddle River, NJ: Merrill.

찾아보기

《인 명》

강순구 98
강창욱 102
곽금주 170, 202, 297
김수연 277
김영태 127
김유숙 277
김은경 102
김주영 25
김호연 102

문현미 106

박경옥 102
박은혜 127

성태제 127
손원경 28
송연숙 127
신현기 102

윤현숙 102
이근 27

이미선 29
이상복 106
이소현 21, 25, 29, 32, 45, 56,
  64, 88, 92, 96, 121, 127,
  152, 156, 192-193, 198-
  199, 205, 311, 361, 365,
  367, 372, 386
이수정 25
이영철 106
이인순 102
이정숙 102

장혜성 102
장휘숙 147
전영주 277
정갑순 106
정혜영 127
조광순 29
조윤경 98

최진희 102

한경근 102
허계형 106
황해익 127

Ainsworth, M. D. 223, 226
Alberto, P. A. 156
Algozzine, B. 378
Algozzine, R. 177
Allen, K. E. 25, 245
Amstrong, S. W. 248
Antil, L. 86
Aram, D. M. 214
Arreaga-Mayer, C. 310
Atkins-Burnett, S. 120
Attermeier, S. M. 106, 232
Ault, M. J. 326

Bagnato, S. J. 20, 42-45, 54,
  57-58, 86, 91, 120, 374,
  392
Bailey, D. B. 55, 63, 75, 96,
  120, 162, 176, 209, 213-

214, 224-225, 232, 234, 277-278, 287-288, 291, 299, 310, 361, 365, 373, 376

Bambara, L. M. 245, 248, 251, 254, 262, 269

Bauer, A. M. 120, 248

Beitchman, J. H. 214

Benner, S. M. 35, 61, 75, 321, 385

Best, S. J. 198

Bevery, C. L. 294

Bigge, J. L. 198

Billingsley, F. 388

Blehar, M. C. 223

Boehm, A. E. 120, 126, 146, 278, 286, 310, 313, 316

Bondurant-Utz, J. A. 282, 285, 291

Bowman, B. T. 316

Bradley, R. H. 288

Branscombe, N. A. 127

Brassard, M. R. 120, 126, 146, 278, 286, 310, 313, 316

Bredekamp, S. 41, 322

Brewer, D. M. 378

Bricker, D. D. 33, 106, 168

Brown, W. H. 224

Bruder, M. B. 77

Buggey, T. 312

Bukowski, W. 223

Burns, M. S. 316

Buysse, V. 224, 230

Caldwell, B. M. 288

Capt, B. 106

Carta, J. J. 310

Castle, K. 127

Catts, H. 214

Chandler, L. K. 249, 260

Clifford, R. M. 326

Connolly, K. J. 317

Cook, M. J. 198

Coople, C. 322

Cowdery, G. E. 25

Cowdery, S. 245

Cozby, P. C. 151

Crais, E. 213

Crimmins, D. B. 257

Cripe, J. 106

Cryer, D. R. 326

Dahlquist, C. M. 249, 260

Davis, S. K. 286

Deno, S. L. 384

Diamond, K. 41

Dichtelmiller, M. L. 378

Donovan, M. S. 316

Dorfman, A. B. 378

Dorsey, A. G. 128

Drasgow, E. 360

Dunlap, G. 248

Dunst, C. J. 294, 330

Durand, V. M. 248, 257

Dyches, T. T. 363

Eduwards, C. 316

Edwards, R. P. 257

Elgas, P. M. 120

Finger, I. 288

Fleming, P. 27

Foley, G. M. 79

Gable, R. A. 270

Gettinger, M. 286

Gibb, G. S. 363

Giorgetti, K. 310

Golding, J. 27

Goldman, R. 230

Golly, A. 245

Greenspan, S. I. 61

Greenwood, C. R. 310

Gresham, F. M. 254

Grimes, J. 40

Grisham-Brown, J. 87, 139, 154-155, 365, 367, 372

Guralnick, M. J. 222

Hacker, B. J. 106, 232

Hall, N. E. 214

Hammitte, D. J. 177

Hamre, B. K. 326

Hanline, M. F. 378

Hanson, M. J. 196

Haring, N. G. 388

Harms, T. 326

Heffner, T. 378

Heller, J. H. 316

Heller, K. W. 198

Hemmeter, M. L. 40, 58, 87, 139, 154, 278, 326, 372

Hendrickson, J. M.　270

Hollinger, C.　90

Hood, J.　214

Hooper, S. R.　24, 35, 192

Howard, V. F.　365

Howell, K. W.　86

Howes, C.　316

Hoyt-Gonzales, K.　90, 111

Hunt, L.　27

Inglis, A.　214

Ironsmith, M.　223

Iwata, B. A.　257

Jablon, J. R.　378

Jens, J. G.　232

Johnson, C.　223

Johnson, J.　106

Johnson, L. J.　120

Johnson-Martin, N. M.　106, 232

Joseph, G. E.　326

Kamps, D.　310

Karp, J. M.　375

Kauffman, J. M.　248

Kenneley, D.　92

Kern, L.　245, 248, 251, 254, 262

Kerr, M. M.　246, 248, 259, 267

Kilgo, J.　198

Knoster, T.　269

Koegel, L. K.　248

Koegel, R. L.　248

Kontos, S.　310

Kurns, S.　86

La Paro, K. M.　326

LaMontagne, M. J.　120

Leong, D.　373

Lepper, C.　365

Liberty, K.　388

Losardo, A.　86, 121

Luciano, L. B.　282, 285, 291

Lynch, E. W.　196, 223

Lyon, G.　77

Lyon, S.　77

MacDonald, C.　73

Macy, M.　90, 111

Mahoney, G.　288

Marquart, J.　226

Marsden, D. B.　378

Marvin, R. S.　224

Matson, J. L.　257

Maxwell, K. L.　326

McAfee, R.　373

McConnell, S.　382, 384-385

McCormick, K.　212

McCormick, L.　310

McEvoy, M. A.　255, 259-260

McGonigel, M. J.　79

McLean, M.　23, 40, 55, 58, 75, 120, 277-278, 291, 373

McNamara, K.　90

McWilliam, R. A.　71, 75-77, 330

Meisels, S. J.　24, 61, 120, 378

Miller, R.　77

Miltenberger, R. G.　262

Milton, S.　378

Moore, D.　310

Mounts, L.　168

Munson, S. M.　57, 86, 91

Neilsen, S.　255, 259

Neisworth, J. T.　20, 41-45, 54, 57-58, 86, 91, 120, 312, 374, 392

Nellis, L.　212

Nelson, C. M.　246, 248, 259, 267

Nicolson, S.　129

Noonan, M. J.　310

Notari-Syverson, A.　86, 121

Odom, S. L.　224, 226, 373

Ostrosky, M.　317, 322

Overton, T.　377

O'Neil, D.　91

O'Neill, R. E.　257

O'Shea, D. J.　177

O'Shea, L. J.　177

Parker, J. G.　223

Paul, R.　220

Perrone, V.　40

Peterson, N. L.　33

Phelps, P.　378

Philips, D. A.　316

Piaget, J. 207
Pianta, R. C. 326
Port, P. D. 365
Poteat, G. M. 223
Powell, A. 288
Pretti-Frontczak, K. 87, 90–92, 106, 139, 154, 372
Prizant, B. 213, 220
Provence, S. 24

Rainforth, B. 73
Ramey, C. T. 41
Ramey, S. L. 41
Reichle, J. 255
Richey, D. D. 251, 258, 260, 268–269
Roberts, J. 213
Robinson, T. R. 360
Rochat, P. R. 222
Rossi, J. 378
Rubin, K. H. 223

Salvia, J. 235
Sandall, S. 40, 58, 77, 226, 278, 317, 322, 326, 367, 373
Sattler, J. M. 205
Schipper, B. 378
Schuster, J. W. 326
Schwartz, I. S. 367
Shaffer, K. R. 192
Shea, T. M. 248
Shipstead, S. G. 129
Simeonsson, R. J. 63, 162, 288, 299
Skinner, C. H. 254
Slentz, K. 106
Smith, B. J. 40, 58, 278, 326, 373
Smith, J. 378
Smith, P. K. 317
Snow, C. W. 223
Snyder, S. 40
Squires, J. 41, 168
Stiller, B. 245
Strickland, B. B. 350, 363, 365
Suen, H. K. 41
Sugai, G. 246
Surbeck, E. 128

Taylor, J. B. 128
Thomas, A. 40
Thomas, S. B. 294
Thomlison, B. 280, 294
Thompson, R. A. 223
Thousand, J. S. 73
Tomblin, J. R. 214
Trivette, C. M. 294
Troutman, A. C. 156
Turbiville, V. 276
Turnbull, A. P. 276, 350, 363, 365
Turnbull, H. R. 276

Umansky, W. 24, 35, 192

Vandell, D. L. 316
Vilardo, L. 92
Villa, R. A. 73
Volmer, T. R. 257
Von Adker, R. 270

Wachs, T. D. 170
Waddell, M. 106
Walker, H. M. 245
Walker, J. E. 248, 251, 254, 258–259
Walls, S. 223
Waters, E. 223
Watson, T. S. 254
Wetherby, A. 213, 220
Wheeler, J. J. 251, 258, 260, 268–269
White, O. R. 388
Williams, B. F. 365
Winton, P. J. 176
Wolery, M. 55, 75, 96, 120, 205, 209, 213–214, 224–225, 232, 234, 277, 349–350, 357, 361, 365, 373–374, 376, 392
Wolfe, B. 316
Woodruff, G. 79

Yell, M. L. 360
York, J. 73
Ysseldyke, J. 235

Zeanah, C. H. 223–224
Zeanah, P. 223–224
Zercher, C. 226

《내 용》

ABC 관찰 258
ABC 관찰방법 254
AEPS 106-108, 194, 210
APECP 327
HOME 292, 329
HOME 범주 329
Thurman의 생태학적 모델 337

가설 수립 267
가정환경 330
가정환경 조사서 146
가족 지원 297
가족 참여 58, 94
가족요구 조사서 290
가족의 자원 68
가족중심 접근 279
가족중심 진단 92
가족진단 67, 276-280
간접 관찰 128, 153
간접 진단 35, 38
간접적 방법 265
간학문적 모델 75
간학문적 접근 75-76
간학문적 팀 75
간학문적 팀 모델 73
감각운동 기술 207-208
강도 136
개별화 가족지원 계획 21, 276
개별화 교육 프로그램 21, 36, 87, 111, 173, 276, 360, 362, 365-366, 386
개별화 프로그램 55, 71

개인적 관리 234
개인적 관리 능력 233
검사 69, 94, 202, 218, 284
검사 회기 139
검사도구 39, 45, 46, 57, 63, 66, 196, 209, 226, 287
결과중심 진단 35, 39
결정적 시기 193
공간관계 207-208
공식적 진단 35-36, 62
과정적 요인 316
과정중심 진단 35, 39
과제분석 기록법 143, 146
관찰 45, 63-64, 69, 94, 120, 123, 196, 209, 218, 284, 291
관찰 기록 양식 153
관찰 체계 133, 136
관찰 회기 137, 139
관찰자 간 신뢰도 126, 151
관찰자 내 신뢰도 126
관찰자 훈련 151
교사 작성용 검사도구 284
교사-아동 상호작용 321
교수목표 89, 104, 113-114, 349, 364-365
교육과정 중심 진단 36-37, 63, 66, 86, 87, 90-91, 95, 97, 111-112, 146
교육과정 중심 진단도구 219, 226
교육과정 중심 진단도구의 선택

기준 92
교육과정 중심 진단의 질적 기준 112
교육과정중심 진단도구 180, 200
교육력 348
교육진단 22-23, 32, 55-57, 61-62, 72, 111, 192, 194
교육환경의 구조적 요인 316
구조화된 관찰 291
구조화된 면담 170, 180, 284
권장의 실제 58, 76, 278, 392
규준참조검사 35-36, 57, 61, 87, 88-89, 111
긍정적 행동지원 248, 265, 270
긍정적 행동지원 계획 266, 268
기관 환경 314
기능 215
기능적 행동진단 66, 244-245, 248-250, 264
기능적 행동진단 계획서 265
기능적 행동진단의 타당도 평가 기준 266
기능진단 245, 267
기초 정보 347

놀이기술 진단 227
놀이중심 진단 121, 210

다차원적 진단 92
다학문적 접근 73
다학문적 팀 75

다학문적 팀 모델 73
단기목표 107, 364, 366
대근육 운동기술 199
대량 선별 24
대상영속성 207-208
대상자 발견 22-24
대체행동 255
대체행동 교수 269
도식 평정척도 147-149
등간기록법 140-141
또래 상호작용 223, 321
또래 지명 230
또래관계 225

말 213
면담 38, 45, 63-64, 66, 69,
    94, 162, 163-165, 196,
    202, 209, 210, 218, 230,
    255, 257, 262, 284-285
모방 207-208
목표달성 척도 382
목표행동 100
묘사적 기술 131
문제행동 244-245, 267
문제행동의 기능 245, 250
물리적 환경 316
미국 장애인교육법 21, 196,
    247, 276, 282, 313, 362
미국 특수교육협회 58

반구조화된 면담 168, 170, 180
반응지연시간 136
발달 192-193
발달 영역 194-195

발달 영역 간 상호연관성 196
발달 영역별 프로파일 90
발달 진단 194
발달 프로파일 194
발달력 254, 348
발달선별검사 22-24, 27, 28,
    88
발달에 적합한 실제 41, 42, 318
발달연령 112
발달적 적합성 41, 58
발달지체 24, 29, 30
발화 샘플 분석 220, 222
배경 정보 347
배경사건 249, 251, 252, 268,
    269
범주표집법 143, 144
보육시설 및 프로그램 평가척도
    328
보육시설 평가척도 327
보조 정도 기록 137
보조수준 기록법 143, 146
부모 면담 210
부모 요구도 조사 180
부모 참여 40
부모-자녀 상호작용 291
부분간격 기록법 140
비공식적 진단 35, 36
비구조화된 관찰 291
비구조화된 면담 169, 170, 284
빈도 136, 137
빈도기록법 138

사건표집법 137, 139, 143
사립유치원 기관 평가준거 327

사물과 관련된 도식(놀이) 207,
    208
사실진단 39, 44
사회적 관계 225
사회적 상호작용 226
사회적 지원망 230
사회적 타당도 44
사회적 행동 226
사회적 환경 320
사회-정서 발달 222, 226
사회-정서 발달 영역 224
산점도 260, 261
상호작용 225, 226
상호작용적 진단 38
생육력 348
생태학적 진단 38
생태학적 평가 336
생활연령 99, 112
서술적 기록 128, 153
서술적 요약 155, 156
선별 22, 23, 24, 25, 57, 88
선별검사 26
선택적 선별 24
선행사건 249, 251, 255, 258,
    262, 268, 269
소근육 운동기술 199
수단-목적 207-208
수량화 155, 156
수렴적 진단 45, 94, 285
수용언어 215, 217
수행진단 39, 122
순간표집법 140, 142
순환적 과정 296
숫자 평정척도 147, 148

시각적 분석 155, 156
시간표집법 139, 142, 143, 153
신뢰도 94, 126, 147, 266
싹트기 반응 113

아동 발견 25
아동관찰자료 기록양식 108
애착 224, 225, 226
애착관계 223
양육자 작성용 검사도구 284
양적 기록 133, 153
언어 213
언어 표집 131
역동적 진단 39, 122, 210
영·유아 캐롤라이나 교육과정 104-105
영유아 보육 프로그램의 진단·평가척도 327
영유아 진단, 평가 및 프로그램 체계 106
영유아를 위한 사정, 평가 및 프로그램 체계(AEPS) 106-108, 194, 210
　— 가족보고서 107-108
　— 사회-의사소통 관찰양식 107-108
　— 사회-의사소통 요약양식 107-108
　— 아동진전기록 107-108
　— 유아관찰자료 기록양식 107-108
영유아보육법 30
예방 25
요구 68

요약보고서 382
우선순위 68
우정 225
운동기능 발달 197
원형진단 77, 79
유아교육 프로그램 평가척도 327
유아교육기관 평가준거 327
유아발달 점검표 146
유치원 교육평가 척도 327
유치원 기관평가 도구 328
유치원 평가의 영역 및 기준 327
의사소통 213
의사소통 기술 213
의사소통 능력 진단 217
의사소통 발달 213, 214, 220
의사소통 스타일 218
의사소통 환경 215, 218
의사소통적 기능 248, 249
인과관계 207, 208
인지 능력 205
인지 발달 205, 212
일과중심 중재 330
일반적 성과 지표 384-385
일반적 성과 측정 382
일반적 성장 성과 385
일화기록 128, 129, 130, 153, 202, 254, 258
임상적 관찰 35, 39, 64

자연스러운 환경 125
자연적 관찰 35, 38, 64, 202
자연적 진단 121

자연적 진단방법 121, 204
자조기술 232
장기목표 107, 364, 366
장애 및 장애위험 영아를 위한 캐롤라이나 교육과정 101
장애 유아를 위한 캐롤라이나 교육과정 101-102, 194
　— 발달진전표 103-104
　— 평가기록표 102, 104
장애에 따라 수정된 검사 35, 37
장애인 등에 대한 특수교육법 26, 30, 196, 276, 314, 360, 362
장애인 등에 대한 특수교육법의 특수교육 대상자 선정 기준 31
장애인교육법 25, 28, 75, 205
장애진단 22, 23, 28, 32, 36, 57, 88, 90, 111
적격성 21, 22, 28, 30, 40, 88, 90
적격성 기준 28
적격성 판정 25, 28, 57
적격성 판정 기준 29, 30
적응행동 232, 233
전간기록법 140
전사 131
전수학 기술 207
전쓰기 기술 209
전체기록 131, 132, 153
전학문 기술 207
점검표 392
정확도 136
조건 350

조기 발견 23, 25, 26, 28
조기 발견 체계 25
조기개입 29
조작적 정의 133, 227, 255
종합적 진단 276, 292
종합적 평가 22, 28
준거참조검사 35, 36, 86, 87, 88, 89, 235
중재 충실도 393
지구력 136
지구력 기록 137
지능검사 37
지속시간 136, 137
지속시간기록법 138
지역사회 적응 능력 233-234
지역사회 조직 구성 331
지역사회 환경 330, 332
지연시간 기록 137
직접 관찰 128, 153, 258
직접 관찰 기록 392
직접 진단 35, 38
직접적 방법 265
진단 20, 21
진단-교수 연계 56
진단보고서 70, 114, 346, 362
진도 점검 22, 23, 32, 33, 57, 87, 114, 125, 133, 135, 372

청력검사 217
체계적 관찰 210
체크리스트 63, 128, 146, 147, 203, 256, 257, 262
초학문적 모델 76
초학문적 접근 76
초학문적 팀 76
초학문적 팀 모델 73
초학문적 팀 진단 92
총괄평가 61

캐롤라이나 교육과정 212

타당도 94, 127
특수교육지원센터 26

판단에 근거한 진단 65, 128
평가 20, 21
평가척도 38, 392
평정척도 128, 146, 147
포테이지 아동 발달 지침서 98-100
　- 관찰표 98, 101
　- 지침카드 98, 100
포트폴리오 379, 380, 381
포트폴리오 진단 39, 122, 378
표본기록 131
표준화 검사 35, 37, 88

표현언어 214-215
프로그램 수정 32
프로그램 평가 22, 23, 33, 34, 57

한국 유아교육시설 기관의 표준 평가 척도 327
행동 수행 조건 357
행동의 대표성 126
행동적 용어 129
행동진단 120
행동평정 척도 256
헤드스타트 프로그램 24
현행수준 361, 362
협력적 접근 71, 73
협력적 진단 44, 71, 72, 74, 94
협력적 팀 모델 73
형성평가 61
형태 214, 215
환경 311
환경 설계 312
환경의 사회적 구조 320
환경진단 67, 199, 223, 310
후속결과 249, 251, 255, 258, 262, 270

저자 소개

| 이소현 | 이화여자대학교 특수교육과 교수
| 김수진 | 안양과학대학 유아특수재활과 교수
| 박현옥 | 백석대학교 유아특수교육과 교수
| 부인앵 | 이화여자대학교 특수교육과 박사과정 수료
| 원종례 | 한국재활복지대학 장애유아보육과 교수
| 윤선아 | 서울대학교병원 소아정신과 특수교사
| 이수정 | 서울정문학교 특수교사
| 이은정 | 서울서강초등학교 특수교사
| 조윤경 | 성서대학교 영유아보육과 교수
| 최윤희 | 광운대학교 교육대학원 교수

이화여자대학교 특수교육연구소 학술 총서 시리즈1

교육진단 및 교수계획을 위한
장애 유아 진단 및 평가

2009년 10월 28일 1판 1쇄 발행
2024년 8월 20일 1판 8쇄 발행

지은이 • 이소현 · 김수진 · 박현옥 · 부인앵 · 원종례
　　　　윤선아 · 이수정 · 이은정 · 조윤경 · 최윤희
펴낸이 • 김 진 환
펴낸곳 • ㈜ **학지사**
　　　　04031 서울특별시 마포구 양화로 15길 20 마인드월드빌딩 5층
대표전화 • 02) 330-5114　　팩스 • 02) 324-2345
등록번호 • 제313-2006-000265호
홈페이지 • http://www.hakjisa.co.kr
인스타그램 • https://www.instagram.com/hakjisabook

ISBN 978-89-6330-204-1 93370

정가 18,000원

출판미디어기업 **학지사**

간호보건의학출판 **학지사메디컬** www.hakjisamd.co.kr
심리검사연구소 **인싸이트** www.inpsyt.co.kr
학술논문서비스 **뉴논문** www.newnonmun.com
원격교육연수원 **카운피아** www.counpia.com
대학교재전자책플랫폼 **캠퍼스북** www.campusbook.co.kr